入历史全书 6

隋唐五代史

吕思勉 ◎ 著

阳知行 ◎ 主编

上

中国华侨出版社

·北京·

图书在版编目（CIP）数据

隋唐五代史 / 吕思勉著. —北京：中国华侨出版社，
2020.9（2023.5 重印）
（中华大历史全书 / 阳知行主编）
ISBN 978-7-5113-7957-3

Ⅰ.①隋… Ⅱ.①吕… Ⅲ.①中国历史—隋唐时代
②中国历史—五代十国时期 Ⅳ.①K24

中国版本图书馆 CIP 数据核字（2019）第 183858 号

## 隋唐五代史

著　　者：吕思勉
主　　编：阳知行
责任编辑：刘雪涛
策　　划：周耿茜
封面设计：胡椒设计
经　　销：新华书店
开　　本：710 毫米×1000 毫米　1/16 开　印张：263.5　字数：1170 千字
印　　刷：三河市华润印刷有限公司
版　　次：2020 年 9 月第 1 版
印　　次：2023 年 5 月第 3 次印刷
书　　号：ISBN 978-7-5113-7957-3
定　　价：580.00 元（全 12 册）

中国华侨出版社　北京市朝阳区西坝河东里 77 号楼底商 5 号　邮编：100028
发行部：（010）64443051　　传　真：（010）64439708
网　　址：www.oveaschin.com　E-mail：oveaschin@sina.com

如果发现印装质量问题，影响阅读，请与印刷厂联系调换。

# 出版说明

历史是一门记载人类活动的学科。中华民族有着五千年的历史，炎黄子孙在东方这块神奇的土地上，为人类文明的发展做出了诸多贡献。

这套《中华大历史全书》共8卷12册，大部分是1949年前出版过的，由于时代背景及作者本人对历史理解的局限性，有些观点或与今天的历史观点略有不同。但这些著作对后人了解历史与文化起到桥梁的作用，价值不可估量。

全书分别为吕思勉著《先秦史》《秦汉史》《两晋南北朝史》《隋唐五代史》；邓之诚著《宋辽金夏元史》；孟森著《明史讲义》《清史讲义》；蒋廷黻著《中国近代史》。这些殿堂级大师的作品，历经岁月磨砺，依然在史学界享有极高的盛誉，是研究和了解中国历史不可多得的重要资料。

形象地说，《中华大历史全书》是一套有良知、有深度、有温度的历史读本。跟着"史学大师"读国史，分享大师们在史学领域的研究成果，欣赏大师对待史学严肃认真的态度，感悟大师的才情与智慧，你会在字里行间发现，大师们写作历史的过程中，毫无教条习气、陈腐之风，详述时，旁征博引，每一句话每一段文字，均是知识的积累；表明观点时，分析深刻，不偏颇不歪曲，句句显情理，段段透风骨。

总之，《中华大历史全书》是集思想性、史实性和艺术性于一体的史学丛书，希望这套书能帮助读者朋友们真正读懂中华历史，真正认识中华民族发展的基本历程，这也是我们编辑这套书的基本立意和主旨！

# 目录

# 第一章　总论

论史者率以汉、唐并称，其实非也。隋、唐、五代，与后汉至南北朝极相似，其于先汉，则了无似处。何以言之？

先汉虽威加四夷，然夷狄之入居中国者绝鲜，后汉则南单于、乌丸、鲜卑、氐、羌，纷纷入居塞内或附塞之地，卒成五胡乱华之祸。而唐代亦然，沙陀入据中原，犹晋世之胡、羯也。蕃、浑、党项，纷纭西北，卒自立为西夏，犹晋世之氐、羌也。而契丹雄据东北，与北宋相终始，亦与晋、南北朝之拓跋魏极相似。一矣。汉有黄巾之起，而州郡据地自专，终裂而为三国；唐有黄巢之起，而长安之号令，不出国门，终裂而为五代十国。二矣。不特此也，汉世儒者，言井田，言限民名田，法家则欲行均输，管盐铁，初犹相争，《盐铁论》贤良文学与御史大夫之争是也。至新莽遂合为一，田为王田，兼行五均、六筦是也。功虽不成，其欲一匡天下，措斯民于衽席之安，其意则皎然也。而自魏、晋以来，人竞趋于释、老，绝不求矫正社会，而惟务抑厌其本性，以求与之相安。本性终不可诬也，则并斯世而厌弃之，而求归于寂灭，为释、老者虽力自辩白，然以常识论之，岂不昭昭如此耶？常人论事，固无深远之识，亦鲜偏蔽而去实际太远之病，顺世外道之所由立也。夫举一世而欲归诸寂灭，是教社会以自杀也。教社会以自杀，终非社会所能听从，故至唐而辟佛之论渐盛，至宋而攘斥佛、老之理学兴焉。然宋儒之所主张者，则以古代社会之组织为天经地义，而强人以顺从古代之伦纪而已；人心之不能无慊于古道，犹其不能无慊于今日之社会也。而宋儒于此，亦惟使人强抑其所欲求，以期削足而适履，此与言佛、老者不求改革社会，而惟务抑厌人之本性者，又何以异？此又其若相反而实相类者也。世运岂真循环耶？非也。世无不变之事，亦无骤变之物，因缘相类者，其所成就，亦不得不相类，理也。然则自后汉至于南北朝，与夫隋、唐、五代之世，其因缘之相类者，又何在也？

人性莫非社会所陶甄，今世社会学家言：人类已往之社会，大变有四：曰原始共产社会，曰奴隶社会，曰封建社会，曰资本主义社会。原始共产之世，遐哉尚已，吾侪今日，仅得就古先哲人追怀慨慕之辞，想像其大略而已。我族肇基之地，盖在江、河下游。故炎、黄交战及尧、舜所都之涿鹿，实在彭城，《世本》。与今称为马来，古称为越人者密迩。其争斗盖甚烈。吾族俘彼之民，则以之为奴隶，故彼族断发文身之饰，在吾族则为髡、黥之刑，本族有大罪者，侪之异族。苗民之所以见称为酷虐者以此。古所谓刑者，必以兵刃亏人体至于不可复属，此其始皆用诸战陈，施诸异族者也。苗民之作五刑，盖以施诸异族者，朌及本族也。黄帝，书称其清问下民，亦侯之门仁义存耳，其所恃以自养者，恐亦无以异于三苗也。此吾国之奴隶社会也。江、河下游，古多沮泽，水利饶而水患亦深，共工、鲧、禹，仍世以治水为务，共工与鲧皆蒙恶名，而禹独擅美誉，非其治水之术，果有以大异于前人也。自夏以后，吾族盖稍西迁，夏代都邑，皆在河、洛。西迁而水灾澹焉，则以为神禹之功云尔。出沮泽之地，入苍莽之区，不务力耕，惟求远迹，则于所征服之民，但使输税赋而止，夏后氏之贡法是也。贡之名，乃取诸异部族者，与取诸本部族之税赋大异，夏后氏之贡，实以税而蒙贡名，盖初施诸来服之异部族，后虽入居其部，征服者与所征服者，已合为一，而其法仍未变也。至此，则向恃奴隶之耕作以为养者，一变而衣食于农奴之租税矣。此吾国之封建社会也。自夏至于西周，此局盖未大变。故尚论者多以三代并称焉。孔子称殷因于夏，周因于殷，礼所损益可知，必有所据。礼即法，惟俗相类，故礼相类，惟社会之组织相类，故俗相类也。东周以降，种殖、制造之技盖日精，通工易事之风亦益盛，则斯民之生计渐舒，户口日增，垦拓日广，道途日辟，风尚日同，则可以兴大师，则可以造利兵，则可以远征，则可以久驻。所征服之国能供亿也。吴入郢能久留者，以郢故都会也。生事之演进，无一非军事、政事之先驱，而统一之业，与资本之昌骈进矣。然以吾国疆域之广，水陆程途之修阻，风同道一，固非一蹴可几，地方豪右及政府所命官吏之桀骜者，盖罔不乘隙思逞，一旦中枢失驭，则纷然并起而图割据矣，此州郡藩镇之祸所由来也。瘠土之民，脱沃土之富厚而思攘夺之，势也。吾国东南临海，大军不能飞越，西南则山岭崎岖，处其间者不能合大群，亦无由成为强寇，惟漠南北之地，既瘠苦足资锻练，又平夷有利驱驰，每为侵掠者所根据，而河、湟、青海之间，亦其次也。争战必资物力，瘠土之民，固非沃土之民之敌，汉、唐盛时，所以能威棱远憺者此。然自来操政治之权者，多荒淫而无远虑，睹异族之臣服，则苟利一时之休息，而不暇维万世之安，而官吏、豪民，又利其可供赋役，恣虐使也，如后汉之苦役降羌，晋世并州多以匈奴为佃客，且掠卖胡羯为奴婢是也。则使之入居塞内；而风尘有警，又驱其人以为兵；于是太阿倒持矣，此五胡及沙陀、契丹、党项之祸所由来也。孔子所谓大同，即古共产之世也，其和亲康乐无论矣。封建之世，黩武之族，虽坐役殖产之民以自活，然其所诛求者，亦税赋力役而已，于所征服之族社会固有之组织，未尝加以破坏也。以力胁夺，所得究属有限，而历时稍久，且将受所征服之族之感化而渐进于文明，故封建之世，社会之规制，尚未至于大坏，犹之人体，虽有寄生之虫，犹未至于甚病，故孔子称为小康也。至资本主义既昌，则昔时之分职，悉成为获利之彰，尽堕坏于无形之中，社会遂变而为无组织，而民之生其间者苦矣。东周以降，仁人志士，日怵目刿心，而思有以移易天下，盖由于此。然斯时之社会，其体段则既大矣，其情状则既隐曲而难明矣，而生其间者，利害又相龃龉而不可合，凡所措置，所收之效，悉出于预期之外，而事变之来，又多不可捉摸，则安得不视社会为无可控制，不能以人力改造，其惟务抑压一己，以求与之相安，亦固其所。故新室与东汉之间，实为古今一大界。魏、晋以后之释、老，宋、明两代之理学，实改造社会之义既湮，人类再求所以自处，而再败绩焉者也。此又其所以若相反而实相类也。读隋、唐、五代之史者，其义当于此求之。

　　中国之史，非徒中国一国之史也，东方诸国之盛衰兴替，盖靡不苞焉，即世界大局之变动，亦皆息息相关，真知史事之因果者，必不以斯言为河汉也。此其故何哉？世界各民族，因其所处之境不同，而其开化遂有迟早之异，后起诸族，必资先进之族之牗启，故先进之国之动息，恒为世界大波浪之源泉焉。先进之国，在东方为中国，在西方则在地中海四围，此二文明者，与接为构，遂成今日之世界。其与接为构也，一由海而一由陆。泛海者自中国经印度洋以入波斯湾，遵陆者则由蒙古经西域以入东欧。泛海之道，贾客由之，虽物质文明，因之互相灌注，初无与于国家民族之盛衰兴替。遵陆之道，则东方之民族，自兹而西侵，西方之民族，亦自兹而东略，往往引起轩然大波焉。东西民族之动息，亦各有其时，月氏、匈奴，皆自东徂西者也，铁勒、突厥、回纥、沙陀、黠戛斯，则自西徂东者也。黠戛斯虽灭回纥，而未能移居其地，西方东略之力，至斯而顿，而东方之辽、金、元、清继起焉。辽之起，由其久居塞上，渐染中国之文明，金、元、清则中国之文明，先东北行而启发句骊，更折西北行以启发渤海，然后下启金源，伏流再发为满洲，余波又衍及蒙古者也。其波澜亦可谓壮阔矣。五胡乱华之后，隋、唐旋即盛强，而沙陀入据之后，则中国一厄于契丹，再厄于女真，三厄于蒙古，四厄于满洲，为北族所弱者几千年，则以铁勒、突厥等，皆自西来，至东方而其力已衰，而辽、金、元、清则故东方之族类也。东西民族动息之交替，实在唐世，读隋、唐、五代史者，于此义亦不可不知。

# 第二章　隋室兴亡

## 第一节　文帝内治

隋文帝何如主也？曰：贤主也。综帝生平，惟用刑失之严酷；其勤政爱民，则实出天性，俭德尤古今所无，故其时国计之富亦冠绝古今焉。其于四夷，则志在攘斥之以安民，而不欲致其朝贡以自夸功德。既非如汉文、景之苟安诒患，亦非如汉武帝、唐太宗之劳民逞欲。虽无赫赫之功，求其志，实交邻待敌之正道也。

帝平陈之明年，江南复乱，遍今浙东西、皖南、闽、赣之地，遣杨素讨平之。事见《素传》。又《陆知命传》：晋王广时镇江都，召令讽谕反者，知命说下十七城，得其渠帅三百余人，亦可见乱事蔓延之广也。江都，隋郡，今江苏江都县。《通鉴》述致乱之原曰："自东晋已来，刑法疏缓，世族陵驾寒门。平陈之后，牧民者尽更变。苏威复作《五教》，使民无长幼悉诵之。士民嗟怨。民间复讹言隋欲徙之入关，远近惊骇。"盖南北隔绝既久，民情不免猜疑，丧其利权者，乃从而鼓动之也。此等变乱，究非民欲，故不旋踵而冰消瓦解矣。

偃武修文之治，文帝盖深有意焉。《本纪》：开皇三年（583）正月，禁长刀大稍。九年平陈之后，诏禁卫九重之余，镇守四方之外，戎旅军器，皆宜停罢。武力之子，俱可学文。人间甲仗，悉皆除毁。十年五月，诏曰："魏末丧乱，宇县瓜分。兵士军人，权置坊府。南征北伐，居处无定。家无完堵，地罕苞桑。恒为流寓之人，竟无乡里之号。朕甚愍之。凡是军人，可悉属州县，垦田籍帐，一与民同。军府统领，宜依旧式。罢山东、河南及北方缘边之地新置军府。"十五年二月，收天下兵器，敢有私造者斩之。关中缘边，不在其例。十八年正月，诏曰："吴、越之人，往承敝俗，所在之处，私造大船，因相聚结，致有侵害。其江南诸州，人间有船长三丈已上，悉括入官。"此承久乱之后，不得不然，固不得訾其欲弱天下之民，以保一家之业也。《炀帝纪》：大业五年（609）正月，"制民间铁叉、搭钩、攒刃之类，皆禁绝之"。犹沿此策。

杨氏先世，久居武川，当亦渐于胡俗。然南北朝末，世运已更，虽宇文氏犹思变革，而况于帝乎？帝在受禅之先，即令已前赐姓，皆复其旧。既受禅，又易周氏官仪，依汉、魏之旧。皆见《本纪》。时诏议服色。摄太常卿裴政奏言："后魏已来，制度咸阙。天兴之岁，草创缮修。所造车服，多参胡制。周氏因袭，将为故事。大象承统，咸取用之。舆辇衣冠，甚多迂怪。周宣帝变胡服，见《两晋南北朝史》第十五章第一节，据此，则仍非纯乎汉仪也。今皇隋革命，宪章前代。其魏、周舛辂不合制者，已敕有司，尽令除废。然衣冠礼器，尚且兼行。既越典章，须革其谬。"《礼仪志》。开皇二年（582），颜之推上言："今太常雅乐，并用胡声。请凭梁国旧章，考寻古典。"高祖不从，曰："梁乐亡国之音，奈何遣我用邪？"俄而郑译奏请修正。于是诏太常卿牛弘、国子祭酒辛彦之、国子博士何妥等议正乐。九年，平陈，获宋、齐旧器，诏于太常置清商署以管之。牛弘奏曰："前克荆州，得梁家雅曲。今平蒋州，隋平陈置于石头城。又得陈氏正乐。请修缉之，以备雅乐。其后魏洛阳之曲，《魏史》云：'太武平赫连昌所得'，更无明证。后周所用，皆是新造，杂有边裔之声。戎音乱华，皆不可用。请悉停之。"制曰："制礼作乐，圣人之事。功成化洽，方可议之。宇内初平，我则未暇。"晋王广又表请，帝乃许之。十四年三月，乐定。诏并令施用，见行者皆停之。《音乐志》。

帝颇能勤政。《本纪》言其"每旦听朝，日昃忘倦。乘舆四出，路逢上表者，则驻马亲自临问。或潜遣行人，采听风俗。吏治得失，人间疾苦，无不留意。尝遇关中饥，遣左右视百姓所食。有得豆屑杂糠而奏之者，上流涕，以示群臣，深自咎责，为之彻膳，不御酒肉者，殆将一期。及东拜太山，关中户口，就食洛阳者，道路相属。开皇十四年（594）八月，关中大旱，人饥。上率户口就食洛阳。十五年正月，以岁旱，祠泰山以谢愆咎。上敕斥候：不得辄有驱遣。男女参厕于仗卫之间。逢扶老携幼者，辄引马避之，慰勉而去。至艰险之处，见负担者，遽令左右扶助之"。《旧唐书·太宗纪》：上谓房玄龄、萧瑀曰："隋文帝何等主？"对曰："克己复礼，勤劳思政，每一坐朝，或至日昃。五品已上，引之论事。宿卫之人，传飧而食。虽非性体仁明，亦励精之主也。"贞观四年（630）。帝之勤政，固时人所共喻矣。

其俭德尤为绝人。《本纪》言其居处服玩，务在节俭。《食货志》云："六宫咸服浣濯之衣。乘舆供御，有故敝者，随令补用，皆不改作。非享燕，所食不过一肉而已。"开皇十五年（595），相州刺史豆卢通相州，今河南安阳县。贡绫文布，命焚之于朝堂。《纪》言帝令行禁止，上下化之。开皇、仁寿之间，丈夫不衣绫绮，无金玉之饰，常服率多布帛，装带不过铜铁骨角而已。虽曰齐之以刑，究亦由其能以身先之也。

帝初受禅，即以官牛五千头分赐贫人。又弛山泽之禁。开皇三年（583），入新官，见下。初令军人以二十一成丁。减十二番，每岁为二十日役。减调绢一匹为二丈。罢酒坊。通盐池、盐井，与百姓共之。陈平，以江表初定，给复十年。自余诸州，并免当年租赋。十年，又以宇内无事，益宽徭赋。百姓年五十者，输庸停防。十二年，有司上言库藏皆满，更辟左藏之院，构屋以受之。下诏曰："宁积于人，无藏府库。河北、河东今年田租，三分减一，兵减半，功调全免。"十七年，户口滋盛，中外仓库，无不盈满。遂停此年正赋，以赐黎元。皆见《食货志》。皆宽恤民力之事也。

取民之寡如此，而其用度，则百官禄赐及赏功臣，皆出于丰厚。《食货志》。将士战殁，必加优赏。仍令使者，就加劳问。《本纪》。平陈之役，亲御朱雀门劳还师，因行庆赏。自门外夹道列布帛之积，达于南郊，以次颁给。所费三百余万段焉。《食货志》。《文献通考·国用考》曰："古今称国计之富者莫如隋，然考之史传，则未见其有以为富国之术也。夫既非苛赋敛以取财，且时有征役以糜财，而赏赐复不吝财，则宜用度之空匮也，而殷富如此？然后知《大易》所谓'节以制度，不伤财，不害民'，《孟子》所谓'贤君必恭俭礼下，取于民有制'者，信利国之良规，而非迂阔之谈也。"案，前兴国计，端资赋役，而赋役之本，则在人丁。《食货志》云：隋初，"山东尚承齐俗，避役惰游者十六七。四方疲人，或诈老诈小，规免租赋。高祖令州县大索貌阅。户口不实者，正长远配。而又开相纠之科。大功已下，兼令析籍，各为户头，以防容隐。于是计帐进四十四万三千丁，新附一百六十四万一千五百口。高颎又以人间课输，虽有定分，年常征纳，除注恒多，长吏肆情，文帐出没，复无定簿，难以推校，乃为输籍之样。请遍下诸州，每年正月五日，县令巡人，各随便近，五党三党，共为一团，依样定户上下。帝从之。自是奸无所容矣"。《通鉴》言帝受禅之初，民户不满四百万，末年逾八百九十万，独冀州已一百万户，见仁寿四年（604）。胡三省《注》曰："此以开皇初元户口之数比较仁寿末、大业初之数而言之也。按周之平齐，得户三百三万，而隋受周禅，户不满四百万，则周氏初有关中，西并巴蜀，南兼江汉，见户不满百万也。陈氏之亡，户六十万。大约隋氏混壹天下，见户不及五百万。及其盛也，盖几倍之。"案，《食货志》言大索貌阅之事，实在平陈之先，则混壹时，户必不止五百万矣。可见其所增之多。又诸州调物，纪纲废弛之世，或不尽归中枢，而此时则《食货志》言："河南自潼关，河北自蒲阪，达于京师者，相属于路，昼夜不绝者数月。"则当时国计之裕，亦未必尽由节流。然非节流固终如漏卮，钩较愈勤，则其为茧丝愈甚耳。此则帝之躬履俭素，不能不谓其大有造于国计民生也。《苏威传》：文帝受禅，威兼民部尚书。"初威父绰在西魏，以国用不足，为征税之法，颇称为重。既而叹曰：'今所为者，正如张弓，非平世法也。后之君子，谁能弛乎？'威闻其言，每以为己任。至是，奏减赋役，务从轻典。上悉从之。"则虽务绝隐漏，以防奸欺，而其取之之法，则未尝不从宽矣。

隋世国计之富，观其积贮而可知。《旧唐书·马周传》：周于贞观六年（632）上疏曰："隋家贮洛口仓在今河南巩县东南。而李密因之，东都积布帛而世充据之，西京府库，亦为国家之用，至今未尽。"又《食货志》：贞观二年，戴胄上言："开皇立制，天下之人，节级输粟，多为社仓，终于文皇，得无饥馑。"此即长孙平所立义仓之法，见《隋书·食货志》。《志》云："自是诸州储峙委积。"观于胄言，而知其不诬矣。此与清室盛时，徒夸库藏银两之多者何如哉？宜乎言国计之富者，必以隋称首也。

《隋书·杨尚希传》：尚希上表曰："窃见当今郡县，倍多于古。或地无百里，数县并置。或户不满千，二郡分领。具寮以众，资费日多。吏卒人倍，租调岁减。清干良才，百分无一，动须数万，如何可觅？请存要去闲，并小为大。"帝览而嘉之，遂罢天下诸郡。此事在开皇三年，亦后汉世祖并官省职之意也。

开皇二年（582）六月，诏高颎等创新都。十二月，名之曰大兴城。今长安。明年三月，入居焉。盖以旧城凋残日久，屡为战场。当时宫室，事近权宜，营新都诏中语，见《纪》。不足以立制度，未可议其侈也。及十三年二月，于岐州营仁寿宫；岐州，今陕西凤翔县。仁寿宫，在麟游县西。十八年十二月，又自京师至仁寿宫，置行宫十有二所；则虽欲不谓之侈而不可得矣。仁寿宫之立，杨素监营焉。《食货志》谓其夷山堙谷，"役使严急，丁夫多死。疲敝颠仆者，推填坑坎，覆以土石，因而筑为平地。死者以万数。宫成，帝行幸焉。时方暑月，而死人相次于道，素乃一切焚除之。"事亦见《素传》。真视民如草芥矣。《志》又云："帝颇知其事，甚不悦。及入新宫游观，乃喜，又谓素为忠。"此所谓之其所亲爱而辟焉者也。

帝之失德，在于任刑。《刑法志》言：帝"性猜忌，素不悦学。既任智而获大位，因以文法自矜，明察临下。恒令左右觇视内外，有小过失，则加以重罪。又患令史赃污，因私使人以钱帛遗之，得犯立斩。每于殿廷打人，一日之中，或至数四。尝怒问事挥楚不甚，即命斩之"。开皇十年（590），因高颎等谏，"令殿内去杖。欲有决罚，各付所由。后楚州行参军李君才上言，帝宠高颎过甚，上大怒，命杖之，而殿内无杖，遂以马鞭笞杀之。自是殿内复置杖"。十七年，"又以所在官人，不相敬惮，多自宽纵，事难克举。诸有愆失，虽备科条，或据律乃轻，论情则重"，"诸司属官，若有愆犯，听于律外斟酌决杖"。《志》称"于是上下相驱，迭行棰楚，以残暴为干能，以守法为懦弱"焉。楚州，今江苏淮安县。其立法之酷，至于盗边粮一升以上皆死，家口没官。因有司奏合川仓粟少七千石而起。此事《志》在十六年，《纪》在十五年十二月，盖法实定于十五年，而合川之狱，至十六年始竟，《志》述狱事讫乃及之也。合川，隋县，在今青海西宁市西北。又尝命盗一钱已上皆弃市。《志》又云："后又定制，行署取一钱已上，闻见不告言者，坐至死。"有数人劫执事而谓之曰："吾岂求财者邪？但为枉人来耳。而为我奏至尊：自古以来，体国立法，未有盗一钱而死也。而不为我以闻，吾更来，而属无类矣。"帝闻之，为停盗取一钱弃市之法。案，此或谲谏者之饰辞，不必实有其事也。仁寿中，用法益峻。帝既喜怒不恒，不复依准科律，《刑法志》。而其时用事之臣如杨素等，又务为深文以中其意，民尚安所措手足乎？

《本纪》云："帝好为小数，不达大体。故忠臣义士，莫得尽心竭辞。其草创元勋及有功诸将，诛夷罪退，罕有存者。"案，帝之猜忌，诚难为讳，然诸功臣之见罪废，则亦各有其由，不尽可为帝咎也。帝所委任，以高颎为最久，颎自帝受禅，即为左仆射，至开皇十九年（599）乃免。以其子娶房陵王女，遂疑而废之。见第三节。颎之免也，以王世积得罪，有司奏颎与交通而起。颎必不能共世积谋叛，情事灼然。盖帝既有疑于房陵，不欲其更居枢要，乃借此去之耳，《颎传》谓"帝欲成其罪"是也。其后颎国令上颎阴事，谓其子表仁谓颎："司马仲达初托疾不朝，遂有天下，公今遇此，焉知非福？"则适触帝忌，而颎遂因之除名矣。苏威见废，以何妥奏其与吏部尚书卢恺、吏部侍郎薛道衡共为朋党，知名之士，坐威得罪者百余人。如房恭懿即其一，见《循吏传》。据《恺传》，谤议之兴，实由周氏以降，选无清浊，恺与道衡甄别士流之故。门第用人，自今日观之，诚为陋习，然在当时，则风气如此，为此者或转意在澄清也。苏威虽有学识，颇伤迂阔，其才实不如李德林。强民诵五教，即其迂阔之一端。威奏置乡正听讼，而德林非之，亦可见二人之优劣。尉迟迥之叛，高祖欲易梁士彦等，德林止之，此事实隋成败关键。见《两晋南北朝史》第十五章第一节。而《德林传》云："位望稍高，颇伤自任。争竞之徒，更相潜毁，所以运属兴王，功参佐命，十余年间，竟不徙级。"此真所谓朋党，而帝顾不能察，无亦自矜智数，转为智数所误乎？然诸臣固有不能辞其咎者。帝之欲引高颎入府也，遣族子惠喻意。即观德王雄，后更名。颎欣然曰："纵令公事不成，颎亦不辞灭族。"惠又谓李德林。德林亦甚喜，答云："若曲加提奖，必以死奉公。"其行险徼幸之情如见矣。苏威以高颎屡言其贤召至，及闻禅代之议，遁归田里。颎请追之。帝曰："此不欲与吾事，且置之，明知其禅代既成，一召即至也。"此等首鼠两端之士，而可推诚相信乎？然此犹不过热中取巧而已，若其苟患失之，则更有无所不至者。推毂帝就天下者，郑译、刘昉、卢贲，皆不久即废。郑译之为人，盖无甚大志，其罪止于臧货狼籍而已，故仅免官而未被祸，后且复起。刘昉更倾险。开皇六年（586），以与梁士彦、宇文忻谋反诛。然受禅之初，已与卢贲等谋出高颎、苏威而代之矣。当时归罪于贲，贲坐除名。后起为刺史，复坐除名。从幸洛阳，诏复本官。上欲复与一州，以对诏失旨，又自叙功绩有怨言，遂废于家。贲之废也，皇太子言："此辈并有佐命之功，虽性行轻险，诚不可弃。"帝曰："我抑屈之，全其命也。微刘昉、郑译及贲、柳裘、皇甫绩等，柳裘、皇甫绩，皆受禅未几，即出为刺史。则我不至此。然此等皆反覆子也。当周宣帝时，以无赖得幸，及帝大渐，颜之仪等请以宗王辅政，此辈行诈，顾命于我，我将为治，又欲乱之。"此言不能谓为无理。见为治即欲乱之，此历代开国功臣，所以鲜克有终也。梁士彦、宇文忻、王谊、元谐、贺若弼、王世积，皆帝故等夷，功名实多出帝上。虽有旧恩，本非心腹，其中且有眷念先朝者，夫安得而不疑？王谊、元谐、王世积，皆以有反谋诛，然其罪状皆莫须有。谊、谐皆与文帝同学，此等旧恩，自不足恃。世积尝密谓高颎曰："吾辈俱周之臣子，社稷沦灭，其若之何？"则其人本非归心于帝者。贺若弼当尉迟迥起兵时镇寿阳，帝恐其怀二心，令长孙平驰驿往代之，弼果不从。平麾壮士执之，送于京师。则尤显与帝为敌。然其人亦无大志，不过睹杨素为仆射而不平，故在帝世，亦仅以怨望下狱除名也。周世旧将，又有李彻。《传》云：与高颎善，颎得罪，因被疏忌，出怨言。上闻，召入卧内，赐宴，遇鸩。寿阳，今安徽寿县。虞庆则、史万岁，似无足深忌，而亦受祸者，则庆则以任用较久，万岁亦以交结房陵见疑，所谓会逢其适耳。观德王雄以亲贤典兵马，尚以得众见忌，况其他乎？庆则无甚军功。虽曾降突厥，实因长孙晟成事耳，事见下节。然自开皇四年（584），即为仆射，至十七年乃获罪。《观德王雄传》云：高祖受禅，除左卫将军。俄迁右卫大将军，参与朝政。雄时贵宠，冠绝一时，与高颎、虞庆则、苏威称为四贵，则庆则膺任寄颇隆，历时亦久，故帝又忌之也。雄在周封邘国公，毕王贤谋作难，雄时为别驾，知其谋，以告，亦开国时心膂之臣。然雄宽容下士，朝野倾属，高祖恶其得众，阴忌之，不欲其典兵马，乃册为司空，实夺其权也。雄乃闭门不通宾客，故获免于祸。《史万岁传》云：开皇末，突厥达头可汗犯塞，上命汉王谅与万岁出马邑道破之。杨素害其功，谮云："突厥本降，初不为寇，来于塞上畜牧耳。"遂寝其功。万岁数抗表陈状。上未之悟。会废皇太子，穷东宫党与，上问万岁所在，万岁实在朝堂，素见上方怒，因曰："万岁谒东宫矣。"上谓为信然，令召万岁，时所将士卒在朝称冤者数百人。万岁谓之曰："吾今日为汝极言于上，事当决矣。"既见上，言将士有功，为朝廷所抑，词气愤厉。上大怒，令左右摞杀之。此纯是武人寡虑，避遁致祸耳。马邑，今山西朔县。自季汉以来，君臣之间，后义先利，不夺不餍也久矣。人居风气之中，恒苦难于自拔，亦不足深咎于帝也。

## 第二节　文帝外攘

隋初外患，莫如突厥。文帝之于突厥也，勤兵力甚少，而收安攘之效极宏，虽突厥内乱，有以启之，然帝与其贤臣长孙晟运筹帷幄之功，不可没也。

突厥强盛，始于木杆，至佗钵，因周、齐之争相交结而益骄，已见《两晋南北朝史》第十六章第九节。木杆舍其子大逻便而立佗钵。佗钵以摄图为尔伏可汗，统其东方。摄图，木杆兄乙息记可汗之子，见《两晋南北朝史》第十六章第一节。又以其弟褥但可汗子为步离可汗，居西方。佗钵病，谓其子庵罗避大逻便。摄图不可。庵罗立，又以国让摄图，是为伊利俱卢设莫何始波罗可汗，一号沙钵略。《隋书·突厥传》。案，下文，摄图致书文帝，自称伊利俱卢设莫何始波罗可汗，而文帝报书，称为伊利俱卢设莫何沙钵略可汗，则沙钵略即始波罗异译耳。治都斤山。后染干南徙，居度斤旧镇，《通鉴》胡三省《注》曰："盖即都斤山。"案，文帝讨突厥诏，斥其迁徙漠南，偷存晷刻，则此山当在漠南。庵罗降居独乐水，今图拉河。称第二可汗。而以大逻便为阿波可汗，还领所部。高祖受禅，待突厥甚薄。讨突厥诏谓"节之以礼，不为虚费"，盖谓减其赠遗也。高宝宁作乱，沙钵略遂与合军。沙钵略妻周赵王招女曰千金公主，招，文帝子。每怀复隋之志，日夜言之于沙钵略。由是悉众为寇。武威、今甘肃武威县。天水、今甘肃天水县。安定、今甘肃泾川县。金城、今甘肃皋兰县。上郡、今陕西鄜县。弘化、今甘肃庆阳县。延安，今陕西肤施县。六畜咸尽。于是下诏，命诸将出塞击之。时开皇三年（583）八月也。初周臣长孙晟、副宇文神庆送千金公主于突厥，摄图爱之，命诸子弟贵人，皆相亲友。其弟处罗侯，号突利设，为摄图所忌，密托心腹，阴与晟盟。晟与之游猎，因察山川形势，部落强弱，皆尽知之。开皇元年，晟上书，言："诸夏虽安，戎场尚梗。兴师致讨，未是其时；弃于度外，又复侵扰。故宜密运筹策，渐以攘之。请通使玷厥，达头可汗名。说合阿波，使摄图回兵，自防右地。又引处罗，连奚、霫，则摄图分众，还备左方。首尾猜嫌，腹心离阻。十数年后，乘衅讨之，必可一举而空其国矣。""上省表大悦，因召与语。晟复口陈形势，手画山川，写其虚实，皆如指掌。上深嗟异，皆纳用焉。"遣太仆元晖诣玷厥，赐以狼头纛。晟赍币使奚、霫、契丹等，遣为乡导，至处罗所，诱令内附。至是，沙钵略率阿波、贪汗二可汗等来拒战。《隋书·高昌传》："北有赤石山。山北七十里，有贪汗山，夏有积雪。此山之北，铁勒界也。"贪汗可汗，当在是处。阿波至凉州，与窦荣定战。晟为偏将，使说之。阿波因留塞上，使人随晟入朝。摄图与卫王爽遇。战于白道，败走。爽，高祖异母弟。事见《爽》及《李彻传》。至碛，闻阿波怀贰，乃掩北牙，尽获其众，而杀其母。阿波还无所归，西奔玷厥，乞师东击摄图。复得故地，收散卒与摄图相攻。贪汗可汗素睦于阿波，沙钵略夺其众而废之，贪汗亡奔达头。沙钵略从弟地勤察，别统部落，与沙钵略有隙，复以众叛归阿波。连兵不已。各遣使诣阙，请和求援。上皆不许。千金公主自请改姓，乞为帝女，乃许之。四年，遣长孙晟副虞庆则往使。赐公主姓杨氏，改封大义公主。《突厥传》及《虞庆则传》，皆言沙钵略初不肯拜受诏书，晟说谕之乃肯。《晟传》载其说辞曰："突厥与隋，俱是大国天子，可汗不起，安敢违意？但可贺敦为帝女，则可汗是大隋女婿。奈何无礼，不敬妇公乎？"摄图乃笑，谓其达官曰："须拜妇公，我从之耳。"则突厥是时实未肯称臣。《突厥传》又云：庆则又遣称臣。沙钵略谓其属曰："何名为臣？"报曰："隋国称臣，犹此称奴耳。"沙钵略曰："得作大隋天子奴，虞仆射之力也。"盖夸饰之辞，非其实也。然沙钵略既为达头所困，又东畏契丹，乃遣使告急，请将部落度漠南，寄居白道川内。为白道地方之川也。许之。诏晋王广以兵援之。给以衣食，赐以车服、鼓吹。沙钵略因西击阿波，破擒之。《突厥传》下文又云：处罗侯立，以雍虞闾为叶护，遗使上表言状，上赐之鼓吹幡旗。处罗侯以隋所赐旗鼓西征阿波。故人以为隋兵所助，多来降附，遂生擒阿波。既而上书请阿波生死之命云云。《长孙晟传》云：遣晟持节拜处罗侯为莫何可汗，以雍虞闾为叶护可汗。处罗侯因晟奏曰："阿波为天所灭，与五六千骑在山谷间。伏听诏旨，当取之以献。"二说乖违，晟传盖是。处罗侯奏辞云阿波为天所灭，固不云为身所禽。盖摄图禽之，而置之山谷之间也。而阿拔国部落乘虚掠其妻子。阿拔，铁勒部落，见《长孙晟传》。官军为击阿拔，败之。所获悉与沙钵略。沙钵略大喜。乃立约，以碛为界。上表言："大隋皇帝，真皇帝也，岂敢阻兵恃险，偷窃名号？今便屈膝稽颡，永为藩附。"盖至是而突厥真称臣矣。高祖下诏言："往虽与和，犹是二国；今作君臣，便为一体。已敕有司，肃告郊庙。宜普颁天下，咸使知闻。"可见前此未尝称臣也。《虞庆则传》言长孙晟说谕摄图，摄图及弟叶护此即摄图死后继立之叶护处罗侯也，见下。皆拜受诏，称臣朝贡，永为藩附，盖即指此，所谓终言之也。

开皇七年（587），摄图死。弟叶护处罗侯立。以摄图子雍虞闾为叶护。叶护盖突厥储君之位，故与可汗俱拜受诏书。其位受诸兄者，还以兄之子为之。回纥怀仁可汗使其太子入援，亦称叶护。隋遣长孙晟拜处罗侯为莫何可汗，以雍虞闾为叶护可汗。八年，处罗侯又西征，中流矢而卒。其众奉雍虞闾为主，是为颉伽施多那都蓝可汗，岁遣使朝贡。平陈之后，上以陈叔宝屏风赐大义公主。主心恒不平，因书屏风为诗，叙陈亡以自寄。上闻而恶之。公主复与西面突厥泥利可汗相结。上恐其为变，将图之。十三年，流人杨钦亡入突厥，诈言彭城公刘昶共宇文氏女谋欲反隋，遣其来密告公主。据《长孙晟传》。昶在周世尚主，盖谓其夫妻共谋反隋也。《突厥传》云：谬云与宇文氏谋反，令大义公主发兵扰边。一似昶与周之宗室谋反隋者，不如晟传之明确。周宗室尽遭诛戮，见《两晋南北朝史》第十五章第一节，此时恐无能谋反者也。或《突厥传》亦作宇文氏女，而夺女字。雍闾信之，乃不修职贡。遣长孙晟出使，微观察焉。公主见晟，言辞不逊。又使所私胡人安遂迦共钦计议，扇惑雍闾。晟至京师，具以状奏。又遣晟往索钦。雍闾欲勿与，谬曰：“检校客内，无此色人。”晟乃货其达官，知钦所在，夜掩获之。以示雍闾。因发公主私事。《突厥传》云：主与所从胡私通，因发其事，下诏废黜之，恐都蓝不从，遣牛弘将美妓四人以啖之。从胡当即安遂迦，长孙晟发其与公主私事，文帝乃使牛弘赍诏往废主也。雍闾遂执迦等，并以付晟。《突厥传》云：都蓝执钦以闻，盖并钦、迦执付晟。上大喜，仍遣入藩，茳杀大义公主。雍闾又表请婚，佥议将许之。晟又奏曰：“臣观雍闾，反复无信。特共玷厥有隙，所以依倚国家。纵与为婚，终当必叛。今若得尚公主，承借威灵，玷厥、染干，必又受其征发。强而更反，后恐难图。且染干者，处罗侯之子也。素有诚款，于今两代。臣前与相见，亦乞通婚。不如许之，招令南徙。兵少力弱，易可抚驯。使敌雍闾，以为边捍。”上曰：“善。”又遣慰谕染干，许尚公主。《突厥传》云：“时沙钵略子曰染干，号突利可汗，居北方，遗使求婚。上令裴矩谓之曰：‘当杀大义主者方许婚。’突厥以为然，复谮之。都蓝因发怒，遂杀公主于帐。”案，晟与处罗侯、染干皆稔，谓染干为处罗侯子，当不致误。“突厥以为然”似当作“突利以为然”，义乃可通。然杀大义非突利所能为，要之何益？《裴矩传》云：“公主与从胡私通，长孙晟先发其事，矩请出使说都蓝，显戮宇文氏。上从之，竟如其言。”窃疑晟发公主私事后，都蓝业已替之，犹未忍杀而又求婚，隋乃以杀大义邀之，裴矩杀主方许婚之语，乃告都蓝，非告突利，《突厥传》此处，文有夺误也。十七年，染干遣五百骑随晟来逆女。以宗女封安义公主妻之。晟说染干率众南徙，居度斤旧镇。十九年，染干因晟奏雍闾作反具，欲打大同城。城在今固阳、包头境。诏发六总管分道出塞讨之。雍闾大惧，复共达头同盟，合力掩袭染干，大战于长城下。染干败绩，以五骑与晟逼夜南走。至旦，收得数百骑，谋往投玷厥。晟知其贰，密遣从者入伏远镇，未详。令其举烽。染干谓追兵已逼，乃投诚。晟将染干驰驿入朝。帝大喜，以为意利弥豆启人可汗。据《长孙晟传》。

《突厥传》"弥"作"珍"，未知孰是。启人，他处或作启民，乃唐人避讳改字也。遣晟领五万人于朔州筑大利城以处之。朔州，即马邑郡。安义公主死，复妻以义成公主。晟又奏染干部落，"虽在长城之内，犹被雍闾抄略，请徙五原，今内蒙古五原县。以河为固。于夏、胜两州之间，夏州，今陕西横山县。胜州，在今包头境。东西至河，南北四百里，掘为横堑，令处其间"。上并从之。《赵仲卿传》云："督役筑金河、定襄二城以居启民"，当在此时。二十年，都蓝为其下所杀。达头自立为步迦可汗。其国大乱。遣史万岁出朔州，晋王广出灵州今灵武县。击之。达头遁去。仁寿元年（601），代州总管韩弘败于恒安。代州，今山西代县。恒安镇，即后魏之平城，唐于其地置云州。隋云州即后魏之盛乐也。诏杨素率启民北征。长孙晟为受降使者送染干，教染干分遣使者，往北方招怀铁勒等部。三年，铁勒十余部背达头来降。达头奔吐谷浑。启民遂有其众。盖都蓝之亡，漠北之地，一时归于达头，至是又因铁勒之叛而失之也。铁勒之地，见《两晋南北朝史》第十六章第九节。《隋书》本传云："自突厥有国，东西征讨，皆资其用，以制北荒。"故铁勒一叛，而突厥骤形削弱矣。

突厥而外，为中国患者，莫如高丽。盖自慕容氏入中原，而东北空虚，辽东之地，遂为所据；辽西初入百济，其后牟大丧败，迁居南韩，则亦为所控制矣。见《两晋南北朝史》第十六章第一节。隋初，东北部落：大者曰奚、契丹，曰靺鞨。《奚传》云："自突厥称藩之后，亦遣使入朝。"盖与突厥之关系深，与高丽之关系浅。《契丹传》云："当后魏时，为高丽所侵，部落万余口求内附，止于白貔河。当作白狼河，今大凌河也。参看《两晋南北朝史》第十六章第十节。其后为突厥所逼，又以万家寄于高丽。开皇四年，率诸莫贺弗来谒。五年，悉其众款塞。高祖纳之，听居其故地。"亦见《本纪》。故地，当即白狼河。其后别部出伏等背高丽，率众来附，安置于渴奚那颉之北。未详。开皇末，其别部四千余家背突厥来降。上方与突厥和好，悉令给粮还本，敕突厥抚纳之。固辞不去。部落渐众，遂北徙逐水草。当辽西正北二百里，依托纥臣水而居。今英金河。突厥沙钵略可汗遣吐屯潘垤统之。契丹之地，实近高丽，其于突厥，不过羁縻而已。靺鞨：《隋书·传》云，凡有七种：其一号粟末部，与高丽相接。其二曰伯咄部，《唐书》作汩咄。在粟末之北。其三曰安车骨部，在伯咄东北。其四曰拂涅部，在伯咄东。其五曰号室部，在拂涅东。其六曰黑水部，在安车骨西北。其七曰白水部，当作白山，传下文亦作白山。在粟末东南。《魏书》言勿吉国有速末水，当即此所谓粟末。余部在南北朝时，盖未尝通于中国，故史不之及，开皇初相率来献，史乃从而记之也。靺鞨当辽东、西塞外，辽东、西为高丽侵踞，靺鞨自亦折而入之矣。南北朝、隋、唐间，契丹、靺鞨，恒为高丽所驱率。观文帝赐高丽玺书，有"驱逼靺鞨，固禁契丹"之语可知。炀帝大业八年（612）诏云："乃兼契丹之党，虔刘海戍；习靺鞨之服，侵轶辽西。"《旧唐书·韦云起传》：契丹入抄营州，诏云起护突厥兵往讨。入其界，使突厥诈云向柳城郡，欲共高丽交易，契丹不备，乃袭之。此事正在炀帝时。又《张俭传》："迁营州都督。"营州部与契丹、奚、霫、靺鞨诸蕃切轸。高丽引众入侵，俭率兵破之。此事在太宗征辽之前，可见此等情势，至唐初未变也。又《韦挺传》：永徽中，"将军辛文陵率兵招慰高丽，行至吐护真水，高丽掩其不备，袭击败之"。吐护真水，即托纥臣水，又可见高丽留居辽西者之众也。柳城，在今朝阳县境。唐营州都督府置于此。

高丽王汤，当南北朝之末，已见《两晋南北朝史》第十六章第一节。《隋书·高丽传》云：高祖受禅，汤遣使诣阙。开皇初，频有使入朝。及平陈之后，汤大惧，治兵积谷，为守拒之策。十七年（597），上赐汤玺书，责其"驱逼靺鞨，固禁契丹"。又言陈叔宝之亡，"人神胥悦，闻王叹恨，独致悲伤"。案，高丽之于北朝，不过慑于势，不敢不从，于南朝则心悦诚服，说亦见《两晋南北朝史》。汤是时，岂仍抱此等见解邪？抑知辽东为中国所必取，逆计陈平则用兵次第将及，故为固围之计也？《传》又云：汤得书惶恐，将奉表陈谢，会病卒，子元嗣立。高祖使拜为上开府、仪同三司，袭爵辽东郡公。元奉表谢恩，并贺祥瑞，因请封王。高祖优册元为王。明年，元率靺鞨之众万余骑寇辽西，营州总管韦冲击走之。高祖闻而大怒，命汉王谅为元帅，总水陆讨之，下诏黜其爵位。时馈运不继，六军乏食；师出临渝关，胡三省曰：在柳城西四百八十里。复遇疾疫，王师不振。及次辽水，元亦惶惧，遣使谢罪。上表称"辽东粪土臣元"云云。上于是罢兵，待之如初。元亦岁遣朝贡。高丽是时，虽非诚服，亦未必敢更挑边衅。盖靺鞨等欲为侵盗，非元所能抑止。云其躬率之以为寇，恐非归罪之辞，即系传闻之误。然册书甫出，侵轶旋来，则膺惩之师，势自不容已矣。《高丽传》云：都于平壤城，复有国内城、在今临江县帽儿山西南。白乌库吉云：即丸都义译。汉城，并其都会之所，其国中呼为三京。此高丽心腹之地，实在鸭绿江、汉江之间。兵锋非及此者，不足以言惩艾。然毋丘俭、慕容皝之师，皆自辽东而出，此时乃远自燕、齐，则虽鞭之长，不及马腹矣。此隋、唐东征之所以难于见功也。汉王谅之兵，《本纪》云三十万。遇疾疫，死者十八九。《张奫传》：奫是役为行军总管，诸军多物故，奫众独全。《周罗睺传》：是役为水军总管，自东莱泛海趋平壤，东莱，今山东掖县。遭风，船多漂没，无功而还。则水陆两军，皆所失甚大。是役也，高颎实为谅长史，非无谋者，而其丧败如此，事势固有以限之也。因其谢罪而舍之，可谓知难而退矣。《百济传》：平陈之岁，有一战船，漂至海东聃牟罗国，其船得还。经于百济，其王余昌，资送之甚厚。并遣使奉表贺平陈。高祖下诏云："往复至难，若逢风浪，便至伤损，自今已后，不须年别入贡，朕亦不遣使往。"此等事，并可见高祖之不勤远略。《陆知命传》：知命在高祖时，曾诣朝堂，请使高丽。盖亦知帝重用兵，东北边患又急，故欲以口舌收折冲之效也。聃牟罗，朝鲜金于霖《韩国小史》曰："即唐龙朔初入朝之儋罗，今之济州岛也。"

西方戎落，吐浑为大。其王夸吕，周时即数为边寇，已见《两晋南北朝史》第十六章第七节。夸吕，《隋书》作吕夸。开皇初，侵弘州。未详。高祖以弘州地旷人梗，因而废之。然又遣元谐击破之。其名王十七人、公侯十三人据《元谐传》。《吐谷浑传》作名王十三人，疑有夺字。各率部落而降。上以其高宁王移兹裒，素得众心，拜为大将军，封河南王，以统降众。六年（586）卒，令其弟树归袭。吕夸在位岁久，屡因喜怒，废杀太子。后其太子可博汗，惧其废辱，谋执吕夸而降，请兵于边吏，上不许。太子谋泄，为其父所杀。立少子嵬王诃。是岁，嵬王诃惧诛，复谋率部落归国，遣使诣阙，请兵迎接。上不可。乃止。八年，其名王拓跋木弥请以千余家归化。上曰："浑贼惛狂，妻子怀怖，然叛夫背父，不可收纳，又其本意，正自避死，若今遣拒，又复不仁。若更有意信，但宜慰抚，任其自拔，不须出兵马应接之。其妹夫及甥欲来，亦任其意，不劳劝诱也。"十一年，吕夸卒，子伏立。十六年，以光化公主妻之。明年，其国大乱。国人杀伏，立其弟伏允。使陈废立之事，且请依俗尚主。上从之。自是朝贡岁至。

川、康、甘、青间诸部族，《隋书》总称为党项羌。云：高祖为丞相时，中原多故，因此大为寇掠。梁睿既平王谦，请因旋师讨之，高祖不许。开皇四年（584）、五年、六年，皆有众内附。见本传及《纪》。十六年，寇会州，今四川茂县。发陇西兵讨破之，又相率请降。其白狼国，亦于元年献方物。见《纪》。女国：见《两晋南北朝史》第十六章第八节。《传》云：开皇六年，遣使朝贡。《北史·本纪》事在四年，《隋书·本纪》无之。要之必曾一通使命，此或今后藏地方通于中国之始也。参看第二章第四节，及《两晋南北朝史》第十六章第八节。

开皇十年（590）江南之乱，史万岁以行军总管从杨素击之。其《传》云："率众二千，自东阳别道而进，今浙江金华县。逾岭越海，攻陷溪洞，不可胜数。前后七百余战，转斗千余里。"素时出会稽今浙江绍兴县。至泉州，今福建闽侯县。万岁盖自浙东入闽与之会也。其今粤地，王勇虽因冯宝之妻迎韦洸而败绩，见《两晋南北朝史》第十五章第三节。然未几，勇将王仲宣即复叛。仲宣，《隋书·韦洸传》称为番禺夷，《慕容三藏传》称为岭南酋长，《裴矩传》称为俚帅，盖南夷酋豪不服隋者。时以韦洸为行军总管，慕容三藏为副讨之。

洗中流矢卒。据《三藏传》。《洗传》云：洗所绥集二十四州。拜广州总管。岁余，番禺夷王仲宣聚众为乱，以兵围洗，洗勒兵拒之，中流矢而卒，一似洗迄未离广州者。《裴矩传》：矩定岭南还报，上大悦，顾谓高颎、杨素曰："韦洗将二万兵，不能早度岭，朕每患其兵少，裴矩以三千敝卒，径至南康。有臣若此，朕亦何忧？"可见仲宣乱时，洗实在岭北也。先是裴矩奉诏巡抚岭南，未行而江南乱，吴、越道闭，上难遣矩行。矩请速进，上许之。行至南康，今江西赣县。得兵数千人。时仲宣逼广州，遣将周师举围东衡州。今广东曲江县。矩与大将鹿愿赴之，斩师举。进兵自南海援广州，仲宣惧而溃散。矩所绥集二十余州，承制署其渠帅为刺史、县令。《矩传》。《列女·谯国夫人传》云：仲宣反，首领皆应之，围韦洗于州城。夫人遣孙暄救洗。暄与逆党陈佛智友善，迟留不进。夫人怒，遣使执暄，系于州狱。又遣孙盎出讨佛智，斩之。进兵至南海，与鹿愿军会，共败仲宣。夫人亲被甲，乘介马，张锦伞，领彀骑，卫裴矩巡抚诸州。岭表遂定。高祖异之，拜盎高州刺史。高州，梁置，治高梁，在今广东阳江县西。唐徙治良德，在今广东茂名县东北。仍敕出暄，拜罗州刺史。罗州，亦梁置，治石龙，在今广东化县东北。追赠冯宝为广州总管谯国公，册夫人为谯国夫人。开幕府，置长史以下官属，给印章，听发部落六州兵马。若有机急，便宜行事。时番州总管赵讷贪虐，隋改广州曰番州。诸俚、僚多有亡叛，夫人遣长史上封事，论安抚之宜，并言讷罪状。上遣推讷，得其臧贿，竟致于法。降敕委夫人招慰亡叛。夫人亲载诏书，自称使者，历十余州，宣述上意，谕诸俚、僚，所至皆降。十七年二月，桂州人李光仕起事，以王世积为行军总管，与周法尚讨平之。桂州，今广西桂林县。世积兵遇瘴未能进，战功实皆出法尚，见《法尚传》。七月，李代贤又反，虞庆则讨平之。亦见《纪》。《庆则传》作李贤。盖其人名世贤，避讳者或易字，或省字。上以岭南夷僚，数为边患，征汴州刺史令狐熙，汴州，今河南开封县。拜为桂州总管，许以便宜从事，刺史已下官，得承制补授。熙至部，大弘恩信，溪洞渠帅，相率归附。先是州县生梗，长吏多不得之官，寄政于总管府，熙悉遣之。为建城邑，开设学校。有宁猛力者，在陈已据南海，高祖因而抚之，即拜安州刺史。令狐熙奏改为钦州，今广东钦县。然骄倨未尝参谒。熙手书谕之，申以交友之分。其母有痼疾，熙复遗以药物。猛力感之，诣府请谒，不敢为非。时高祖又命何稠召募讨李光仕，稠亦逾岭，分遣冯暄等讨贼，承制署首领为州县官而还。宁猛力率众迎军，请身入朝。稠以其疾笃，放还，与约诣京师相见。猛力临终，戒其子长真：葬讫上路。长真如言入朝。《唐书·诸夷蕃将传》：仁寿初，冯盎为宋康令，宋康，宋县，当在今四川境。潮、成等五州僚叛，潮州，今广东潮阳县。成州，后改封州，今广东封川县。盎驰至京师请讨之。文帝诏杨素与论形势。

即诏益发江岭兵击平之。文帝之于岭外，始终凭借恩信，抚其酋豪，使为己用，以是不甚烦兵力，而克奏平定之功也。

今云、贵之地，史万岁于开皇二十年（600）平之。《梁睿传》云：剑南平，睿威振西川，夷僚归附，惟南宁酋帅爨震，恃远不宾。南宁，蜀建宁郡，晋宁州治，在今云南曲靖县西。睿上疏曰：南宁州，汉世牂柯之地，近代已来，分置兴古、云南、建宁、朱提四郡。汉牂柯郡，治且兰，今贵州平越县。兴古，晋郡，在今贵州普安县西。云南，晋郡，在今云南祥云县南。朱提，汉县，后汉未改郡，在今四川宜宾县西南。户口殷众，金宝富饶。二河有骏马、明珠，益、宁出盐井、犀角。晋泰始七年（271），以益州旷远，分置宁州。至伪梁，南宁州刺史徐文盛，被湘东征赴荆州，土民爨瓒，遂窃据一方，国家遥授刺史。其子震，相承至今。臣礼多亏，贡赋不入。每年奉献，不过数十匹马。其处去益，路止一千。朱提北境，即与戎州接界。戎州，梁置，今四川宜宾县。如闻彼人，苦其苛政，思被皇风。幸因平蜀士众，即请略定南宁。又请曰：其地沃壤，多是汉人。与交、广相接，路乃非遥。汉代开此，本为讨越。伐陈之日，复是一机。以此商量，决谓须取。高祖深纳之。然以天下初定，恐民心不安，故未之许。后竟遣史万岁讨平之，并因睿之策也。案，《唐书·南蛮传》言：爨瓒死，子震、玩分统其众，隋开皇初，遣使朝贡，命韦世冲以兵戍之，置恭州、今四川珙县。协州、在珙县西南。昆州，在今云南昆明县西。则爨氏初未尝不宾服，特后稍怠耳。《隋书·史万岁传》云：南宁夷爨玩来降，拜昆州刺史，既而复叛，遂以万岁为行军总管击之。入自蜻蛉川，在今云南姚安县南。经弄栋，汉县，在姚安北。次小勃弄、大勃弄，二城名，在今祥云县东。唐于此置勃弄县。至于南中。贼前后屯据要害，万岁皆击破之。度西洱河，即洱海，古叶榆水。入渠滥川。在今云南昆阳县东南，东北流入滇池。行千余里，破其三十余部。诸夷大惧，遣使请降。万岁驰奏，请将玩入朝，诏许之。玩阴有二心，不欲诣阙，赂万岁以金宝。万岁于是舍玩而还。蜀王时在益州，知其受赂，遣使将索之。万岁闻，悉以所得金宝，沉之于江。索无所获。明年，爨玩复反。蜀王奏万岁受赂纵贼，上令穷治其事。事皆验。上数之。万岁曰："臣留爨玩者，恐其州有变，留以镇抚。臣还至泸水，诏书方到，由是不将入朝，实不受赂。"上大怒，顾有司曰："明日将斩之。"万岁惧而服罪。高颎、元旻等救之。上意少解，于是除名为民。案，万岁受赂，恐实系蜀王诬之。高祖决狱，但凭喜怒，不暇致祥，故万岁不克自申耳。高祖非贪南方利入者，其平南宁，盖实以其地多汉人，且道通交、广，足资控扼也。

交趾之地，开皇十年（590）江南乱时，即有李春者，自称大都督。见《纪》。仁寿二年（602），复有李佛子者，《刘方传》称为俚人。令狐熙奉诏令其入朝，佛子请至仲冬上道，熙从之，已而叛。有人诣阙讼熙受佛子赂，上固疑之。及是，大怒，使锁熙诣阙。熙性素刚，行至永州，忧愤发病卒。永州，今湖南零陵县。而遣刘方讨平之。遂授方欢州道行军总管，欢州，在今越南北境。经略林邑。方至炀帝大业元年（605）四月，乃击破之。入其都，获其庙主金人，污其宫室，刻石纪功而还。士卒脚肿，死者十四五。方亦遇患道卒。林邑之役，《传》谓由天下无事，群臣言其多奇宝而起。此不似高祖所为，必传者之过也。

## 第三节　炀帝夺宗

隋高祖五男：曰房陵王勇，曰晋王广，曰秦王俊，曰蜀王秀，初封越王。曰汉王谅，皆文献皇后独孤氏所生。帝惩周代诸侯微弱，受禅之岁，即立勇为太子，封诸子为王。又立行台尚书省，以诸王为令，入牧雍州，出为诸州总管，遇征伐则为行军元帅，其期望之甚厚。参看《隋书·于义》《元岩传》。高祖受禅之岁，即以广为并州总管，秀为益州总管。开皇元年（581）正月，置河北道行台尚书省于并州，以广为令。河南道于洛州，以俊为令。西南道于益州，以秀为令。三年十月，废河南道行台省，以俊为秦州总管。六年十月，置山南道行台尚书省于襄州，以俊为令。伐陈之役，俊为河南道行军元帅，屯汉口，为上流诸军节度。陈平，拜扬州总管，镇广陵。岁余，转并州。广以六年十月，征拜雍州牧，伐陈，为行军元帅，陈平，复拜并州总管，江南乱，徙扬州，十六年，乃归藩。秀为西南道行台，岁余而罢，十二年，复出镇蜀。谅十二年牧雍州，十七年为并州总管。韦世康以十五年十月为荆州总管。传言时天下惟置四大总管，并、扬、益并亲王临统，惟荆州委于世康，时论以为美，可见其任之重也。并州治太原，益州治成都，洛州治洛阳，秦州治天水，襄州治襄阳，荆州治江陵，皆今县。广陵，后改为江都，见第一节。然诸子皆不令。俊以奢侈，违犯制度，开皇十七年七月，征还京师，免官，以王就第。二十年六月，薨于秦邸。是岁十月，太子又废。

太子勇之废，史家归咎于独孤后。云：后性妒忌。后宫莫敢进御。见诸王及朝士有妾孕者，必劝上斥之。此即因其谮高颎之说而附会，见下。勇性率意任情，多内宠。昭训云氏尤嬖。妃元氏无宠，尝遇心疾，二日而薨。后意有他故，甚责望勇。晋王知之，弥自矫饰。后来朝，临还扬州，入内辞后，泣言东宫欲加屠陷。后忿然。王知后意移，始构夺宗之计，引张衡定策，遣宇文述交杨素弟约，令喻旨于素。衡为河北行台曹郎，并、扬二州椽。宇文述平陈有功，王镇扬州，奏为寿州刺史。寿州，今安徽寿县。素揣知后意，又从而谮构之。

而太子遂废。《勇传》言其将废，高祖在仁寿宫，见第一节。知其不安，使素观之。素还，言勇怨望，恐有他变。乃于玄武门达至德门，玄武门，隋大兴宫城西北门。至德门，在宫城东北隅。量置候人，以伺动静。东宫宿卫，侍官已上名籍，悉令属诸卫府。晋王又令段达私于东宫幸臣姬威，达胁威告东宫非法。九月，车驾至自仁寿宫，翼日御殿，谓侍臣曰："我新还京师，应开怀欢乐，不知何意，翻邑然愁苦？"吏部尚书牛弘对曰："由臣等不称职，故至尊忧劳。"高祖既数闻谗谮，疑朝臣皆具委，故有斯问，冀闻太子之愆，弘为此对，大乖本旨。因作色谓东宫官属曰："仁寿宫去此不远，而令我每还京师，严备仗卫，如入敌国，岂非尔辈欲坏我家国邪？"又述勇罪状曰："新妇初亡，我深疑使马嗣明药杀。我曾责之，便忿曰：'会杀元孝矩。'妃父。此欲害我而迁怒耳。"又云："我恒畏其加害，如防大敌。"高祖之所疑可知。《传》述勇见疏之由曰：某岁冬至，百官朝勇，勇张乐受贺。高祖下诏，言"皇太子虽居上嗣，义兼臣子，而诸方岳牧，正冬朝贺；任土作贡，别上东宫；事非典则，宜悉停断"。自此恩宠始衰，渐生疑阻。时令选宗卫侍官入上台宿卫。高颎奏称："若尽取强者，恐东宫宿卫太劣。"高祖作色曰："我有时行动，宿卫须得雄毅，太子毓德东宫，左右何须强武？此极敝法，甚非我意。我熟见前代，公不须仍踵旧风。"盖疑颎男尚勇女，形于此言，以防之也。《通鉴》：开皇二十年（600），贺若弼复坐事下狱，既而释之。他日，上谓侍臣："弼语高颎：皇太子于己，出口入耳，无所不尽，公终久何必不得弼力？何脉脉邪？"亦可见高祖于颎等，疑忌之深也。然则高祖之疑勇久矣，此杨素之谗所由得入也。苟为后义而先利，不夺不餍，季汉已来，置君之如弈棋旧矣，熟见前代，安能释然？此亦无足深怪。《郭衍传》言：晋王有夺宗之谋，托衍心腹，遣宇文述以情告之。衍从王出镇扬州，与平江南之乱。授蒋州刺史，迁洪州总管。蒋州，见第一节。洪州，今江西南昌县。衍大喜，曰："若所谋事果，自可为皇太子。如其不谐，亦须据淮海，复梁、陈之旧。副君酒客，其如我何？"王因召衍，阴共计议。衍诈称桂州俚反，桂州，见上节。王奏衍引兵讨之，由是大修甲仗，阴养士卒。此等阴谋，亦狃于前代之积习也。近己而俗相类，则往车虽覆，而成辙易循。《房彦谦传》曰：平陈之后，论者咸云将致太平。彦谦私谓所亲曰："主上性多忌克，不纳谏争。太子卑弱，诸王擅威。在朝唯行苛酷之政，未施弘大之体。天下虽安，方忧危乱。"房、魏总史事，其父皆得佳传，《困学纪闻·考史》。昔人久有疑辞，斯言或出附会，然太子卑弱，诸王擅权，自是当时情事，勇又安能无疑？《文献后传》云：高祖与后相得，誓无异生之子。《废太子传》：上尝从容谓群臣："朕旁无姬侍，五子同母，可谓真兄弟也。岂若前代，多诸内宠，孽子忿诤，为亡国之道邪？"鲜卑之俗，贱妾媵而不讳妒忌，见《两晋南北朝史》第十七章

第一节。后固虏姓，高祖亦渐北俗；又性本严正，非溺情嬖幸者流；是以"后宫宠幸，不过数人"。高祖告裴肃语，见《肃传》。至于五子同母，不过事出偶然，非真绝无嫔御也。《后传》言：后使宦官伺上，政有所失，随则匡谏。又云：每与上言及政事，往往意合。然其恶房陵，乃如其谓晋王："每思东宫，竟无正嫡，至尊千秋万岁之后，遣汝等兄弟，向阿云儿前，再拜问讯，此是几许大苦痛邪？"其爱晋王，则如其告杨素，谓："每闻至尊及我遣内使到，必迎于境首。言及违离，未尝不泣。又其新妇，亦大可怜，我使婢去，常与之同寝共食。"仍是琐琐妇人之见耳。《勇传》言其"遣人伺觇东宫，纤介事皆闻奏，因加媒蘖"。度亦不过如是，岂真能使高祖因之而行废立哉？史所传独孤后事，其说多诬。《后妃传》言：尉迟迥女孙有美色，上于仁寿宫见而悦之，因此得幸，后伺上听朝，阴杀之。上由是大怒，单骑从苑中出，不由径路，入山谷间二十余里。高颎、杨素等追及，扣马苦谏。上太息曰："吾贵为天子，而不得自由。"颎曰："陛下岂以一妇人而轻天下？"上意少解。驻马良久，中夜始还，后俟上于阁内。上至，后流涕拜谢。颎、素等和解之。上置酒极欢。后自此意颇衰折。初，后以高颎父之家客，甚见亲礼，至是，闻颎谓己为一妇人，衔恨。又以颎夫人死，其妾生男，益不善之，渐加谮毁。上亦每事惟后言是用。后见诸王及朝士有妾孕者，必劝上斥之。时皇太子多内宠。妃元氏暴薨，后意太子爱妾云氏害之。由是讽上黜高颎，竟废太子，立晋王：皆后力也。谮高颎事亦见《颎传》：又云：颎从汉王征辽东，上以汉王年少，专委军于颎。颎以任寄隆重，每怀至公，无自疑之意，谅所言多不用，甚衔之。及还，泣言于后曰："儿幸免高颎所杀。"上闻之，弥不平。夫天子即在离宫，岂能单骑独出？诸王朝士有妾孕者，可尽斥乎？幸免为高颎所杀，此何等语？亦岂可以欺后，而况于高祖哉？秦王之获罪也，杨素言其过不应至此。高祖曰："若如公意，何不别制天子儿律？"其废太子，又言"我虽德惭尧、舜，终不以万姓付不肖子"。其言未尝不廓然大公，然而不免于祸者？太子卑弱，诸王擅威，实乃自启乱源，而其所以致此，则众建亲戚，以为屏藩之一念误之，其源浊，其流必不可澄也。

勇既废，十一月，遂立晋王为太子。蜀王秀，《传》言其意甚不平。太子阴令杨素，求其罪而谮之。仁寿二年（602），征还京师，令素等推治之。太子阴作偶人，书上及汉王姓字，缚手钉心，埋之华山下。又作檄文，言逆臣贼子，专弄威柄，自陈甲兵之盛，云欲指期问罪，置秀集中。于是废为庶人，幽之内侍省。案，《传》又言秀之至，上曰："顷者秦王靡费财物，我以父道训之，今秀蠹害生民，当以君道绳之。"秀亦未尝不奢侈违制，事见本传及《元岩传》，惟较之虐民，则靡财之罪为轻耳。又曰："当斩秀于市，以谢百姓。"狱之具也，连坐者百余人，此庸有网罗。然《酷吏传》言：秀得罪，赵仲卿奉诏往益州穷按，秀宾客经过之处，仲卿必深文致法。州县长吏，坐者大半，则徒党肆虐，州县承风者实多，蠹害生民，必在所不免矣。《秀传》又言：秀有胆气，多武艺，甚为朝臣所惮。《源师传》言：秀违法度，以师为益州总管司马。俄而秀被征，将谢病不行。师垂涕劝之，乃从征。《独孤楷传》言：秀犹豫未发，朝廷恐其生变，拜楷益州总管，驰传代之。秀果有异志。楷讽谕久之，乃就路。楷察其有悔色，因勒兵为备。秀去四十余里，将反袭楷，密令左右觇楷，知不可犯而止，则秀亦非无异谋。炀帝构秀，虽出私意，然使终处蜀可乎？此亦见封建之必召乱也。

仁寿四年（604）七月，文帝崩。《后妃传》言：陈宣帝女，陈灭配掖庭，后选入宫为嫔，《传》云：遗诏拜为宣华夫人。《杨素传》称为陈贵人，见下。有宠。高祖寝疾仁寿宫，夫人与太子同侍疾。平旦出更衣，为太子所逼，上闻之恚，使兵部尚书柳述、黄门侍郎元岩召勇，隋有两元岩：一为蜀王秀长史，《隋书》有传。此元岩为华阳王楷妃之父，仅附见《列女·妃传》中，楷文帝孙，封为华阳王，事在开皇十年（590），见《纪》。述、岩为敕，以示左仆射杨素。素白太子，太子使张衡入寝殿，俄而上崩。其夜，太子烝于陈氏。嗣位之后，出居仙都宫，寻召入，岁余而终。帝深悼之，为制神伤赋。又有蔡氏，丹阳人。陈灭，以选入宫为世妇，容仪婉嫕，上甚悦之。以文献皇后故，希得进幸。及后崩，渐见宠遇。拜为贵人。上寝疾，加号容华夫人。崩后，亦为炀帝所烝。丹阳，梁、陈郡，隋灭陈，废，大业时复置，今江苏江宁县。《废太子》及《柳述传》略同。《杨素传》则云：上不豫，素与柳述、元岩等入阁侍疾。皇太子虑上有不讳，须豫防拟，手自为书，封出问素，素录出事状以报，宫人误送上所，上览而大恚。所宠陈贵人，又言太子无礼。上遂发怒，欲召勇，太子谋之于素。素矫诏，追东宫兵士帖上台宿卫。门禁出入，并取宇文述、郭衍节度。又令张衡侍疾。炀帝立为太子，述为左卫将军。衍为左监门率，转左宗卫率。衡拜右庶子，仍领给事黄门侍郎。上以此日崩。由是颇有异议。案，《陈氏传》又言：晋王在藩，阴有夺宗之计，规为内助，每致礼焉，进金蛇、金驼等物以取媚，废立之际，颇有力焉。则陈氏之于炀帝，既已交结于平时，安能自固于临事？《后妃传》言炀帝烝于宣华，在高祖崩后。《房陵传》则谓奸乱宫闱，事闻于高祖，高祖乃遣追勇，说亦不仇。炀帝素善矫饰，聚麀之行，岂必谋诸造次之间？豫虑后事，何等机密，何至宫人误送帝所？高祖威令凤行，尚能观览事状，则是神明未衰，更易废兴，事非轻小，岂得一无防备，但一张衡，即能弑逆？《衡传》言衡为炀帝所杀，临死大言曰："我为人作何等事，而望久活？"监刑者塞耳，促令杀之。亦恶炀帝者之辞，不足信也。故知此等说皆不足信也。柳述尚高祖女兰陵公主。《传》言上于诸婿中，特所宠敬。述怙宠骄豪，无所降屈。杨素时称贵幸，朝臣莫不詟惮，述每陵侮之。俄素亦被疏忌，不知省务，述任寄愈重。及是，素与皇太子协议，便矫诏执述、岩，持以属吏焉。窃疑述与杨素，本以争权相害，高祖弥留之际，实有拥翼房陵之谋，而为素所败也。

高祖崩后，秘不发丧。伪为敕书，赐故太子勇死，追封为房陵王，不为立嗣。勇有十男，长曰长宁王俨，炀帝践极，俨常从行，卒于道，实鸩之也。诸弟分徙岭外，仍敕在所皆杀焉。《通鉴》系大业三年（607）。柳述坐除名，与公主离绝，徙于龙川。隋郡，今广东惠阳县。数年，复徙宁越，隋郡，即钦州。遇瘴疠而死。元岩除名徙南海。隋郡，即番州，见上节。后会赦归长安。有人谮岩逃归，收杀之。

汉王谅，以开皇十七年（597），出为并州总管。自山以东，至于沧海，南拒黄河，五十二州尽隶焉。特许以便宜，不拘律令。十八年，起辽东之役，十九年突厥犯塞，皆以为行军元帅。盖秦王虽败，高祖委任宗支之心，初未尝减也。太子谗废，谅阴有异图。讽高祖云："突厥方强，太原即为重镇，宜修武备。"高祖从之。于是缮治器械，招佣亡命，左右私人，殆将数万。王頍者，僧辩之子也，为谅谘议参军；萧摩诃者，陈氏旧将；并为谅所亲善。蜀王废，谅愈不自安。高祖崩，征之不赴，遂发兵反。炀帝遣杨素讨之。谅穷蹙降，以幽死。子颢禁锢。宇文化及弑逆之际遇害。王頍自杀。萧摩诃被擒而死。炀帝徙谅党数十万家。《五行志》。大业三年（607），敕并州逆党，已流配而逃亡者，所获之处，即宜斩决。五年，大赦天下，开皇以来流配者，悉放还乡，而晋阳逆党，仍不在其例。皆见《纪》。亦酷矣。

## 第四节　炀帝荒淫

左氏曰：俭德之共，侈恶之大。伊古以来，人君之以骄淫败者多矣，然其人或本无知识，堕于恶而不自知，若乃明知其恶而故为之，而又悍然不顾纵恣无极，则未有若隋炀帝之甚也。

炀帝于即位之岁，十一月，幸东都，即命于伊、洛营建东京。明年二月，命杨素、杨达、宇文恺主其事。恺时为将作大匠，《传》言其揣帝心在宏侈，制度穷极壮丽。然《食货志》言："帝昔居藩翰，亲平江左，兼以梁、陈曲折，以就规摹。"则其规制，又有出自帝意者也。《志》又言杨素为营作大监，每月役丁二百万人。徙洛州郭内人民，及天下诸州富商大贾数万家以实之。又于皂涧在今河南新安县东。营显仁宫。苑囿连接，北至新安，今河南新安县。西至渑池，今河南渑池县。周围数百里。课天下诸州，各贡草木、花果、奇禽、异兽。役使促迫，僵毙者十四五。每月载死丁，东至成皋，今河南汜水县。北至河阳，今河南孟县。车相属于道。亦见《本纪》。亦可谓酷矣。

大业元年（605）三月，发河南诸郡男女百余万开通济渠。自西苑在今洛阳县西。引谷、洛水达于河。自板渚在今汜水县东北。引河通于淮。《本纪》。《食货志》云："河畔筑御道，树以柳。"使往江南采木，造龙舟、凤艒、黄龙、赤舰、楼船等数万艘。《本纪》。《食货志》：所造者又有篾舫。又云："采大木，引至东都。所经州县，递送往返，首尾相属，不绝者千里。"八月，御龙舟幸江都。见第一节。文武官五品以上给楼船，九品以上给黄篾。舳舻相接，二百余里。《本纪》。亦见《食货志》。《志》又云："募诸水工，谓之殿脚，衣锦行滕，执青丝缆挽船。"所经州县，并令供顿、献食。丰办者加官爵，阙乏者罪至死。二年三月，发江都。先是太府少卿何稠、丞云定兴盛修仪仗。于是课州县送羽毛。百姓求捕之，网罗被水陆。禽兽有堪羽毛之用者，殆无遗类。《本纪》。《食货志》云："课天下州县，凡骨角、齿牙、皮革、毛羽，可饰器用，堪为羽毛者，皆责焉。征发仓卒，朝命夕办。百姓求捕，网罟遍野，水陆禽兽殆尽，犹不能给，而买于豪富蓄积之家，其价腾踊。是岁，翟雉尾一直十缣，白鹭鲜半之。"至是而成。四月，上自伊阙隋县，今洛阳县南。陈法驾，备千乘万骑，入于东京。三年四月，北巡狩。五月，发河北十余郡丁男凿太行山，达于并州，以通驰道。六月，次榆林。隋郡，即胜州。突厥启民可汗来朝。七月，上于郡城东御大帐，其下备仪卫，建旌旗，宴启民及其部落三千五百人。奏百戏之乐。赐启民及部落各有差。发丁男百余万筑长城，西距榆林，东至紫河，清水河支流。一旬而罢，死者十五六。八月，发榆林。启民饰庐清道，以候乘舆。帝幸其帐，宴赐极厚，皇后亦幸义成公主帐。次太原，诏营晋阳宫。在太原。九月，至东都。四年正月，诏发河北诸郡男女百余万开永济渠，引沁水南达于河，北通涿郡。今河北涿县。三月，幸五原，因出塞巡长城。四月，以离石之汾源、临泉，离石，今山西离石县。汾源，改静乐，今山西静乐县。临泉，在今山西兴县西北。雁门之秀容雁门，即代州，见第二节。秀容，今山西忻县。为楼烦郡。治静乐。起汾阳宫。在静乐。七月，发丁男二十余万筑长城，自榆林谷而东。榆林谷，《通鉴》作榆谷。《注》云：当在榆林西。八月，亲祠恒岳。河北道郡守毕集。五年正月，改东京为东都，自东都还京师。三月，西巡河右。四月，大猎于陇西。隋郡，今甘肃陇西县。出临津关，临津，前凉县，在今甘肃临夏县西北。关当在县境，为黄河济渡处。渡黄河至西平，隋郡，今碾伯县。陈兵讲武。五月，大猎于拔延山。在西宁东南。长围周亘二千里。渠浩亹。今大通河。御马度而桥坏。斩朝散大夫黄亘及督役者九人。遣兵征吐谷浑。见下节。六月，经大斗拔谷，在今甘肃山丹县南。山路险险，鱼贯而出，风霰晦冥，与从官相失，士卒冻死者大半。次张掖，今甘肃张掖县。高昌王麹伯雅来朝。伊吾吐屯设等献西域数千里之地。参看下节。上大悦。置西海、《地理志》云："置在古伏俟城，即吐谷浑国都。"案，在青海西。河源、《地理志》云："置在古赤水城。"案，在青海南。鄯善、《地理志》云："置在鄯善城，即古楼兰城也。"案，在罗布泊南。且末《地理志》云："置在古且末城。"案，在车尔成河上。四郡。御观风行殿。宇文恺所造。《传》云："上容侍卫者数百人，离合为之，下施轮轴，推移倏忽，有若神功。戎狄见之，莫不惊骇。"盛陈文物。奏九部乐。设鱼龙曼延。宴高昌王、吐屯设于殿上，以宠异之。外族陪列者，三十余国。九月，入长安。十一月，幸东都。六年三月，幸江都宫。七年三月，自江都御龙舟，入通济渠，遂幸涿郡。征高丽，败还。见下节。八年九月，乃至东都。九年三月，复征高丽，幸辽东，以杨玄感反而还。见下节。九月，次上谷。隋郡，今河北易县。以供费不给，免太仆虞荷等官。闰月，幸博陵。周定州，隋改为博陵郡，今河北定县。高祖尝为定州总管，故帝幸焉。改为高阳郡。十年，复征高丽。三月，行幸涿郡。四月，次北平。隋郡，今河北卢龙县。七月，次怀远镇。属辽西。高丽遣使请降。八月，班师。见下节。十月，至东都，还京师。十二月，如东都。十一年正月，突厥等国遣使朝贡。大会各族，设鱼龙曼延之乐，颁赐各有差。五月，幸太原。避暑汾阳宫。八月，巡北塞。突厥始毕可汗谋袭乘舆，义成公主遣使告变，车驾驰幸雁门，即代州。为所围。九月，乃解。见下节。十月，至东都。十二年七月，幸江都宫。奉信郎崔民象谏，上大怒，先解其颐，乃斩之。次汜水，今河南汜水县。奉信郎王爱仁请还西京，上怒，斩之而行。自此不复能北归矣。《纪》云："帝性多诡谲。所幸之处，不欲人知，每之一所，辄数道置顿，四海珍羞殊味，水陆毕备焉。求市者无远不至。郡县官人，竞为献食。丰厚者进擢，疏俭者获罪。奸吏侵渔，内外虚竭。头会箕敛，人不聊生。"《食货志》言："从行宫掖，常十万人，所有供须，皆仰州县。"流连之乐，荒亡之行，可谓旷古无伦矣。

《音乐志》云："始齐武平中，有鱼龙烂漫等奇怪异端，百有余物，名为百戏。周时，郑译有宠于宣帝，奏征齐散乐，并会京师。开皇初，并放遣之。及大业二年，突厥染干来朝，炀帝欲夸之，总追四方散乐，大集东都。自是皆于太常教习。每岁正月，万国来朝，留至十五日，于端门外、建国门内，绵亘八里，列为戏场。百官起棚夹道路，从昏达旦，以纵观之，至晦而罢。伎人皆衣锦绣缯采。其歌舞者，多为妇人服。鸣环佩，饰以花毦者，殆三万人。初课京兆、河南制此衣服，两京缯锦，为之中虚。三年，驾幸榆林，启民朝于行宫，帝又设以示之。六年，诸夷大献方物。突厥启民以下，皆国主亲来朝贺。乃于天津街盛陈百戏。海内奇技，无不总萃。崇侈器玩，盛饰衣服，皆用珠翠、金银、锦罽、绨绣，其营费巨亿万。关西以安德王雄总之，东都以齐王暕总之。金、石、匏、革之声，闻数十里外。弹弦、擪管以上，一万八千人。大列炬火，光烛天地。百戏之盛，振古无比。自此每年以为常焉。"《本纪》独于此年及十一年（615）书之，盖其尤盛者也。又云：自汉至梁、陈，乐工大数，不相逾越。及周并齐，隋并陈，各得其乐工，多为编户。至大业六年，帝乃大括魏、齐、周、陈乐人子弟，悉配太常，亦见《本纪》。并于关中为坊置之，其数益多前代。又云：帝颇玩淫曲。裴蕴揣知帝情，奏括周、齐、梁、陈乐工子弟，及人间善声调者，凡三百余人，并付太乐。其哀管新声，淫弦巧奏，皆出邺城之下高齐之旧曲云。《蕴传》谓"是后异技淫声，咸萃乐府，皆置博士弟子，递相教传，增益乐人至三万余"。此启之康娱以自纵也。大业四年九月，"征天下鹰师，悉集东京，至者万余人。"此羿之淫游以佚田也。亡国之行，可谓兼之矣。《食货志》云："遐方珍膳，必登庖厨；翔禽毛羽，用为玩饰；买以供官，千倍其价。"因修仪仗而课毛羽，事已见前。大业初调狐皮，郡县大猎，事见《孝义·华秋传》。甚者，十二年，于景华宫在东都。征萤火，夜出游山放之，光遍岩谷。肆意征求如此，劳民岂有涯哉？《循吏传》言：斯时官吏，善于侵渔，强于剥割，绝亿兆之命，遂一人之求者，谓之奉公，即时升擢。其或顾名节，存纲纪，抑夺攘之心，从百姓之欲者，谓之附下，旋及诛夷。不及十年，海内鼎沸，岂不宜哉？

帝之荒纵，适与高祖相反，而其猜忌，则相类而又过之。《本纪》云：于时军国多务，日不暇给。帝方骄怠，恶闻政事。冤屈不治，奏请罕决。所至惟与后宫，留连沉湎，惟日不足。又猜忌臣下，无所专任。朝臣有不合意者，必构其罪而族灭之。其余事君尽礼，謇謇匪躬，无罪无辜，横受夷戮者，不可胜纪。案，帝所任者：虞世基，内史侍郎，专典机密。苏威，纳言。宇文述，帝即位，拜左翊卫大将军，参与朝政。裴矩，黄门侍郎。裴蕴，御史大夫。时人称为五贵。《苏威传》。苏威在旧臣中，已为无气节者，宇文化及弑逆，威受其官，化及败，归于李密。密败，又归王世充，唐太宗平东都，威请谒见，称老病不能拜起。太宗遣人数之曰：公隋朝宰辅，政乱不能匡救。见李密、王充，皆拜伏舞蹈。今既老病，无劳相见也。寻归长安。至朝堂请见，又不许。太宗此举，固为骄盈无礼，然威之为人，则亦可见矣。犹以不能每事曲顺，除名为民。事在大业十二年（616）五月。虞世基徒唯诺取容。宇文述更贪鄙工于附会。裴矩虽清廉，兼善筹策，然帝之事外，非为安攘之计，徒劳民以逞欲，而矩乃逢迎其恶，弃民于沙塞之外，衡以儒家之义，善战者服上刑不啻矣。参看下节。裴蕴务于聚敛，且肆刑诛，罪更不容于死。《蕴传》："迁民部侍郎。于时犹承高祖和平之后，禁网疏阔，户口多漏。或年及成丁，犹诈为小；未至于老，已免租赋。蕴历为刺史，素知其情。因是条奏，皆令貌阅。若一人不实，则官司解职，乡正里长，皆远流配。又许民相告。若纠得一丁者，令被纠之家，代输赋役，是岁大业五年也，诸郡计帐，进丁二十四万三千，新附口六十四万一千五百。"案，前史所载户口，皆非生齿之数，而为赋役之籍。故户口少者，不必为凋敝之征；而户口多者，转足见诛求之烈。隋初国计之富，实由丁口之增，已见第一节。此时丁口更增，足见诛求益烈矣。《传》又云："擢授御史大夫，与裴矩、虞世基参掌机密。蕴善候伺人主微意，若欲罪者，则曲法顺情，锻成其罪。所欲宥者，则附从轻典，因而释之。是后大小之狱，皆以付蕴。宪部、大理，莫敢与夺，必禀承进止，然后决断。"《蕴传》云：蕴欲重己权势，令虞世基奏罢司隶刺史已下官属，增置御史百余人。于是引致奸黠，共为朋党。郡县有不附者阴中之。于时军国多务，兴师动众，京都留守，及与诸蕃互市，皆令御史监之。宾客附隶，遍于郡国，侵扰百姓，帝弗之知也。多所疑者必偏有所信。释法度而任耳目，安得不为狡黠者所欺乎？高颎、贺若弼，以房陵旧党见疑。颎，炀帝即位，拜为太常。以议召周、齐乐人，遇启民过厚，坐谤讪，与弼及宇文弘同诛。此特一时触发而已，其本意不在此也。裴肃当高祖时，上书请封废太子及蜀王，帝嗣位，不得调者久之。后执政者以岭表荒遐，遂希旨授永平郡丞。帝忌房陵之人如此。永平，今广西藤县。元胄以与蜀王交通获罪。房陵之废，胄实与其谋。然蜀王获罪，胄又坐与交通除名。炀帝即位，不得调，有怨言，为人所告，坐死。滕、卫嗣王，咸遭徙逐。蔡王亦几不免。高帝母弟滕穆王瓒，以非高祖代周，不得其死。子纶，炀帝即位，人告其咒诅，除名徙始安，复徙珠崖。诸弟散徙边郡。卫昭王爽，高祖异母弟，以养于高祖之母，顾见亲爱。尝为雍州牧，并、凉二州总管。征突厥为元帅，已见第二节。子集，炀帝时，亦以人告其咒诅，除名徙边郡。蔡王智积，高祖弟整之子，整从周武帝平齐战死。高祖受禅，追封蔡王，谥曰景，以智积袭焉。景王与高祖不睦；其太妃尉氏，又与独孤皇后不相谐；以是智积常怀危惧，谨慎自守，获免于祸。大业十二年，从驾幸江都。临终，谓所亲曰："吾今日始知得保首领没于地矣。"时人哀之。始安郡，即桂州。珠崖，今广东儋县。李敏徒天元女夫，犹且累及宗族。李穆第十子浑，宇文述妹夫。使兄子善衡贼杀穆嫡孙筠，以述助袭穆封。已而靳许述之贿。述诉其与从子敏等有异谋，敏妻，周天元女，帝姊子也。帝诛浑、敏，并及其宗族三十二人。自余无少长，皆徙岭外。此以亲而见忌者也。宇文弘以言语获罪，盖由在周、隋之世，皆有军功；历职显要，声望甚重。虞孝仁、韦福嗣，则以其父有功名。孝仁，庆则子。或告其图谋不轨诛。福嗣，世康子。《传》云：从卫玄与杨玄感战，军败，为所擒，令作文檄，辞甚不逊，寻背玄感还东都。帝衔之不已，车裂于高阳。《李密传》云：玄感获福嗣，委以腹心。每设筹划，皆持两端。后使作檄文，固辞不肯。密揣知其情，请玄感斩以谢众。又世康少子福奖，亦与玄感战殁。则福嗣之死，其为失刑明矣。此以势而见忌者也。杨素、张衡，曾与篡夺之计，其不能见信固宜。素卒于大业二年。《传》云：素虽有建立之策，及平杨谅功，然特为帝所猜忌。寝疾之日，每令名医诊候，赐以上药，然密问医人，恒恐不死。素不肯服药，亦不将慎。每语弟约曰："我岂须更活邪？"其势亦危矣。盖以其死之早，故得幸免也。衡，大业八年，以妄告其怨望谤讪，赐死。薛道衡徒文士，而以藩邸旧嫌，白首就戮。《道衡传》：高祖时，以党苏威，配防岭表。炀帝时在扬州，阴令人讽道衡从扬州路，将奏留之。道衡不乐王府，出江陵道而去。炀帝由是衔之。帝嗣位，道衡上高祖文皇帝颂，帝不悦。顾谓苏威曰："此鱼藻之义也。"拜司隶大夫，将置之罪。道衡不悟。会议新令，久不能决，道衡谓朝士曰："使高颎不死，令决当久行。"人有奏之，帝怒曰："汝忆高颎邪？"付执法者勘之。及奏，帝令自尽。《裴蕴传》曰：道衡以忤意获谴，蕴知帝恶之，乃奏曰："道衡有无君之心。"论其罪名，似如隐昧，源其情意，深为悖逆"。帝曰："然。我少时与此人相随行役。轻我童稚，共高颎、贺若弼等外擅威权，自知罪当诬调。及我即位，怀不自安，赖天下无事，未得反耳。公论其逆，妙体本心。"于是诛道衡。其意，盖仍出于修怨也。以万乘之主，而修睚眦之怨，为之下者，尚何以自安乎？庾质以谏如东都，死狱中。耿询谏征辽东，帝命左右斩之，以何稠苦谏仅免。张虔威，并州旧吏，又事帝于东宫，以谏巡幸亦见疏。所为若此，安得不政刑弛紊，贿货公行，莫敢正言，道路以目哉？《本纪》。

## 第五节　炀帝事四夷

炀帝之事四夷，始于西域，导之者裴矩也。《矩传》云：时西域诸蕃，多至张掖与中国交市，帝令矩掌其事。矩知帝方勤远略，诸商胡至者，诱令言其国俗、山川险易，撰《西域图记》三卷，入朝奏之。其序曰："突厥、吐浑，分领羌、胡，为其拥遏，故朝贡不通。诸蕃既从，浑、厥可灭。混一戎夏，其在兹乎？"序又言："自汉通西域，虽大宛以来，略知户数，而诸国山川，未有名目；姓氏、风土、服章、物产，全无纂录，兼并诛讨，互有兴亡。或地是故邦，改从今号；或人非旧类，因袭昔名。兼复部民交错，封疆移改；戎狄音殊，事难穷验。此书所记，凡四十四国。依其本国服饰仪形，王及庶人，各显容止，即丹青模写，仍别造地图，穷其要害。"其书当有可观，不能以其意在长逢，以人废言也。帝引矩亲问。矩又盛言胡中多诸宝物，吐谷浑易可并吞。帝由是甘心焉。复令矩往张掖，引致西蕃。至者十余国。帝有事于恒岳，咸来助祭。将巡河右复令矩往敦煌。矩使说麹伯雅、吐屯设等，啖以厚利，导使入朝。参看上节。竟破吐谷浑，拓地数千里。并遣兵戍之。每岁委输，巨亿万计。见下。帝至东都，矩风帝令都下大戏。见上节。又令"三市店肆，皆设帷帐，盛列酒食，遣掌蕃率蛮夷与民贸易，所至之处，悉令邀延就坐，醉饱而散"。《隋书·矩传》云："蛮夷嗟叹，谓中国为神仙"，此乃夸饰之辞，能来为商贾者，其愚必不至此。《旧唐书·矩传》云"夷人有识者，咸私哂其矫饰"，盖得其实。帝遣薛世雄城伊吾，今新疆哈密县。令矩共往经略。《矩传》云：矩讽谕西域诸国曰："天子为蕃人交易悬远，所以城伊吾耳。"咸以为然，不复来竞。《世雄传》云：与突厥启民可汗连兵击伊吾。师次玉门，启民背约，兵不至。世雄孤军度碛。伊吾初谓隋军不能至，皆不设备，闻世雄兵已度碛，大惧，请降。盖初亦欲用兵，逮后突厥之兵不来，若伊吾之民坚拒，则其势殊可危，止其来竞，实矩说谕之功也。玉门，隋县，在今县东。矩又请反间射匮，令潜攻处罗。后处罗为射匮所迫，竟随使入朝。见下。从巡塞北，幸启民帐。时高丽遣使通于突厥。启民不敢隐，引之见帝。矩请面诏其使，放还本国，令速朝觐。不然者，当率突厥诛之。帝纳焉。高元不用命，始建征辽之策。《酷吏·元弘嗣传》云：大业初，炀帝潜有取辽东之意，遣弘嗣往东莱海口监造船，则征辽之意，实不始于是时，谋亦非出于矩。特矩画是策，有以速其行耳。东莱见第二节。矩于外交，不可谓无才，然时边方无衅，勤远略徒以劳民；炀帝之纵侈，矩宁不之知，顾又长逢其恶；其罪实不可恕也。

《西域传》云："炀帝时，遣侍御史韦节、司隶从事杜行满使于西蕃诸国，复令裴矩于武威、张掖间往来以引致之。其有君长者，四十四国。此即据裴矩《西域图记》序以为言。序云："二汉相踵，西域为传，户民数十，即称国王，徒有名号，乃乖其实。今者所编，皆余千户。其山居之属，非有国名，及部落小者，多亦不载。"则其所载，实尚不全也。大业中，相率来朝者，三十余国，帝因置西域校尉以应接之。寻属中国大乱，朝贡遂绝，事多亡失。今所存录者，二十国焉。"盖谓高昌、康、安、石、焉耆、龟兹、疏勒、于阗、钹汗、吐火罗、挹怛、米、史、曹、何、乌那曷、穆、波斯、漕，及统于安之毕国也。在安西百余里。诸国缘起及释地，均已见《秦汉史》及《两晋南北朝史》。其中惟高昌王为汉人，深有慕化之志。高昌在拓跋魏时，屡求内徙，见《两晋南北朝史》第十六章第八节。炀帝大业五年，其王麹伯雅来朝，因从击高丽还，尚宗女华容公主。至八年乃归蕃，下令国中解辫削衽。《传》云："虽有此令，取悦中华，竟畏铁勒，不敢改也。"案，伯雅此举，自出慕化之诚。当时中国已乱，不必取悦；而铁勒无强部，亦不足畏也。吐火罗与挹怛杂居，兄弟同妻，盖尝为挹怛所据？《挹怛传》云："先时国乱，突厥遣通设字诘强领其国"，通设，盖谓能自通于可汗之设？其人名诘强。则又隶属于突厥矣。此外皆昭武诸姓及西域旧国。其来也，亦以市易之利而已。

吐谷浑主伏允，炀帝即位，遣其子顺来朝。时铁勒犯塞，复请降，帝遣裴矩讽令击浑以自效。铁勒许诺，勒兵袭浑，大败之。伏允东走，保西平境。帝复令观王雄出浇河，隋郡，今青海贵德县。宇文述出西平以掩之。述追之急，伏允南遁山谷间。据《吐谷浑传》。《宇文述传》：袭浑者为契弊歌稜。浑遗使请降求救。帝令述屯兵西平之临羌城，抚纳降附，浑见述拥强兵，不敢降，西遁，述乃追击之。契弊歌稜，见下。临羌城，在今西宁西。其故地皆空。《吐谷浑传》。《传》又云："自西平临羌城以西，且末以东，祁连以南，雪山以北，东西四千里，南北二千里，皆为隋有。置郡县镇戍，发天下轻罪徙居之。"案，此即指西海、河源、鄯善、且末四郡，见上节。鄯善、且末，盖高昌、伊吾所献，西海、河源，则吐谷浑之地也。时大业四年（608）七月也。明年三月，帝西巡。伏允保覆袁川。在今青海东北境。帝命分兵屯驻，四面围之。伏允以数十骑遁去。遣将追捕，皆为所杀。《本纪》。伏允率二千骑客于党项。帝立顺为主，送出玉门，令统余众，以其大宝王尼洛周为辅。至西平，其部下杀洛周。顺不果入而还。大业末，伏允复其故地，屡寇河右，郡县不能御焉。《刘权传》：炀帝命权置河源郡积石镇。大开屯田，留镇西境。在边五载，诸羌怀附。吐谷浑余烬远遁，道路无壅。河源等四郡之设，《本纪》在大业五年六月，则伏允之复其故地，当在十年后矣。

西羌种类，《隋书》所载，又有附国及嘉良夷。附国在蜀郡西北二千余里，其东为嘉良夷。大业初，于益州置蜀郡。《传》又云：嘉良有水，阔六七十丈，附国有水，阔百余丈，并南流，用皮为舟而济，盖今雅砻江、金沙江也。附国有王，嘉良夷惟种姓自相率领。其人皆垒石为碉而居，高至十余丈，下至五六丈。俗好复仇。妻其群母及嫂。儿弟死，父兄亦纳其妻。皆羌俗也。附国南有薄缘夷，风俗亦同。西有女国。《隋书》之女国，即新、旧《唐书》之东女，中实包含二国：一在于阗之南，即见于《大唐西域记》，其本名为苏伐剌拏瞿呾罗者。《隋书》云"将盐向天竺兴贩"，《旧唐书》云"文字同于天竺"，《新唐书》云"风俗大抵与天竺同"。皆此国也。此国惟隋开皇六年（586）或曾一来，已见第二节。一即此所谓女国。《唐书》谓其东接茂州，东南接雅州，王居康延川，中有弱水南流者。《旧书》云：隋大业中，蜀王遣使招之，拒而不受，盖指此国。唐天宝前数来，后入于吐蕃，贞元中乃复至，事见后。《隋书》

及新、旧《唐书》，皆合二国为一，实大误也。茂州，今四川茂县。雅州，今雅安县。其东北连山绵亘数千里，接于党项，往往有羌。并在深山穷谷，无大君长。风俗略同党项。或役属吐谷浑，或附附国。大业中来朝贡，缘西南边置诸道总管以遥管之。

炀帝东征之举，始于大业七年（611）。是年，帝如涿郡。明年正月，大军集，分为左、右，各十二军，命总集于平壤。又有沧海道军，径造平壤。《本纪》云：总百十三万三千八百人，号二百万，馈运者倍之，终四十日，引师乃尽，旌旗亘千里，近古出师之盛，未之有也。三月，车驾渡辽，营于辽东，分道出师，各顿兵于其城下。七月，宇文述等九军败绩于萨水，遂班师。《高丽传》云：帝敕诸将：高丽若降，即宜抚纳，不得纵兵。城将陷，高丽辄言请降，诸将不敢赴机，先令驰奏，比报至，高丽守御亦备。如此者再三，帝终不悟，遂至师老食尽焉。《于仲文传》云：至鸭绿水，高丽将乙支文德诈降，来入其营。仲文先奉密旨：若遇高元及文德，必擒之。至是将执之。尚书右丞刘士龙为抚慰使，固止之，遂舍。寻悔，遣人给文德曰：更有言议，可复来也。文德不从，遂济。仲文选骑渡水追之，文德烧栅而遁。时宇文述以粮尽欲还。仲文议以精锐追文德，述固止之。仲文怒。初帝以仲文有计划，命诸军谘禀节度。述等不得已，从之。东至萨水，述等以兵馁退归，师遂败绩。帝以属吏，诸将皆委罪于仲文。帝大怒，释诸将，独系仲文。仲文忧恚发病，困笃方出之。卒于家，时年六十八。宇文述与仲文并除名，刘士龙见杀，见《纪》。《宇文述传》云：述与九军至鸭绿水，粮尽，议欲班师。诸将皆同。述不测帝意。会乙支文德来，述先与于仲文俱奉密旨，令诱执文德，既而缓纵文德逃归。述内不自安，遂与诸将渡水追之。文德欲疲述众，每斗皆北。述一日之中，七战皆捷。既恃骤胜，又内逼群议，遂进。东济萨水，去平壤城三十里，因山为营。文德复遣使伪降。述见士卒疲敝，不可复战；又平壤险固，卒难致力；遂因其诈而还。众半济，高丽击后军，于是大溃。一日一夜，还至鸭绿水，行四百五十里。初度辽，九军三十万五千人，及还至辽东城，惟二千七百人而已。有机不乘，任其行诈，炀帝纵昧兵谋，未必迂阔至此。乙支文德，诏旨以与高元并举，必高丽之宿将重臣，既来而复纵之，刘士龙亦岂若是其愦？盖当时劳师远涉，实如强弩之末，高丽之不可力取，形势业已显然，故冀以抚纳，懈其斗志也。乙支文德既敢轻来，军中必已严备，执之何益？疲兵乏食，平壤岂复可攻？然则仲文之计，实为行险徼幸，诸将殆非委罪之辞也。宇文述骄贵，必不肯听仲文节度，则炀帝命诸将谘禀，度亦不过令参计议，并无统率之权。然则当日九军，殆无元帅？此其所以进不得速，退不能果，终至一败涂地欤？《段文振传》：文振是役出南苏道，在道疾笃，表言："夷狄多诈，深须防拟。口陈降款，心怀背叛。诡伏多端，勿得便受。水潦方降，不可淹迟。惟愿严勒诸军，星驰速发，水陆俱前，出其不意。平壤孤城，势可拔也。倾其本根，余城自克。如不时定，脱遇秋霖，深为艰阻，兵粮又竭，强敌在前，靺鞨出后，迟疑不决，非上策也。"则高丽列城坚守，延引师期之计，隋朝将帅，未尝不洞烛之。炀帝分兵以缀其列城，而使宇文述等直指萨水，似亦欲倾其本根。然三月已至辽东，七月方临鸭绿，则军行实病其迟。盖失之徒知用众，而不能以轻锐赴机。然万乘亲行，则势不能不出于持重。《庾质传》：质于是役承召问，尼帝亲行，而请命骁勇，倍道兼行，出其不意；明年，又问，仍以是为言；盖正虑此失？此则失于炀帝之矜功而轻敌，必欲亲行以为快也。入虎口而能脱，引敌至距国都一舍之地而不疑，乙支文德，则可谓智勇兼济矣。是役也，来护儿以水军入浿水，破平壤郛，纵军大掠，稍失部伍，为高元弟建武所败，退屯海浦。闻宇文述等败，亦还。隋惟于辽西拔武厉逻，置辽东郡及通定镇而已。通定镇，在辽中县辽河西岸。

九年（613）二月，炀帝又征兵讨高丽。四月，车驾度辽。遣宇文述、杨义成趋平壤。六月，杨玄感反于黎阳，县，在今河南浚县东北。班师。《高丽传》云：是役帝敕诸军，以便宜从事，诸将分道攻城，高丽势日蹙。会杨玄感作乱，反书至，帝大惧，即日六军并还。兵部侍郎斛斯政亡入高丽，政与玄感兄弟交。玄感反，政与通谋。玄感弟玄纵、万硕从幸辽东，玄感潜遣人召之，玄纵等亡归，亦政之计也。帝穷治玄纵党与，政不自安，遂亡奔高丽。高丽具知事实，悉锐来追，殿军多败。《李景传》：旋师，以景为殿，高丽追兵大至，景击走之。

杨玄感者，素之子，为礼部尚书。时在黎阳督运。玄感爱重文学，四海知名之士，多趋其门。自以累世尊显，有盛名于天下；在朝文武，多是父之将吏。复见朝纲渐紊，帝又猜忌日甚，内不自安，遂与诸弟潜谋废帝，立秦王浩。俊子。炀帝即位，立以奉俊嗣。从征吐谷浑，还至大斗拔谷，从官狼狈，见上节。玄感欲袭行宫。其叔慎曰："士心尚一，国未有衅，不可图也。"乃止。至是，来护儿以舟师自东莱将入海。玄感以百姓思乱，乃谬言护儿以失军期反，以讨之为名，移书旁近，各令发兵。李密者，父宽，自周及隋，数经将领。密袭父爵，为蒲山公。蒲山，郡名，未知所在。与玄感为刎颈交。玄感以为谋主，问计焉。密曰："天子出征，远在辽外。南有巨海之限，北有胡戎之患，中间一道，理极艰危。今公拥兵，出其不意，长驱入蓟，直扼其喉，不过旬月，赍粮必尽，举麾一召，其众自归，此计之上也。轻赍入关，天子虽还，失其襟带，据险临之，故当必克，此计之中也。若随近逐便，先向东都，攻战必延岁月，胜负且未可知，此计之下也。"玄感以百官家口，并在东都，若不取之，安能动物。遂不用密计攻之。民部尚书樊子盖辅越王侗炀帝孙，见下节。留守东都，力拒之。刑部尚书卫玄率众数万，自关中来援。玄感遂不能克。帝遣陈稜攻黎阳，屈突通屯河阳，宇文述发兵继进，来护儿复来赴援。李子雄者，在周世从武帝平齐。后破尉迟迥、伐陈俱有功。汉王谅之乱，炀帝疑幽州总管窦抗，杨素进子雄袭执之。因发幽州兵，破谅略燕赵之众。后为右武候大将军，坐事除名。及是，帝令从军自效，从来护儿。玄感反，帝疑之，诏锁送行在所。《隋书》本传。《旧唐书·李密传》云：坐事被收系，送行在所。子雄杀使者，亡归玄感，与李密俱劝玄感入关。至弘农宫，隋弘农郡，今河南陕县。玄感欲攻之，李密谏，不听。攻之，三日不拔，方引而西。《蔡王智积传》曰：大业七年（611），授弘农太守。杨玄感自东都引军而西。智积谓官属曰："玄感闻大军将至，欲西图关中。若成其计，则根本固矣，当以计縻之。"及玄感军至，智积登陴詈辱之。玄感怒甚，留攻之。数日，宇文述等军至，合击破之。此非实录。玄感即无谋，亦非不忍于智积之骂者也。至阌乡，今河南阌乡县。为追兵所及，遂败。玄感谓弟积善杀己，积善因自刺，不死，为追兵所执，与玄感首俱送行在所。磔其尸于东都市，三日，复脔而焚之。诸弟并具枭磔。

玄感之围东都也，梁郡韩相国举兵应之。梁郡，今河南商丘县。旬月间众十余万，攻剽郡县，至于襄城。隋郡，今河南临汝县。玄感败，兵渐溃散，为吏所执，传首东都。余杭刘元进，余杭，隋郡，今浙江杭县西。亦举兵应玄感。三吴苦役者，莫不响应。旬月间众至数万，将渡江而玄感败。吴郡朱燮、吴郡，今江苏吴县。晋陵管崇晋陵郡，今江苏武进县。亦举兵，有众七万。共迎元进，奉以为主，据吴郡称天子。帝遣吐万绪、鱼俱罗讨之。燮战死。俄而二将俱得罪。帝令江都丞王世充发淮南兵讨平之。然其余党往往保险而守，继续抵抗，其后董道冲、沈法兴、李子通等乘之而起焉。

十年（614）二月，帝复诏百僚议伐高丽。数日，无敢言者。于是复下诏亲征。七月，次怀远镇。高丽遣使请降，囚送斛斯政。八月，班师。十月，至东都。十一月，支解斛斯政于金光门外。《高丽传》云："时盗贼蜂起，人多流亡，所在阻绝，军多失期。至辽水，高丽亦困弊，故遣使乞降。"《来护儿传》云：是役，护儿率师渡海。至卑奢城，高丽举国来战，护儿大破之。将趋平壤。高元请降。帝遣人持节诏护儿旋师。护儿集众曰："三度出兵，未能平贼。此还也，不可重来。今高丽困弊，野无青草，以我众战，不日克之。吾欲进兵，往围平壤，取其伪主，献捷而归。"答表请行，不肯奉诏。长史崔君肃固争，诸将尽劝还，方始奉诏。此为妄言，无待辩正。《高丽传》所谓彼亦困弊者，疑亦此等自解之饰辞。当时马訾以东，实未大受兵祸，何至野无青草邪？

突厥启民可汗，以大业四年（608），朝于东都。是岁卒，子咄吉立，是为始毕可汗。《裴矩传》云："矩以始毕部众渐盛,献策分其势,将以宗女嫁其弟叱吉设,拜为南面可汗。叱吉不敢受。始毕闻而渐怨。矩又言突厥本淳,易可离间,但其内多群胡教导之。闻史蜀胡悉,尤多奸计,幸于始毕,请诱杀之。"帝曰:"善。"矩遣告胡悉:"天子大出珍物,今在马邑,若前来此,即得好物。"胡悉贪,不告始毕,率其部落,尽驱六畜,星驰争进。矩伏兵马邑下诱斩之。诏报始毕曰:"史蜀胡悉,忽领部落,走来至此,云背可汗,请我容纳,今已斩之。"始毕亦知其状,由是不朝。案,《段文振传》言:文振尝劝炀帝迁启民于塞外,则突厥元气渐复,自启民时已然,始毕之叛,亦不尽由裴矩之诈谖也。十一年八月,帝巡北塞,始毕谋袭乘舆,义成公主遣使告变。帝驰入雁门。突厥围城,官军频战不利。帝大惧,欲率精骑溃围而出。《宇文述传》云:述请溃围而出,盖述之计,而帝欲从之。樊子盖固谏,乃止。《苏威传》:威亦谏止帝。诏天下诸郡募兵。于是守令多来赴难。九月,突厥乃解围去。《虞世基传》言:帝为突厥所围,战士多败,世基劝帝重为赏格,亲自抚循;又下诏停辽东之事。帝从之。师乃复振。及围解,勋格不行;又下伐辽之诏;由是朝野离心。《旧唐书·裴瑀传》亦云:劝帝下诏,明告军中,赦高丽而专事突厥。以此出为河池太守。河池,今陕西凤县。《隋书·高丽传》谓帝受降后,仍征高元入朝,元竟不至。帝敕诸军严装,更图后举,会天下大乱,遂不克复行。则事虽未果,其谋迄未尝息也,亦可谓至死不悟矣。

大逻便之执,其国立鞅素特勒之子,是为泥利可汗。卒,子达漫立,号泥撅处罗可汗。其母向氏,本中国人,生达漫而泥利卒,又嫁其弟婆实特勒。开皇末,婆实共向氏入朝,遇达头乱,遂留京师。处罗居无恒处,然多在乌孙故地。复立二小可汗,分统所部:一在石国北,以制诸胡国;一居龟兹北,其地名应娑。大业初,处罗抚御无道,其国多叛。与铁勒屡相攻,大为所败。时裴矩在敦煌,知处罗思其母氏,奏之。炀帝遣司朝谒者崔君肃据《西突厥传》。《本纪》作崔毅。赍书慰谕之。处罗遣使朝贡。帝西狩,遣召处罗会大斗拔谷。其国人不从,处罗遂谢使者。帝大怒,而无如之何。会其酋长射匮达头孙。遣使来求婚。裴矩请拜为大可汗,以裂其国。帝召其使者,言处罗不顺,射匮有好心,吾将立为大可汗,令发兵诛处罗,然后当为婚也。射匮闻而大喜,兴兵袭处罗。处罗大败,遁于高昌东,保时罗漫山。麴伯雅上状。帝遣裴矩将向氏亲要左右,驰至玉门关晋昌城。晋昌,晋县,故城在今安西县东。矩遣向氏使诣处罗所晓谕,遂入朝。以七年十二月,据《纪》。朝于临朔宫。在涿郡。明年,诏留其羸弱万余口,令其弟达度阚据《西突厥传》。《裴矩传》作阚度设。《通鉴》作达度阚设。畜牧会宁郡。在今甘肃靖远县东北。处罗从征高丽,赐号为曷萨那可汗。《本纪》作曷娑那。十年正月,以宗女为信义公主妻之。帝将复其故地，以辽东之役未遑也。每从巡幸。江都之乱，从宇文化及至河北。化及将败，奔归京师，为北蕃突厥所害。处罗先与始毕有隙，始毕遣使请杀之。达度阙为李轨所灭。皆见《旧唐书·西突厥传》。处罗未尝犯顺，炀帝徒忿其不朝，遽嗾射匮破坏其国，实为无道之举。《裴矩传》言：帝自辽东还，至涿郡，以杨玄感初平，令矩安集陇右，因之会宁，存问曷萨那部落，遣阙度设寇吐谷浑，频有虏获，部落致富。还而奏状，帝大赏之。则又使突厥破坏吐谷浑也。亦可谓无道之至矣。

《铁勒传》云：大业元年（605），处罗击铁勒诸部，厚税敛其物。又猜忌薛延陀等，集其魁帅数百人，尽诛之。由是一时反叛。立俟利发俟斤契弊歌楞为易勿真莫何可汗。契弊，即《唐书》之契苾。歌楞，即袭吐谷浑之歌稜也。居贪汗山。复立薛延陀俟斤子也咥为小可汗。处罗败，莫何始大。伊吾、高昌、焉耆诸国悉附。大业三年，遣使贡方物。自是不绝云。

《奚传》云：大业时，岁遣使贡方物。《契丹传》虽无文，亦当同之，特史有漏略耳。《靺鞨传》云：炀帝初，与高丽战，频败其众。渠帅度地稽率其部来降，居之柳城。此为靺鞨部族入居塞内之始。盖违高丽之难而来也。

东南海路，炀帝所通者，为流求及赤土。流求，《传》云：居海岛之中，当建安郡东，建安，今福建建瓯县。水行五日而至，盖今之台湾也。其人深目高鼻，颇类于胡，而有文身食人之俗。又云：大业元年（605），海师何蛮云，每春秋二时，天清风静，东望依希，似有烟雾之气，亦不知几千里。三年，炀帝令羽骑尉朱宽入海求访异俗，何蛮言之，遂与蛮俱往。因到流求国。言不相通，掠一人而返。明年，帝复令宽慰抚之。流求不从。宽取其布甲而还。时倭国使来朝，见之曰："此夷邪久国人所用也。"案，时或别有夷邪久国，所用布甲，与流求同，不必流求即夷邪久也。帝遣武贲郎将陈稜、朝请大夫张镇州《陈稜传》作周。率兵自义安浮海击之。义安，宋县，今浙江诸暨县枫桥镇。稜将南方诸国人从军。有昆仑人，颇解其语。遣人慰谕之。流求不从，拒逆官军。稜击走之。进至其都，焚其宫室，虏其男女数千，载军实而还。据此传，似朱宽入海，意本不在流求，而《纪》于三年书遣宽使流求国，疑事后追书，昧于当时情事；抑或误以四年之事，系之三年。《纪》于四年书倭使来贡方物，固与《传》见其布甲之言合也。《纪》又于六年二月，书稜、镇州击流求，破之，献俘万七千口，颁赐百官，与《稜传》言稜以大业三年拜武贲郎将，后三岁而击流求者合。然献俘在二月，则出兵必在五年矣。《稜传》云：流求人初见船舰，以为商旅，往往诣军中贸易。野蕃多畏生人，使前此惟与昆仑相稔，见华人必相畏忌，而竟来诣军中，则似其与华人，亦非绝无交接。《流求传》言朱宽、何蛮因到其国，亦明故知之而非无意遇之也。然则中国之知有台湾，必在大业以前矣。此可见新地之通，多出民间之力，而非政府所能为也。

《隋书·南蛮传》云：大业中，南荒朝贡者十余国，其事迹多湮灭。今所存录，四国而已，谓林邑、赤土、真腊、婆利也。流求在《东夷传》中。林邑自刘方班师，梵志复其故地，遣使谢罪，朝贡不绝。赤土，扶南之别种。其王姓瞿昙氏，名利富多塞。不知有国远近，称其父释王位出家，传位焉。真腊，本扶南属国。其王姓刹利氏，名质多斯那。自其祖渐已强盛，至质多斯那，遂兼扶南而有之。死，子伊奢那先代立。盖皆扶南属地，分携独立。而婆利，艾莫涅云为扶南别名，见《两晋南北朝史》第十六章第四节。则其本国仍存也。赤土，《唐书·地理志》云：在万安州南，万安州，今广东万宁县。渡海便风十四日至鸡笼岛，即至其国。赤海中之一洲，盖今马来半岛东岸岛屿。常骏往还路程，具见《隋书》本传，云经鸡笼岛至于赤土之界，其王遣舶来迎，又月余至其都，则过鸡笼岛，所至仅其属境而已。真腊则今柬埔寨之地也。炀帝即位，募能使绝域者。屯田主事常骏，虞部主事王君政往使赤土。其王遣子那邪迦随骏贡方物。《赤土传》云：骏等请使，在大业三年（607），其年十月，自南海郡发，《本纪》则骏之出使在四年三月。《传》云：骏与那耶迦以六年春谒帝于弘农，而据《纪》，则五年二月，赤土又尝遣使贡方物。南海见第三节。婆利以大业十二年，真腊以十三年遣使朝贡。《传》又云：南荒有丹丹、盘盘二国，亦来贡方物。盖失其年月，又不详其事迹，故不得与存录之四国伍也。

《倭传》云：开皇二十年（600），其王姓阿每，字多利思北孤，号阿辈鸡弥，遣使诣阙。大业三年（607），又遣使朝贡。兼沙门数十人，来学佛法。其国书曰"日出处天子致书日没处天子，无恙"云云。炀帝览之，不悦，谓鸿胪卿曰："蛮夷书有无礼者，勿复以闻。"明年，上遣文林郎裴清使其国。复令使者随清来贡方物。《传》云其后遂绝，而据《本纪》，则六年正月，又尝遣使贡方物焉。

## 第六节　隋末之乱上

隋末丧乱，盖起于征辽之役。《纪》于大业七年（611）书云："辽东战士及馈运者，填咽于道，昼夜不绝，苦役者始为群盗。"盖时虽暴政亟行，究以此役，骚动为尤大也。帝殊不悛，徒恃严刑。《刑法志》云："穷人无告，聚为盗贼，帝乃更立严刑，敕天下窃盗已上，罪无轻重，不待闻奏皆斩。百姓转相群聚，攻剽城邑，诛罚不能禁。帝以盗贼不息，益肆淫刑。九年，又诏为盗者籍没其家。自是群贼大起，郡县官人，又各专威福，生杀任情矣。"裴蕴导帝以淫刑，已见第四节。其《传》云：杨玄感之反也，帝遣蕴推其党与，谓曰："玄感一呼，从者十万，益知天下人不欲多，多即相聚为盗耳。不尽加诛，则后无以劝。"蕴乃峻法治之。所戮者数万人，皆籍没其家。帝大称善。又欲令民悉城居。《本纪》：大业九年七月，令所在发人城县府驿。八月，诏郡县城去道过五里已上者徙就之。盖以便守卫救援。十一年二月，诏曰："设险守国，著自前经；重门御暴，事彰往策；所以宅土宁邦，禁邪固本。而近代战争，居人散逸，田畴无伍，郭郭不修，遂使游惰实繁，寇敌未息。今天下平一，海内晏如。宜令人悉城居，田随近给。使强弱相容，力役兼济，穿窬无所厝其奸宄，萑蒲不得聚其逋逃。有司具为事条，务令得所。"盖既计守御，又惜赋役矣。《五行志》：十三年，天下大旱。时郡县乡邑，悉遣筑城。发男女无少长皆就役。亡在旦夕，所行犹是此策也。其用兵则务多杀。《樊子盖》传："绛郡贼敬槃陀、柴保昌等阻兵数万，诏令子盖进讨。于时人物殷阜，子盖善恶无所分别，汾水之北村坞尽焚之，相率为盗。其有归首者，无少长悉坑之。拥数万之众，经年不能破贼。"子盖之尽焚村坞，盖欲覆敌巢穴，即炀帝大业十一年二月诏旨也。然未能绝敌所据，而转益从敌之人。绛郡，今山西新绛县。又以"盗"为讳，有言"贼多"者，辄大被诘责。由是近臣互相掩蔽，不以实闻。《本纪》。案，虞世基即其人也，事见本传。又苏威亦以微言悟帝得罪，见《裴蕴传》。又猜忌性成，不能专任将帅。《杨义臣传》，言其破高士达、张金称后，帝恶其威名，遽追入朝。《虞世基传》：义臣于河北，降敌数十万，列状上闻。帝叹曰："我初不闻贼顿如此。"世基曰："鼠窃虽多，未足为虑。义臣克之，拥兵不少，久在阃外，此最非宜。"帝曰："卿言是也。"遽追义臣，令其兵散。于是数年之间，乱势如火之燎原矣。

帝见中原已乱，无心北归，命起丹阳宫，见第三节。将徙居之。初帝以征辽，募民为骁果。《纪》在大业九年（613）正月。是时从驾骁果，多关中人，谋欲叛归。宇文化及者，述之子也。帝在东宫，嬖昵之。时为右屯卫将军。其弟士及，尚帝女南阳公主。智及，为将作少监。智及尤狂悖。虎贲郎将司马德戡总领骁果，智及说以行大事，奉化及为主。大业十三年三月，遂弑帝于江都。帝三男：萧后生元德太子昭，前卒。齐王暕，以骄恣，为帝所疏忌。萧嫔生赵王杲。昭三子：代王侑，与刑部尚书卫玄镇京师。越王侗，与民部尚书樊子盖守东都。燕王倓，随帝在江都，与齐、赵二王及齐王二子俱死。化及欲立庶人秀，群议不许，遂害之，并其诸子。庶人谅之子颢亦遇害。而立秦王浩为帝。虞世基、裴蕴亦遇害。惟裴矩见天下方乱，恐为身祸，其待遇人，多过所望，虽至厮役，皆得其欢心。时从驾骁果，数有逃散，炀帝忧之，以问矩。矩曰：

"人无匹合，则不能久安，请听兵士，于此纳室。"由是骁果咸悦，遂以获免。

　　隋末群雄蜂起，其有关大局者，则据西都之唐，争东都之李密、王世充，据河北之窦建德而已。杨玄感之败也，李密间行入关，为捕者所获，送于炀帝所。时帝在高阳。行至邯郸，今河北邯郸县。亡去。抵平原帅郝孝德。平原郡，今山东陵县。孝德不甚礼之。又归东郡帅翟让。东郡，今河南滑县。因浚仪王伯当以干让。浚仪县，在今河南开封县北。伯当为浚仪人，见《旧唐书·李勣传》。说让取荥阳。今河南郑县。荥阳太守杨庆及通守张须陀讨之。须陀以善战名，让曾为所败，将远避之，密为设伏击斩须陀。时大业十二年（616）十月也。让于是分兵与密，别为牙帐。密又说让取兴洛仓。即洛口仓，见第一节。明年春，袭破之。开仓恣人所取。众至数十万。让推密为主，号魏公。密拜让为司徒。城洛口居之。又下回洛仓。在今河南孟津县东。大修营垒，以逼东都。巩县令柴孝和，为密所获，巩，今河南巩县。密拜为护军。孝和说密西袭长安。密曰："我所部并山东人，未下洛阳，何肯相随西入？诸将出于群盗，留之各竞雌雄。若然者，殆将败矣。"此可见密众之不和，实其致败之原也。孝和请间行观隙，密从之。孝和与数十骑至陕县，今河南陕县。"山贼"归之者万余人。会密为流矢所中，东都复出兵乘之，密众大溃，弃回洛仓归于洛口。孝和之众闻密退，各散去。孝和轻骑归密。旋随密拒王世充，溺死洛水。于是密顿兵东都之局成矣。其时守东都者为王世充。

　　世充，西域胡人也。本姓支。家在新丰。在今陕西临潼县北。祖支颓耨，早死。父收，随母嫁霸城王氏，霸城，晋县，在长安东。因冒姓焉。世充颇涉经史，尤好兵法及龟策、推步之术。大业中，累迁江都丞，兼领江都宫监。时炀帝数幸江都，世充善伺候颜色，又雕饰池台，阴奏远方珍物，帝益昵之。尝破朱燮、管崇及齐郡帅孟让南掠之兵。齐郡，今山东历城县。又平诸"小盗"。遂迁江都通守。李密逼东都，炀帝诏世充大发兵，于洛口拒密。时诸起兵者并归于密，共袭破黎阳仓。密旋杀翟让，命徐世勣、单雄信、王伯当分统其众。世充悉众击密，大溃。密乘胜陷偃师。今河南偃师县。修金墉城居之。金墉城，在洛阳之东。有众三十余万。东至海、岱，南至江、淮，郡县莫不遣使归密。

　　唐高祖李渊，史称为西凉李暠之后。暠子歆，为后魏所灭，歆子重耳奔宋，为汝南太守。今河南汝南县。后魏克豫州，以地归之。拜恒农太守。今河南陕县。后为宋将薛安都所陷。重耳为后魏豫州刺史，生献祖熙，为金门镇将。金门坞，在今河南洛宁县南。率豪杰镇武川，因家焉。生懿祖天赐。天赐三子，其季太祖虎，为西魏八柱国之一，生世祖昞，即高祖之父也。兼据新、旧《唐书·本纪》及《新书·宗室世系表》。近人陈寅恪云：《宋书·柳元景传》：元嘉二十七年（450）之役，薛安都等军擒弘农太守李初古拔父子二人。弘农即恒农，魏避讳改。别一军屠金门坞，杀戍主李买得，古拔子也，为虏永昌王长史，勇冠戎类。永昌闻其死，若失左右手。《魏书·薛安都传》云：自卢氏寇弘农，卢氏，今河南卢氏县。执太守李拔。世祖临江，拔乃得还。元嘉二十七年（450）前后，宋汝南太守，姓名皆可考，并无李重耳其人。《宋书·索虏传》：卢永昌王屯汝阳，今河南商水县西北。《通鉴》系元嘉二十七年三月。汝阳本属汝南，后乃别为郡，则重耳殆随永昌屯豫州，因有汝南之授，实魏官而非宋官。《唐会要》：献、懿二祖陵，在赵州昭庆县。今河北隆平县。《唐光业寺碑》述唐先世，又有维王桑梓之语，则献、懿葬地，即其世居之地。其地旧属巨鹿郡，与山东著姓赵郡李氏所居之旧常山郡邻接。汉常山郡，治元氏，今河北元氏县。太祖尝封赵郡公，当即由此。《汉书·地理志》：中山国唐县今河北唐县。有尧山，其追封唐国，亦取义于此。然则唐之先世，盖因同居一地，而自托于赵郡欤？此说创而确。唐先世不必论其是否汉族，既居于武川，则必不免渐染殊俗矣。自后魏已来，扰乱中原者，率皆代北之族，其余风至隋末而未殄。唐也，杨玄感也，李密也，宇文化及也，其成败异，其凭借则一也。

　　唐高祖少袭父封为唐公。隋文帝独孤皇后，高祖之从母也，故文帝与高祖相亲爱。李虎当西魏时，赐姓为大野氏，文帝相周，复高祖姓为李氏。以为千牛备身。事隋，为谯、陇二州刺史。谯州，今安徽滁县。陇州，今陕西陇县。大业中，历岐州刺史，岐州见第一节。荥阳、楼烦二郡太守。楼烦见第四节。召为殿内少监，卫尉少卿。炀帝征辽，督运粮于怀远镇。见第四节。杨玄感反，为弘化留守，弘化见第二节。关右诸郡兵，皆受节度。十一年（615），拜山西河东慰抚大使。十三年，拜太原留守。子世民，阴结豪杰，招纳亡命，与晋阳令刘文静谋举大事。晋阳见第四节。计已决，高祖未之知。欲以情告，惧不见听。高祖领晋阳宫监，所善客裴寂为副。世民阴与寂谋。寂因选晋阳宫人私侍高祖。高祖过寂饮酒，酒酣从容，寂具以告。高祖大惊。寂曰："正为官人奉公，事发当诛，为此耳。"世民因亦入白其事。高祖初阳不许，已而许之，然未有以发。而所在起义者益多。突厥数犯边，高祖兵出无功，炀帝遣使者执诣江都。高祖大惧。世民曰："事急矣，可举事。"已而炀帝复驰使者赦止高祖，其事遂已。刘武周攻汾阳宫，武周事见下。高祖因之以募兵。副留守王威、高君雅疑有变，图高祖。高祖诬以反召突厥，杀之以起兵。时五月也。史所传高祖起兵之事如此。不免以化家为国，归功太宗。《旧书·李靖传》：大业末，为马邑郡丞。会高祖击突厥于塞外，靖密知高祖有四方之志，因自锁上变。将诣江都，至长安，道塞不通而止。又《宇文士及传》：士及来降，高祖数之。谢曰："臣之罪诚不容诛。但臣早奉龙颜，久存心腹。往在涿郡，尝夜中密论时事；后于汾阴宫，汾阴县，在今山西荣河县北。复尽丹赤。"高祖笑谓裴寂曰："此人与我言天下事，至今已六七年矣，公辈皆在其后。"则靖之所疑，诚为不虚。谓高祖起兵，太宗有大力焉则可，谓其纯出太宗则诬矣。《裴寂传》：刘文静以取宫人事胁寂，寂甚惧，乃屡促高祖起兵，则谓寂因与太宗有谋，乃以宫人侍高祖者，亦非实录。寂本佞媚之徒，高祖亦溺情声色，其私取宫人，盖特荒淫之事，然谓其素无叛隋之心，固不可也。

唐高祖既起兵，以子建成领左军，世民领右军，元吉领中军。七月，发太原，使元吉留守。隋将宋老生，屯于霍邑，今山西霍县。天雨粮尽，高祖欲旋师，建成、世民不可，乃止。据《通鉴考异》曰：《创业注》，是谋出于建成、世民。太宗实录尽以为太宗之策，无建成名，盖没之耳。当时左军已发，建成与太宗分追之，则其意亦不欲还。八月，败老生，斩之。代王使屈突通屯河东。隋郡，今山西永济县。裴寂欲攻之，世民欲先入关，高祖两从之。九月，留兵围河东而西。建成、刘文静屯永丰仓，《新唐·志》在华阴，今陕西华阴县。守潼关。世民自渭北徇三辅。高祖从父弟神通，时在长安，隋人捕之，神通潜入鄠县山南举兵。今陕西鄠县。柴绍妻，高祖女也，平阳公主。亦居长安。高祖起，绍诡道走并州。主奔鄠，招南山亡命，得数百人，起司竹。《隋志》：盩厔县有司竹园，今陕西盩厔县。皆与世民会。十月，围隋京城。十一月，克之。尊炀帝为太上皇，立代王为帝。明年唐武德元年（618）。五月，遂受禅焉。唐兵之济河也，屈突通留其将尧君素守河东，将自武关趋蓝田，今陕西蓝田县。至潼关，为刘文静所遏。闻长安陷，乃留桑显和守潼关，率兵东下，将趋洛阳。显和降唐。文静使副将与追通，擒之。尧君素至十二月乃为其下所杀。其将王行本在他所，赴救不及，捕杀反者党与数百人，复拒守。刘武周入并州，行本与连和。见下。为唐兵所围，出降。高祖斩之。

唐之定关中，薛举亦起陇右，实为唐肘腋之患，唐人乃先平之。举，河东汾阴人，其父徙居金城。举家产巨万，交结豪猾，雄于边朔，为金城校尉。大业末，囚郡县官，自称西秦霸王。数月间，尽有陇西之地。十三年（617）七月，僭号于兰州。即金城。子仁杲克秦州，徙居之。遣仁杲攻扶风。即岐州。会唐兵定关中，太宗败之。武德元年（618），丰州总管张长逊丰州，即五原郡。击其将宗罗睺。举悉众来援，屯于高墌。城名，在今陕西长武县北。太宗击之，为所败。举取高墌，又遣仁杲围宁州。今甘肃宁县。未几，举死。仁杲立于折墌，城名，在今甘肃泾川县东北。与诸将帅素多有隙，兵势日衰。太宗败之高墌，进围折墌。仁杲穷蹙降。以归京师，斩之。时十一月也。

其时割据西方者，又有河西之李轨，则不烦兵力而下。轨，武威姑臧人。姑臧，武威郡治。家富于财，振济穷乏，人亦称之。大业末，为鹰扬府司马。薛举起事，与同郡曹珍、关谨、梁硕、李赟、安修仁谋保据河右，珍等推以为主。轨令修仁夜率诸胡入内苑城，轨于郭下聚众应之，执缚虎贲郎将谢统师等，自称河西大凉王。时大业十三年（617）七月也。武德元年（618）冬，僭称尊号。攻陷张掖、见第四节。敦煌、见第五节。西平、见第四节。枹罕，今甘肃临夏市。尽有河西五郡之地。高祖方图薛举，与之相结。下玺书，谓为从弟，拜为凉州总管，封凉王。轨欲去帝号受册。曹珍劝依萧詧故事，称帝而臣于周。轨从之。二年，遣随使者入朝，表称皇从弟大凉皇帝臣轨而不受官。轨之起也，梁硕为谋主。硕见诸胡种落繁盛，阴劝轨宜加防察，由是与安修仁有隙。修仁构成其罪，杀之。又有胡巫，云上帝当遣玉女，从天而降。遂征兵筑台，以候玉女。百姓患之。又属年饥，人相食。轨倾家振之，不能遍，欲开仓给粟，故人皆云便。谢统师等与群胡相结，执不可。由是士庶愤怨，多欲叛之。安修仁之兄兴贵，先在长安，表请诣凉州招慰轨。云："臣于凉州，奕代豪望。臣弟为轨所信任，职典枢密者数十人。候隙图之，易于反掌。"高祖从之。兴贵至凉州，轨授以官。兴贵谕轨委质。轨不从。遂与修仁等潜谋起兵。诸城老幼，皆出诣修仁。五月，执轨归长安。唐杀之。是时之凉州，盖胡、汉交争之局，而胡人之势甚张。轨以汉人为之主，太阿倒持，一切皆非自主。欲去尊号而不果，谕以委质而不从，皆非其所自为也。

王世充之败也，兵士溺死者万余人。世充率余众归河阳。天寒大雪，在道冻死者又数万人。比至，才以千数。世充自系狱请罪。越王侗遣使赦之。征还洛阳，置营于含嘉仓城。胡三省曰：当在洛阳之北。收合亡散，复得万余人。宇文化及作难，太府卿元文都、武卫将军皇甫无逸、右司郎中卢楚，奉越王侗嗣位于东都。化及夺江都人舟楫，从水路西归。至徐州，今江苏铜山县。路不通，复夺人车牛，得二千两，并载官人、珍宝。其戈甲戎器，悉令军士负之。道远疲极，三军始怨。司马德戡谋以后军袭杀化及。事泄，化及杀之。引兵向东郡。通守王轨降之。元文都请以尊官宠李密，以库物啖之，使击化及。化及破，密之兵固亦疲矣。又其士卒，得我之赏，居我之官，内外相亲，易为反间。卢楚等以为然。即遣使拜密为太尉、尚书令、东南道大行台、行军元帅、魏国公。令先平化及，然后入朝辅政。密亦恐前后受敌，因卑辞以报谢焉。化及至黎阳，与密相遇。密知其军少食，不与交锋，而遏其归路。化及粮尽，众多叛之。掠汲县，今河南汲县。北趋魏县。今河北大名县。王轨降。密乃引兵而西。遣使朝于东都。侗召密入朝。王世充谓其麾下曰："吾军人每与密战，杀其父兄子弟前后已多，一旦为之下，吾属无类矣。"出言以激怒其众。文都知而大惧。与楚等谋，因世充入内，伏甲杀之。纳言段达告世充。世充勒兵围宫城，破门而入。无逸单骑遁去。楚、文都皆死。世充移居尚书省，专宰朝政。李密至温县，今河南温县。闻难，乃归金墉城。时密劲兵良马多死，士卒疲倦。世充简练精勇，得二万余人击之。初隋河南道讨捕大使裴仁基据武牢以拒密。武牢，即虎牢，唐人避讳改字。在今河南汜水县西北。张须陀之死，仁基悉收其众，每与密战，多所斩获，而监军御史萧怀静阴持其长短，仁基乃杀怀静，以其众归密。及是，劝密"分兵守其要路，简精兵并河西出，以逼东都。彼却还，我且按甲，彼重出，我又逼之，使劳于奔命"。密亦欲按甲以观其敝。而诸将轻世充，皆请战。密不能坚。战于偃师北，密师败绩。密与万余人驰向洛口。其长史邴元真，已遣人潜引世充矣。密阴知之，不发其事，欲待其半渡洛水，然后击之，而候骑不时觉，将出战，世充军悉已济矣。单雄信又勒兵自据。《通鉴》。密度不能支，引骑遁去。雄信降世充。密将如黎阳。或曰："杀翟让之际，徐世勣几至于死，今向其所，安可保乎？"时王伯当弃金墉保河阳，密以轻骑自武牢归之。欲南阻河，北守太行，东连黎阳，以图进取。诸将不可。乃归唐。时武德元年（618）十月也。十二月，高祖使领本兵往黎阳，招集旧时将士，以经略世充。亦令王伯当同行。至桃林，隋县，唐改为灵宝，今河南灵宝县。复征之。密据县城，驱掠畜产，直趋南山，乘险而东。史万宝镇熊州，今河南宜阳县。遣副将盛彦师追蹑。至陆浑县南，陆浑，在今河南嵩县东北。与密相及，伏兵山谷击斩之。王伯当亦死。邴元真之降王世充也，世充以为行台仆射，镇滑州。今河南滑县。密故将杜才干，以兵归之。已而伏甲斩之，以其首祭密冢，乃归唐。密之入关也，士从之者二万人，其死，哭之多欧血者。亦不可谓不得众。然一败而不复振，则单雄信之叛，徐世勣之不可杖实为之。其祸根，似仍种于杀翟让之时也。

《旧唐书·李密传》曰：义旗建，密负其强盛，欲自为盟主，乃致书，呼高祖为兄，请合从以灭隋。高祖言："吾方安辑京师，未遑东讨，即相阻绝，便是更生一秦，密今适为吾拒东都之兵，守成皋之厄。"汉于虎牢置成皋县，隋改曰汜水。乃报书，称"天生蒸民，必有司牧，当今为牧，非子而谁？老夫年余知命，愿不及此。惟冀早应图箓，以宁兆庶。宗盟之长，属籍见容，复封于唐，斯愿足矣"。密得书甚悦。于是不虞义师，而专意于王世充。此乃唐人夸饰之辞。密时方与世充相持，即有虞于唐，亦未必能舍近敌而争远利也。唐既定长安，乃遣建成、世民徇地东都。《新书·高祖纪》在义宁二年（618）正月。《旧书·太宗纪》在元年十二月，未及建成。《隋书·李密传》：义师围东都，密出军争之，交绥而退，盖在此时？时唐兵力尚未足，故亦浅尝之而已。李密败，唐乃以淮安王神通为山东道安抚大使。时密旧境，东至于海，南至于江，西至汝州，今河南临汝县。北至魏郡，今河南安阳县。皆为徐世勣所据，亦来降。诏授勣黎阳总管，总统河南、山东之兵，以拒王世充，而窦建德之兵亦至。建德，贝州漳南人。漳南，在今山东恩县西北。少时颇以然诺为事。大业七年

（611），募人讨高丽，本郡补二百人长。同县孙安祖，亦选在行中。辞贫，令怒，笞之。安祖刺杀令，亡投建德。建德招诱逃兵及无产业者，得数百人，令安祖入高鸡泊起事。泊在今恩县西北。时鄃人张金称，鄃县，今山东夏津县。亦结聚在河阻中。蓨人高士达，在清河界。蓨县，在今河北景县境。清河，今河北清河县。诸义师往来漳南者，独不入建德间。郡县意建德与"贼徒"交结，收系家属，无少长，皆杀之。建德闻之，率麾下二百人亡归士达。后安祖为金称所杀，兵数千人，尽归建德，自此渐盛。隋杨义臣讨金称，破之清河，乘胜至平原，破斩士达。《旧唐书·建德传》。《隋书·义臣传》云：破士达，斩金称。建德率百余人遁去。复还，招集亡卒，得数千人，复振。初群雄得隋官属及山东士子皆杀之，惟建德每获士人，必加恩遇。郡县长吏，稍以城降之。军容益盛，胜兵十余万人。十三年正月，自称长乐王。七月，隋遣薛世雄来讨，建德袭破之。遂降河间，隋郡，今河北河间县。始都乐寿。今河北献县。武德元年（618）五月，更号夏王。先是上谷帅王须拔，自号漫天，拥众数万，入掠幽州，中流矢死。亚将魏刀儿代领其众，自号历山飞，入据深泽。今河北深泽县。建德与之和，袭破之，尽并其地。宇文化及之走魏县也，腹心稍尽，兵势日蹙。叹曰："人生固当死，岂不一日为帝乎？"九月，鸩杀秦王浩，僭位。国号许。攻李密总管元宝藏于魏州，今河北大名县东。不克。宝藏后归唐。乃东北趋聊城，今山东聊城县。将招诱海北群雄。唐淮安王神通蹑之。化及粮尽请降。神通贪其玉帛，不受。士及自济北馈之，济北，隋县，在今山东长清县境。化及又坚守，而窦建德之兵至，神通遂引退。建德攻聊城，拔之。杀化及、智及。士及奔唐。时武德二年闰二月也。隋齐王暕有遗腹子，名正道，与炀帝、萧后同随化及至河北，及是，又入建德军。建德送之突厥。突厥处罗可汗号为隋王，处之定襄。隋郡。至贞观四年（630），李靖破突厥，乃获之。建德每平城、破陈，所得赀财，并散赏诸将。至此，得宫人以千数，应时放散。隋文武官及骁果且一万，亦听其所去。又以裴矩为尚书左仆射，崔君肃隋兵部侍郎。为侍中，何稠隋少府令。为工部尚书。其余随才拜授，委以政事。有欲往关中及东都者，亦恣听之，仍给衣粮，以兵援送出境。八月，陷洺州，今河北永平县。迁都焉。又与王世充结好，遣使朝越王侗。后世充废侗自立，乃绝之。九月，南侵相州。唐淮安王神通不能拒，奔黎阳。建德陷之。神通、世勣，并为所虏。唐是时有刘武周之难，不克与之争也。

　　刘武周，河间景城人。景城，在今河北交河县东北。父匡，徙家马邑。武周骁勇，善骑射。交通豪侠。为鹰扬府校尉，杀太守刘仁恭而代之，遣使附于突厥，遂陷雁门、楼烦、定襄。突厥立为定杨可汗，遗以狼头纛。武周因僭称皇帝。上谷宋金刚，在易州界起义，易州，今河北易县。与魏刀儿相表里。刀儿为窦建德所灭，金刚救之，战败，奔武周。武周闻金刚善用兵，甚喜，号为宋王，委以军事，中分家产遗之。金刚说武周图晋阳。武周令率兵二万，以侵并州。武德二年（619）四月，袭破榆次。今山西榆次县。六月，进陷介州。今山西介休县。李仲文、裴寂先后拒之，皆为所败。齐王元吉委城遁。武周遂据太原，遣金刚进攻晋阳。六日，城陷。进取浍州。今山西翼城县。属县悉下。夏县人吕崇茂杀县令应之，夏县，今山西夏县。王行本又与连和。关中大骇。高祖欲弃河东守关西，太宗陈其不可。乃悉发关中兵，以益太宗。又命永安王孝基等进攻夏县，俱没。孝基，高祖从父弟。败后，高祖又使桑显和攻之，亦未能克。武周将尉迟敬德助崇茂守，高祖使赦崇茂罪，使图敬德，事泄，敬德杀之。敬德去，余党复据守。太宗既破宋金刚，乃还攻屠之。敬德后亦降唐。太宗与金刚相持，至三年四月，金刚粮尽而遁，太宗乃追破之。武周、金刚先后奔突厥。未几，金刚背突厥而亡，将还上谷，为追骑所获，要斩之。武周后谋亡归马邑，事泄，亦为突厥所杀。《纪》在武德五年七月。武周之南侵也，其妹夫苑君璋谏以并州以南，地形险要，县军深入，恐后无继。武周不听，卒以馈运不属败，然金刚则诚战将也。

王世充以武德二年（619）四月，废越王侗而自立。国号郑。六月，鸩杀侗。谥曰恭帝。世充之为人也，好行小惠而实不至。见众心日离，乃严刑峻制以防之。而仓粟日尽，城中人相食。三年七月，太宗率兵攻之。世充镇堡，相继来降。初世充率众东徇地，至滑州，仍以兵临黎阳。窦建德亦入殷州以报之。事在武德二年冬，殷州，今河南获嘉县。及是，建德攻孟海公于周桥城。海公，济阴人，城当在济阴境。济阴，今山东曹县。其中书舍人刘斌说以救郑，建德从之，遣人结好，并陈救援之意。世充乃遣兄子琬及内史令长孙安世报聘，且乞师。明年二月，建德克周桥，虏孟海公。兖州"贼"帅徐圆朗，兖州，今山东滋阳县。先降于建德。建德乃悉发海公、圆朗之众，以救世充。三月，太宗用薛收、郭孝恪之策，屯于虎牢以拒之。建德国子祭酒凌敬劝其济河，入上党，收河东，以牵制唐师。建德将从之。而世充使阴赍金玉，啖其诸将，以乱其谋。建德遂悉众逼虎牢，战败，为唐所擒。时五月也。其妻曹氏，及其左仆射齐善行将数百骑遁于洺州。余党欲立建德养子为主，善行言："无为涂炭生人。"乃以府库财物分士卒，各令散去而降唐。此建德能用士大夫之效也。太宗以建德并王琬、长孙安世至东都城下示之，且遣安世入城言败状。世充欲溃围走襄阳，谋于诸将，皆不答。乃请降。至长安，斩建德，徙世充于蜀。将行，为仇人所杀。建德颇有大略，其败也，盖以其起山东，未尝见大敌。太宗语，见《旧书·本纪》。当时即用凌敬之谋，亦未必能掣唐兵使返也，而不见刘武周之终无所成邪？

然建德甫平，而刘黑闼之兵复起，则可见建德苟不作孤注，亦非可以旦夕定也。黑闼，亦漳南人，与建德少相友善。初从郝孝德，后归李密。密败，为王世充所虏，后又归于建德，建德封为汉东郡公。建德败，黑闼自匿于漳南。高祖征建德故将范愿等，愿等复谋举事，往见黑闼，黑闼从之。遂举兵袭破漳南。淮南王神通、将军秦武通、王行敏先后讨之，皆为所败。黑闼移书赵、魏，建德将士，往往杀官吏以应之。李世勣为黎州总管，徐世勣，唐赐姓李氏。黎州，即黎阳。不能拒，走保洺州。黑闼追击，破之。半岁，悉复建德故地。徐圆朗举齐、兖以附。北连高开道，见下节。遣使突厥。五年正月，称汉东郡王，都于洺州。太宗攻之，分兵绝其粮道，相持两月，乃破之。黑闼奔突厥，山东悉定。太宗遂南攻徐圆朗。

徐圆朗，兖州人。隋末，据本郡。略地，自琅邪已西，北至东平，尽有之。琅邪郡，今山东临沂县。东平郡，今山东郓城县。胜兵二万余人。初附李密。密败，归王世充。洛阳平，归唐，拜兖州总管。新、旧《书》本传同。《新书·本纪》，于武德二年（619）七月，即书圆朗降。《通鉴》同。盖时文降唐，实未绝世充。黑闼叛，圆朗又应之。太宗进师曹州，即济阴郡。遣淮南王神通及李世勣攻之。圆朗穷蹙，弃城夜遁，为野人所杀。新、旧《书》本传同。《新书·本纪》，事在武德六年二月，云："李世勣败徐圆朗，执之。"《旧书·勣传》云："获圆朗，斩首以献。"盖野人杀之，而勣攘以为功也。

圆朗未平，而黑闼又至。武德五年（622）六月，黑闼借兵突厥，来寇山东。高祖遣淮阳王道玄讨之，道玄，高祖从父兄子。败死。河北诸州，又降于黑闼。黑闼复都洺州。十一月，齐王元吉击之，迟留不进。又令太子建成督兵进讨，乃败之。黑闼走，至饶阳，其所署饶州刺史葛德威执之，黑闼于饶阳县置饶州也。今河北饶阳县。送建成所，斩于洺州。山东复定。

## 第七节　隋末之乱下

隋末，群雄剧战，皆在北方。若南方，则虽有若萧铣、杜伏威，据地较广，兵力较强者，亦不逾时而定。可见其时政治之重心，实在北方也。

朱粲，亳州城父人。亳州，今安徽亳县，城父县，在亳县东南，今其地名城父村。"初为县佐史。大业末，从军讨长白山贼，山在今山东邹平县南。遂聚结为群盗。"引军渡淮，至竟陵、沔阳，竟陵郡，今湖北钟祥县。沔阳郡，今湖北沔阳县。后转至山南。义宁中，招慰使马元规击破之。俄而收辑余众，兵又大盛。僭称楚帝于冠军，隋县，在今河南邓县西北。攻陷邓州，今邓县。有众二十万。粲所克州县，皆发其藏粟以充食，迁徙无常，去辄焚余赀，毁城郭。又不务稼穑，以劫掠为业，于是百姓大馁。军中罄竭，无所房掠。乃勒所部：有略得妇人、小儿，皆烹之，分给军士。又税诸城堡，取小弱男女，以益兵粮。诸城惧税，皆相携逃散。显州首领杨士林、田瓒背粲，显州，今河南泌阳县。诸州响应，相聚而攻之。大战于淮源，隋县，在今河南信阳县西北。粲败，以数千人奔菊潭，隋县，在今河南内乡县北。遣使请降。时武德二年（619）二月也。高祖令假散骑常侍段确迎劳之。确因醉侮粲。粲怒，收确及从者数十，悉杀之，以飨左右。遂屠菊潭，奔王世充。东都平，获之，斩于洛水上。

萧铣者，岩之孙。岩事见《两晋南北朝史》第十五章第三节。炀帝时，以外戚擢授罗县令。据《隋书·本纪》。新、旧《唐书·本纪》及《通鉴》皆作罗川。《隋志》：罗川县属北地郡，在今甘肃正宁县北，罗县属巴陵郡，在今湖南湘阴县东北。大业十三年（617），岳州校尉董景珍、雷世猛，旅帅郑文秀、许玄彻、万瓒、徐德基、郭华，沔州人张绣等同谋叛隋，岳州，即巴陵郡，今湖南岳阳县。沔州，即沔阳郡。欲推为主，遣人谕意。铣大悦，报书曰："我本国昔在有隋，以小事大，朝贡无阙，乃贪我土宇，灭我宗祊，我是以痛心疾首，无忘雪耻。今天启公等，协我心事，若合符节，岂非上玄之意也？"即日集得数千人，扬言"讨贼"，实欲相应。遇颍川酋帅沈柳生来寇，颍川郡，今河南许昌县。击之不利。铣因以谕众，众皆大悦。柳生亦以众归之。铣自称梁公，率众往巴陵。景珍遣徐德基、郭华率州中首领数百人迎谒。柳生曰："我先奉梁公，勋居第一。今岳州兵众，倍多于我。我若入城，便出其下。不如杀德基，质其首领，独挟梁王，进取州城。"遂与左右杀德基，方诣中军白铣。铣大惊曰："今欲拨乱，忽自相杀，我不能为汝主矣。"乃步出军门。柳生大惧，伏地请罪，铣责而赦之，陈兵入城。景珍言："柳生凶悖，若不加诛，何以为政？且其为贼凶顽已久，同处一城，必将为变。若不豫图，后悔无及。"铣又从之。景遂斩柳生于城内，其下皆溃散。铣自称梁王。义宁二年（618），僭称皇帝。署置百官，一准梁故事。隋将张镇州、王仁寿击之，不能克。及闻隋灭，镇州因与宁长真等率岭表诸州，尽降于铣。见下。林士弘者，饶州鄱阳人。饶州，治鄱阳，今江西鄱阳县。大业十二年（616），与乡人操师乞起兵。师乞攻陷豫章郡而据之。豫章郡，即洪州。隋遣持书侍御史刘子翊讨之，师乞中矢死。士弘代董其众，复与子翊大战于彭蠡湖，隋师败绩，子翊死之。士弘大振，兵至十余万。十三年，徙据虔州，今江西赣县。自称皇帝，国号楚。隋侍御史郑大节以九江下之。今江西九江县。士弘任其党王戎为司空，攻陷临川、今江西临川县。庐陵、今江西吉水县东北。南康、宜春诸郡。宜春，今江西宜春县。北至九江，南暨番禺，今广东南海县。悉有其地。张善安者，兖州方与人。方与，今山东鱼台县。年十七，"便为劫盗，转掠淮南"。因渡江附士弘于豫章，士弘不信之，善安憾焉。袭击士弘，焚其郛郭，去保南康。萧铣以舟师破豫章，善安夺其地，据以归唐，而九江、鄱阳降于铣。铣遣杨道生攻陷南郡，治江陵，今湖北江陵县。张绣略定岭表。东至三峡，南尽交趾，北拒汉川皆附之。胜兵四十余万。武德元年（618），迁都江陵。三年，高祖诏夔州总管赵郡王孝恭讨之。夔州，今四川奉节县。孝恭，高祖从父弟子。时诸将横恣，多专杀戮，铣令罢兵，阳言营农，实夺其权也。董景珍之弟为将军，怨铣放其兵，谋为乱，事泄，为铣所诛，景珍遣间使诣孝恭送款。铣遣张绣攻杀之，又杀绣。大臣相次诛戮，故人边将皆疑惧，多有叛者。铣不复能制，兵势益弱。四年，高祖命孝恭及李靖率巴蜀兵自夔州今四川奉节县。沿流而下，庐江王瑗自襄州道，瑗，亦高祖从父弟子。襄州见第三节。黔州刺史田世康趣辰州道。黔州，今四川彭水县。辰州，今湖南沅陵县。其将周法明降，即以为黄州总管。黄州，今湖北黄冈县。九月，靖乘水涨急下，逼其都。铣之放兵也，仅留宿卫士数千人，仓卒追兵，未能集。铣自度救兵不至，谓其下曰："若待力屈，必害黎元。"乃率官属诣军门曰："当死者惟铣，百姓非有罪也，请无杀掠。"时十月也。送于京师，斩之。铣降后数日，江南救兵十余万，一时大至。知铣降，乃送款于孝恭。然铣即不降，此等兵亦未必能力战；即有肯战者，亦必非唐兵之敌；此铣之所以速降也。

岭南之地，时尚全未开发，故江域既平，即传檄而下。刘洎者，事萧铣为黄门侍郎，铣令略地岭表，得五十余城，未还而铣败，遂以所得城归唐。丘和者，炀帝时为刺史、郡守，以献食精获幸，然善抚吏士，甚得欢心。大业末，以海南僻远，吏多侵渔，百姓咸怨，选淳良太守以抚之。裴矩奏以和为交趾太守。今越南东京。初宁猛力之死，子长真袭为刺史。炀帝之讨林邑，长真出兵攻其后，又率部落数千，从征辽东。炀帝召为鸿胪卿，遣还，又以其族人宣为合浦太守。今广东合浦县。隋乱，皆以其地附萧铣。《唐书·南蛮传》。冯盎以苍梧、高凉、珠崖、番禺之地，附于林士弘，隋苍梧郡，治封川，今广东封川县。高凉郡，在今广东阳江县西。番禺，即广州。各遣人召和。和初未知隋亡，皆不就。林邑之西诸国，并遗和明珠、文犀、金宝之物，富埒王者。铣利之，遣长真率百越之众，渡海侵和。和遣其司法书佐高士廉率交、爱首领击之，交州，即交趾郡。爱州，即九真郡，今越南之清华。长真退走，境内获全。后审知隋灭，乃以州从铣。及铣平，和以海南之地归唐，即授交州总管。李袭志者，仕隋，为始安郡丞。大业末，散家产，招募得三千人，以守郡城。萧铣、林士弘等争来攻击，袭志固守。久之，宇文化及弑逆，郡人有劝袭志为尉佗，袭志不听。固守二年，乃为铣所陷。铣署为工部尚书，检校桂州总管。武德初，高祖遣其子赍书召之。袭志乃密说岭南首领隋永平郡守李光度，与之归唐。永平，今广西藤县。及萧铣平，赵郡王孝恭授袭志桂州总管。武德五年（622），入朝，拜江州都督。江州，即九江郡。辅公祏反，又以袭志为水军都督讨之。见下。转桂州都督。袭志前后任桂州二十八载焉。冯盎，武德三年，广、新二州酋帅高法澄、洗宝彻等，新州，今广东新兴县。并受林士弘节度，杀害隋官吏。盎率兵击定之。或请上南越王之号，盎亦不受。四年，以南越之众降唐。萧铣之平也，唐命李靖检校荆州刺史，荆州见第三节。承制拜授。靖乃度岭至桂州，遣人分道招抚。冯盎、李光度、宁长真等皆遣子弟来谒，靖承制授以官爵。凡所怀辑，九十六州，户六十余万。高祖授宁长真钦州都督。钦州见第二节。宁宣请降，未报而卒。以其子纯为廉州刺史，廉州，即合浦郡。又以其族人道明为南越州刺史。《新唐书·地理志》：廉州，武德四年曰越州，贞观八年（634），更名。案，廉州刘宋时本名越州，当时或二州并置，至贞观八年，乃裁去越州也。道明与高州首领冯暄、谈殿，据南越州反。纯以兵援之。九年，道明为州人所杀。未几，长真死，子据袭刺史。冯暄、谈殿，阻兵相掠，群臣请击之。太宗不许，遣使宣谕。暄等与溪峒首领皆降。南方遂定。《唐书·南蛮传》。

割据长江下游者，有杜伏威、李子通、沈法兴等。伏威，齐州章丘人。今山东章丘县。与临济辅公祏，临济县，在今山东高苑县北。俱起兵反隋。《新书·公祏传》云：公祏与伏威起至死几十三载，则其起在大业八年（612）。伏威时年十六，常营护诸人，出则居前，入则殿后。故其党咸服之，共推为主，转略淮南。炀帝遣陈稜以精兵八千讨之，大溃。伏威乘胜破高邮。隋县，今江苏高邮县。据历阳，隋郡，今安徽和县。自称总管，以公祏为长史。分遣诸将略属县，所至辄下。江淮间"小盗"争附。李子通，东海丞人。丞，汉县，《新书·志》作丞。隋时曰兰陵，属彭城，唐复故，属琅邪，今山东峄县西北。大业末，左才相据齐郡之长白山，子通归之。子通为人仁恕，由是人多归之，未半岁，兵至万人。才相稍忌之。子通自引去，因渡淮，与伏威合，寻为隋将来整所败，拥余众奔海陵，隋县，今江苏泰县。得众二万，自称将军。宇文化及之反也，署伏威历阳太守。伏威不受，上表于越王侗。侗拜为东南道大总管，封楚王。化及以陈稜为江都太守。稜又降唐，高祖亦授以总管。李子通率师击之。稜南求救于沈法兴，西乞师于杜伏威。法兴者，湖州武康人。湖州，今浙江吴兴县。武康，今浙江武康县。大业末，为吴兴郡守。吴兴郡，即湖州。东郡帅楼世干围郡城，东郡，见第四节。炀帝令太仆丞元祐击之。俄而宇文化及弑炀帝。法兴自以代居南土，宗族数千家，为远近所服，乃与祐部将孙士汉、陈果仁执祐于坐。以诛化及为名，发自东阳。见第二节。行收兵，将趋江都，下余杭郡。见第五节。比至乌程，隋县，在吴兴南。精卒六万。毗陵通守路道德拒之。毗陵，即晋陵改名。晋陵，见第五节。法兴请与连和。因会盟，袭杀道德，进据其城。齐郡帅乐伯通据丹阳，为化及城守，法兴使果仁攻陷之。据有江表十余郡。陈稜求救，与伏威各以兵至。子通纳言毛文深进计，募江南人，诈为法兴兵，夜袭伏威。伏威不悟，又遣兵袭法兴。二人相疑，莫敢先动。子通遂得尽锐攻陷江都。稜奔伏威。伏威忌之，寻见害。子通入据江都，僭即皇帝位，国称吴。法兴自克毗陵，谓江淮以南，可指挢而定，专立威刑，将士解体。子通乘胜渡江，陷其京口。今江苏丹徒县。法兴使其仆射蒋元超拒之废亭，在今江苏武进县西。战死。法兴弃城宵遁。子通遂有晋陵。后伏威遣辅公祏攻陷丹阳，进屯溧水。隋县，今江苏溧水县。子通击之，为所败。又属粮尽。乃弃江都，保于京口。江西之地，尽归伏威。伏威徙居丹阳。子通东走太湖，鸠集亡散，得二万人。袭沈法兴于吴郡，见第五节。破之。法兴率左右数百人，投昆山帅闻人遂安。遂安据昆山，见《王雄诞传》。昆山，隋县，今属江苏。遂安遣其将叶孝辩迎之。法兴中路而悔，欲杀孝辩，更向会稽。见第二节。孝辩觉之。法兴惧，乃赴江死。时武德三年（620）也。子通都于余杭。东至会稽，南至于岭，西距宣城，隋郡，今安徽宣城县。北至太湖，尽有其地。太宗围王世充，遣使招杜伏威。伏威请降。就拜东南道行台尚书令，江淮以南安抚大使，上柱国。封吴王。赐姓李氏，豫宗正属籍。伏威遣将率兵来会。四年，遣其将王雄诞攻李子通。子通穷蹙请降。伏威执之，并乐伯通送于京师。歙州首领汪华，歙州，今安徽歙县。隋末据本郡称王，十余年。雄诞回军击之，华降。又降闻人遂安。伏威尽有江东、淮南之地，南接于岭，东至于海。太宗平刘黑闼，攻徐圆朗，伏威来朝。武德五年。留于京师，礼之甚厚。李子通谓乐伯通曰："伏威既来，东方未静，我所部兵，多在江外，往彼收之，可有大功于天下矣。"遂相与亡。至蓝田关，蓝田见第六节。为吏所获，俱杀之。于是江淮已南，惟伏威之地仅文服矣。《旧书·辅公祏传》曰：伏威与公祏，少相爱狎。公祏年长，伏威每兄事之。军中咸呼为伯，畏敬与伏威等。伏威潜忌之。署其养子阚稜为左将军，王雄诞为右将军，推公祏为仆射，外示尊崇，而阴夺其兵权。公祏知其意，乃与故人左游仙伪学道辟谷。伏威将入朝，留公祏居守，复令雄诞典兵以副公祏，阴谓曰："吾入京，若不失职，无令公祏为变。"后左右说公祏反，会雄诞属疾于家，公祏夺其兵。《雄诞传》云：公祏将为逆，夺其兵，拘之别室，遣西门君仪谕以反计。雄诞不可。缢杀之。《通鉴》云：公祏诈称得伏威书，疑雄诞有贰心。雄诞闻之，不悦，称疾不视事。公祏因夺其兵，使其党西门君仪谕以反计。雄诞始悟。诈言伏威不得还江南，诒书令其起兵。因僭即伪位，自称宋国，于陈故都筑宫以居焉。公祏反，《纪》在武德六年八月。高祖命赵郡王孝恭、李靖等分道击之，破其兵。公祏以左游仙为越州总管，越州，即会稽郡。欲就之。至武康，为野人所执，送于丹阳，孝恭斩之，传首京师。时武德七年三月也。《伏威传》云：公祏反，诈称伏威之令，以给其众。高祖遣赵郡王孝恭讨之。时伏威在长安，暴卒。及公祏平，孝恭收得公祏反辞，不晓其诈，遽以奏闻。乃除伏威名籍，没其妻子。贞观元年（627），太宗知其冤，赦之，复其官爵，葬以公礼。《李百药传》：百药为李子通中书侍郎、国子祭酒，又为杜伏威行台考功郎中。高祖遣使招抚，百药劝伏威入朝。伏威从之。遣辅公祏与百药留守。至历阳，狐疑中悔，将害百药，乃饮以石灰酒。因大泄利，而宿病皆除。伏威知百药不死，作书与公祏，令杀百药。赖王雄诞保护获免。公祏反，又授百药吏部侍郎。有谮百药于高祖云："百药初说杜伏威入朝，又与辅公祏同反。"高祖大怒。及公祏平，得伏威与公祏令杀百药书，高祖意稍解，遂配流泾州。今甘肃泾川县。然则果伏威不欲反而公祏叛之？抑公祏反实伏威意，而雄诞、百药贰于伏威？殊未可知也。伏威养壮士三十余人为假子，分领兵马，惟阚稜、王雄诞知名。《稜传》云：稜从伏威入朝，及公祏僭号，稜从军讨之。公祏破，稜功居多，颇有自矜之色。及擒公祏，诬稜与己通谋。又杜伏威、王雄诞及稜家产在贼中者，合从原放，孝恭乃皆籍没，稜诉理之，有忤于孝恭。孝恭怒，遂以谋反诛之。其事究如何，亦殊不可知也。

林士弘之亡豫章也，尚有南昌、虔、循、潮数州之地。南昌郡，即洪州，见第三节。潮州见第二节。萧铣破后，散兵稍往归之，复振。荆州总管赵郡王孝恭遣使招慰，循、潮二州并来降。武德五年（622），士弘遣其弟药师攻围循州。刺史杨略与战，大破之。士弘惧而遁走，潜保于安城之山洞。安城，吴县，唐改为安福，今属江西。王戎以南昌来降。拜为南昌州刺史。当即孙州，见下。戎召士弘，藏之于宅，招诱旧兵，更谋作乱。张善安归唐，授洪州总管。密知其事，发兵讨之。会士弘死，部兵溃散。戎为善安所虏。《旧书·士弘传》。《新书·本纪》：武德六年三月，洪州总管张善安反，四月，陷孙州，执总管王戎。《地理志》：武德五年，以洪州南昌县置孙州。辅公祏反，善安举兵相应，安抚使李大亮击之。善安许降，将数十骑至大亮营，大亮执送长安。称不与公祏交通，高祖善遇之。及公祏败，搜得其书，与相往复，遂诛之。

北边自立者，多与突厥相连。刘武周之死也，突厥以苑君璋为大行台，统其余众，仍令郁射设督兵助镇，高祖遣谕之。君璋部将高满政，劝其尽杀突厥以归唐。君璋不从。满政因人心，夜逼君璋，君璋亡奔突厥。满政以城来降，拜朔州总管。朔州见第二节。时武德六年（623）也。明年，君璋引突厥攻马邑。满政死之，君璋尽杀其党而去，退保恒安。所部稍稍离散，势蹙请降。高祖许之，遣使赐以金券。会突厥颉利可汗复遣召之，君璋犹豫未决。其子孝政劝其归唐。而恒安人郭威，说其据恒安以观天下之变。君璋然其计，执唐行人，送于突厥。与突厥合军，寇太原之北境，后见颉利政乱，乃率所部来降。时太宗贞观元年（627）矣。

罗艺，大业时，以军功官至虎贲郎将。时天下大乱，"涿郡人物殷阜，涿郡见第四节。加有伐辽器仗，仓粟盈积；又临朔宫中多珍产；临朔宫见第五节。诸贼竞来侵掠。留守官赵什住等皆不能拒。艺独出战，前后破贼，不可胜计"。威势日重。什住等颇忌之。艺阴知之，乃以仓库山积，留守官无心济贫，激怒其众。执郡丞，发库物以赐战士，开仓以振穷乏。柳城、见第二节。怀远，并归附之。自称幽州总管。武德二年（619），奉表归唐。诏封燕王，赐姓李氏，豫宗正属籍。太宗击刘黑闼，艺领本兵破黑闼弟什善。明年，复将兵与隐太子会于洺州，因请入朝。

高开道，沧州阳信人。沧州，今河北沧县。阳信，今山东阳信县。少以煮盐自给。大业末，河间人格谦，河间见第六节。拥兵于豆子<ruby>航</ruby>，在今山东惠民县境。开道往从之。谦为隋师所灭，开道与其党百余人，亡匿海曲。复出掠沧州，招集得数百人。北掠城镇，自临渝至于怀远，皆破之，临渝见第二节。悉有其众。开道自起至灭凡八年，则其起在大业十二年（616）。隋将李景守北平郡，开道引兵围之，连年不能克。武德元年（618），景自度不能支，拔城而去。开道又取其地，进陷渔阳郡。今河北蓟县。有马数千匹，众且万人。自立为燕王，都于渔阳。先是怀戎沙门高昙晟，怀戎县，在今河北涿鹿县西。因县令设斋，与其徒五十人，拥斋众而反，杀县令及镇将，自称大乘皇帝。立尼静宣为耶输皇后。遣人招诱开道，改封齐王。开道以众五千人归之。居数月，袭杀昙晟，悉并其众。三年，复称燕王。罗艺为窦建德所围，告急于开道。开道率二千骑援之，建德引去。开道因艺降唐。诏封北平郡王，赐姓李氏，授蔚州总管。后魏蔚州，在今山西平遥县。后周在今山西灵丘县。隋废。唐初复置，不恒所治。此时以授开道。贞观中，破突厥，乃还治灵丘。天宝后，移今蔚县。后北连突厥，告绝于艺，复称燕国。刘黑闼寇山东，开道与之连和，引兵攻易州。又引突厥，频来为寇。恒、定、幽、易等少州，皆罹其患。隋恒州治正定，今河北正定县。唐治石邑，在今河北获鹿县东南。寻还治正定。后改曰镇州。幽州，治蓟，今北京。颉利攻马邑，以开道兵善为攻具，引之，陷马邑而去。时天下大定，开道欲降，自以数反复，终恐致罪，又北恃突厥之众。其将士多山东人，思还本土，人心颇离。刘黑闼将张君立奔开道，因与其将张金树潜相结连，攻开道，开道自杀。金树又杀君立，归唐。时武德七年也。

梁师都，夏州朔方人。朔方，夏州治，见第二节。代为本郡豪族。仕隋为鹰扬郎将，大业末罢归。师都阴结徒党数千人据郡，北连突厥，掠定雕阴、弘化、延安等郡。雕阴，今陕西绥德县。延安，今陕西肤施县。僭即皇帝位，称梁国。师都自起至灭凡十二岁，则其起在大业十三年（617）。突厥始毕可汗遗以狼头纛，号为大度毗伽可汗。师都乃引突厥居河南，攻破盐川郡。今宁夏盐池县。武德二年（619），高祖遣延州总管段德操破之。延州，即延安郡。刘武周败，师都大将张举、刘旻相次来降。师都大惧，遣说处罗可汗南侵。处罗从之。会死，乃止。高祖又令德操进击，拔其东城。师都退据西城，往朝颉利，为陈入寇之计。自此频致突厥之寇，边州略无宁岁。颉利之寇渭桥，见第三章第二节。亦师都计也。颉利政乱，太宗知师都势危援孤，以书谕之。不从。时刘旻为夏州长史，使与司马刘兰经略之。贞观二年（628），遣柴绍、薛万均击之。其从父弟洛仁斩师都，诣绍降。

李子和，同州蒲城人。同州，今陕西大荔县。蒲城，今陕西蒲城县。子和本姓郭氏，李赐姓，《新书》作郭子和。大业末，为左翊卫，犯罪徙榆林。见第四节。见郡内大饥，遂潜引死士十八人攻郡门，执郡丞王才，数以不恤百姓，斩之。开仓以振穷乏。自称永乐王。南连梁师都，北附突厥。始毕可汗先署刘武周为定杨天子，梁师都为解事天子，又以子和为平杨天子。子和固辞不敢当，乃更署为屋利设。武德元年（618），遣使归款。授榆林郡守，寻就拜云州总管。云州见第二节。子和既绝师都，又伺突厥间衅，遣使以闻。为处罗可汗候骑所获。处罗大怒，囚其弟子升。子和自以孤危，甚惧。四年，拔户口南徙。诏以延州故城居之。

刘季真，离石胡人也。父龙儿，隋末拥兵数万，自号刘王，以季真为太子。龙儿为虎贲郎将梁德所斩，其众渐散。唐兵起，季真与弟六儿，复举兵。引刘武周之众，攻陷石州。治离石。季真北连突厥，自称突利可汗，以六儿为拓定王。甚为边患。唐以兵临之，季真惧而降。授石州总管，赐姓李氏。宋金刚侵并州，季真复与刘武周合势。金刚败，太宗执六儿斩之。季真奔高满政，寻为所杀。

隋末群雄，《唐书·高祖本纪》于高祖起兵前总叙之。除较大者已见上文外，尚有刘元进起晋安，晋安，晋县，隋改南安，今属福建。此别一刘元进，非第五节所述余杭之刘元进也。余杭之刘元进，与王世充战败，死于吴，见《通鉴》大业九年（613）。此刘元进，武德五年（622）正月降唐，见《唐书·高祖本纪》。下所述诸人败降年月皆同。惟左才相一人，史漏言其结局。邵江海据岐州，武德元年十月降。王须拔起恒、定，武德元年十一月，为窦建德所败，亡入突厥。王德仁起邺，隋县，今河南邺县。武德元年四月降。左才相起齐郡，左难当据泾，泾县，今属安徽。武德六年三月降。周文举据淮阳，今河南淮阳县。《新书·本纪》。武德五年二月，汴州总管王要汉败徐圆朗于杞州，执周文举。时要汉已降唐矣，文举盖附徐圆朗，故要汉为唐执之。杞州，盖圆朗所置，今河南杞县，古杞国之地，圆朗盖就此置州也。《旧书·地理志》：陈州，隋淮阳郡，武德元年，讨平房宪伯，改为陈州，则淮阳又尝为宪伯所据。张长逊据五原，长逊，唐兵起即来降。授丰州总管，助唐击薛举，已见上节。新、旧《书》皆有传。周洮据上洛，上洛郡，今陕西商县。义宁二年正月降。杨士林据山南，即攻朱粲之杨士林也，盖时山南之地归之。武德二年正月降。杨仲达据豫州，今河南汝南县。武德三年十月降。张善相据伊、汝，伊州，后改曰汝州，今河南临汝县，武德二年正月降。授伊州总管。后为王世充所陷，善相死之。新、旧《书》皆见《忠义传》。王要汉据汴州，武德五年二月降。时德叡据尉氏，尉氏县，今属河南。武德三年八月降。李义满据平陵，平陵县，在今湖北均县北。武德二年三月降。綦公顺据青、莱，青州，即齐郡。莱州，今山东掖县。《旧书·地理志》：莱州，汉东莱郡。武德四年，讨平綦顺，置莱州。淳于难据文登，文登县，今属山东。武德四年九月降。徐师顺据任城，任城县，今山东济宁县。武德二年三月降。蒋弘度据东海，隋郡，今江苏东海县。武德二年三月降。王薄据齐郡，武德二年三月降。蒋善合据郓州，今山东郓城县。武德四年六月降。田留安据章丘，武德五年五月降。张青特据济北，隋郡，在今山东茌平县西南。武德四年四月，为王君廓所执。臧君相据海州，即东海郡。武德四年六月降。《旧书·地理志》：楚州，隋江都郡之南阳县。武德四年，臧君相归附，立为东楚州。《通鉴》言君相以五州来降，则其所据者不止一海州也。楚州，今江苏淮安县。殷恭邃据舒州，今安徽怀宁县。武德五年正月降。周法明据永安，永安郡，即黄州。武德四年五月降。苗海潮据永嘉，永嘉郡，今浙江永嘉县。武德六年三月降。梅知岩据宣城，武德六年三月降。邓文进据广州，武德五年四月降。俚酋杨世略据循、潮，即与林药师战之杨略。唐人避讳，去"世"字也。武德五年正月降。冉安昌据巴东，巴东郡，即夔州，武德五年四月降。大抵闻风而来，传檄而定。其散见列传中者，如高季辅、蓨人。武德初，众至数千。寻与武陟人李厚德率众来降。见《旧书》本传，武陟，今河南武陟县。张士贵、卢氏人。大业末，聚众起兵，高祖降书招怀之，士贵以所统送款。见《旧书》本传。王君廓、并州人。大业末，掠邯郸，邯郸人王君愕往说之，乃屯井陉。岁余，唐兵定关中，遂来降。见《旧书·王及善传》。君廓事《旧书》附《庐江王瑗传》，《新书》自有传，其归唐后不得善终，乃因牵涉建成与太宗之争而然，非本欲背叛也。见第二章第一节。薛士通、《旧书·

薛登传》：义兴人。父士通，大业中为鹰扬郎将，江都之乱，与乡人闻人嗣安等同据本郡。武德二年，遣使归唐。义兴，今江苏宜兴县。郝相贵、处俊父。与妇翁许绍据峡州归唐，见《新书·处俊传》。峡州，今湖北宜昌县。王行敏等，行敏，隋末为“盗长”，高祖兴来降。见《新书·忠义传》。亦皆不烦兵力而下。张玄素谓太宗曰："隋末沸腾，被于寓县，争天下者，不过十数人，余皆保邑全身，思归有道。"信哉。可见乐战乱者必不多也。

# 第三章　唐之初盛

## 第一节　高祖太宗之治

汉、唐并称中国盛世。贞观、永徽之治，论者以比汉之文、景，武功尤远过之；然非其时之君臣，实有过人之才智也。唐太宗不过中材。论其恭俭之德，及忧深思远之资，实尚不如宋文帝，更无论梁武帝；其武略亦不如梁武帝，更无论宋武帝、陈武帝矣。若高祖与高宗，则尤不足道。其能致三十余年之治平强盛；承季汉、魏、晋、南北朝久乱之后，宇内乍归统一，生民幸获休息；塞外亦无强部；皆时会为之，非尽由于人力也。

唐高祖以勋戚起，论其权略，实出李密之下，所以幸获成功者，据关中，得蓄力以待东方之敝，亦事势使然也。观其刑赏之倒错，即知其实无君人之德。萧铣志复先业，虽不免志大才疏，实不可谓之有罪，徒以见高祖时言稍戆直，遂斩于都市。王世充之罪，殊不可恕而舍之。窦建德实较磊落，反杀之。建德之死也，高祖征其故将范愿等，愿等相与谋曰："王世充以洛阳降，其下骁将、公卿单雄信之徒，皆被夷灭，我辈若至长安，必无保全之理，且夏王往日，擒获淮安王，全其性命，遣送还之，唐家今得夏王，即加杀害。我辈残命，若不起兵报仇，实亦耻见天下人物。"遂推刘黑闼为主而叛。此非愿、黑闼等之好乱，唐之措置，固有以自取之也。其用人尤为偏私。裴寂不徒无功，且有拒宋金刚之负，乃用为仆射，册为司空。异时太宗数之曰："武德之时，政刑纰缪，官方弛紊，职公之由。"高祖之政事可见矣。刘文静举义首谋，且有致突厥兵破屈突通之功。高墌之败，太宗亦身在行间，史称其卧疾委事于文静及司马殷开山，未必非讳饰之辞也。徒以与寂有隙，兄弟骈诛。并及其弟文起。此帝之昵于故旧也。封伦在隋世，依附杨素；虞世基尤非正人，且为宇文化及内史令；而帝以伦为左仆射，世基为中书令，可见其好用小人。宇文士及，化及之弟也，虽兄弟罪不相及，其人亦何足取？乃与虞世基同来，亦见亲待，则以其在隋朝，深自结托，且妹为昭仪故也。元吉之在并州，常共窦诞游猎，蹂践谷稼，放纵亲昵，公行攘夺。甚至当衢而射，观人避箭；夜开府门，宣淫他室。宇文歆频谏不纳，表言之，元吉坐免，乃讽父老诣阙请己，高祖又令复职。逮刘武周兵至，元吉弃军奔还，高祖不罪窦诞，反欲斩宇文歆，赖李纲力争得免。窦轨恣意虐杀，为益州行台左仆射，车骑、骠骑从者二十人，所斩略尽，高祖明知之，乃一下狱，旋复释之还镇。则以轨为太穆皇后从父兄子，诞则其从父兄孙，又尚高祖女襄阳公主故也。此帝之私于亲戚也。帝性好渔色。其起兵也，实由裴寂以晋阳宫人私侍之，已见第二章第六节。即位之后，嫔妃擅宠，女谒盛行，遂致建成、太宗，争相交结，衅隙愈深，终酿玄武门之变。事见下。初篡位时，孙伏伽以万年县法曹上书谏诤，万年县，在今陕西长安县西。帝即擢为侍御史，此盖意在微名。李纲在唐初，亦称鲠直，帝貌优礼之，一怒则骂之曰："卿为何潘仁长史，何乃羞为朕尚书？"何潘仁，隋末义帅。此可以用士君子乎？伏伽谏书曰："近者太常官司，于人间借妇女裙襦五百余具，以充散伎之服，云拟五月五日于玄武门游戏。"玄武门见第二章第三节。其时帝尚未受禅也，而其荒纵已如此。又尝以舞人安叱奴为散骑常侍，李纲谏不听。此与北齐后主何异？世无骤变之风习，唐室之纵侈，实未能大变五胡之旧，特在开国之初，其弊尚未大著耳。然武、韦、开元之纵侈，则有自来矣。

　　高祖二十二子。正室太穆皇后所生者四人：长建成，次世民，次元霸，次元吉。元霸早卒。建成、元吉，起兵时未尝与谋，时建成在河东，遣使密召之，乃与元吉间行赴太原。案，此亦谓起兵之当时耳。至前此蓄谋叛隋，则二人亦必不能不与也。河东，见第二章第六节。然亦尝身在行间，惟建成既为太子，难数特将，而元吉淫纵，自并州陷后，遂未尝专军耳。高祖起兵置三军，以建成领左，太宗领右，而中军隶于元吉；发太原，建成、太宗从，元吉留守；关中既定，以建成为左元帅，太宗为右元帅，同徇东都；已见第二章第六节。高祖封唐王，建成立为世子，受禅为太子，自此惟武德二年（619），尝率师平司竹，安兴贵杀李轨，曾往原州应接而已。逮刘黑闼再入，建成乃自请往讨之。《传》云：其计出于中允王珪，洗马魏徵，劝其因结山东英俊。盖天下大势，究在山东，太宗威望，亦以平窦建德、王世充而大增，故珪等亟劝建成，起而与之分功。其后王君廓、罗艺皆为党援，盖皆结之于是时也。元吉弃并州，《新书·传》云："高祖怒之，自是常令从秦王征讨，不复专军。"司竹见第二章第六节。原州，今甘肃固原县。太宗英姿，或非其兄弟所及，然其戡定之功特多，则亦事会为之也。太宗之平东都也，高祖以旧官不称殊功，特加号为天策上将，以为陕东大行台。此时太宗之势，实于建成为逼，而元吉之必与建成合谋，以倾太宗，亦势使然矣。《新书·元吉传》，谓其欲并图建成。使太宗而败，元吉诚未必不出此，然在当时，则固未暇及此也。《旧书·元吉传》言建成、元吉谋害太宗，太宗召府僚告之，皆曰："大王若不正断，社稷非唐所有，元吉很戾，终亦不事其兄。"此非后来归狱之辞，则当时测度之语耳。于是各交结朝士，曲事宫掖以相图。《旧书·建成传》言：封伦潜劝太宗图之，不许。伦反言于高祖曰："秦王恃有大勋，不服居太子之下。若不立之，愿早为之所。"又说建成作乱，此等暧昧之辞，诚难遽以为信，然伦传言伦潜持两端，卒后数年，太宗方知其事。贞观十七年（643），治书侍御史唐临追劾之，以此改谥。黜其赠官，则伦之首鼠，决非虚语，恐当时如此者，正不止伦一人也。《建成传》又云：太宗每总戎律，惟以抚接贤才为务，至于参请妃媛，素所不行，此亦讳饰之辞。《新书·建成传》云：高祖幸仁寿宫，太宗及元吉从。建成谓元吉曰："秦王且遍见诸妃。彼金宝多，有以赂遗之也。吾安得箕踞受祸。"久用兵者必多金宝，此语恐非虚诬。则太宗之曲事宫掖，或且过于建成矣。《旧书·建成传》又谓建成、元吉，外结小人，内连嬖幸，高祖所宠张婕妤、尹德妃，皆与之淫乱。此则玄武门变作时，太宗之奏语耳，恐实诬蔑之辞也。见下。仁寿宫见第二章第一节。建成私召四方骁勇，并募长安恶少年二千余人，畜为宫甲，分屯左、右长林门，东宫门。号为长林兵。又令左虞候率可达志募幽州突厥兵三百内宫中，将攻西宫。时太宗所居。或告于帝，帝召建成责之，乃流志嶲州。今西康西昌县。武德七年六月，高祖幸仁智宫，在今陕西宜君县境。留建成居守。建成先令庆州总管杨文干募健儿送京师，庆州，今甘肃庆阳县。欲以为变。又遣使赍甲赐文干，令起兵相应接。使至幽州，后改为邠州，今陕西邠县。惧罪，驰告其事。高祖托以他事，手诏追建成诣行在所，置之幕中，令殿中监陈万福防御。文干遂反。高祖驰使召太宗曰："文干事连建成，恐应之者众，汝宜自行。还立汝为太子。吾不能效隋文帝诛杀骨肉，废建成，封作蜀王，地既僻小，易制，若不能事汝，亦易取耳。"太宗趣宁州，见第二章第六节。文干为其下所杀。太宗之行也，元吉及四妃唐制，皇后而下，有贵妃、淑妃、德妃、贤妃，为夫人。更为建成内请，封伦又外为游说。高祖意改，复令建成还京居守，惟责以兄弟不能相容，归罪于中允王珪、左卫率韦挺，及天策兵曹杜淹等，并流之嶲州。建成又与元吉谋行酖毒，《旧书·建成传》云：引太宗入宫夜宴，既而太宗心中暴痛，吐血数升。亦见《房玄龄传》，疑亦诬蔑之辞。太宗是时，安敢轻赴建成之宴？《元吉传》云：太宗尝从高祖幸其第，元吉伏其护军宇文宝于寝内，将以刺太宗，建成恐事不果而止之。亦莫须有之辞也。高祖乃谓太宗曰："观汝兄弟，是不和。同在京邑，必有忿竞。汝还行台，居于洛阳，自陕已东，悉宜主之。仍令汝建天子旌旗，如梁孝王故事。"将行，建成、元吉相与谋曰："秦王今往洛阳，既得土地、甲兵，必为后患。留在京师，制之一匹夫耳。"密令数人上封事曰："秦王左右，多是东人，闻往洛阳，非常欣跃。观其情状，自今一去，不作来意。"高祖遂停。案，果如高祖之意，真所谓自树兵矣，可见其无远虑也。九年，突厥犯边，诏元吉率师拒之。元吉因兵集，将与建成刻期举事。《旧书·元吉传》云：建成乃荐元吉代太宗督军北讨，仍令秦府骁将秦叔宝、尉迟敬德、程知节、段志玄等并与同行。又追秦府帐，简阅骁勇，将夺太宗兵以益其府。又谮杜如晦、房玄龄，逐令归第。建成谓元吉曰："既得秦王精兵，统数万之众，吾与秦王至昆明池，于彼宴别，令壮士拉之于幕下，敬德等既入汝手，一时坑之，孰敢不服？"案，此计太险，建成、元吉，敢遂行此与否，殊为可疑。然时称兵相攻之局已迫，务弱太宗之兵，则事实也。当时秦府兵力，盖视二人为劣，观二人死后，其兵攻玄武门，太宗兵拒战不利可知。事见《尉迟敬德》《薛万彻》《忠义·敬君弘》《冯立》《谢叔方》等传，此太宗所由以数人决死也。昆明池，在长安西南。六月三日，太宗密奏建成、元吉，淫乱后宫。因自陈曰："臣于兄弟无负，今欲杀臣，似为世充、建德报仇。臣今枉死，永违君亲，魂归地下，实亦耻见诸贼。"高祖省之愕然。报曰："明日当勘问，汝宜早参。"四日，太宗将左右九人至玄武门。九人之名，诸传颇有异同。《旧书·长孙无忌传》云：与尉迟敬德、侯君集、张公谨、刘师立、公孙武达、独孤彦云、杜君绰、郑仁泰、李孟尝等九人入玄武门讨建成、元吉，平之。是无忌在九人之外。《张公谨传》云：公谨与长孙无忌等九人伏于玄武门以俟变，则公谨在九人之外，无忌顾在其内矣。《刘师立传》云：师立与尉迟敬德、庞卿恽、李孟尝等九人同诛建成有功。庞卿恽之名，为《无忌传》所无。《秦叔宝传》云：六月四日，从诛建成、元吉；《程知节传》云：六月四日，从太宗讨建成、元吉；其名亦在前所列诸人外。《太宗本纪》云：率长孙无忌、尉迟敬德、房玄龄、杜如晦、宇文士及、高士廉、侯君集、程知节、秦叔宝、段志玄、屈突通、张士贵等于玄武门诛之，则并凡与谋者言之，非尽当时入伏者也。《士廉传》：时为雍州治中，率吏卒释系囚，授以兵甲，驰至芳林门，备与太宗合势，可见其不在玄武门内。要之此役，定谋者以长孙无忌之功为大，而房、杜次之；武将中当以尉迟敬德之功为大；故论功时，无忌、敬德，各为第一也。事皆见各本传。高祖已召裴寂、萧瑀、陈叔达、封伦、宇文士及、窦诞、颜师古等，欲令穷覆其事。建成、元吉行至临湖殿，觉变，即回马，将东归宫府。观此，知当时建成、元吉，实未亿入朝即有变故也。《新书·建成传》曰：秦王密奏建成等，张婕妤驰语建成，乃召元吉谋，曰："请勒宫甲，托疾不朝。"建成曰："善。"然不共入朝，事何由知？盖徒以为当廷辩其事耳。太宗随而呼之。元吉马上张弓，再三不彀。太宗乃射之，建成应弦而毙。元吉中流矢走，尉迟敬德杀之。《敬德传》云：建成既死，敬德领七十骑蹑踵继至，元吉走马东奔。左右射之，坠马。太宗所乘马又逸于林下，横被所缅，坠不能兴。元吉遽来夺弓，垂欲相扼，敬德跃马叱之。于是步走。敬德奔逐，射杀之。盖事出仓卒，建成未及斗，元吉则素骁勇，故虽坠马犹能步斗。太宗之勇力，盖非元吉之敌，元吉又非敬德之敌，故为所叱遂气慑而走也。《敬德传》又曰：敬德善避槊。每单骑入贼阵，贼槊攒刺，终不能伤。又能夺取贼槊还刺之。齐王元吉亦善马槊，闻而轻之，欲亲自试命去槊刃，以竿相刺。敬德曰："纵使加刃，终不能伤，请勿除之。"敬德槊谨当却刃。元吉竟不能中。太宗问曰："夺槊、避槊，何者难易？"对曰："夺槊难。"乃命敬德夺元吉槊。元吉执槊跃马，志在刺之，敬德俄顷三夺其槊。二人武艺之优劣可见。俄而东宫及齐府精兵二千人结阵驰攻玄武门。守门兵仗拒之不得入。接战，流矢及于内殿。太宗左右数百骑来赴难。建成等兵遂散。盖时称兵之局已成，东宫、齐府，兵力实较秦府为厚，太宗乃与左右数人，出不意冒险先发也。建成、元吉既死，高祖乃立太宗为太子。八月，遂传位焉。建成六子，长子承宗早卒，余五子及元吉五子皆见杀。

建成既死，而庐江王及罗艺之变作。庐江王瑗，高祖从父兄子。武德九年（626），累迁幽州大都督。《旧书·瑗传》云：朝廷以瑗儒懦，非边将才，遣右领军将军王君廓助典兵事。瑗倚仗之，许结婚姻，以布心腹。时建成将有异图，外结于瑗。及建成诛，召瑗入朝。瑗惧，君廓素险薄，欲因事陷之，以为己功，说瑗反。瑗召北燕州刺史王诜，北燕州，唐初置于怀戎，见第二章第七节。将与计事。兵曹参军王利涉说瑗委兵于诜而除君廓。君廓知之，驰斩诜。遂擒瑗，缢杀之。以功兼幽州都督。在职多纵逸。长史李玄道数以朝宪胁之。惧为所奏，殊不自安。后追入朝。行至渭南，隋县，今属陕西。杀驿吏而遁，将奔突厥，为野人所杀。《罗艺传》云：艺入朝，自以功高位重，无所降屈。太宗左右尝至其营，艺无故殴击之。高祖怒，以属吏，久乃释。时突厥屡为寇患，以本官领天节军将镇泾州。见第二章第七节。太宗即位，拜开府仪同三司。而艺惧不自安。诈言阅武，因追兵，矫称奉密诏勒兵入朝。至豳州，入据之。太宗命长孙无忌、尉迟敬德讨之。未至，艺为统军杨岌所攻，溃奔突厥。至宁州界，为左右所杀。君廓"群盗"，唐何由任之使辅庐江？庐江亦安得杖之？其为建成置以自辅明甚。若罗艺则本因建成来降，与太宗有隙，其背叛之由，更不待言而可见矣。王利涉说瑗复窦豪旧从窦建德者职，各于所在遣募本兵，河北之地，呼吸可定，然后分遣王诜，北连突厥，而王亲诣潼关，以入洛阳，是合窦建德、王世充为一人也。更加以如罗艺等起于肘腋之间，纵无所成，安知其不北走胡更为刘武周、高开道、梁师都？况于建成、元吉旧属，或有不可保者邪？故知当时之情势，实颇险恶也。

两晋、南北朝政治之坏，一由贵人之淫侈，一则胡俗之粗犷。唐高祖之怠荒，何异于晋武帝？使元吉而得志，亦何异于齐文宣哉？故知五代之敝风，至唐初而犹未殄也。幸其末年风气稍变，右文者渐多，而太宗即其人，故获致一时之治焉。太宗之为太子，断决庶务，即纵禁苑鹰犬，停诸官所进珍异；即位后，放掖庭宫女三千余人；贞观二年（628），又简出隋末宫人；颇能干父之蛊。御宇之初，亦能勤于听政，容受直言。王珪、魏徵，同事建成，帝并用为谏议。朝臣如虞世南、姚思廉、褚遂良、刘洎、马周、张玄素等，咸有才猷，亦颇著风节。虽外戚如高俭、长孙无忌亦然。俭字士廉，以字显。其妹适长孙晟，生子无忌，女即太宗文德皇后也。马周之见用，乃由其初客常何，何时为中郎将，太宗令百寮言得失，《旧书·传》云：贞观五年。《通鉴考异》曰：《实录》诏在三年，《旧书》盖误。周为何陈便宜二十余事。太宗怪其能。何曰："此非臣所能，家客马周具草也。"太宗即日召之。未至间，遣使催促者数四。及见，与语，甚悦，令直门下省。明年，授监察御史。奉使称旨。以何举得其人，赐帛三千匹。张玄素为景州参军。景州，今河北景县。太宗闻其能。即位，召见，访以政道，善其对，擢为侍御使。其渴于求贤，破格任用，亦诚有不可及者。房玄龄、杜如晦并称贤相。如晦贞观三年，始与玄龄共掌朝政，四年即卒。玄龄则元年为中书令，至二十三年乃卒，其相业实与帝相终始。史称其"明达吏事，饰以文学，审定法令，意在宽平"，此正足救五代来之失；而其重视用兵，亦足救太宗之好大喜功；固无怪其能辅帝以致一时之治也。

太宗颇好文学，为天策上将时，即于宫城西起文学馆，以待四方之士，居其间称学士者十八人。见新、旧《书·褚亮传》。此事为论史者所艳称，采春华而忘秋实，实无裨于治道，然究异于武断之治耳。此盖其所以能用贤臣。然其人究系武夫，且家世渐染北俗，故骄暴之习，卒难尽免。待苏威之无礼，已见第一章第四节。孔德绍事窦建德，尝草檄毁薄帝，建德败，执登汜水楼，汜水见第二章第四节。帝责之。对曰："犬吠非其主。"帝怒曰："贼乃主邪？"命壮士捽殒楼下。《新书·隐逸·孔述睿传》。此君人之道乎？抑寇贼之所为也。《旧书·刘洎传》言：帝善持论。每与公卿言及治道，必诘难往复。洎上书谏云："顷上书人有不称旨者，或面加穷诘，无不惭退。"其诟诟之态可见。循是而行，终必有如罗道琮以上书忤旨，配流岭表者矣。新、旧《书》皆见《儒学传》。其用刑亦多过差。戴胄为大理少卿，号能守法。然尝以许之交州，已又中悔，斩卢祖尚于朝堂；又尝怒苑西守监，欲于朝堂斩之；此何异于隋文帝？而其俭德则远逊之矣。马周尝言："今京师及益州诸处，营造供奉器物并诸王妃主服饰，议者皆不以为俭。"充容徐惠上疏，极陈辽海、昆丘戍转，翠微、玉华营造之劳民。事在贞观末。辽海指伐高丽。昆丘指伐龟兹。时阿史那社尔伐龟兹，授昆丘道行军总管。翠微、玉华，皆宫名。翠微在骊山绝顶。玉华，在宜君县。又云："服玩纤靡，如变化于自然，织贡珍奇，若神仙之所制。"其服御之侈可知。帝尝作《帝范》以赐太子，曰："吾居位已来，不善多矣。锦绣珠玉，不绝于前；宫室台榭，屡有兴作；犬马鹰隼，无远不致；行游四方，供帐烦劳；此皆吾之深过，勿以为是而法之。"《通鉴》贞观二十二年。帝最好名，使非事不可掩，夫岂肯自言之？其为此言，盖又欲以博不自文之美名耳。然则史所称帝之俭德可知矣。德莫大于不自满盈。帝于封禅，虽未尝行，而实有是意，此即可见其骄盈。贞观六年，群臣请封泰山。太宗拒之，魏徵亦言其劳费。史称太宗深嘉徵言。然仍遣杜正伦行七十二帝坛迹。是年两河水潦，其事乃寝。十一年，群臣复劝封泰山。始议其礼。十五年四月，诏以来年二月，有事于泰山。车驾已至洛阳宫。六月，有星孛于太微，乃罢其事。二十一年正月，又诏以来年二月，有事于泰山。其时虽薛延陀败，漠北尽平，然正伐高丽丧师之后也。八月，河北大水，乃复停。论者每谓帝之荒怠，在于中年以后。马周于贞观十一年上疏曰："贞观之初，率土荒俭，一匹绢才直一斗米，而天下帖然，百姓知陛下甚爱怜之，故人人自安，曾无谤讟。自五六年来，频岁丰稔，一匹绢得粟十余石，而百姓皆以为陛下不忧怜之，咸有怨言。"魏徵亦于十三年陈不克终十渐。然《旧书·戴胄传》言：贞观五年，将修复洛阳宫，胄上表极陈民生之憔悴。而《窦威传》谓其从兄子琎，为将作大匠，修葺洛阳，于宫中凿池起山，崇饰雕丽，太宗怒，遽令毁之。夫下之于上，不从其令而从其意，非帝先有侈靡之心，琎亦安敢为是？然则修复洛阳宫之举，不惟不以胄言而止，并未因之而稍从俭省也。其初年之节俭，又安在哉？刘洎以贞观十五年转治书侍御史，疏言："比来尚书诏敕稽停，文案壅滞，并为勋亲在位，品非其任。"勋亲用人，为唐室之大弊，而其原亦自帝开之。帝之所谓有道者，果何在乎？

《旧书·本纪》于贞观四年（630）书云：是岁断死刑二十九人，几致刑措。东至于海，南至于岭，皆外户不闭，行旅不赍粮焉。《新书·食货志》曰：贞观初，户不及三百万，绢一匹，易米一斗。至四年，米斗四五钱；外户不闭者数月，马牛被野，人行数千里不赍粮；民物蕃息，四夷降附者百二十万人；是岁天下断狱，死罪者二十九人；号称太平。又《魏徵传》云：帝即位四年，岁断死二十九，几至刑措。米斗三钱。东薄海，南逾岭，户阖不闭，行旅不赍粮，取给于道。又《旧书·本纪》于贞观三年书云：是岁，户部奏言中国人自塞外来归，及突厥前后内附，开四夷为州县者，男女一百二十余万口。《新书》

略同。《通鉴》贞观四年云：元年关中饥，米斗直绢一匹，二年天下蝗，三年大水。上勤而抚之，民虽东西就食，未尝嗟怨。是岁，天下大稔。流散者咸归乡里，米斗不过三四钱。终岁断死刑才二十九人。东至于海，南极五岭，皆外户不闭，行旅不赍粮，取给于道路焉。此其所本皆同，特辞有详略耳。此论史者所由称贞观之治，足以媲美汉文，而为三代下所希有者也。然戴胄之谏营洛阳宫也，曰："比见关中、河外，尽置军团，富室强丁，并从戎旅。重以九成作役，九成宫，即隋仁寿宫。唐于是年九月修之，改名。余丁向尽。……乱离甫尔，户口单弱，一人就役，举家便废。入军者督其戎仗，从役者责其糇粮，尽室经营，多不能济。"此四年之翼岁耳，与史所言四年之情形，相去何其远也？合《秦汉史》第四章第三节论汉文帝之语观之，书其可尽信乎？

## 第二节　唐初武功一

唐初大敌，自为突厥。其在突厥之北，而占地甚广者，则为铁勒。《旧书》述其部名云：薛延陀，《新书》云：先与薛种杂居，后灭延陀部有之，号薛延陀。初叛西突厥之野咥可汗保燕末山。其后回纥等在郁督军山者东附始毕，而延陀乙失钵在金山，西役叶护，则燕末山当为金山支脉。夷男受太宗册，树牙郁督军山。颉利灭，东保都尉楗山独逻水之阴，独逻水即独乐水，见第二章第二节。郁督军山，《传》云：直京师西北六千里，当在金山之东。金山，今阿尔泰山也。都尉楗山，《传》云：远京师才三千里而赢，当系今之杭爱山。《通鉴考异》引《唐历》云：乌德楗山，即郁督军山，虏语两音也，其说如确，则此山东西绵亘甚广。契苾，《新书》云：在焉耆西北鹰娑川，多览葛之南。鹰娑川，今小裕勒都斯河也。回纥，《旧书》迴纥，《新书》作回纥。初居郁督军山。其酋长曰菩萨，与欲谷设附薛延陀，相唇齿，树牙独乐水上。都播，《新书》云：亦曰都波，其地北濒小海，西坚昆，南回纥。小海，盖今蒙古人民共和国之库苏古尔。骨利干，《新书》云：处瀚海北。其地北距海，去京师最远。又北度海，则昼长夜短，日入烹羊脾熟，东方已明。瀚海，盖指唐瀚海都护府言之，见下。北距海之海，似指今拜喀勒湖。《地理志》：骨利干西十三日至都播，又北六七日至坚昆，与自库苏古尔至拜喀勒道里符合。又谓骨利干、都播二部落北有小海，冰坚时马行八日可度，一似二部共濒一小海者，则语欠分析。马行八日可度，自指拜喀勒湖，库苏古尔无此大也。骨利干事，《通鉴》叙于贞观二十一年，云：日没后天色正曛，煮羊脾适熟，日已复出矣。《考异》曰：

《实录》《唐历》皆作羊胛，僧一行《大衍历义》及《旧·天文志》《唐统纪》皆作髀。《新·天文志》云脑羊髀。按正言羊胛者，取其易熟故也。若煮羊胛及髀，则虽中国，通夕亦未烂矣。多览葛，《新书》云：亦曰多滥，在薛延陀东，滨同罗水。案，同罗水，亦即独乐水之异译，多览葛在此水滨，则契苾在焉耆西北者，不得云在多览葛之南。盖多览葛初居契苾之北，后乃东迁，至此水之滨也。仆骨，《新书》云：亦曰仆固。在多览葛之东，地最北。案，此亦谓未东迁之多览葛也。拔野古，《新书》云：一曰拔野固，或曰拔曳固。漫散碛北，地千里。在仆骨东，邻于靺鞨。有川曰康干河，断松投之，三年辄化为石。自鸟库吉云：似即发源兴安岭西流入拜喀勒之喀尔喀河。见所著《地豆干霫考》。在《东胡民族考》中，商务印书馆本。《新书》又云：风俗大抵铁勒也，言语少异，则此部初不尽纯。同罗，《新书》云：在薛延陀北，多览葛之东。距京师七千里而赢。案，此亦谓未东迁之薛延陀、多览葛。其时延陀树牙郁督军山，直京师西北六千里，同罗盖又在其北千里而赢也。后此部亦东迁，故安禄山得用其众。同罗，独乐，独逻，皆一音异译，水或正以此部族名也。浑，《新书》云：在诸部最南者，此语殊为鹘突。此部居地，当近灵州，故延陀灭后来降，以其地为皋兰府，属灵州都督府也。灵州，今甘肃灵武县。思结，《新书》云：在延陀故牙。案，此当指金山或燕末山言之。此部亦在西北，故以其部所置之卢山府及其别部所置之蹛林州，皆属凉州都督府。凉州即武威郡，见第一章第二节。斛薛，《新书》云：处多览葛北。案，《旧书·回纥传》作斛萨。奚结，《新书》云：处同罗北。案，此亦当谓未东迁之同罗。以其部所置之鸡鹿州，侨治回乐。回乐，魏薄骨律镇，后周置县，在今灵武县西南，此部《旧书·回纥传》作跌结。阿跌，《新书》云：亦曰诃咥，或为跌跌，以此部所置之鸡田州，亦侨治回乐。白霫，《新书》云：居鲜卑故地。直京师东北五千里，与同罗、仆骨接。避薛延陀，保奥支水、冷陉山。南契丹，北乌罗浑，东靺鞨，西拔野古。地圆袤二千里，山缭其外。白鸟库吉《地豆干霫考》云：霫与白霫非一。霫，历代皆与奚并举，其地为鲜卑故地，在契丹与乌罗浑、靺鞨之间。奥支水当在老哈河上流。白霫则与回纥、拔野古、阿跌、同罗、结骨，同近郁督军山，《新书》所云与同罗、仆骨接，西拔野古者乃其地。《通典》霫与白霫分为二，《新书》盖误合为一也。案，《旧书》有《霫传》而无白霫，亦但云：居于潢水北，亦鲜卑之故地，其国在京师东北五千里，东接靺鞨，西至突厥，南至契丹，北与乌罗浑接而已。《新书》之误显然。潢水，今西喇木伦河。凡十五部。《新书》同。诸部之众，以回纥为最多。《新书》述其数为众十万，胜兵半之，此疑已是后来之事。余则胜兵多者，不过万人耳。骨利干胜兵五千，多览葛万，仆骨帐户三万，拔野古六万，兵皆万人。思结、奚结二部合兵凡二万，斛薛亦胜兵万人。然其部落既多，占地亦广，故突厥瓦解，遂与之代兴也。

始毕当隋末。《旧书》云控弦百余万。《新书》云且百万。盖由中国大乱，华人奔之者众，亦《旧书》语。又北方诸族，多臣服之故也。唐高祖初起，尝称臣以乞援焉。《旧书·李靖传》：太宗初闻靖破颉利，大悦。谓侍臣曰："朕闻主忧臣辱，主辱臣死。往者国家草创，太上皇以百姓之故，称臣于突厥，朕未尝不痛心疾首，志灭匈奴。坐不安席，食不甘味，今者暂动偏师，无往不捷，单于款塞，耻其雪乎？"《新书》此事见《突厥传》中。《通鉴》则系贞观三年（629）十二月突利入朝时，案，《旧书》单于款塞之语，盖即指突利入朝言之，《通鉴》是也。所以奉之者甚厚。然其患殊不戢。武德二年（619）二月，始毕卒。子什钵苾幼，弟俟利弗设立，是为处罗可汗。《旧书·郑善果传》作比罗可汗。复妻隋义成公主。三年二月，迎隋萧后及齐王暕之子政道，置之定襄。是岁卒。子奥射设丑弱，义成公主废之。弟咄苾立，是为颉利可汗。启民第三子。亦妻义成，而以什钵苾为突利可汗。《新书》云：主契丹、靺鞨部，树牙南直幽州，东方之众皆属焉。七年八月，颉利、突利举国入寇。自原州连营而南。原州见上节。太宗亲率百骑驰诣虏陈说谕之。颉利乃请和而去。是役也，太宗纵反间于突利，突利归心焉。九年七月，颉利又自率十万余骑寇武功。唐县，今属陕西。太宗又驰六骑至渭水上与语。颉利又请和而退。盖颉利本无大略，徒利房掠，故虽强而易与也。《新书·突厥传》：是时或说高祖，谓虏数内寇者，以府库子女所在，我能去长安，则戎心止矣。帝使宇文士及按行樊、邓，将徙都焉，以太宗谏而止。帝会群臣问备边策。将作大匠于筠请五原、灵武置舟师于河扼其入。中书侍郎温彦博曰："魏为长堑遏匈奴，今可用。"帝乃使桑显和堑边大道。召江南船工，大发卒治战舰。始兼天下，罢十二军，至是复置之。可见房患之亟矣。《旧书·郑元璹传》：突厥寇并州，元璹充使招慰，谓颉利曰："抄掠赀财，皆入将士，在于可汗，一无所得。不如早收兵马，遣使和好。国家必有重贵，币帛皆入可汗。免为劬劳，坐受利益。"此与宋富弼说契丹之辞同。北狄恒情，所利原只抄掠。此太宗所以能再却颉利之兵。新、旧《书》于此两役，载太宗策敌之语，固多文饰之辞，然谓"啖以玉帛，顽房骄恣，必自此始，将欲取之，必固与之"，则固当时情实也。唐灵武县，在今灵武县西北。郑元璹事，《旧书》附《郑善果传》。贞观元年（627），薛延陀、回纥、拔野古相率叛之，击走其欲谷设。欲谷设，颉利子。是时处罗可汗子阿史那社尔为拓设，与欲谷设分统回纥、仆骨、同罗等部。欲谷设既败，社尔击之，复为延陀所败。事见新、旧《书·回纥》及《社尔传》。遣突利讨之，又败绩。颉利怒，拘之十余日。《突利传》云：囚而挞焉。突利怨望，内欲背之。是岁大雪，羊马多冻死。突厥俗素质略。颉利得华士赵德言，才其人，委信之，稍专国。又委政诸胡，斥远宗族。兴师岁入边，下不堪苦。胡性冒沓，数翻复不信，号令无常。岁大饥，裒敛苛重，诸部愈贰。《旧书·张公谨传》：公谨策突厥可取之状曰："同罗、仆骨、回纥、延陀之类，并自立君长，将图反噬。"又曰："华人入北，其类实多。比闻自相啸聚，保据山险。师出塞垣，自然有应。"又曰："胡人反覆，大军一临，内必生变。"盖突厥部族，本不甚大，赖铁勒归附，又乘乱招致华人，并抚纳西胡，以成其大。然大矣而本不固，故一朝失政，即土崩瓦解也。二年，突利请击颉利。三年，又表请入朝。是岁，薛延陀自称可汗于漠北，遣使来贡方物。《延陀传》云：诸部共推为主，夷男不敢当，盖对中国之逊辞。乃以请和后复援梁师都为名，诏李靖等讨之。四年正月，靖夜袭定襄。颉利惊，徙牙碛口。胡酋康苏密等以隋萧后及杨政道来降。二月，颉利窜于铁山，胡三省曰：盖在阴山北？使入朝谢罪。太宗遣唐俭、安修仁持节安抚之。颉利稍自安。靖乘间袭击，大破之。颉利奔其小可汗苏尼失于灵州西北。苏尼失，启民可汗母弟。始毕以为沙钵罗设，牙直灵州西北。突利来奔，颉利乃立为小可汗。颉利擒，苏尼失亦举其众归国。其事《旧书》附《阿史那社尔传》，《新书》即在《突厥传》中。三月，为行军总管张宝相所禽。于是复定襄、恒安，见第二章第二节。斥境至大漠矣。

颉利之败也，其部落或走薛延陀，或走西域，而来降者尚甚众。据《旧书》。《新书》云十余万。案，《旧书》载魏徵之言，谓今降者几至十万，则其数实不及十万。诏议处置之宜。当时议者，略分三派：朝士多欲俘之兖、豫，使习耕织，俾中国有加户，而塞北常空，一也。温彦博谓遣向兖、豫，有乖物性，欲准汉建武置降匈奴塞下，全其部落为捍蔽，二也。魏徵谓秦、汉发猛将以收河南，晋不用郭钦、江统之言，遂倾瀍、洛，欲遣还河北。颜师古、杜楚客、李伯药亦欲处之河北，多树首长，令不相臣，三也。据《新书·突厥传》，《旧书·窦威传》载窦静议，亦与师古等同。帝主彦博议，度朔方地，自幽州至灵州，置顺、化、祐、长四州，为都督府。又分颉利之地为六州。左置定襄，右置云中都督府，以统其部众。顺州是时隶营州都督府。贞观六年，侨治营州南之五柳戍。李尽忠叛后，侨治幽州城中，改隶幽州都督府。定襄都督府，侨治宁朔，云中侨治朔方境，皆见《新书·地理志》。五柳戍，在今热河朝阳县南。宁朔县，在今陕西榆林县界。朔方见第二章第七节。其酋首至者，皆拜将军。中郎将等，布列朝廷，五品已上百余人。因而入居长安者数千家。《温彦博传》云且万家。盖欲借是为羁质，亦彦博意也。以突利为顺州都督，令率其下就部。五年，征入朝。道卒，子贺逻鹘嗣。十三年，帝幸九成宫，突利弟结社率以郎将宿卫，阴结种人谋反，欲劫贺逻鹘北还。不克而走，徽逻擒斩之。诏原贺逻骨投岭外。于是群臣更言处突厥中国非是。《温彦博传》云：与魏徵等争论数年不决，则当时颇重视此事。至此时则彦博已卒矣。乃立颉利族人思摩为乙弥泥孰俟利苾可汗，赐氏李，率所部建牙河北。思摩等惮薛延陀，不肯出塞。帝为赐延陀玺书，令居碛北，突厥居碛南，各守土境。十五年，思摩乃率众十余万，胜兵四万，马九万匹渡河。牙于故定襄城。思摩不能抚其众，至十七年，相率叛之，南渡河，请处胜、夏二州间，见第二章第二节。诏许之。思摩遂入朝，而其地为车鼻可汗所盗。处置突厥降众之议，新、旧《书》皆是魏徵，然观开元时河曲六州降胡之事，则实以朝士移之兖、豫之策为得也。

隋大业中，西突厥处罗可汗始强大，铁勒诸部皆臣之。处罗征税无度，诸部皆怨，处罗诛其酋帅百余人。铁勒相率而叛，共推契苾哥楞为可汗，薛延陀乙失钵为小可汗。后西突厥射匮可汗强，二部复去可汗之号臣之。时则回纥、拔野古、阿跌、同罗、结骨、白霤在郁督军山者，东属始毕；乙失钵所部在金山者，西臣西突厥之统叶护。贞观二年（628），统叶护死，国乱，乙失钵之孙曰夷男，率其部落七万余家，附于东突厥。颉利政衰，夷男反，攻破之。颉利所部诸姓，多叛归夷男，共推为主。夷男不敢当。太宗方图颉利，贞观三年，遣使从间道拜为真珠毗伽可汗。夷男乃建牙于郁督军山下。回纥、拔野古、阿跌、同罗、仆骨、霤诸大部落皆属焉。颉利平，朔塞空虚，夷男率其部东返故国，建庭于都尉楗山北独逻河之南。胜兵二十万，使二子大度设、突利设分将之，号南北部，太宗以其强盛，恐为后患，十二年，拜其二子皆为小可汗，欲以分其势。思摩立，夷男甚不悦。十五年，太宗幸洛阳，将有事于泰山。夷男谓边境空虚，命大度设击思摩。诏李勣等分道经略。大度设走，勣追败之。夷男遣使谢罪。十七年，使其兄子突利设来请婚。见《旧书·本纪》。盖其子为突利设者既拜为小可汗，兄子继为突利设？太宗谋诸群臣。房玄龄重用兵，请许之。太宗从之。许以新兴公主下降。新兴公主，太宗女，后嫁长孙曦。因征夷男备亲迎之礼，仍发诏将幸灵州，与之会，夷男大悦，调敛所部，涉沙碛无水草，羊马多死，遂后期。太宗于是停幸灵州。后其聘来至，所耗将半，乃下诏绝其婚。《新书》云：或曰："既许之，信不可失。"帝曰："公等计非也。延陀谨事我者，新立，倚我以服众。我又妻之，名重而援坚，诸部将归之，戎狄野心，能自立则叛矣。今绝婚，诸姓闻之将争击，亡可待也。"《契苾何力传》以是为何力之谋。案，太宗初欲以亲女妻延陀，其无意用兵可知。后忽变计绝婚，必有为之谋者，固非出自本心，亦未必遂出何力。《突厥传》及《何力传》之辞，皆伯宗攘善之类耳。史乘固多如是。时谏绝婚者为褚遂良，意亦惮用兵，与房玄龄同。延陀之亡，用力少而成功多，乃直天幸，非必庙算致胜。玄龄、遂良之谋，不能谓非老成持重也。十九年，夷男卒，子肆叶护拔灼当即大度设？《新书》云：夷男嫡子，统西方。袭杀其兄突利失可汗而自立。突利失当即突利设，盖时亦自立为可汗也。《新书》云：夷男庶子，统东方。是为颉利俱利设沙多弥可汗。发兵寇边。诏江夏王道宗等分屯以备之。道宗，高祖从父昆弟子。拔灼多杀父时贵臣，而任所亲昵，国人不安。其阿波设与唐使者遇于�鞨东鄙，小战不利，还怖国人曰："唐兵至矣。"众大扰，诸部遂溃。拔灼遁去，俄为回纥所杀。宗族殆尽。其余众尚五六万，窜于西域。又诸姓俟斤，递相攻击，各遣使归命。二十年，太宗遣道宗等分道并进。亲幸灵州，为之声援。于是回纥、拔野古、同罗、仆骨、多览葛、思结、阿跌、契苾、跌结、浑、斛薛皆降，北荒悉平。《旧书·本纪》。后延陀西遁之众，共推夷男兄子咄摩支为伊特勿失可汗，西归故地。去可汗之号，遣使奉表，请居郁督军山之北。诏兵部尚书崔敦礼及李勣慰安之。铁勒素服延陀，九姓渠帅，莫不危惧。突厥，回纥，皆有所谓九姓者。回纥九姓：曰药罗葛，曰胡咄葛，曰咄罗勿，曰貊歌悉纥，曰阿勿嘀，曰葛萨，曰斛嗢素，曰药勿葛，曰奚邪勿。药罗葛即可汗姓，新、旧《书》本传皆同。突厥九姓，史无明文。《旧传》言开元三年（715），默啜与九姓首领阿布思等战，九姓大溃，阿布思率众来降。明年，默啜又北讨九姓拔曳固，负胜轻归，为其逆卒所杀。《新书》略同，惟无阿布思之名，而云思结等部来降。又《旧书·张说传》：王晙诛阿布思等，并州九姓同罗、拔曳固等部落皆怀震惧，说率轻骑诣其部落，宿于帐下，召酋帅慰抚。九姓感义，其心乃安。则思结、拔曳固、同罗，似皆九姓之一。西突厥属部，有左五咄陆，右五弩失毕，是称十姓，见第六节，《旧书》本传言室点密统十大首领往平西域，盖即此十部。此十部于西突厥最亲，然亦异部归附者，西突厥本部，则自在其外，故《新书·陈子昂传》：子昂于武后时上书，言国家能制十姓者，由九姓强大，臣服中国也。然则西突厥本部，亦为九姓矣。窃疑突厥传说，谓阿史那兄弟凡有十人，九姓即其九兄之后也。参看《两晋南北朝史》第十六章第九节。朝议恐为碛北之患，复令勣进讨。咄摩支因诏使在回纥者萧嗣业以请降。嗣业与俱至京师。铁勒仍持两端。勣纵兵追击。二十二年，诸部以延陀散亡殆尽，乃相继归国。于是以回纥、仆骨、多览葛、拔野古、同罗、思结置都督府六，浑、斛薛、奚结、阿跌、契苾、思结别部。白霤置州七，《旧书·薛延陀传》。《回纥传》奚结作跌结，思结别部作阿布思。于故单于台置燕然都护府以统之，单于台，在今内蒙古境内。以李素立为都护。素立见《良吏传》。时又于其西北结骨、北骨利干、东北俱罗勃置府州。结骨者，古坚昆。亦曰居勿，曰纥骨，曰纥扢斯，曰黠戛斯，曰戛戛斯，皆一音之异译也。地在伊吾西，焉眥北，白山旁。其人皆长大、赤发、皙面、绿瞳。盖高加索种？然又云：其地为匈奴西鄙。匈奴封汉降将李陵为右贤王。俗以黑发为不祥。黑瞳者，必曰陵苗裔也。则似颇杂有汉种。结骨于景龙中献方物，中宗引使者劳之曰："而国与我同宗，非他蕃比。"太和中破回鹘，得大和公主，自以李陵后，与唐同宗，使奉以来归。其文字、语言，与回纥同，盖回纥久居西方，为所化也。铁勒诸部之降，请于回纥、突厥部治大涂，号参天至尊道。中国亦诏碛南鹓鹈泉之阳置过邮六十八所，具群马、湩、肉，以待使客焉。《新书·回纥传》。《旧书·本纪》，事在贞观二十一年。六十八作六十六。案，《旧书·本纪》。贞观四年，颉利之平，西北诸蕃，咸请上尊号为天可汗。于是降玺书册命其君长，则兼称之。二十年，铁勒诸部使至灵州，咸请至尊为可汗。《新书》所谓天至尊，盖与天可汗实一语也。《新书·地理志》载贾耽入四夷路，中受降城，正北如东八十里，有呼延谷，又五百里，至鹓鹈泉，又十里入碛。唐三受降城，中在朔州，今内蒙古五原县境。东在胜州，今托克托县境。西在灵州，今临河县境。永徽元年（650），延陀首领先逃逸者请归国，高宗更为置溪弹州以安之。

车鼻，亦阿史那族，而突利部人，名斛勃。世为小可汗。牙于金山之北。颉利之败，北荒诸部，将推为大可汗，车鼻不敢当，率所部归延陀。为人勇烈，有谋略，颇为众所附。延陀恶而将诛之。车鼻知其谋，窜归旧所。自称乙注车鼻可汗。西歌罗禄，北结骨，皆附隶之。延陀破，请入朝。太宗遣征之，竟不至。贞观二十三年（649），遣高侃潜引回纥、仆骨等兵袭之。永徽元年（650），获之，处其余众于郁督军山，置狼山都督府以统之。车鼻长子羯漫陀，先统拔悉密部，在北庭附近。车鼻未败前，遣子入朝，太宗嘉之，置新黎州以统其众。据《新书·地理志》。事在贞观二十三年。歌罗禄，亦曰葛逻禄，在北廷西北，金山之西，跨仆固振水，包多怛岭。见第七节。有三族，亦于此时内属。车鼻既破，突厥尽为封疆之臣。于是分置单于、瀚海二都护府，分领诸羁縻都督府、州。龙朔三年（663），改燕然都护府曰瀚海，以领回纥。瀚海都护府曰云中，徙治古云中城。碛以北蕃州，悉隶瀚海，南隶云中。云中言愿以诸王为可汗遥统之。帝曰："今可汗，古单于也。"麟德元年（664），改云中为单于大都护府，以殷王旭轮为大都护。总章二年（669），又改瀚海曰安北焉。兼据《旧书·本纪》《新书·突厥传》。《通鉴》胡三省《注》引宋白曰：振武军，旧为单于都护府，即汉定襄郡之盛乐县也。案，今为内蒙古之和林格尔县。殷王，即睿宗。

## 第三节　唐初武功二

东北诸族，最近者为奚、契丹。隋、唐时，入中国者颇多。唐初尝置饶乐都督府。武德五年（622），析置鲜、崇二州。又有顺化州，未详设置年月。此奚部族也。武德初，契丹酋长孙敖曹内附，以其地置归诚州。二年，以内稽部置辽州。贞观元年，改为威州。其明年，以松漠部置昌州。三年，以契丹、室韦置师州。十年，以乙失革部置带州。此契丹部族也。皆在营州界内。太宗伐高丽，悉发奚、契丹酋长从军。还过营州，又召契丹酋长窟哥及老人，差赐缯采。当时奚或亦见召，而史失其纪。契丹大酋曲据来归，即其地为玄州。二十二年，窟哥及奚酋可度者等咸请内属。时饶乐府已废，乃复置之，以可度者为都督。又置松漠府，以窟哥为都督。皆赐姓李。奚所属五部，契丹所属八部皆置州，以其酋长为刺史。奚：阿会部为弱水州，处和部为都黎州，奥失部为洛瑰州，度稽部为大鲁州，元俟折部为渴野州。契丹：达稽部为峭落州，纥便部为弹汗州，独活部为无逢州，芬问部为羽陵州，突便部为日连州，芮奚部为徒河州，坠斤部为万丹州，伏部为匹黎、赤山二州，以州名观之，则芬问部即元魏时之羽陵，突便部即其时之日连，芮奚部即其时之何大何，坠斤部即其时之悉万丹，伏部即其时之匹絜及黎也。参看《两晋南北朝史》第十六章第十节。置东夷都护府于营州以统之。营州治今朝阳，见第二章第二节。《唐书·地理志》营州入安东道，营州西北百里曰松陉岭，其西奚，其东契丹。

奚、契丹之东北为靺鞨。《旧书》云：其国凡为数十部，各有酋帅，或附于高丽，或臣于突厥。《新书》云：其著者曰粟末部，居大白山，亦曰徒太山，与高丽接。依粟末水以居。水源于山西，北注它漏河。大白山，即下白山，今长白山也。粟末水，《渤海传》作涑末，今松花江。此江上源古称粟末，东折后曰黑水。《唐书》所云黑水，非今黑龙江也。它漏河，今洮儿河。稍东北曰汩咄部。《隋书》作伯咄，见第二章第二节。又次曰安居骨部，益东曰拂涅部。居骨之西北曰黑水部。粟末之东曰白山部。部间远者三四百里，近者二百里。白山本臣高丽，王师取平壤，其众多入唐。汩咄、安居骨等皆奔散，浸微无闻焉，遗人进入渤海。惟黑水完强，分十六落，以南北称。《新书·地理志》，高丽降户州中有拂涅，则其部落亦完好。此今松花江流域之部族也，亦有入中国者。《旧书》云：有突地稽者，隋末率其部千余家内属，处之营州。炀帝授辽西太守。《新书·地理志》：隋于营州之境汝罗故城置辽西郡，以处粟末靺鞨降人，则突地稽亦粟末部酋。营州入安东道，营州东百八十里至燕郡城，又经汝罗守捉，渡辽水，至安东都护府五百里。武德初，遣间使朝贡。以其部落置燕州，以突地稽为总管。刘黑闼之叛，突地稽率所部赴定州，遣使诣太宗，请受节度。以战功封蓍国公。又徙其部落于幽州之昌平城。在今河北昌平县西。贞观初，拜右卫将军，赐姓李氏，寻卒。子谨行。麟德中，历迁营州都督。其部落家僮数千人。以财力雄边，为夷人所惮。《新书》谨行自有传。又有慎州，武德初置，以处粟末、乌素固部落。乌素固为室韦部落，见下。夷宾州，乾封中置，以处靺鞨愁思岭部落，亦皆在营州界内。《旧书·地理志》：载初二年（690），析慎州置黎州，处浮渝靺鞨、乌素固部落，浮渝字疑有误。《新书·纪》：武德四年（621）六月，营州人石世则执其总管晋文衍，叛附于靺鞨。《旧书·纪》：贞观十五年，薛延陀以同罗、仆骨、回纥、靺鞨、霫之众度漠，屯于白道川。《梁师都传》：师都说处罗内侵，处罗谋令突利与奚、霫、契丹、靺鞨入自幽州，可见靺鞨之西出者，不徒蔓衍营州，且逼近突厥、延陀也。白道见第二章第二节。

　　靺鞨之西北为室韦。《旧书》云："其地东至黑水靺鞨，西至突厥，南接契丹，北至于海。其国无君长，有大首领十七人，并号莫贺弗，世管摄之，而附于突厥。武德中，献方物。贞观三年，遣使贡丰貂。自此朝贡不绝。"又云："室韦，我唐有九部焉，所谓岭西室韦、山北室韦、黄头室韦、大如者室韦、小如者室韦、婆萵室韦、讷北室韦、骆驼室韦，并在柳城郡之东北，柳城见第二章第二节。近者三千五百里，远者六千二百里。《新书》云：近者三千里，远者六千里。删去奇零之数，殊不精密。今室韦最西与回纥接界者，有乌素固部落，当俱轮泊之西南。俱轮泊，今呼伦池，《新书》作俱伦。次东《新书》作自泊而东。有移塞没部落。次东又有塞曷支部落。此部落有良马，人户亦多。《新书》无此十字，曰最强部也。居啜河之南。其河，彼俗谓之燕支河。今绰尔河。次又有和解部落。次东又有乌罗护部落。又有那礼部落。又东北有山北室韦。又北有小如者室韦。又北有婆萵室韦。东又有岭西室韦。又东南至黄头室韦。此部落兵强，人户亦多。《新书》无此六字，但云强部也。东北与达姤接，岭西室韦北，又有讷北支室韦。此部落较小。乌罗护之东北二百余里，那河之北，那河，今嫩江。有乌丸之遗人，今亦自称乌丸国。武德、贞观中，亦遣使来朝贡。其北大山之北，有大室韦。其部落傍望建河居，《新书》作室建河，今额尔古讷河。其河源出突厥东北界俱轮泊。屈曲东流，经西室韦界。又东，经蒙兀室韦之北，落俎室韦之南。《新书》作骆丹。俎盖坦之字误，即前骆驼室韦也。又东流，与那河、忽汗河合。忽汗河，今牡丹江。又东，经南黑水靺鞨之北，北黑水靺鞨之南，东流注于海。乌丸东南三百里，又有东室韦部落，在猛越河之北。白鸟库吉《失韦考》云：今结雅河。其河东南流与那河合。"此篇合三种材料而成。篇首所述，盖自隋以前即通于中国之室韦。《新书·地理志》：蓟州东北渡滦河，蓟州，今河北蓟县。有古卢龙镇。自古卢龙镇北至奚王帐六百里。又东北行，傍吐护真河，见第二章第二节。五百里，至奚、契丹衙帐。又北百里至室韦帐，即此部所在也。下云：我唐有九部焉，盖至唐代始通。云九部而实止八，盖合前所云者为九也。今室韦以下，盖开元后史家所记，故下文述其来贡，皆开元至会昌间事也。师州既兼有室韦部落，乌素固部又与靺鞨杂处慎州，则其部族，亦有入居塞内者矣。《新书·室韦传》曰"其语言靺鞨也"；《旧书·靺鞨传》曰"俗皆编发"，《室韦传》曰"被发左衽"，又两传皆曰"兵器有角弓楛矢"；可见其实为同族，且为古肃慎之遗。参看《秦汉史》第九章第七节，《两晋南北朝史》第十六章第十节。《旧书·靺鞨传》曰："无屋宇。并依山水，掘地为穴，架木于上，以土覆之，状如中国之冢墓。夏则出随水草，冬则入处穴中。"金室先世，正是如此，见《金史·世纪》。《新书·靺鞨传》曰：其酋曰大莫弗瞒咄。瞒咄，满住之异译。明末，清人称其酋曰满住，明人误以为部族之名，清人亦即以之自号，其后讹为满洲，已见《两晋南北朝史》第十六章第十节。蒙兀，《新书》作蒙瓦，即后来之蒙古。故满、蒙实为同族。当时大体，靺鞨在松花江之右，室韦则在其左也。自东晋末年，辽东即为高丽所据。其文明程度，实较鲜卑为高。故满、蒙二族，皆资其启牖。试观渤海部族，本臣高丽；金室始祖为高丽人；清室先世，亦为朝鲜臣仆可知。《旧书·室韦传》曰：剡木为犁，不加兵刃，而《新书》曰：土少金铁，率资于高丽。即此一端，亦可知其文化之所自来矣。

《旧书》云：乌罗浑，盖后魏之乌洛侯也。今亦谓之乌罗护。在京师东北六千三百里。东与靺鞨，西与突厥，南与契丹，北与乌丸接。风俗与靺鞨同。贞观六年（632），其君长遣使献貂皮焉。《新书》附《回鹘传》末；其说略同。又曰：乌丸，或曰古丸。又有鞠，或曰袆。居拔野古东北。有木无草，地多苔，无羊马。人豢鹿若牛马，惟食苔。俗以驾车。又以鹿皮为衣，聚木作屋，尊卑共居。又有俞折者，地差大，俗与拔野古相埒。少羊马，多貂鼠。贾耽入四夷路，自回鹘牙帐东北渡仙娥河二百里至室韦。骨利干之东，室韦之西，有鞠部落，亦曰袆部落。其东十五日行，有俞折国，亦室韦部落，仙娥河，今色楞格河。又有驳马者。或曰弊剌，曰遏罗支，直突厥之北。距京师万四千里，随水草，然喜居山。胜兵三万。地常积雪，木不凋。以马耕田，马色皆驳，因以名国云。北极于海。虽畜马而不乘，资湩酪以食。好与结骨战。人貌多似结骨，而语不相通。大汉者，处鞠之北。饶羊马。人物顾大，故以自名。与鞠俱邻于黠戛斯剑海之濒。剑海，当即元史之谦河，在今唐努乌梁海境内。见《两晋南北朝史》第十六章第九节。鞠居拔野古东北，又邻剑海之滨，足见拔野古亦初处西方也。此皆古所未宾者。当贞观逮永徽，奉貂马入朝，或一再至。此中乌丸当为鲜卑族。鞠及俞折，当与乌罗浑同属靺鞨族。驳马貌似结骨，似系高加索种。今之俄罗斯，《元史》作阿罗思，亦作斡罗思，秘史作斡鲁速，不详其命名之由。据西史：此种人当唐季，居今列宁格勒之南，莫斯科之北，北邻瑞典、挪威。国人有柳利哥者，兄弟三人，凤号雄武，侵陵他族。收抚种人，立为部落。柳利哥故居地，有遏而罗斯之名，遂以名部。西人云：遏而罗斯为橹声。古瑞、挪国人，专事钞掠，驾舟四出，柳利哥亦盗魁，故其居地有是称。参看《元史译文证补》。其说牵强附会已极。遏罗支与遏而罗斯，音极相近，岂正柳利哥之故居欤？大汉人物顾大，似亦高加索种。此二族与黠戛斯，盖白人之迁徙而东者也。

《新书·东夷传》曰：流鬼，去京师万五千里。直黑水靺鞨东北少海之北，三面皆阻海，其北莫知所穷。人依屿散居。多沮泽，有渔盐之利。南与莫曳靺鞨邻，东南航海十五日行乃至。希勒格云：今堪察加之地。见《中国史乘未详诸国考证》。冯承钧译，商务印书馆本。贞观十四年（640），其王遣子三译来朝。龙朔初，有儋罗者，遣使入朝。国居新罗武州南岛上。麟德中，酋长来朝，从帝至泰山。即隋时之聃牟罗，见第二章第二节。开元十一年（723），又有达末娄、达姤二部首领朝贡。达末娄自言北扶余之裔，高丽灭其国，遗人度那河，因居之。或曰：它漏河。东北流入黑水。兼滨嫩江及洮儿河。达姤，室韦种也。在那河阴，冻末河之东。未详。西接黄头室韦，东北距达末娄云。流鬼当亦靺鞨族，儋罗则三韩之类。达末娄即《魏书》之豆莫娄，已见《两晋南北朝史》第十六章第一节。

## 第四节 唐初武功三

吐蕃缘起，中国不详。《旧唐书》曰：其种落莫知所出。或云：南凉秃发利鹿孤之后也。利鹿孤有子曰樊尼。利鹿孤卒，樊尼尚幼，弟傉檀嗣位。傉檀灭，樊尼招集余众，投沮渠蒙逊。蒙逊以为临松太守。在今张掖县南。蒙逊灭，樊尼率众西奔，济黄河，逾积石。于羌中建国，开地千里。遂改姓为窣勃野，以秃发为国号，语讹谓之吐蕃。其后子孙繁昌，又侵伐不息，土宇渐广。历周及隋，犹隔诸羌，未通于中国。案，秃发氏久渐汉俗，从其自即于夷，亦不应于先世之事，一无省记。且在羌中开地千里，后又侵伐不息，纵使未通使译，岂其竟阙传闻。周、隋之世，氐、羌小部，自通上国者多矣，又岂以泱泱大风，转乏观光之念？故知此说不足信也。樊尼或实有其人，西奔亦实有其事，而以为吐蕃之祖，则系据音译附会。《新唐书》曰：吐蕃本西羌属。盖百有五十种，散处河、湟、江、岷间，有发羌、唐旄等，然未始与中国通。居析支水西。此说系据《后汉书》，参看《秦汉史》第五章第五节。祖曰鹘提勃悉野，健武多智，稍并诸羌，据其地。蕃发声近，故其子孙曰吐蕃，而姓勃窣野。蕃发声近，亦出附会。勃窣、窣勃，未知孰为倒误，要以其名为姓氏，则其人似非子虚。下文又曰：其后有君长曰瘕悉董摩，董摩生佗土度，佗土生揭利失若，揭利生勃弄若，勃弄生诘素若，诘素生论赞素，论赞生弃宗弄赞。其后之其字，当系指鹘提勃悉野言之。子京文字，每多鹘突，杂采诸文，而不留意于诠次，遂使读者惑于其字之所指矣。吐蕃疆域，《新书》云：距鄯善五百里。盖指隋所设郡，见第二章第四节。此乃指其北境言之。又云：其赞普居跋布川或逻娑川。《旧书》云：其都城号逻些城。逻娑、逻些，皆拉萨之异译。逻些，《新书·地理志》亦作些，不作娑。据《志》，自此更五百五十里，乃至赞普牙帐，其西南为拔布海，见鄯州下分注。其地实在群羌西南，距中国最远，故自隋以前，无闻焉尔也。中国今日，所知吐蕃古史止此。《蒙古源流考》谓吐蕃先世，出于天竺，予昔以为藏人自述之语而信之，实则喇嘛教徒附会之说，不足信也。吐蕃强盛以后，濡染印度之俗甚深，然此乃后来之事，其初则纯系羌俗。《新书》本传云："其俗重鬼右巫，事羱羝为大神。喜浮屠法。习咒诅，国之政事，必以桑门参决。"亦以新旧杂陈，殽其伦次。《旧书》云："其君与其臣下，一年一小盟。刑羊、狗、猕猴，先折其足而杀之，继裂其肠而屠之。令巫者告于天地、山川、日月、星辰之神，云：若心迁变，怀奸反覆，神明鉴之，同于羊、狗。三年一大盟。夜于坛埠之上，与众陈设肴馔。杀犬、马、牛、驴以为牲。咒曰：尔等咸须同心戮力，共保我家。惟天神、地祇，共知尔志。有负此盟，使尔身体屠裂，同于此牲。"此其巫鬼之旧俗，与浮屠法固不相蒙。《新书》云："其君臣自为友，五六人，曰共命，君死，皆自杀以殉"，此秦穆三良生共此乐、死共此哀之约，秦固杂戎狄之俗者也。又云：其妇人辫发而萦之，亦羌俗。《旧书》云：其人或随畜牧，而不常厥居，然颇有城郭。屋皆平头，高者至数十尺，贵人处于大毡帐，名为拂庐。《新书》云：此号大拂庐，容数百人，部人处小拂庐。盖吐蕃本游牧之民，征服城郭之国而攘其地也。《旧书》云："无文字，刻木结绳为约。"《新书》"无文字"上多"其吏治"三字，盖《旧书》承其王为赞普，相为大论小论，以统理国事言之，本说政治，故删此三字也，然则"无文字"者，惟外来之族为然，土著之族，未必如此矣。《蒙古源流考》谓西藏之有文字，乃由弃宗弄赞遣大臣子弟，问学印度，归而创制。藏文本于梵文，固也，然女国文字，亦同天竺，则邻居者固易相资，又岂必有待于弄赞？中国文字，果轩辕、仓颉所为邪？女国文字同天竺，见下。其俗既右武，又于战备极严，故其初兴之时，强不可围也。《新书》云：其俗谓强雄曰赞，丈夫曰普，故号君长曰赞普。《旧书》曰：其俗弓箭不离身。重壮贱老。母拜子，子倨父。出入皆少者在前，老者居其后。此其俗右武之证。又曰：虽有官，不常厥职，临时统领，可见其治制之简陋。然又曰：军令严肃。每战，前队皆死，后队方进。重兵死，恶病终。累代战殁，以为甲门、临陈败北者，县狐尾于其首，表其似狐之怯，稠人广众，必以徇焉，其俗耻之，以为次死。《新书》曰：其举兵，以七寸金箭为契。百里一驿。有急兵，驿人臆前加银鹘甚急，鹘益多，告寇举烽。其铠胄精良，衣之周身，窍两目，劲弓利刃，不能甚伤。则其于兵备，又颇严密也。

唐初，今青海之地，仍为吐谷浑所据，而陇、蜀间之党项亦稍强。吐谷浑伏允之子顺，炀帝立之，不得入而还，已见第一章第五节。高祖受禅，顺自江都来归长安。时李轨犹据凉州，高祖遣使与伏允通和，令击轨自效，当放顺还国。伏允大悦，兴兵击轨，交绥。而频遣使朝贡，以顺为请。高祖遣之还。《旧书·李安远传》：安远尝使吐谷浑，与敦和好，于是伏允请与中国互市，事亦当在高祖时。太宗即位，吐浑掠鄯州，今青海乐都县。又寇兰、廓。廓州，在旧巴燕戎格之南。时伏允老耄，其臣天柱王用事，拘我行人。使者宣谕十余返，竟无悛心。贞观八年（634）十二月，命李靖、侯君集等六总管并突厥、契苾之众击之。明年五月，破之。顺之质隋，伏允立其弟为太子，顺归常鞅鞅，至是，斩天柱王来降。伏允遁碛中死。《唐书》本传云自缢死。《实录》云为左右所杀，见《通鉴考异》。国人乃立顺为可汗，称臣内附，封为西平郡王，仍授趆胡吕乌甘豆可汗。未几，为其下所杀。《旧书·本纪》，顺皆作顺光。子燕王诺曷钵立，幼，大臣争权，国中大乱。诏侯君集等就经纪之。封为河源郡王，仍授乌地也拔勒豆可汗。诺曷钵因入朝请婚。《纪》在十年。十四年，以弘化公主妻之。宗女。

党项之地，《旧书》云：东至松州，今四川松潘县。西接叶护，盖谓西突厥统叶护可汗。南杂春桑、迷桑等羌，北连吐谷浑。处山谷间，亘三千里。盖今川、藏、青海间地。其种每姓别自为部落，一姓之中，复分为小部落，大者万余骑，小者数千骑，不相统一，而拓跋氏最强。拓跋氏傥自吐谷浑入党项者邪？贞观三年（629），其酋细封步赖内附，列其地为轨州。在松潘西北。其后诸姓酋长，相率内附，皆列其地置州、县，隶松州都督府。五年，又开其地，置州十六，县四十七。《新书·地理志》。有拓跋赤辞者，初臣吐谷浑，为伏允所昵，与之结婚。李靖之击吐谷浑，朝廷厚币遗党项，令为乡导。赤辞来诣靖军，请无侵掠，当资给粮运。而岷州都督李道彦淮安王神通之子。为赤水道行军总管，袭之。为赤辞所乘，死者数万。后刘师立代为岷州都督，《旧书·师立传》作岐州，疑误，此据《党项传》。遣人为陈利害，赤辞乃率其种落内属。以其地为三十二州，擢赤辞西戎州都督，赐氏李。于是自河首积石山而东，皆为中国地。又有黑党项者，在赤水西。李靖之讨吐谷浑，自鄯州分两道，靖出北道，诸将战牛心堆、赤水源，则赤水应在牛心堆之西。《水经注》：牛心川出西南远山，东北流，经牛心堆，又东北入于湟水。今南川河也。牛心堆当在西宁西南。李靖之击吐谷浑，浑主伏允奔之。及浑内属，其酋亦贡方物。又有雪山党项，姓破丑氏，居于雪山之下，岷江上源之山在雪线上者，在松潘县境。刘师立亦击破之。《旧书·师立传》称为河西党项。白兰羌，武德六年（623），使者入朝。明年，以其地为维、恭二州。维州，在四川旧理番县境，恭州，在松潘叠溪营西南。其特浪生羌，则于永徽时内属。以其地为剑州焉。《地理志》：剑州，永徽五年（654），以大首领冻就部落置，隶松州。

成都西北有附国，其东部有嘉良夷，并居川谷，垒石为巢。嘉良水广三十步，附国水广五十步，皆南流，以韦为船。盖今雅砻江、金沙江。《唐书》列《南蛮传》中，实皆羌族。《地理志》：剑南道诸羌州有东嘉梁、西嘉梁，疑因嘉良夷而置也。附国南有薄缘夷，西接女国。女国，新、旧《书》皆列《西域传》中，称为东女，以其时拂菻西南复有一女国也。西女见《新书·西域传》。《传》述波剌斯事竟，乃云："西北距拂菻，西南际海岛有西女，皆女子。多珍货，附拂菻。拂菻君长。岁遗男子配焉。俗产男不举。"其说本于《西域记》。然《西域记》云："拂懔西南海岛有西女。"则此文拂菻二字当重。疑传写夺落也。然其所谓东女者，实仍包涵二国。一为《大唐西域记》所述，其本名为苏伐剌拏瞿呾罗。唐言金氏，以出土黄金故名。其地东接吐蕃，北接于阗，明为今之后藏。一则《旧书》所云东与茂州、党项接，茂州，今四川茂县。东南与雅州接者，明在今四川西境，《新书》合两说为一，则大误矣。然《旧书》述国名及疆界虽不误，其叙事仍多杂糅，不可不察也。如云：其王所居名康延川，中有弱水南流，用牛皮为船以济，此类乎附国及嘉良夷。又云：文字同于天竺，则必后藏地方之国矣。后藏地方之女国，惟隋开皇中或曾一来，见第二章第二节。若唐世，则自武德至天宝频来，贞元时复来宾服者，皆四川西境之女国也。参看《两晋南北朝史》第十六章第八节。女国亦羌族。《新书·地理志》：剑南道诸羌州百六十八，隶松、茂、嶲三州都督府者，多高祖、太宗、高宗时置，隶黎、雅二州者，则玄宗时所置也。黎州，今四川汉源县。雅州见第二章第四节。嶲州见本章第一节。

羌、浑、党项甫宾，吐蕃之患旋起。《新书·本纪》：武德六年（623）四月，吐蕃陷芳州，在今青海东南境。此为吐蕃犯塞之始。贞观八年（634），其赞普弃宗弄赞遣使来。弃宗弄赞，亦名弃苏农，亦号弗夜氏。弱冠嗣位。性骁武。其邻国羊同及诸羌并宾伏之。太宗遣行人冯德往慰抚之。弄赞使随入朝。求婚，太宗未之许。使者反，言于弄赞曰："初至，大国待我甚厚，许嫁公主。会吐谷浑王入朝，有相离间，由是礼薄，遂不许嫁。"弄赞遂与羊同连兵，以击吐谷浑，吐谷浑不能支，遁于青海之上。于是进兵攻破党项及白兰诸羌，率众二十余万，顿于松州西境。遣使贡金帛，云来迎公主。又谓其属曰："若大国不嫁公主与我，即当入寇。"遂进攻松州。《本纪》贞观十二年（638）八月。太宗遣侯君集、执失思力、牛进达、刘兰将步骑五万击之。进达先锋夜袭其营，斩千余级。弄赞大惧，引兵而退。遣使谢罪，因复请婚。太宗许之。十五年，以文成公主妻焉。宗女。弄赞亲迎于河源。及归国，谓所亲曰："我父祖未有通婚上国者，今我得尚大唐公主，为幸实多。"当为公主筑一城，以夸示后代。遂筑城邑，立栋宇以居。公主恶其人赭面，弄赞令国中，权且罢之。据《旧书》。《新书》云：弄赞下令国中禁之，则似永禁之矣。其《逆臣·朱泚传》：刘文喜以泾原叛，求救于吐蕃，吐蕃游骑升高招泾人。众曰："安能以赭蒤面为异俗乎？"可见其赭面之俗，迄未尝改。《新书》好窜易旧文，而不顾事实，不可胜举也。自亦释毡裘，袭纨绮，渐慕华风。仍遣酋豪子弟请入国学，以习诗书。又请中国识文之人，典其表疏。太宗伐辽东还，遣其相禄东赞来贺，献金鹅，黄金铸成，高七尺，可实酒三斛。高宗嗣位，授弄赞驸马都尉，封西海郡王。弄赞献金、银、珠、宝十五种，请置太宗灵坐之前。因请蚕种及造酒、碾硙、纸、墨之匠，并许焉。弄赞之袭吐浑，破党项，犯松州，实其素定之计。云疑吐浑离间，特其借口之辞，或竟唐人不能救浑，乃造作此语，聊自解嘲，拥众二十万，岂惧牛进达之一击？且松州境外，岂可顿二十万大军乎？疑唐将不能却敌，张大其辞，以胁朝廷，而朝廷亦遂从而许之也。蕃可谓得志而去矣。然弄赞初虽桀骜，得婚之后，事中国则甚恭，因得渐染华风，有裨于西藏之开化者亦不少也。

文成公主下降之岁，吐谷浑所部丞相王《旧书》本传。《新书》作其相宣王，《通鉴》作丞相宣王。欲袭击公主，劫诺曷钵奔吐蕃。诺曷钵走鄯善城。胡三省曰：隋鄯善郡治。鄯州刺史杜凤举《新书》作果毅都尉席君贾。《通鉴》同，云从《实录》。案，盖君贾以凤举之命击之。与其威信王击丞相王，破之。高宗即位，又以宗女妻诺曷钵长、次子，其待之可谓甚厚。然吐浑本非强大，又益之以内乱，而吐蕃日伺于境外，和平之局，终难持久矣。

## 第五节　唐初武功四

唐太宗之定四夷，多不甚烦兵力，惟于高丽，则仍蹈隋炀帝之覆辙。可见时势所限，虽英杰无如之何。然亦可见太宗之武功多徼天幸，非其材武之过人也。高丽王高建武，元异母弟。百济王扶余璋，新罗王金真平，武德时皆入贡受封爵。建武为辽东郡王高丽王，璋为带方郡王百济王，真平为乐浪郡王新罗王。其初新罗、百济，同诉建武闭其道路，不得入朝。武德九年（626）。高祖遣使和解之。建武请与新罗对使者会盟。而百济，太宗于贞观元年（627）赐以玺书，则外称顺命，而内实相仇如故。盖其地相接近，故其争阋尤烈也。五年，真平卒，无子，立其女善德。十五年，璋卒，子义慈立。十六年，高丽西部大人钱盖苏文此据《旧书·高丽传》。《新书》云：姓泉氏，自云生于水中以惑众，则其姓似有所取义者，然恐系附会之谈也。弑其君，立其弟之子藏。亦据《旧传》。本《纪》云兄子。自为莫离支，《旧传》云：犹中国兵部尚书兼中书令。《新传》同。专国政。乃与百济和亲，以伐新罗。十七年，新罗使者来告急。太宗遣使谕之。盖苏文不从。太宗时蒋俨，使高丽被囚，高丽平乃得归，见《新书》本传。十八年七月，诏营州都督张俭等发幽、营兵及契丹、奚、靺鞨讨之。会辽水溢，师还。据《新书·高丽传》。《本纪》无靺鞨。十一月，命张亮以兵四万自莱州泛海趋平壤，莱州见第二章第七节。李勣以兵六万趋辽东。十九年，太宗亲御六军以会之。四月，李勣渡辽，拔盖牟城。以为盖州，今盖平县。五月，张亮副将程名振拔沙卑城。今海城县。李勣进军辽东，帝亦渡辽水至城下，拔之。以为辽州，今辽阳县。遂降白崖城。以为岩州，在今辽阳东北。六月，进攻安市。在盖平东北。高丽北部僇萨高延寿、南部僇萨高惠贞率高丽、靺鞨之众十五万来援，破降之。然攻安市城遂不能克。九月，班师。《新书·高丽传》曰：始行，士十万，马万匹，逮还，物故裁千余，马死什七八。船师七万，物故亦数百。《通鉴》曰：战士死者几二千人，马死者什七八。此乃讳饰之辞，岂有马死什七八，而士财丧百一之理？是役虽未战败，所丧失者，则孔多矣。高丽之初来朝也，高祖欲让而弗臣，以温彦博谏而止，见《彦博》及《高丽传》。颇能鉴前代骄矜之失，而太宗仍以此败。太宗谓高丽地止四郡，我发数万众攻辽东诸城，必救，乃以舟师自东莱泛海趋平壤固易，《新书·高丽传》。此失之视敌太轻。高丽是时，地已不止四郡。《新书·渤海传》言其盛时士三十万，此语无待夸张，当近于实，夫岂数万之众所能挠？当时谏者甚多；知其不可止者，亦欲尼帝亲行，如褚遂良、姜确、张亮、尉迟敬德皆是。房玄龄留守京师，李大亮为副。玄龄数上书劝帝勿轻敌，盖知帝此行实犯此病。大亮旋卒。临殁，表请罢役。逮帝丧败欲再举，玄龄疾亟，又上书言之。张亮谏而不纳，乃请自行。盖皆深知其不可也。《新书·高丽传》言帝攻安市不下，高延寿、惠贞谋曰："乌骨城傉萨已耄，朝攻而夕可败，乌骨拔，则平壤举矣。"群臣亦以张亮军在沙城，召之一昔至，若取乌骨，度鸭绿，迫其腹心，计之善者，长孙无忌曰："天子行师不侥幸，安市众十万在吾后。"乃止。即因亲征之故，不能应机也。此役赞之者惟一李勣，固佞人。沙城即卑沙城，乌骨城，当在自盖平趣安东道上。而帝卒不听。乃妄云："今天下大定，惟辽东未宾。后嗣因士马强盛，谋臣导以征讨，丧乱方始，朕故自取之，不遗后世忧。"次定州时告左右语，见《新书·高丽传》。以此掩其沾沾自喜之迹，岂不谬哉？是役也，帝使韦挺主饷运，自言自幽距辽二千里无州县，军靡所仰食，东北空匮如此，尚何强盛之有哉？

太宗亲征既败，二十一年（647），二十二年，再遣将征高丽，皆无功。帝命江南造大船，莱州贮粮械，欲图大举，未行而崩。时新罗王善德已卒，妹真德立。贞观二十一年。太宗之东征也，百济乘虚破其十城，后又破其十余城，二十二年。而此数年间，朝贡亦绝。高宗永徽二年（651），乃又遣使朝贡。使还，帝赐以玺书，令释新罗。明年，新罗王真德卒，弟子春秋立。六年，百济与高丽、靺鞨侵其北界，陷三十余城。诏营州都督程名振伐高丽。显庆三年（658），复遣名振率薛仁贵攻之，未能克。五年，苏定方伐百济。自城山济海，城山，即成山，在今山东荣城县东。至熊津江口，熊津，即朝鲜史籍之泗沘，今扶余。败其兵，其王义慈及太子隆走北鄙。次子泰自立。嫡孙文思缒城出降，民多从之。泰不能止，亦降。义慈、隆又为其将挟之以降，百济平。分其地为五都督府，各统州、县，命王文度为熊津都督，总兵以镇之。文度济海而卒。百济僧道琛及扶余璋从子福信据周留城以叛。金于霖《韩国小史》曰：周留城，在全州西。使迎故王子丰于倭，立为王。西部、北部，并翻城应之。围留镇将刘仁愿。诏刘仁轨代文度统众，发新罗兵救却之。新罗兵以粮尽引还。时龙朔元年（661）三月也。道琛、福信保任存城，《新书》作任孝。《通鉴》亦作任存。《考异》曰：《实录》或作任孝。未知孰是，今从其多者。《韩国小史》曰：今大兴。招诱亡叛，势益张。已而福信杀道琛，并其众，扶余丰主祭而已。百济之平也，高宗命苏定方讨高丽。又大募兵，拜置诸将，欲自行。蔚州刺史李君球谏，蔚州见第二章第七节。武后亦苦邀，乃止。是岁八月，定方破高丽兵于浿江，遂围平壤。明年，庞孝泰以岭南兵壁蛇水，未详。盖苏文攻之，举军没。定方乃解而归。时新罗王春秋已卒，子法敏立。高宗以一城不可独固，命刘仁轨拔就新罗。"金法敏借卿留镇，宜且停彼。若其不须，即泛海还。"仁轨以平壤之军既回，熊津又拔，则百济余众，势必鸱张，高丽逋薮，何时可灭？福信凶暴，余丰猜惑，外合内离，势必相害。惟宜坚守观变，乘便取之。遂不奉诏。二年七月，仁愿、仁轨率留镇之兵击破福信，遂通新罗运粮之路。仁愿奏请益兵。诏发淄、青、莱、海兵七千，命孙仁师将，浮海益之。淄州，今山东淄博市。青州，今山东益都县。海州，今江苏东海县。福信谋杀扶余丰，丰率亲信斩之。使往高丽及倭请兵。于是仁师、仁愿及金法敏自陆，仁轨水军、粮船自熊津江往白江《韩国小史》曰：今白马江。与之会，同趋周留，仁轨败扶余丰及倭兵于白江口。丰脱身走。伪王子忠胜、忠志及倭众并降。百济诸城，皆复归顺。参看两《唐书·黑齿常之传》。仁师、仁愿，振旅而还。仁轨率兵镇守。仁轨言其众赏薄，又留驻太久，余丰在北，其弟勇走在倭，不可忽。上深纳其言，又遣仁愿率兵渡海，与旧镇兵交代。乾封元年（666），盖苏文死。子男生代为莫离支，与弟男建、男产相攻。男生走据国内城，见第二章第二节。遣子献诚诣阙求救。诏契苾何力率兵应援。男生脱身来奔。十二月，命李勣与何力并力。明年，渡辽。所向克捷。总章元年（668），进攻平壤。高藏遣男产出降，然犹与男建固守。九月，勣攻拔之，房藏及男建。分其地置都督府、州。府九，州四十三，后所存州止十四，见《新书·地理志》。置安东都护府于平壤，以薛仁贵为都护，总兵二万镇之。唐是时诸将，惟刘仁轨确有才气谋画，余皆琐琐不足道，然卒获成功者，则以丽、济之有衅可乘也。然丽、济是时，民族性稍已成熟，故唐终不能久据其地矣。

《旧唐书》倭与日本，分为二传。《倭传》云："其王姓阿每氏。贞观五年，遣使献方物。太宗遣高表仁持节往抚之。与王子争礼，不宣朝命而还。二十二年，又附新罗奉表。"《日本传》云："倭国之别种也。以其国在日边，故以日本为名。或曰：倭国自恶其名不雅，改为日本。或曰：日本旧小国，并倭国之地。其人入朝者多自矜大，故中国疑焉。"《新书》则云："日本，古倭奴也。其王姓阿每氏。"记贞观五年（631）遣使，后附新罗上书与《旧书》同，而云高仁表与王争礼。又云："永徽初，其王孝德即位，献虎魄、玛瑙。时新罗为高丽、百济所暴，高宗赐玺书，令出兵援新罗。未几，孝德死，子天丰财立。死，子天智立。明年，使者与虾夷人皆朝。天智死，子天武立。死，子总持立。咸亨元年，遣使贺平高丽。后稍习夏音，恶倭名，更号日本。使者自言国近日所出，以为名。或云：日本乃小国，为倭所并，故冒其号。使者不以情，故疑焉。"三说自以倭自改名之说为是。倭自南北朝来，久与中国有交接，在东海中已为望国，此时自不得忽冒所并国之号；更不得有日本国能并倭也。倭自南北朝以前，皆臣服中国，以得受官爵为荣，隋时始傲然自大，此时犹袭其故智，故至与使者争礼。《新书》载其历代世系，皆与日人所自言者合。又谓其使者妄夸其国都方数千里，南西尽海，东北限大山，此说在今日观之，亦非虚妄。《旧书》亦有此语，而不云其为妄夸。则所谓不以情者，亦不过间有夸饰之辞，不应举所言而尽疑之也。然日本是时，究不足与中国相亢，虚骄之气，终不可以持久，故其后，其君与夫人，卒躬自来宾焉。

## 第六节　唐初武功五

唐平西域，与突厥关系最大。以是时自玉门已西，殆皆为西突厥所控制也。《旧唐书·西突厥传》云：其人杂有都陆及弩失毕、歌逻禄、处月、处密、伊吾等种。歌逻禄，即葛逻禄。《新书》言其地在北庭西北，金山之西，跨仆固振水。岁月之地，唐以之置金满州，见下。徐松《西域水道记》云：其地即今之济木萨，突厥之可汗浮图城，为北庭都护府治，故城在今保惠城北二十余里，有唐金满县残碑。沙畹《西突厥史料》云：仆固振水，今乌隆古河。又云：处月在乌鲁木齐东，处密在乌鲁木齐西，玛纳斯河缘岸。案，铁勒诸部，多自西徂东，仆固振水，疑为仆骨旧坏。伊吾见第二章第五节。风俗大抵与突厥同，惟言语微差。都陆亦作咄六，又作咄陆。咄利失之立也，分其国为十部，部令一人统之，号为十设。每设赐以一箭，故称十箭焉。又分为左、右厢：左厢号五咄六，置五大啜。右厢号五弩失毕，置五大俟斤。盖此十部直属西突厥，余皆羁縻而已，犹辽之部族与属国也。《传》又言：室点密可汗统十大首领，往平西域诸胡国，自为可汗，号十姓部落，盖即此十部。沙钵罗可汗时，咄陆五啜：曰处木昆律，曰胡禄屋阙，曰摄舍提暾，曰突骑施贺逻施，曰鼠尼施处半；弩失毕五俟斤；曰阿悉结阙，曰哥舒阙，曰拔塞干暾沙钵，曰阿悉结泥孰，曰哥舒处半：盖即此十部之姓。突厥虽起西海，然久处平凉，又迁金山，其所统自多东方部族。当时习称西域白种深目高鼻者为胡，而《新书·突厥传》言思摩开敏善占对，始毕、处罗皆爱之，然以貌似胡，疑非阿史那种，故不得为设，则阿史那非胡种可知。然则《旧传》言室点密统十姓往平诸胡，亦明十姓之非胡也。然既与诸胡杂处，自不能无习而稍化，此其言语所由与北国微差欤？曷萨那之入隋也，国人立其叔父曰射匮可汗。始开土宇，东至金山，西至海，白玉门已西，诸国皆役属之。与北突厥为敌。乃建庭于龟兹北三弥山。寻卒，弟统叶护可汗立。北并铁勒，西拒波斯，南接罽宾，沙畹云：烈维考订唐时之罽宾为迦毕试Kapicd，其证有三：一，归兹Koatcha，沙门礼言撰梵语杂名，以罽宾对 Kapied 译为劫比舍。二，玄奘《西域记》、悟空《行记》，皆以罽宾、迦毕试与 Kapied 为一地。三，统叶护境南接罽宾，《慈恩传》：六百三十年玄奘至统叶护衙，统叶护令人送之至迦毕试也。悉归之，控弦数十万，霸有西域。移庭于石国北之千泉。沙畹云：据《慈恩传》千泉在怛逻斯城东百五十里。此城在今怛逻斯河缘岸 Aulie-ata 附近。西域诸王，悉授颉利发，并遣吐屯一人监统之，督其征赋。此为西突厥极盛之世。高祖欲与并力，以图北蕃，许之婚。遇颉利频岁入寇，西蕃路梗，未果。而颉利亡，唐通西域之路以启。

隋炀帝使薛世雄城伊吾，已见第一章第五节。时列其地为伊吾郡。隋末，为西域杂胡所据。《旧书·地理志》。天下乱，复臣突厥。《新书·西域传》。贞观四年（630），颉利灭，城主举七城降。以其地为西伊州。六年，去西字。《旧书·地理志》。高昌王麹伯雅，隋末，曾妻以戚属女宇文氏。号华容公主。见《隋书·苏威传》。唐初，伯雅死，子文泰立。以妹妻突厥叶护。见慧立《三藏法师传》。然其事唐甚谨。盖麹氏本中国人，故其乡化甚殷也。已忽壅遏西域朝贡，并与西突厥攻焉耆者。《旧书·焉耆传》曰："隋末罹乱，碛路遂闭，西域朝贡，皆由高昌。唐初，焉耆请开大碛路，以便行李，太宗许之。高昌大怒，遣兵袭之。贞观十二年，又与处月、处密陷其五城。"盖西域贡使，实多商胡，商胡出其国，主人有利焉，故闻焉耆请开别道而怒。所谓壅遏朝贡者，亦遏其出于新道耳，非欲使与中国绝也。又隋末时，华人多投突厥，颉利败，有奔高昌者，文泰皆拘留不遣。太宗诏令括送。文泰仍隐蔽之，此亦欲增益户口耳，非有意于逆命也。然太宗于西域，颇有侈心，遂命侯君集将，又发突厥、契苾兵击之。文泰发病死，子智盛降，时贞观十四年八月也。以其地置西州。又置安西都护府，留兵以镇之。初文泰厚饷西突厥欲谷失，欲谷失遣其叶护屯可汗浮图城，与相影响，至是，亦来降。以其地为廷州。焉耆王龙氏，名突骑支。侯君集之讨高昌，使与相结，突骑支许为声援。然是岁，西突厥重臣屈利啜为其子娶王女，由是复相唇齿，朝贡遂阙。安西都护郭孝恪请讨之。太宗许焉。适王弟栗婆准来降，栗婆准，《通鉴》作先那准。以为乡导。十八年十月，袭虏其王。以栗婆准摄国事。师还，屈利啜囚栗婆准，而西突厥处般咄《通鉴》作处那咄。令其吐屯来摄焉耆，遣使朝贡，太宗数之，吐屯惧而返国。焉耆立栗婆准从父兄薛婆阿那支、龟兹王白氏，亦臣西突厥，郭孝恪伐焉耆，遣兵援助。处般咄执栗婆准送之，又为所杀。二十年，遣阿史那社尔与孝恪等率五将军，又发铁勒十三部兵伐之。薛婆阿那支惧，奔龟兹，保其东城。社尔击禽之，斩以徇。立突骑支弟婆伽利为王。龟兹王诃黎布失毕与其相那利，将羯猎颠来拒，前军败之。遂下其城，使孝恪守之，诃黎布失毕退保拨换。贾耽

《入四夷路》曰：拨换城，一曰威戎城，曰姑墨州。南临思浑河。《新书·西域传》曰：跋禄迦，一曰亟墨，即汉姑墨国。沙畹曰：《新书》以拨换即《西域记》之跋禄迦。悟空《行记》曰：威戎城，亦云钵浣国，正云怖汗国。应为今之阿克苏。思浑河，《西域水道记》以为塔里木河。社尔进擒之，及羯猎颠。而那利潜引西突厥，袭杀孝恪。唐兵复战，败之。龟兹人执那利诣军。社尔立王弟叶护而还。于阗王尉迟氏，本臣西突厥。贞观六年，其王屈密遣使来献。社尔将还师，行军长史薛万备，请因兵威胁其人见。其王伏阇信，遂随万备来朝。疏勒王裴氏，贞观中，突厥以女妻之，然九年即遣使来献矣。唐声威遂达葱岭。徙安西都护府于龟兹，统于阗、碎叶、疏勒，号四镇。碎叶，城名。沙畹云：即 Saj-ab 城。如不在 Tokmak 原址，必在其附近。《入四夷路》：碎叶城北有碎叶水，今之吹河也。

　　《新书·西域传》曰：朱俱波，亦名朱俱槃，汉子合国也，并有西夜、蒲犁、依耐、德若四种地。此国为《西域记》之斫句迦。今叶城。喝盘陀，或曰汉陀，曰渴馆檀，亦谓渴罗陀，由疏勒西南入剑末谷、不忍岭六百里，其国也。《西域记》揭盘陀。今新疆塔什库尔干塔吉克族自治县。其王本疏勒人，世相承为之。人貌言如于阗，案，自高昌已西，诸国人等，深目高鼻，惟于阗貌不甚胡，颇类华夏，已见《两晋南北朝史》第十六章第八节。唐玄奘《西域记》，亦谓于阗语异诸国。又记其国传说，谓昔有东、西两王相争，东王获胜。又谓其国初不知蚕桑，闻东国有之，命使者往求，东国之君，秘不出赐。王乃卑辞求婚。及命使迎妇，乃谓之曰："国无丝绵桑蚕，可以持来，自为裳服。"女乃以桑蚕之子置帽絮中。关防主者不敢检。其国乃知蚕桑。《新书·于阗传》谓自汉武帝已来，中国诏书旄节，其王传以相授，可见其慕化之深。喝盘陀言貌与同，傥亦汉人之分支西徙者欤？此国亦称葱岭。《入四夷路》：葱岭守捉，故羯盘陀国。显庆四年（659）都曼之叛，见下。是役也，《新书·苏定方传》言其劫疏勒、朱俱波、喝盘陀与俱，《旧书·定方传》喝盘陀作葱岭。贞观九年（635），曾遣使来朝。然后西突厥乙毗射匮可汗请婚，太宗令割龟兹、于阗、疏勒、朱俱波、葱岭五国为聘礼，见下。则仍服属于西突厥也。于阗东三百里有建德力河，七百里有精绝。河之东有汗弥，居建德力城，亦曰拘弥城，即宁弥故城。皆小国也。参看《秦汉史》第五章第四节。沙畹云：建德力河，今策勒河 Chird。汗弥，在今策勒之北 Uzun tati 地方。此两国，史不言其曾通唐。又于阗东有媲摩川，度碛行二百里得尼壤城，于阗以为东关。又东行，入大流沙。四百里至故都逻。又六百里至故折摩驮那，古且末也。又千里至故纳缚波，古楼兰也。此诸国，史明言其未尝与唐通。盖天山南路，沙碛日扩，邑落凋敝，交通艰阻使然。其西北出直抵西海之道，则全在西突厥羁制之中。《新书》又云：自龟兹行六百里，逾小沙碛，有跋禄迦，小国也。一曰亟墨，即汉姑墨。西三百里度石碛，至凌山，葱岭北原也，水东流。西北五百里至素叶水城，比国商胡杂居。素叶以西数十城，皆立君长，役属突厥。素叶城西四百里至千泉，突厥可汗岁避暑其中。西行百里至呾逻斯城，沙畹云：可当今塔拉斯水上之 Aulieata 城。亦比国商胡杂居。有小城三百，本华人，为突厥所略，群保此，尚华语。西南赢二百里至白水城。沙畹云：未能确知所在，度在 Tchimkent 东北不远。南五十里有笈赤建国。又二百里即石国。《新书》此文，本于《西域记》。《西域记》云：呾逻私城南行十余里，有小孤城，三百余户。本中国人也，昔为突厥所掠，后遂鸠集同国，共保此城，于中宅居。衣服去就，遂同突厥，言辞仪范，犹存中国。则《新书》有小城三百句有夺文也。石与康、安、曹、米、何、火寻、戊地、史，并称昭武九姓，已见《两晋南北朝史》第十六章第八节。康，隋时，其王屈木支娶西突厥女，遂臣突厥。石，隋大业初，西突厥杀其王，以特勒匐职统其国。自石国东南行，有拔汗那，或曰钹汗，即元魏时破洛那。在真珠河北。沙畹云：真珠河。应为锡尔河上流之 Ajak - tach 河。贞观中，王契苾，为西突厥瞰莫贺咄所杀。自此西南，居乌浒河南，乌浒河，今阿母河。与悒怛杂处者为吐火罗，其王号叶护。《西域记》曰：自数百年，王族绝嗣，酋豪力竞。各擅君长，依川据险，分为二十七国。虽画野分区，总役属突厥。叶护盖突厥所命，而为二十七国之共主者也。悒怛，亦曰挹阗，即南北朝时之嚈哒，见《两晋南北朝史》第十六章第八节。俗类突厥。吐火罗西南曰谢飏，其王居鹤悉那城，沙畹云：即今之 Ghazna。东距罽宾，东北帆延，王治罗烂城，有大城四五。水北流入乌浒河。沙畹云：指 Kouhaouz 河上流。南婆罗门，《天竺传》：或曰摩伽陀，曰婆罗门。西波斯。国中有突厥、罽宾、吐火罗种人杂居。谢飏北五百里有弗栗恃萨傥那，其君突厥种。东北大雪山下有安呾罗缚，西逾岭四百里有阔悉多，西北三百里有活国，沙畹云：玄奘渡缚刍河后行抵活国。此国都城在河南岸，即今之 Kounaouz。是也。此三种皆居吐火罗故地，臣于突厥。君亦突厥种。又有护蜜，亦吐火罗故地。北临乌浒河。沙畹云：指 Pandz 或斡罕河，Wakhan daria 而视为乌浒河上流也。显庆中，其王称沙钵罗颉利发。在吐火罗东北者有俱密，治山中，沙畹云：即玄奘之拘谜陀，在今 Karatégin 之 Sourkhab 流域。王为突厥延陀种。而罽宾之王，亦有特勒之称。最西者波斯。《旧书》云：大业末，西突厥叶护可汗频击破其国。王库萨和，为西突厥所杀。其子施利立，叶护因分其部帅，监统其国，波斯竟臣于叶护。及叶护可汗死，其所令监统者，因自擅于波斯，不复役属于西突厥。施利立一年死，乃立库萨和之女，突厥又杀之。沙畹云：此叶护可汗似西突厥之统叶护而实非。据西方史料，与罗马攻波斯，致库萨和于死者，实可萨部而非统叶护可汗也。然可萨部亦役属于西突厥者也。可萨，名见新、旧《唐书·波斯》《大食传》。《新书·火寻传》作曷萨。可见突厥之势力，弥漫于西域矣。诸国当武德、贞观时，亦多通朝贡，然西突厥未平，则亦文属而已。

太宗之平高昌也，岁调千余人戍之。褚遂良上疏谏，其辞极切。其言曰："陛下诛灭高昌，以为州县。王师初发之岁，河西供役之年，飞刍挽粟，十室九空，数郡萧然，五年不复。岁遣千余人，远事屯戍。终年离别，万里思归。去者资装，自须营办；既卖菽粟，倾其机杼，经途死亡，复在其外。兼遣罪人，增其防遏。彼罪人者，生于贩肆，终朝惰业，犯禁违公，止能扰于边城，实无益于行陈。所遣之内，复有逃亡，官司捕捉，为国生事，设令张掖尘飞，酒泉烽举，陛下岂能得高昌一人一粟而及事乎？终须发陇右诸军，星驰电击。由斯而言：此河西者，方于心腹；彼高昌者，他人手足。岂得糜费中华，以事无用。"可见是时之事西域，纯出好大喜功之心，初非事势所须也。故及高宗即位，而其策一变。焉耆王婆伽利死，国人请还突骑支，即许之。并复封诃黎布失毕为龟兹王，与那利、羯猎颠俱归国。弃四镇，移安西都护府于高昌。《本纪》在永徽二年（650）十一月。史称其不欲广地劳人，《旧书·龟兹传》。然终因西突厥之乱，引起兵事。

西突厥统叶护可汗，自负强盛，无恩于国。其伯父杀之而自立，是为莫贺咄侯屈利俟毗可汗。据《旧书》。《新书》云：其诸父莫贺咄杀之立，是为屈利俟毗可汗。《旧书》侯字，疑涉俟字误衍。国人不附，弩失毕部共推泥孰莫贺设为可汗。泥孰不从。时统叶护之子咥力特勒亡在康居，盖指康国言之。彼传云：即汉康居之国也。泥孰迎立之，是为乙毗钵罗肆叶护可汗。连兵不息。莫贺咄败，遁于金山，为泥孰所杀。国人乃奉肆叶护为大可汗。肆叶护猜狠信谗，欲图泥孰，泥孰适焉耆。后设卑达干与弩失毕二部潜谋击之。肆叶护遁于康居。寻卒。国人迎泥孰而立之。是为咄陆可汗。贞观七年（633），遣鸿胪少卿刘善因至其国，册为吞阿娄拔奚利邲咄陆可汗。据《旧书》。《新书》夺奚字。《通鉴》从《实录》，无"吞阿娄拔"四字。明年卒。其弟同娥设立，是为沙钵罗咥利失可汗。《旧书·阿史那社尔传》：社尔为延陀所败，贞观二年，率余众保可汗浮图。西蕃叶护死，奚利邲咄陆可汗兄弟争国。社尔扬言降之，引兵西上。因袭破西蕃，半有其国。得众十余万。自称都布可汗。率五万余骑讨延陀于碛北。连兵百余日。遇我行人刘善因立同娥设为咥利始可汗，社尔部兵，又苦久役，多委之逃。延陀因纵击，败之。复保高昌国。其旧兵在者才万余人，又与西蕃结隙，九年，率众内属。所谓奚利邲咄陆兄弟争国，似即指其与肆叶护相争之事言之。叶护死之叶护，盖指统叶护，而辞不别白，一似谓肆叶护死后，与同娥设相争者，则以昔人行文，于外语专名，多截取其末二字，同名者多，致启此疑也。《新书》云：奚利邲咄陆与泥孰争国，误。册同娥设者，据《良吏传》乃韦机，新、旧《书》皆同，云刘善因，似亦误。不为众所归。十二年，西部立欲谷设为乙毗咄陆可汗，与咥利失中分。自伊列河已西属咄陆，已东属咥利失。伊列河，今伊犁河。十三年，咥利失、吐屯俟利发与欲谷设通谋作难。咥利失穷蹙，奔拔汗那而死。国人立其子，是为乙屈利失乙毗可汗，逾年死。弩失毕酋帅迎咥利失弟伽那之子薄布特勒而立之，《新书》作毕贺咄叶护。是为乙毗沙钵罗叶护可汗。咄陆遣石国，吐屯攻擒之。寻杀之。弩失毕不服，叛去。咄陆攻康居，道米国，即袭破之。系虏其人，取赀口，不以与下。其将泥孰啜怒，夺取之。咄陆斩以徇。泥孰啜之将胡禄屋袭咄陆，多杀士，国大乱。大臣劝其返国，不从。弩失毕遣使者至阙下请所立。帝遣通事舍人温无隐持玺诏，与国大臣择突厥可汗子孙贤者授之。乃立乙屈利失乙毗可汗之子，是为乙毗射匮可汗。遣使贡方物，且请婚。帝令割龟兹、于阗、疏勒、朱俱波、葱岭五国为聘礼，不克婚。初室点密可汗五代孙弥射，世为莫贺咄叶护。贞观六年（632），诏遣鸿胪少卿刘善因立为奚利邲咄陆可汗。号与泥孰同，《通鉴考异》疑为一人，非也，胡三省已辩之，见显庆二年（657）《注》。其族兄步真欲自立，谋杀弥射弟侄二十余人。十三年，弥射入朝。其后步真遂自立为咄陆叶护。其部落多不服，委之遁去。步真复入朝。咄陆乃立贺鲁为叶护，以继步真。《新书》云：贺鲁，室点密五世孙。居于多逻斯川。沙畹云：此多逻斯乍观之似即怛逻斯 Talas，其实不然。Talas 习译为怛，不作多。怛逻斯川与城在西州之西，处月、处密、葛逻禄等部在西州之北，《西域图志》以多逻斯川为哈刺额尔齐斯，证以《新书·王忠嗣传》，忠嗣纵反间于拔悉密、葛逻禄、回纥三部而攻多逻斯城，其说是也。统处密、处月、姑苏、歌逻禄、弩失毕五姓之众。冯承钧云：姑苏，疑哥舒或孤舒之别译。咄陆西走，射匮遣兵迫逐，不常厥居。二十二年，乃内属。诏居廷州。寻授瑶池都督。永徽二年（651），与其子咥运率众西遁。据咄陆之地，建牙于双河及千泉。《新书》但云建牙于千泉。沙畹云：双河，《西域图志》谓在博罗塔拉 Borotal 流域。自号沙钵罗可汗。统率咄陆、弩失毕十姓。数侵扰西蕃诸部，进寇廷州。贺鲁之叛，《旧纪》在永徽元年十二月。三年，诏遣梁建方、契苾何力发府兵二万，合回纥骑五万击之。《旧纪》在二年七月，盖二年命将，三年师始出。处月朱邪孤注附敌，据牢山，建方等攻斩之。四年，罢瑶池都督府，即处月置金满州。是岁，咄陆可汗死，其子真珠叶护请讨贺鲁自效，为贺鲁所拒，不得前。六年五月，又遣程知节率诸将进击，破其兵。副总管王文度不肯战，贺鲁遁去。事在显庆元年（656），见两《书·知节》及《苏定方传》。显庆二年闰正月，擢苏定方为伊丽道行军大总管，仍使弥射、步真为安抚大使，出金山道。贺鲁与咥运走至石国苏咄城，城主诱执之，送石国。燕然副都护萧嗣业至，取之。《旧纪》在显庆三年三月。燕然都府见第二节。西域平。分其种落置都督府。又置昆陵、濛池二都护以统之。以弥射为兴昔亡可汗，昆陵都护，领五咄陆部。步真为继往绝可汗，濛池都护，领五弩失毕部。四年十一月，贺鲁部悉结阙俟斤都曼寇边，苏定方伐之。五年正月，俘以献。先是诃黎布失毕复来朝，那利烝其妻阿史那，王不能禁，左右请杀之，由是更猜忌，使者言状，帝并召至京师，囚那利，护遣王还。羯猎颠拒不纳，遣使降贺鲁。王不敢进，悒悒死。诏发兵擒羯猎颠，穷诛部党。以其地为龟兹都督府，更立子素稽为王，为都督。徙安西都护府于其国。以故安西为西州都督府。显庆三年（658）。龙朔元年（661），西域诸国遣使内属。于其地置都督府十六，州八十，县百一十，军府百二十六，皆隶安西都护府。仍于吐火罗国立碑以纪之。《旧书·地理志》。《新志》云州七十二。《通鉴》云：以吐火罗、嚈哒、罽宾、波斯等十六国置都督府八，州七十六。县与军府之数同。《考异》云：《唐历》云置州二十六，今从《统纪》。胡《注》云：十六都督府中，其八实为州，故《通鉴》云八也。史称唐之封域，南北如汉之盛，东不及而西过之，《新书·地理志》。皆西突厥为之驱除难也。然虽鞭之长，不及马腹，故虽能取乱亡之突厥，而卒无如方兴之大食何。初波斯女王之为西突厥所杀也，施利之子单羯方奔拂菻，国人迎而立之，是为伊怛支。在位二年而卒。兄子伊嗣俟立，为大首领所逐，奔吐火罗，半道，大食击杀之。子卑路斯，入吐火罗以免。遣使者告难。高宗以道远不可师，谢遣。会大食解而去，吐火罗纳之。龙朔初，又诉为大食所侵。是时天子方遣使者到西域分置州县，以疾陵城为都督府，即拜卑路斯为都督。沙畹云：吐火罗纳卑路斯，只能在波斯最东属地。疾陵城，予谓即塞斯坦 Sedjestan 之都 Zereng 城。上元元年十二月，据《纪》。新、旧《书传》均云咸亨中。按此年改元在六月。入朝，死。始其子泥涅师为质。调露元年（679），诏裴行俭护送，复王其国，行俭以路远，至碎叶而还。泥涅师客吐火罗，初有部落数千人，后渐离贰。景龙二年（708），又入朝。无何，病死。其国遂灭。沙畹云：泥涅师败后，尚有自号波斯王者。《册府元龟》卷九百九十九载，七百二十二年，波斯王勃善活入贡。回历百一十年，有伊嗣俟 Yezdegerd 之裔名 Kuosrou 者，在可汗军中。七百三十二年，有大德僧及烈，随波斯王使至中国。此等波斯王，只能王吐火罗西境而已。大食，永徽二年（651），其王啖密莫末腻遣使朝贡。更西之拂菻，隋炀帝欲通之不能致。贞观十七年（643），其王波多力亦遣使来献焉。

## 第七节　唐初武功六

唐世，西南夷落之分布，仍与前世略同。晋代宁州之地，为爨氏所擅者，《唐书》称曰两爨蛮。西爨曰白蛮，东爨曰乌蛮。西爨，自言先世出于中国。东爨与西爨言语不同，且须四译乃通。盖二者实非同族，特同戴爨氏为君长而已。《唐书》云：西爨，自云本安邑人，七世祖晋南宁太守，中国乱，遂王蛮中。安邑，汉县，今仍为县，属山西。齐世宁州诸爨，恃远擅命，已见《两晋南北朝史》第十六章第二节。由此上溯之，三国李恢，为建宁俞元人，俞元，后来之澄江县也，其姑夫曰爨习，见《蜀志》本传。《晋书·穆帝纪》：永和元年（345），有李势将爨颜来奔。《王逊传》：李骧等寇宁州，进使姚崇、爨琛拒之。可见爨氏在西南，久为强族。中国仕宦之家，为大长于蛮夷中者不乏，西爨此说，当非妄相攀附也。南诏强后，阁罗凤胁徙西爨于永昌，东爨以言语不通，多散依林谷，得不徙，则其言语、居处，皆与西爨不同。其语四译乃与中国通，则与中国交涉，亦必甚鲜。《唐书》所载：东钦二姓为白蛮，妇人衣白缯，初裹五姓为乌蛮，妇人衣黑缯，疑乌白之名，乃汉人因其衣色不同而名之，非其本为近族，所异止于衣色也。爨蛮之地：《唐书》云：自曲州、靖州西南，昆川、曲轭、晋宁、喻献、安宁距龙和城，通谓之西爨白蛮。自弥鹿、升麻二川，南至步头，谓之东爨乌蛮。曲州，本隋恭州，武德八年（625）改名。靖州，唐析隋协州置，当在今曲靖境。晋宁、安宁现已并入昆明市；弥鹿川，疑今之弥勒彝族自治县，乃以此得名。唐南宁州有属县曰升麻，疑亦因川而置，未详为今何地。步头，伯希和云：即贾耽《入四夷路》之古涌步，在今建水县境，见所著《交广印度两道考》。冯承钧译，商务印书馆本。东爨地近于僚，疑僚族也。参看下文。爨蛮西有徒莫祇蛮、俭望蛮。又西为白水蛮。地与青蛉、弄栋接，青蛉即蜻蛉。更西，有大勃弄、小勃弄二川蛮。大、小勃弄见第二章第二节。西与西洱河接。此今云南之东境及北境也。前世牂柯之地曰牂柯蛮。其北五百里，有别部曰充州蛮，以唐于此置充州名，见下。又其北曰东谢。在黔州西三百里。黔州见第二章第七节。东谢之南曰南谢，西曰夷子。夷子之西为西赵。西属昆明蛮，南至西洱河。《唐书》云：山洞阻深，莫知道里，南北十八日行，东西二十三日行，则其占地颇广。此今贵州之东北境，四川之南境也。益西，入西康境，曰松外蛮。胡三省曰：盖以其在松州之外而得名。见《通鉴》贞观二十二年（648）《注》。松州见第四节。又西南，入云南西北境，曰西洱河蛮。此中除东爨外，当皆为濮族，其俗与中国甚近。其俗颇类有殷，如以十二月为岁首，婚嫁不避同姓是也。《通鉴》云：语虽小诡，其生业、风俗，大略与中国同。自云本皆华人。其所异者，以十二月为岁首。见贞观二十二年（648）。案，濮族之俗，类乎中国者，盖皆传之自古，其语仅小诡，则皆后来播迁其中之华人，濮族本种，自不如此也。然既有语仅小诡者居其中，则决无四译乃通之理，此亦可见东、西爨之必非同族矣。《唐书》云：自夜郎、滇池已西，皆庄蹻之裔，虽不必信，要其汉化实甚深，汉人与之杂居者，亦必不少矣。昆明蛮境接西洱河，而其风俗判然不同，《唐书》云：人辫首左衽、与突厥同。随水草畜牧。夏处高山，冬入深谷。尚战死，恶病亡。盖汉世嶲昆明之裔也。居古永昌郡地者曰永昌蛮，盖汉哀牢夷之裔。其西有扑子蛮、以青娑罗为通身袴，此亦贯头衣之变也。望蛮。青布为衫裳，联贯珂贝珠络之。髻垂于后。又有黑齿、金齿、银齿三种，见人以漆及镂金银饰齿，寝食则去之。直顶为髻。青布为通袴。及绣脚种，刻踝至腓为文。绣面种、生逾月，涅黛于面。雕题种、身面涅黛。穿鼻种、以金环径尺贯其鼻，下垂过颐。君长以丝系环，人牵乃行。其次以二花头钉贯鼻下出。长鬃种、栋锋种。皆额前为长髻，下过脐，行以物举之。君长则二女在前，共举其髻，乃行。云南徼外千五百里有三濮：曰文面濮，俗镂面，以青涅之。曰赤口濮，裸身而折齿，剺其唇使赤。曰黑僰濮。以幅布为裙，贯头而系之。皆观其俗而知其为古之越。《旧书·地理志》，于邕管诸州，多言其为古西瓯骆之地，邕州，今广西邕宁县。而渝州之北有南平僚，渝州，今四川巴县。南平僚人楼居，梯而上，妇人横布二幅，穿中贯其首，号曰通裙。美发髻，垂于后。竹筒三寸，斜贯其耳，贵者饰以珠珰。其附近有飞头僚、头欲飞，周项有痕如缕，妻子共守之，及夜，如病，头忽亡，比旦还，此盖其人刻项为文，乃有此传说也。乌武僚，地多瘴毒，中者不能饮药，故自凿齿。案，此亦因其凿齿而有是说也。俗亦皆类于越。盖又其族之北出者也。

隋世用兵西爨，已见第二章第二节。《唐书·南蛮传》曰：震、玩惧而入朝，文帝诛之，诸子没为奴。高祖即位，以其子弘达为昆州刺史，奉父丧归。上并言震、玩，而下但云其子，殊不别白，隋世刺昆州者为玩，弘达盖玩之子也。《传》又云：益州刺史段纶，遣俞大施至南宁治共范川，诱诸部皆纳款贡方物。太宗遣将击西爨，开青蛉、弄栋为县，青蛉，属嶲州。嶲州，初名西濮州，武德四年（621）置，贞观十一年（637）改名，今云南牟定县也。弄栋，武德七年，尝置袤州。盖与西濮州皆尝废，而太宗又以兵力定之。《地理志》：武德元年，开南中，置南宁州。治味，在今曲靖县西。五年侨益州。四年，置总管府。又于姚州置都督府。今云南姚安县。八年，更南宁州曰郎州。贞观元年（627），罢都督府。而《传》言二十二年徙莫祗蛮、俭望蛮内属，以其地为傍、望、览、丘、求五州，隶郎州都督府，则后复置都督也。永徽初，大勃弄酋杨承颠寇麻州。在今楚雄附近。都督任怀玉招之，不听。高宗以赵孝祖为郎州道行军总管，与怀玉讨之。孝祖先破白水蛮，又斩小勃弄酋殁盛，而执承颠。乃罢郎州，更置戎州都督。牂柯与东谢、南谢，首领皆姓谢氏。牂柯酋龙羽，武德三年，遣使朝贡。以其地为牂州。在今贵州德江县西。充州蛮亦来朝贡。以其地为充州。东谢酋元深，南谢酋彊，贞观三年偕来。据《唐书·南蛮传》。《通鉴》亦系武德三年。以东谢地为应州。亦在德江县境。南谢地为南寿州，四年，改为庄州。在旧思南府境。西赵首领赵氏，夷子李氏，自古未尝通中国。贞观中，黔州豪帅田康讽之，皆遣使入朝。而西赵首领赵酋摩《旧书》作赵磨。率所部万余户内附。以其地为明州。在旧思南府之南。松外蛮，分数十百部，大者五六百户，小者二三百，凡数十姓，赵、杨、李、董为贵族，皆擅山川，不能相君长。贞观中，巂州都督刘伯英上疏请击之。居数岁，《本纪》在二十二年。太宗使梁建方发蜀十二州兵进讨。谕降七十余部，户十万九千，署首领蒙河为县令。《地理志》：巂州昌明县。贞观二十二年，开松外蛮，置牢州及松外、寻声、林开三县。永徽三年，州废，省三县入昌明。昌明，在今盐源县西南。西洱河蛮，道由郎州三千里，建方遣奇兵自巂州道千五百里掩之。其帅杨盛欲遁去，使者好语约降，乃遣首领纳款军门焉。昆明蛮，武德中，巂州治中吉伟使南宁，因至其国，谕使入朝贡，自是岁与牂柯使者偕来。总章三年（670），置禄州、汤望州。当在楚雄境。咸亨三年（672），其十四姓率户二万内附。析其地为殷州、总州、敦州。殷州居戎州西北，总州居西南，敦州居南，远不过五百余里，近三百里。其后又置盘、麻等四十一州，皆以首领为刺史。盘州，今贵州盘县。南平僚，王姓朱氏，号剑荔王。贞观三年，遣使纳款。以其地隶渝州。永昌蛮，咸亨五年（674）叛。高宗以梁积寿为姚州道行军总管，讨平之。三濮，龙朔中，遣使与干支弗、磨腊同入贡。干支弗、磨腊为南印度之国，见下。三濮盖亦自海道来者也。以上略据《唐书·南蛮传》，皆其部落较大，能自达于朝廷者，其较小者，仅隶属于州郡，则史不能尽著其事矣。《传》云：建中三年（782），大酋长检校蛮州长史资阳郡公宋鼎与诸谢朝贺，德宗以其国小，不许。诉于黔中观察使王础，以州接牂柯，愿随牂柯朝贺。础奏牂、蛮二州，户繁力强，为邻蕃所惮，请许三年一朝。诏从之。此小部落不达于天子之证也。《新书·地理志》：羁縻州，在剑南道者，诸蛮州九十二，分隶戎州、姚州、泸州三都督府；泸州，今四川泸县。江南道五十一，皆隶黔州；岭南道九十二，分隶桂州、邕州及安南都护府；桂林见第二章第二节。安南都护府，治今越南河内。可略见其分布之迹。唐世南方民族，情势异于前世者，为僚族之盛。前世僚仅盛于巴、蜀，唐世则州县之招生僚置者，遍于剑南、岭南两道，山南、江南两道亦有之。皆见新、旧《书·地理志》。兵事，散见纪、传中者亦不绝。《新书·南蛮传》所载，特其十一而已。盖其种落日盛，出居平地者亦日多也。

隋世用兵林邑，已见第二章第五节。《唐书》云：其王范梵志，衰遗众别建国邑。武德时，再遣使贡方物。贞观时，王头黎又来献。头黎死，子镇龙立。十九年（645），摩诃慢多伽独弑镇龙，灭其宗。范姓绝。国人立头黎婿婆罗门为王。大臣共废之，更立头黎之女。诸葛地者，头黎之姑子。父得罪奔真腊。女之王，不能定其国，大臣共迎诸葛地为王，妻以女。永徽至天宝，凡三入献。至德后更号环王。马司培罗《占婆史》冯承钧译，商务印书馆本。据碑文云："范梵志名商菩跋摩（Cambhuvarman）。头黎名建达婆达摩（Kandarpadharma）。镇龙因碑文漫漶，名不可考。摩诃慢多伽独，乃 Mahamantrakrt 之译音，此言大臣，非姓名也。镇龙之死，国人立其妹之子拔陀罗首罗跋罗为王，Bhadrecvara-varman 乃婆罗门之子 Chandasya Satya Kauika Svamin，《唐书》云立头黎婿婆罗门，误。诸葛地，碑名波罗迦舍达摩（Prakacavarman）。是为毗建陀跋摩一世（Vikrantavarman I）。乃梵志父律陁罗跋摩一世（Ku cri Rudravarman I）外孙之子，《唐会要》称为铸迦舍波摩云。"《唐书》又云：环王，一曰占不劳，亦曰占婆。马司培罗云："环王之称，在占文、梵文中，皆无从求其元名。考诸碑志，占婆皆称占婆王或占婆国，从未改易称号云。"案，占婆，即《西域记》之摩诃占波。桑原骘藏《蒲寿庚传》曰："占不劳乃香泊拉（Champura）之音译。泊拉（pura）梵语都城，香泊拉者，香族（Cham）之都城。盖指占婆国都言之，占城乃其义译，中国人以城名名其国云。"隋之破林邑也，尝以其地为三郡，置守令，而道阻不得通。唐世未尝用兵占婆，盖无意于收复其地矣。此亦民族进化，稍趋独立之征也。

占婆之南，新兴之国为真腊。《唐书》云：其王刹利伊金那，贞观初，并扶南，有其地。而《扶南传》云：治特牧城，俄为真腊所并，益南徙那弗那城，武德、贞观时再入朝，则其国仍存。案，《隋书》即云扶南为真腊所并，见第六章第五节。而至唐世仍存者，盖其国之地，日为真腊所侵削，国都数经移徙，每移都一次，史辄云为真腊所并，实则所并者非其全境，而其统绪亦迄未尝绝也。《旧书·地理志》云：笼州，贞观十二年（638）招慰生蛮置。天宝元年（742），改为扶南郡。乾元元年（758），复为扶州。今广西扶南县。扶南国，在日南郡之南海西大岛中，去日南郡约七千里，在林邑国西三千里。其王，贞观中遣使朝贡。故笼州招置之，遥取其名，非正扶南国也。然则是时之扶南，已播迁至海岛中矣。婆利为扶南别名，已见《两晋南北朝史》第十六章第四节。《唐书》：诃陵东距婆利，诃陵为今爪哇，婆利，近人拟诸爪哇东之 Bali

岛，则扶南之播迁入海，由来已旧。岂亦如越灭于楚，其子孙分王于江南海上欤？真腊西北有僧高、武令、迦乍、鸠密，后亦为所并。《唐书》云：贞观十二年，僧高、武令、迦乍、鸠密四国使者朝贡。僧高直水真腊西北。其后鸠密又与富那王等遣使来贡。僧高等国，永徽后为真腊所并。僧高而外，诸国所在，多不甚明晰。见并者共有几国，亦难质言。子京文字，往往鹘突如此。此等皆小国，既偕来，相去当不甚远，其见并，或亦不相先后也。西北有参半，北有道明，亦为之属。而其本国，自神龙后分为二半：北多山阜，号陆真腊半，南际海，饶陂泽，号水真腊半焉。半字当系译语。

此外海南诸国，见于史者，环王西有甘毕，南有殊禁，泛交趾海三月乃至。西南有盘盘。冯承钧云，应在湄南江下流。盘盘北有堕和罗，异译亦曰投和，《唐书》误析为二。亦冯承钧说。又云：即《义净求法传》之杜和钵底，在湄南江流域。有二属国：曰昙陵，曰陀洹。昙陵在海洲中。盘盘东南有哥罗。一曰箇罗，亦曰哥罗富沙罗。冯承钧曰：一作迦罗舍弗，一作哥罗舍分，又有哥古罗、古罗、古逻诸译，即大食人之 Kalali，马来人之 Kera，今马来半岛之 Kra 是也。哥罗东南有拘蒌密，西北距文单。文单，即陆真腊。其西为赤土。今暹罗境。赤土南有丹丹，《唐书》云：婆利，直环王东南，自交州泛海，历赤土、丹丹诸国乃至，则丹丹应在赤土之南。西南入海得婆罗。益南为罗越，隔海与佛逝相望。见贾耽《入四夷路》。其西南哥谷罗，冯承钧云：在马来半岛西岸。商贾往来所凑集，岁乘舶至广州，州必以闻。佛逝者，室利佛逝之简称，今苏门答腊。又其南为诃陵，诃陵南有多摩苌，西有堕婆登，则皆当在今爪哇也。

诸国在武德、贞观、永徽中，多通朝贡，后亦时来，其文化多受诸印度。惟盘盘兼有佛、道士祠；官，在外曰那延，犹中国刺史也；投和，官有朝请、将军、功曹、主簿、赞理、赞府，分领国事。分州、郡、县三等。州有参军，郡有金威将军，县有城、有局，长官得选僚属自助；犹是中国之遗制。诃陵旁小国二十八，莫不臣服，实为海南盛国。《唐书》传其轶事曰：上元间，国人推女子为王，号悉莫。威令整肃，道不举遗。大食君闻之，赍金一囊置其郊。行者辄避。如是三载。太子过，以足�金。悉莫怒，将斩之。群臣固请。悉莫曰："而罪实本于足，可断趾。"群臣复为请。乃斩趾以徇。大食闻而畏之，不敢加兵。观此传说，隐见大食贾胡，在南海中卓有势力。诃陵有文字，知星历，悦亦受诸大食者欤？

印度与中国，久有往还，然皆商贾及传法求法之僧人。《梁书》虽载其王屈多，于天监初遣使来献，见《两晋南北朝史》第十六章第四节。其究为贾胡，抑真信使，犹未可知也。至唐世，乃确有国交焉。《唐书·中天竺传》曰：隋炀帝时，遣裴矩通西域诸国，独天竺、拂菻不至为恨。武德中，国大乱。王尸罗逸多勒兵战，无前。四天竺皆臣之。会唐浮屠玄奘至其国。尸罗逸多召见，曰："而国有圣人出，作《秦王破阵乐》，试为我言其人。"玄奘粗言："太宗神武，平祸乱，四夷宾伏状。"王喜，曰："我当东面朝之。"贞观十五年（641），自称摩伽陀王，遣使者上书。帝命云骑尉梁怀璥持节慰抚。尸罗逸多惊问国人："自古亦有摩诃震旦使者至吾国乎？"皆曰："无有。"乃出迎。膜拜受诏书，戴之顶。复遣使者随入朝。诏卫尉丞李义表报之。尸罗逸多复献火珠郁金菩提树。二十二年，遣右卫率府长史王玄策使其国，以蒋师仁为副。未至，尸罗逸多死，国乱，其臣那伏帝阿罗那顺自立。《旧书·太宗纪》：贞观二十二年五月，右卫长史王玄策击帝那伏帝国，大破之。获其王阿罗那顺。《通鉴》云：击帝那伏帝王阿罗那顺，大破之。新、旧《书·天竺传》皆但作那伏帝。发兵拒玄策。时从骑才数十，战，不胜，皆没。遂剽诸国贡物，玄策挺身奔吐蕃西鄙，檄召邻国兵。吐蕃以兵千人来，泥婆罗以七千骑来。《旧书》云：玄策走至吐蕃，发精锐千二百人，并泥婆罗国七千余骑以从。玄策部，分进战茶镈和罗城。三日，破之。阿罗那顺委国走。合散兵复陈。师仁擒之。余众奉王息阻乾陀卫江。师仁击之，大溃。获其妃、王子，虏男女万二千人，杂畜三万，降城邑五百八十。东天竺王尸鸠摩送牛马三万馈军，及弓刀宝缨络。迦没路国献异物。拜上地图，请老子像。《旧书》云：因请老子像及《道德经》。玄策执阿罗那顺献阙下。《旧书·本纪》云：吐蕃赞普击破中天竺国，遣使献捷。

唐世兵威能伸于印度者，吐蕃之宾服实为之。《唐书》：羁属吐蕃者，有泥婆罗，今廓尔喀。有悉立，当吐蕃西南。有章求拔。或曰章揭拔。本西羌种，在悉立西南四山中。后徙山西，与东天竺接。皆尝通贡使，而章求拔当唐讨天竺时，亦尝发兵来赴云。此皆今印、藏间之国也。此外通朝贡者，又有摩揭陀、那揭、乌荼、《唐书》云：一曰乌仗那，亦曰乌苌。《西域记》乌仗那、乌荼各为一国。罽宾，及师子国，锡兰。亦皆在五印之域。名蔑，其人短小，兄弟共妻，妇总发为角，以辨夫之多少，亦一妻多夫之族，分布于印度地方者也。《唐书》又云：赡博，或曰赡婆。北距兢伽河。恒河。显庆中，与婆岸、千支弗、舍跋若、磨腊四国并遣使者入朝。千支当夺弗字。在西南海中，本南天竺属国。亦曰半支跋，若唐言五山也。北距多摩苌。又云：多摩苌，东距婆凤，西多隆，南千支弗，北诃陵。显庆中贡方物。伯希和云：此诃陵非在今爪哇岛之诃陵，而为《西域记》之羯饯伽。《册府元龟》载显庆三年（658），千私弗、舍利君、摩腊并遣使贡献，云三国并属南天竺。舍利君即舍跋若，其国难考。千支弗者，干支弗之讹，乃 Kancipura 建志补罗。之省译，即今之 Conjeveram 摩刺即贾耽《入四夷路》之没来，《西域记》之秣罗矩吒，固皆在南印度也。

# 第四章　武韦之乱

## 第一节　高宗之立

《诗》曰：赫赫宗周，褒姒灭之。灭周者果褒姒邪？抑别有其人也。

太宗十四子，文德皇后长孙氏所生者三：长子承乾，第四子魏王泰，第九子晋王治是也。承乾立为太子。《旧书·传》曰：先患足，行甚艰难，而泰有美誉，太宗渐爱重之，潜怀夺嫡之计，各树朋党，遂成衅隙。《新书·传》曰：承乾使户奴数十百人习音声，学胡人椎髻，翦采为舞衣，寻橦跳剑，鼓鞞声昼夜不绝。造大铜炉、六熟鼎，招亡奴盗取人牛马，亲视烹焠，召所幸厮养共食之。又好突厥言及所服，选貌类胡者，被以羊裘，辫发。五人建一落，张毡舍，造五狼头纛，分戟为陈，系幡旗，设穹庐自居。使诸部敛羊以烹，抽佩刀割肉相啖。承乾身作可汗死，使众号哭剺面，奔马环临。忽复起，曰："使我有天下，将数万骑到金城，见第二章第二节。然后解发，委身思摩当一设，顾不快邪？"其辞容有溢恶，然自典午已来，渐胡俗者甚多，唐亦起代北，则此亦理所可有，承乾盖隋房陵王一流人。承乾之恶，又见张玄素、于志宁传。时二人为宫僚，谏诤，承乾皆遣客刺之。魏王虽有夺宗之谋，承乾初非无过也。泰，太宗以其好士爱文学，特令就府别置文学馆，任自引召学士，月给料物，有逾于皇太子。泰乃招驸马都尉柴令武、房遗爱等二十余人，厚加赠遗，寄以腹心。令武，绍子。绍妻，高祖女平阳公主也，见第二章第六节。令武又尚太宗女巴陵公主。遗爱，见下。黄门侍郎韦挺，工部尚书杜楚客，如晦弟。相继摄泰府事，俱为泰要结朝臣，津通赂遗。其夺宗之谋，亦不下于隋炀帝也。承乾召壮士左副卫率封师进，及刺客张师政、纥干承基，令杀泰，不克。寻与汉王元昌，高祖第七子。兵部尚书侯君集，左屯卫中郎将李安俨，隐太子臣。太子败，安俨为之力战，太宗以为忠，亲任之，使典宿卫。洋州刺史赵昂，洋州，今陕西洋县。昂，高祖女长广公主之子。驸马都尉杜荷如晦子。尚太宗女城阳公主。谋反，将纵兵入西宫。胡三省曰：谓大内。以在东宫西，故称之。贞观十七年（643），齐王祐反。祐，太宗第五子。十年授齐州都督。齐州，即齐郡。见第二章第六节。《旧书·传》曰：其舅尚乘直长阴弘智谓祐曰："王兄弟既多，即上百年之后，须得武士自助。"乃引其妻兄燕弘信谒祐。祐接之甚厚。多赐金帛，令潜募剑士，有昝君謩、梁猛彪者，并以善骑射，得幸于祐。长史权万纪斥逐之。而祐潜遣招延，狎昵愈甚，万纪斥出，不许与祐相见。祐及君謩谋，杀万纪。事泄，万纪悉收系狱，发驿奏闻。诏刑部尚书刘德威往按之，并追祐及万纪入京。祐大惧。俄而万纪奉诏先行，祐遣燕弘信兄弘亮追射杀之。既杀万纪，君謩等劝祐起兵。诏遣李勣与刘德威便道发兵讨之。《通鉴》云：德威按之，事颇有验，及祐反，乃诏勣发兵讨之。未至，兵曹杜行敏执祐送京师，赐死。此事亦如建成时之庐江，无待论也。《承乾传》曰：祐反，承乾谓纥干承基曰：我西畔宫墙，去大内正可二十步来耳。此间大亲近，岂可并齐王乎？言近易为变也。《新书》云：岂与齐州等？会承基亦外连齐王，系狱当死，遂告其事。太宗命长孙无忌等参鞫之，事皆明验。废承乾为庶人，徙黔州。见第二章第七节。十九年，卒于徙所。元昌赐自尽。侯君集等咸伏诛。王珪少子敬直，以尚主太宗女南平公主。拜驸马都尉，坐与承乾交结，徙于岭外。《魏徵传》：徵尝密荐杜正伦、侯君集有宰相才，徵卒后，正伦以罪黜，君集犯逆伏诛，太宗始疑徵阿党。徵又自录前后谏净言辞往复，以示史官起居郎褚遂良，太宗知之，愈不悦。先许衡山公主降其长子叔武，于是手诏停婚，《廿二史考异》云：《公主传》：太宗二十一女，无封衡山者，《于志宁传》云：衡山公主既公除，将下嫁长孙氏，则衡山停婚魏氏后，许嫁长孙。《公主传》，下嫁长孙氏者，有新兴、新城两公主，未审何人初封衡山也。顾其家渐衰矣。《新书》云：徵之没，晋王奉诏致祭，帝作文于碑，遂书之，及是，遂仆所为碑。此事论者皆谓太宗纳谏非诚，故积忿至斯而发。然君集固确有反谋。《正伦传》云：行太子左庶子。太宗谓曰："我儿全无令誉，私所引接，多是小人，卿可察之。若教示不得，须来告我。"正伦数谏不纳，乃以太宗语告之。承乾抗表闻奏。太宗谓正伦曰："何故漏泄我语？"对曰："开导不入，故以陛下语吓之，冀其有惧，或当反善。"帝怒，出为谷州刺史。又左授交州都督。见第二章第七节。后承乾构逆，事与侯君集相连，称遣君集将金带遗正伦，由是配流驩州。《韦挺传》云：承乾多过失，太宗微有废立之意，杜正伦以漏泄禁中语左迁。时挺亦与泰事，太宗谓曰："朕已罪正伦，不忍更置卿于法。"特原之。然则正伦所泄者，乃太宗欲废立之意，非教示不得须来告我之语也；又与侯君集交关；太宗安得不因此而疑及徵？且安知叔武之不为杜荷、王敬直乎？若然，则停其婚者，正所以保全之矣。

承乾既废，泰亦同败，晋王乃获渔人之利焉。《旧书·泰传》曰：承乾败，太宗面加谴让。承乾曰："臣贵为太子，更何所求？但为泰所图，与朝臣谋自安之道，不逞之人，遂教臣为不轨。今若以泰为太子，所谓落其度内。"太宗谓侍臣曰："承乾言亦是。我若立泰，便是储君之位，可经求而得。泰立，承乾、晋王皆不存，晋王立，泰共承乾可无恙也。"乃幽泰于将作监，下诏降封东莱郡王。因谓侍臣曰："自今太子不道，藩王窥伺者，两弃之，传之子孙，以为永制。"寻改封顺阳王，徙居郧乡。今湖北郧县。二十一年（647），进封濮王。永徽三年（652），薨于郧乡。《长孙无忌传》曰：承乾得罪，太宗欲立晋王，而限以非次，回惑不决。御两仪殿，群官尽出，独留无忌及房玄龄、李勣。谓曰："我三子一弟，所为如此，我心无憀。"因自投于床，抽佩刀欲自刺。无忌等惊惧，争前扶抱，取佩刀以授晋王。无忌等请太宗所欲。报曰："我欲立晋王。"无忌曰："谨奉诏。有异议者，臣请斩之。"太宗谓晋王曰："汝舅许汝，宜拜谢。"晋王因下拜。太宗谓无忌等曰："公等既符我意，未知物论何如？"无忌曰："晋王仁孝，天下属心久矣。伏乞召问百僚，若不蹈舞同音，臣负陛下万死。"于是建立遂定。寻又欲立吴王恪。无忌密争之，其事遂辍。恪，太宗第三子。太宗次子楚王宽早卒，故承乾、泰废，以嫡当立晋王，以长则恪亦可立。《新书·传》曰：恪善骑射，有文武才；母隋炀帝女，地亲望高；中外所向。帝初以晋王为太子，又欲立恪。长孙无忌固争。帝曰："公岂以非己甥邪？且儿英果类我，若保护舅氏未可知。"无忌曰："晋王仁厚，守文之良主。且举棋不定则败，况储位乎？"帝乃止。故无忌常恶之。永徽中，房遗爱谋反，因遂诛恪，以绝天下望。临刑呼曰："社稷有灵，无忌且族灭。"《泰传》曰：太子败，帝阴许立泰，岑文本、刘洎请遂立泰为太子。长孙无忌固欲立晋王。帝以太原石文有治万吉，复欲从无忌。泰微知之。因语晋王："尔善元昌，得无及乎？"王忧甚。帝怪之。以故对。会召承乾谴勒，承乾言若泰为太子，正使其得计。帝乃幽泰，降王东莱。然犹谓无忌曰："公劝我立雉奴，雉奴仁懦，得无为宗社忧？"夫君臣父子之际，人所难言，《旧书·褚遂良传》曰：魏王为太宗所爱，礼秩如嫡。贞观十五年（641），太宗问侍臣："当今国家，何事最急？"遂良进曰："太子诸王，须有定分，陛下宜为万代法，以遗子孙。"太宗曰："此言是也。"因言："公等为朕搜访贤德，以傅储宫，爰及诸王，咸求正士。"又曰："事人岁久，即分义情深，非意窥窬，多由此作。"于是限王府官僚，不得过四考。则当时文武之官，各有托附，亲戚之内，分为朋党，黜泰诏语。太宗亦颇知之，特不审耳。若群臣则岂有不知者？然终莫能为太宗言之。然则当承乾获罪，太宗意未宣露之际，无忌安敢固执欲立晋王？且太宗岂以石文决事者乎？

《传》又曰：承乾废，魏王泰入侍，太宗面许立为太子。因谓侍臣曰："昨青雀自投我怀，云臣今日始得与陛下为子，更生之日也。臣惟有一子，臣百年之后，当为陛下杀之，传国晋王。父子之道，故当天性，我见其如此，甚怜之。"遂良进曰："陛下失言。伏愿审思，无令错误也。安有陛下百年后，魏王执权，为天下主，而能杀其爱子，传国晋王者乎？陛下昔立承乾，复宠爱魏王，嫡庶不分，所以至此，殷鉴不远，足为龟镜。今立魏王，伏愿别安置晋王，始得安全耳。"太宗涕泗交下曰："我不能。"即日召长孙无忌、房玄龄、李勣与遂良等定策，立晋王为皇太子。斯言尤野。安有如此诞谩之辞而可欺太宗者？《无忌传》言定策者固无遂良名，而《新书·遂良传》，载其贬爱州后事见下节。上表云："往者承乾废，岑文本、刘洎奏东宫不可少旷，宜遣濮王居之，臣引义固争，明日仗入，先帝留无忌、玄龄、勣及臣定策，立陛下。"疑其表亦不足信也。太宗废承乾，亦兼废泰，似甚英断，为中主所不及。然果如此，先何得宠泰，使之礼秩如嫡？窃疑是时泰夺宗之谋，亦必大彰露，其事丑恶，史官讳之不书，附会揣测之辞，遂因之而多也。然遂良虽不与定策，而其与长孙无忌如骖之靳，则固不疑矣。

　　晋王既立，魏王之党，阴谋仍未尝息。《旧书·刘洎传》曰：太宗征辽，令洎与高士廉、马周留辅皇太子定州监国。定州见第二章第四节。太宗谓洎曰："我今远征，使卿辅翼太子，社稷安危之机，所寄尤重，卿宜深识我意。"洎进曰："愿陛下无忧。大臣有愆失者，臣谨即行诛。"太宗以其妄发，颇怪之。谓曰："君不密则失臣，臣不密则失身。卿性疏而大健，恐以此取败。深宜戒慎，以保终吉。"十九年（645）。太宗辽东还，发定州，在道不康。洎与马周入谒。出，褚遂良传问起居。洎泣曰："圣体患臃，极可忧惧。"遂良诬奏之曰："洎云：'国家之事不足虑。正当傅少主行伊、霍故事，大臣有异志者诛之，自然定矣。'"太宗疾愈，诏问其故。洎以实对，又引马周以自明。太宗问周，周对与洎所陈不异。遂良又执证不已。《通鉴考异》引《实录》云：洎以实对。遂良执证之不已。洎引马周自明。太宗问周。周对与洎所陈不异。帝以诘遂良，遂良又证周讳之，较为明白。《旧书》与《鉴》，所本者同，而辞不完具，且颇失次。乃赐洎自尽。洎临引决，请纸笔欲有所奏。宪司不与，太宗知，怒之，并令属吏。则天临朝，其子弘业上言："洎被遂良谮而死。"诏令复其官爵。此事之必非如此，无待于言。《唐书》之文，本于《实录》，见《通鉴考异》。《通鉴》不信遂良谮之之说，然又载诏云："洎与人窃议，窥窬万一，谋执朝衡，自处伊、霍，猜忌大臣，皆欲诛戮，宜赐自尽。"则太宗固信其欲谋危东宫。此时而谋危东宫，谈何容易？洎若怀此志，岂得泄之于褚遂良？疑遂良所以谮之，太宗所以杀之者，其故实别有在，诏语特诬辞也。洎与岑文本同党魏王，文本是时，已从征辽而死，泊之所处，实甚孤危，而犹相龃龉如此，朋党分争之烈，可以想见。史所传太宗属泊之语，虽不足信，而其尝有所属，则似无可疑。岂既立晋王，又虑长孙无忌威权过重，而特以魏王之党参之邪？

贞观二十三年（649）五月，太宗崩。治立，是为高宗。《新书·张行成传》曰：高宗即位，晋州地震不息，晋州，今山西临汾县。帝问之。对曰："天阳也，君象。地阴也，臣象。君宜动，臣宜静。今静者顾动，恐女谒用事，人臣阴谋。又诸王、公主，参承起居，或伺间隙，宜明设防闲。且晋陛下本封，应不虚发。伏愿深思，以杜未萌。"此时之情势可见。果也，至永徽四年（653），而有房遗爱之变。遗爱，玄龄次子也，尚太宗女高阳公主。玄龄卒，子遗直嗣。《旧书·传》曰：初主有宠于太宗，故遗爱特承恩遇，与诸主婿礼秩绝异。主既骄恣，谋黜遗直而夺其封爵，诬告遗直无礼于己。高宗令长孙无忌鞫其事，因得主与遗爱谋反状，《通鉴》云：公主使人诬告遗直无礼于己。遗直亦言遗爱及主罪。云罪盈恶稔，恐累臣私门。上令长孙无忌鞫之，更获遗爱及主反状。遗爱伏诛，主赐自尽，诸子配流岭表。遗直以父功，特宥之，除名为庶人。时牵连获罪者：有宁州刺史薛万彻、岚州刺史柴令武，皆主婿也，万彻尚高祖女丹阳公主。伏诛。高祖第六子荆王元景及吴王恪、巴陵公主赐死。左骁卫将军执失思力，亦主婿也，思力突厥酋长，随隋萧后入朝，击薛延陀、平吐谷浑有功。尚高祖女九江公主。配流巂州。见第三章第一节。侍中宇文节、太常卿江夏王道宗见第三章第二节。配流桂州。见第二章第二节。此据《旧书·本纪》。《传》及《新书·传》皆作象州，今广西象县。恪母弟蜀王愔废为庶人。令封兄哲威徙岭南，盖文武各有托附，亲戚分为朋党之祸，至斯毕作矣。高宗之党，是时可谓全胜，然不旋踵而毙于武后。螳螂捕蝉，黄雀又随其后。世事之变幻可胜慨哉！唐起代北，骄淫矜夸之习，积之已久，势不能无所发泄。太宗之后，承乾俶获继位，未必不为齐文宣，泰而获遂所求，亦未必不为隋炀帝。然大化迁流，往事终不可以复演也。天乃又易一局，使庸懦者承之。以牝鸡司晨，肆其淫暴而极之于天宝，而唐遂终以自毙矣。发泄之途不同，而有所蕴者，终必一肆其毒而后已，不亦重可惧乎？然灭周者果褒姒邪？抑别有其人也。

## 第二节　武后得政代唐

武后，并州文水人。今山西文水县。父士彟。大业末，为鹰扬府队正。唐兵起，从平京城。贞观中，累迁工部尚书、荆州都督。荆州见第二章第三节。后年十四，太宗闻其美容止，召入宫，立为才人。太宗崩，为尼，居感业寺。

高宗于寺见之，复召入宫，拜昭仪。皇后王氏、良娣萧氏与昭仪争宠，互谗毁之，帝皆不纳。《旧书·后纪》。《纪》又云：进号宸妃。《通鉴》云：唐因隋制，后宫有贵妃、淑妃、德妃、贤妃，皆视一品。上欲特置宸妃，以武昭仪为之。韩瑗、来济谏，以为故事无之，乃止。《考异》曰：《唐历》云，瑗、济谏帝不从。按立武后诏书犹云昭仪武氏，则未尝为宸纪也。今从《会要》。《新书·后传》云：高宗为太子时入侍，悦之。王皇后久无子，萧淑妃方幸，后阴不悦。他日，帝过佛庐，才人见且泣，帝感动。后廉知状，引纳后宫，以挠妃宠。武后之入宫，未知其在何年。《旧书·高宗本纪》：永徽三年（652）七月，立陈王忠为皇太子。《忠传》曰：王皇后无子，其舅中书令柳奭说后，谋立忠为太子，以忠母贱，冀其亲己。后然之。奭与尚书右仆射褚遂良、侍中韩瑗讽太尉长孙无忌、右仆射于志宁等固请立忠为储后。高宗许之。案，高宗在位三十四年，崩年五十有六，则其即位之三年，年仅二十有五，中宫无子，理宜待之，而亟亟于立庶者？武后长子弘生于是年，《旧书·忠传》云：王皇后被废，武昭仪所生皇子弘年三岁，案，弘薨于上元二年（675），年二十四，新、旧《书》同，则永徽六年，年当四岁。盖古人计年，有如今人以虚年计者，亦有如西俗，周岁然后增年者。《弘传》所云，以虚年计，《忠传》所云，以足岁计也。然则弘实生于永徽三年。盖虑其以有子而夺嫡？则是时王后之位，已颇危矣。然建储之谋，卒不能戢易后之议。六年六月，昭仪诬后与其母柳氏共为厌胜。敕禁柳氏入宫。奭亦贬谪。时中书舍人李义府，为长孙无忌所恶，左迁。诏未下，义府阴知之。问计于同僚王德俭。德俭教以建策立昭仪。义府于是复留，且超拜中书侍郎，参知政事。德俭者，许敬宗之甥。敬宗时为卫尉卿。敬宗为后党，而义府问计于其甥，知后与朝臣，久有交关矣。易后之说既起，高宗召无忌、遂良、志宁及李勣问焉。勣称疾不入。志宁无言，以持两端。惟遂良争之甚力。韩瑗及中书侍郎来济亦力谏。他日，勣入，帝问之。勣曰："此陛下家事，何必问外人？"许敬宗亦宣言于朝曰："田舍子剩获十斛麦，尚欲更故妇，况天子邪？"乃贬遂良为潭州都督。今湖南长沙县。下诏云：王皇后、萧淑妃谋行鸩毒，废为庶人。后母、兄及淑妃兄弟皆流岭南，而立昭仪为后。时十一月也。后与淑妃，皆为武后所杀。《旧书·后妃传》云：废后及萧良娣皆为庶人，囚之别院。武昭仪令人皆缢杀之。又云：初囚，高宗念之，间行至其所。见其室封闭极密，惟开一窍通食器出入。高宗恻然，呼曰："皇后、淑妃安在？"庶人泣而对曰："妾等得罪，废弃为宫婢，何得更有尊称？"又曰："今至尊思及畴昔，使妾等再见日月，出入院中，望改此院为回心院，妾等再生之年。"高宗曰："朕即有处置。"武后知之，令人杖庶人及萧氏各一百，截去手足，投于酒瓮中，曰："令此二妪骨醉。"数日而卒。二说自相违异，盖古人著书，信以传信，疑以传疑，并存其说，以待后人之抉择，原不谓其必可信也。武后语不足信者极多，举此一事，以例其余，不再一一致辩。萧淑妃亦作萧良娣者，《通鉴考异》曰："新、旧《唐书》或作萧淑妃，或作萧良娣。《实录》皆作良娣。废皇后诏亦曰良娣萧氏。当时后宫位号，无良娣名，惟汉世太子宫有良娣，疑高宗在东宫时，萧为良娣，及即位拜淑妃也。"案，废后诏亦曰良娣者，或史所传诏书未必皆元文，唐人史笔尚不甚谨严也。然则以立后诏称昭仪，而谓武后未尝为宸妃，亦难遽断矣。明年，为显庆元年（656），正月，废太子，立后子代王弘。二年三月，遂良改桂州都督。见第二章第二节。八月，许敬宗、李义府奏韩瑗、来济与遂良潜谋不轨，以桂州用武之地，以授遂良，欲以为外援。乃贬瑗为振州，今广东崖县。济为台州，今浙江临海县。遂良为爱州刺史。见第二章第七节。柳奭亦自荣州再贬象州。新、旧《书》皆作爱州。《通鉴考异》云误，从《实录》作象州。荣州，今四川荣县。四年，洛阳人李奉节告太子洗马韦季方、监察御史李巢朋党。敕侍中许敬宗、辛茂将鞫之。季方自刺不死。敬宗因奏季方欲与无忌构陷忠臣近戚，使权归无忌，伺隙谋反。于是削无忌太尉，以为扬州都督，今江苏江都县。于黔州安置。见第二章第七节。敬宗又奏无忌谋逆，由褚遂良、柳奭、韩瑗构扇；奭仍潜通宫掖，谋行鸩毒。时遂良已卒，追削官爵。奭与瑗并除名。于志宁亦以党附无忌免官。遣使发道次兵援送无忌诣黔州。诸子皆流岭表。遂良二子流爱州，于道杀之。无忌族弟俭，尚太宗女新城公主，其女兄，韩瑗妻也，俭坐流巂州。见第三章第一节。至流所，县令希旨杖杀之。俭甥赵持满，善骑射，喜任侠，时为凉州长史，见第三章第二节。敬宗亦诬其与无忌谋反，杀之。命御史往高州见第二章第二节。追无忌族弟恩，象州追柳奭，振州追韩瑗，并枷锁诣京师。旋又命许敬宗等覆按无忌事。敬宗遣人诣黔州逼令自缢。诏柳奭、韩瑗所至斩决。奭死于象州。瑗已死，发验而还。长孙恩流檀州。今河北密云县。籍没三家，近亲皆流岭表为奴婢。明年，徙来济庭州。见第三章第六节。龙朔二年（662），西突厥入寇，济赴敌死焉。此事为唐初一大狱。懿戚、旧臣，相继就戮，非极暴虐无忌惮者，不敢出此。高宗听武后为之而不能止，可见其昏庸异于寻常矣。长孙无忌、褚遂良等非必正人，然太宗之政，究有典型，使任此等旧人，必不能遽大坏，永徽之治，史称其有贞观遗风，由此也。至险诐徼幸者竞进，而朝局不可问矣。当时乱政最甚者为李义府。后立之岁，即以中书侍郎同平章事。显庆三年（658），复为中书令。性既贪冒，母、妻、诸子、女婿，又皆卖官鬻狱，其门如市。虽不久而败，而四年八月，复同三品。至龙朔三年（663），乃以典选卖官流巂州。武后时贪夫竞进，淫刑以逞，实皆自太帝时已然矣。

高宗八子：长废太子忠。次原王孝，早薨。麟德元年（664）。次泽王上金。次许王素节。素节母，萧淑妃也。次弘，次贤，次哲，即中宗。初名显，封周王。仪凤二年（677），徙封英王，改名哲。武后圣历元年（698），召还东都，立为皇太子，依旧名显。次旦，即睿宗。初名旭轮，封殷王。乾封元年（666），徙封豫王。总章二年（669），徙封冀王。去旭字。上元二年（675），徙封相王。仪凤三年，改名旦。徙封豫王，降为皇嗣，依旧名轮。中宗为太子，封为相王，又改名旦。皆武后所生。忠之废，封为梁王，为梁州都督。今陕西南郑县。后徙房州。今湖北房县。显庆五年（660），废为庶人。徙黔州，因于承乾故宅。帝自显庆已后，多苦风疾，百司表奏，皆委后详决。《旧书·后纪》。后因牵制帝，专威福。帝不能堪。《新书·上官仪传》。麟德元年（664），后召方士郭行真入禁中为蛊祝。宫人王伏胜发之。上密召西台侍郎上官仪谋废后。左右驰告后。后诣帝上诉。帝羞缩，待之如初。《新书·后传》。仪先为陈王谘议，与伏胜俱事忠，于是许敬宗奏仪、伏胜与忠谋大逆。仪、伏胜皆被杀。忠亦赐死。上元元年八月，帝称天皇，后称天后。自诛上官仪后，上每视朝，后垂帘于御坐后，政事大小，皆与闻之，内外称为二圣。帝欲下诏令后摄国政，中书侍郎郝处俊谏止之。《旧书·高宗纪》上元二年。又《李义琰传》，义琰亦谏止帝。后乃更为太平文治事，大集诸儒内禁殿，撰定《列女传》《臣轨》《百寮新诫》《乐书》等。因令学士密裁可奏议，分宰相权。后自立后即与政事，至是二十年矣。是岁，太子弘卒。新、旧《书·弘传》皆云：弘以萧淑妃女义阳、宣城二公主幽掖庭，年逾三十，请即出降，忤后意。惟《旧书》不云弘被害，《新书》则云遇酖，《本纪》又径书天后杀皇太子。《通鉴考异》云：《实录》亦不言弘遇害，《唐历》则云请嫁二公主，不以寿终，而李泌对肃宗，亦有天后图临朝酖杀弘之语。案，请降二公主，何至一怒而欲杀？武后是时欲图临朝，岂复弘所能沮？则谓后杀弘殆不足信也。弘既死，乃立贤为太子。永隆元年（680），又废之。新、旧《书》皆云：有明崇俨者，以左道事后，言英王类太宗而相王贵，贤闻恶之。宫人或传贤为后姊韩国夫人所生。贤闻之，益自疑。调露中，天子在东都，崇俨为盗所杀，后疑贤谋，遣人发其阴事。诏中书侍郎薛元超、黄门侍郎裴炎、御史大夫高智周与法官杂治之。于东宫马坊搜得皂甲数百领。乃焚甲于天津桥，而废贤为庶人。开耀元年（681），徙巴州。今四川巴中县。及武后废中宗，命丘神勣往巴州检校贤宅，神勣逼令自杀。太宗子曹王明，先坐与贤通谋，降封零陵王，徙于黔州，都督谢祐胁令自杀。贤好声色，与户奴狎昵，事见《旧书·韦思谦传》，则其人确有失德，然罪不至废。至于焚甲天津桥，则所以示舆人耳。贤在是时，岂能为武后之害？武后虽残，亦未闻自杀其子，然则谓贤为韩国所生，其事或不诬也。

贤既死，乃立哲为太子。弘道元年（683）十二月，高宗崩，哲立，是为中宗。

中宗之立，太后临朝称制。明年，中宗嗣圣。武后废立，改元文明。九月，又改为光宅。二月，废帝为庐陵王，而立豫王旦。后仍临朝。九月，李勣孙敬业及其弟敬猷、唐之奇、骆宾王、杜求仁等起兵扬州。敬业为眉州刺史，坐事贬柳州司马。敬猷为盩厔令，免官。之奇为给事中，贬括苍令。宾王为长安主簿，贬临海丞。求仁为詹事司直，贬黟令。又魏思温，尝为御史被黜，是时为盩厔尉。皆不得志之徒也。眉州，今四川眉山县。柳州，今广西马平县。盩厔，今陕西盩厔县。括苍，今浙江丽水县。临海郡，即台州。黟，今安徽黟县。太后遣淮安王神通孙孝逸讨之。神通，见第二章第六节。敬业党魏思温劝其直指东都，而薛璋欲先取常、润。常州，今江苏武进县。润州，今江苏镇江县。敬业从璋计，渡江取润州。还兵拒孝逸于高邮。见第二章第七节。败，走润州。欲入海，为其下所杀。《旧书·裴炎传》曰：中宗既立，欲以后父韦玄贞为侍中，又欲与乳母五品。炎固争以为不可。中宗不悦，谓左右曰："我让国与玄贞岂不得？何为惜侍中邪？"炎惧，乃与则天定策废立。炎与中书侍郎刘祎之、羽林将军程务挺、张虔勖等勒兵入内，宣太后令，扶帝下殿。徐敬业构逆，太后召炎议事，炎奏曰："皇帝年长，未俾亲政，乃致猾竖有辞。若太后返政，则此贼不讨而解矣。"御史崔察闻而奏炎有异图，炎遂见杀。凤阁侍郎胡元范明炎不反，流死琼州。今广东琼山县。纳言刘齐贤、吏部侍郎郭待举皆坐救炎贬。程务挺时为安抚大使，督兵以御突厥。炎下狱，务挺密表申理，由是忤旨。务挺素与唐之奇、杜求仁友善，或构其与裴炎、徐敬业皆潜相应接，武后遣就军斩之。夏州都督王方翼，夏州见第二章第二节。王后从祖兄也，有边功，与务挺亲善，征下狱，流死崖州。在今琼山县境。《新书·炎传》曰：豫王虽为帝，未尝省天下事。炎谋乘太后出游龙门，即伊阙。在洛阳南。以兵执之，还政天子。会久雨，太后不出而止。《刘仁轨传》曰：裴炎下狱，仁轨方留守京师。郎将姜嗣宗以使来，因语炎事，且曰："炎异于常久矣。"仁轨曰："使人知邪？"曰："知。"及还，表嗣宗知炎反状不告。太后怒，拉杀之。观此二事，炎似确有意于兵谏。然亦不过欲返政睿宗而已，未尝欲复中宗也。《旧书·刘祎之传》：祎之尝窃语凤阁舍人贾大隐曰："太后既能废昏立明，何用临朝称制？不如返政，以安天下之心。"其意正与炎同。是则废立之举，当时舆论，并不以为不然，可见中宗之不克负荷。《炎传》论云：惟虑中宗之过失，不见太后之苞藏，自是当时实况，然则敬业等之举动，谓其非叛焉不可也。至救炎者之骈死，则自出于猜忌。李孝逸虽有功，既为唐之宗室，自亦不能免矣。垂拱二年（686）二月，左迁施州刺史。今湖北恩施县。三年十一月，《新书·本纪》，事在天授二年（691），《通鉴》从《旧传》及《实录》在此月。复被构流儋州，死。今广东儋县。

　　武后之废中宗，非遂有意于革命也，然其为人也，贪于权势而不知止，而导谀贡媚之徒，复不惜为矫诬以逢迎之，则推波助澜，不知所止矣。垂拱二年（686）正月，太后下诏复政，睿宗知其非情，固让，后仍临朝称制。四年二月，毁乾元殿，就其地造明堂。四月，兄子承嗣，伪造瑞石，文云圣母临人，永昌帝业。令雍州人唐同泰雍州，后改为京兆府，今陕西长安县。表称获之洛水。太后大悦，号其石为宝图。五月，后加尊号曰圣母神皇。七月，大赦天下，改宝图曰天授圣图。封洛水神为显圣，加位特进，并立庙，就水侧置永昌县，变革之机肇矣。时高祖之子在者，尚有韩王元嘉、第十一。霍王元轨、第十四。舒王元召、第十八。鲁王灵夔；第十九。太宗之子在者，有越王贞、第八。纪王慎。第十。后之称制，贞与元嘉、元轨、灵夔，及元嘉子黄国公撰，元轨子江都王绪，灵夔子范阳王蔼，及贞长子琅邪王冲等，密有匡复之志。后以明堂成，将行大享之礼，追皇宗赴集。元嘉等递相语曰："大享之际，神皇必遣人告诸王密，因大行诛戮，皇家子弟，无遗种矣。"于是撰诈为皇帝玺书与冲曰："朕被幽系，王等宜各救拔我也。"冲又伪为玺书，云神皇欲移国祚。冲时为博州刺史，今山东聊城县。遂起兵。贞亦自蔡州应之。今河南汝南县。太后遣丘神勣讨冲，麴崇裕、岑长倩讨贞。冲攻武水，县，在今聊城西南。不克，还走州，为守门者所杀。神勣未至，乱已平矣。贞子规，逆官军而败，与贞俱自杀。于是收韩、鲁二王及黄公诛之。霍王废徙黔州，行至陈仓县，后改名宝鸡，今陕西宝鸡县。而死。江都王戮于市。范阳王知越王必败，发其谋，得不诛，后亦为酷吏所杀。冲弟常山公倩，坐与父兄连谋诛。温，以前告流岭南，寻卒。东莞公融，高祖子虢王凤之子也，为申州刺史。今河南信阳县。得越王书，仓卒不能应，为僚吏所逼，奏之，得擢授，寻为支党所引，仍被诛。寿州刺史赵瓌，寿州见第二章第三节。妻高祖女常乐长公主也。越王将起兵，作书告之，瓌许率兵相应；公主对使者，复有激厉诸王之语；皆伏诛。济州刺史薛颛，济州，在今山东茌平县西南。太宗女城阳长公主子也，及弟绪、绍，皆与琅邪王通谋，颛、绪皆诛，绍以尚武后女太平公主，死于狱。于是海内更无与后抗者，变革之机益亟矣。是岁十二月，神皇拜洛受图。《天授圣图》。明堂成。明年正月，亲享。大赦天下。改元曰永昌。十一月，依周制改为建子，以是月为正月。改元延载。至久视元年（700），乃复夏正。自以曌字为名。读如照。改诏书曰制书，避嫌名也。有沙门十人，伪撰《大云经》表上之，盛言神皇受命之事，制颁于天下。九月九日，遂革唐命，改国号为周。武氏自托于周，谓周平王少子，生而有文在手曰武，遂以为氏，故其自王，追尊周文王为始祖文皇帝，而谧所谓平王少子者曰睿祖康皇帝。改元天授。加尊号曰圣神皇帝。降皇帝为皇嗣，赐姓武氏。

武后以一女主，而易姓革命，开旷古未有之局，论者多以为奇，其实无足异也。专制之世，政权谁属，人民本不过问；天泽之分既严，称兵废置，往往有反叛之嫌，苟非握大权，拥强兵，自度全国莫能与抗者，亦多不敢为是；此历代篡夺之主，所以获安其位也。母后临朝，有帝王之实者，本自不乏，特未尝居其名耳。武后在高宗时，盗窃政柄，已余二十年，其形势，又非他临朝摄政者比，实既至矣，易其名何难？特视其欲不欲耳。武后为纵恣而无忌惮之人，有以旷古未有之局歆之者，自将试为之，而革命之局成矣。若谓皇帝之名，本无足歆，居之，徒足招人讥议，且授人以攻击之柄而自蹈危机，何必为是？则试问至二十世纪，皇帝之名，更何足歆？袁世凯何以犹冒不韪而为之，以致身败名裂乎？从来居权势之地者，多无学识，亦罕能深思远虑，不能以读史者之见衡之，求之深而反失之也。

## 第三节　武后政治

武后何如主？曰：暴主也。然亦暴主之一耳，谓其暴有特甚于他暴主之处，亦不其然。

后诒毒最甚者，为其淫刑以逞。杀人既多，即亲族亦不得免，后自杀其子，已见上节。残害武氏亲属，见第五节。又中宗妃赵氏，睿宗纪刘氏、窦氏，亦皆为后所杀，见《新书·后妃传》。论者因谓其残酷有过寻常。考后之任刑，实自废中宗时始，《通鉴》：中宗废后，有飞骑十余人，饮于坊曲。一人言："乡知别无勋赏，不若奉庐陵。"一人起出，诣北门告之。坐未散，皆捕得。系羽林狱。言者斩，余以知反不告绞，告者除五品官。告密之端，自此兴矣。至徐敬业叛而益甚。乃置匦朝堂，以受密奏。事在垂拱二年（686）三月。有告密者，皆给公乘，州县护送至阙下，廪之宾馆，称旨者则授之爵赏以诱之。《旧书·酷吏传》文。酷吏遂乘时而起。后时酷吏，见于《旧书》列传者十一人，曰来俊臣，曰周兴，曰傅游艺，曰丘神勣，曰索元礼，曰侯思止，曰万国俊，曰来子珣，曰王弘义，曰郭霸，曰吉顼。此特其事之有传于后者耳，非谓其为最酷者也。中宗神龙元年（705）三月，尝列举当时酷吏已死者及未死者，加以惩处，凡二十七人。玄宗开元十三年（725）三月，御史大夫程行谌，又就此二十七人，加以区别，其中二十三人罪较重，子孙不许与官，四人罪较轻，但不许近仕而已。见《本纪》及《酷吏传》。丘神勣即在较轻之四人中也。此二十七人，盖当时为虐最甚者，其余尚难悉数。如《刑法志》及《来俊臣传》，尚有康暐、卫遂忠、彭先觉是也。又《旧书·崔元综传》，言其每受制鞠狱，必披毛求疵，陷于重辟；《外戚传》言武懿宗自天授已来，常受中旨推鞠制狱。王公大臣，多被陷成其罪，亦皆是。其时平恕之吏，首推徐有功，次则杜景俭、裴守真、李日知、严善思等。然区区补救，不能戢其凶焰也。景俭，《新书》作景佺，今从《旧书》。《通鉴》云：《实录》同。后乃置诏狱，《旧书·刑法志》云：周兴、来俊臣等相次受制推究大狱，乃于都城丽景门内别置推事使院，时人谓之新开狱。《新书·酷吏传》作新开门。又云：武后欲因大狱去异己者，索元礼揣旨，即上书言急变召对，擢游击将军，为推使。即洛州牧院为制狱。洛州，见第三章第三节，后改为河南府。令单车专断于外。《通鉴》：天授二年（691），御史中丞知大夫事李嗣真上疏曰：比日狱官，单车奉使，推鞠既定，法家依断，不令重推；或临时专决，不复闻奏。又长寿元年（692），万年主簿徐坚上疏曰：比有敕，推按反者，令使者得实，即行斩决。万年见第三章第一节。诸酷吏则招集无赖，共为罗织；又使诸囚互相牵引，而多作非刑以求之。详见新、旧《书·酷吏传》。非徒酷吏然也，即武后亦自用之。如郝处俊孙象贤，垂拱中为太子通事舍人，坐事诛，临刑言多不顺，后大怒，令斩讫仍支解其体，发其父母坟墓，焚蒸尸体，处俊亦坐斫棺毁柩。又如阎知微，为突厥所立，此实出迫胁，事见下节，而朝廷以为卖国，夷其族。知微不知，逃还。后以业已然，乃曰："恶臣疾子，赐百官甘心焉。"于是骨断脔分，非要职者不能得。此尚有人理邪？虽后所亲任者，亦时构其祸。如魏元忠，尝为后监李孝逸军讨徐敬业，然寻为周兴所陷，免死配流贵州。后起用，复为来俊臣、侯思止所陷，流岭表。召还。复为张易之、昌宗所陷，下诏狱。又如元万顷、范履冰、苗神客、周思茂、胡楚宾，皆高宗时以修撰为名，在禁中助后参决政事者。后时，神客、楚宾前卒。万顷、履冰、思茂，相次为酷吏所杀。李昭德最为后所信，亦为来俊臣诬以谋逆。俊臣虽败，昭德仍与同日诛。贵州，今广西贵县。非借告变不得免焉。狄仁杰为武后相，长寿元年（692），来俊臣诬以谋反，仁杰承反。俊臣小宽。仁杰乃书冤苦置绵衣中，请付家人去其绵。子光远持之称变。得召见。凤阁侍郎乐思晦，先一年被族诛，男年八九岁，宜隶司农，亦上变得召见。言俊臣苛毒，愿陛下假条反状以付之，无大小皆如状矣。后意少解。乃召见仁杰曰："卿承反何也？"曰："不承，已死于枷棒矣。"曰："何为作谢表？"曰："无之。"以表示之，乃知其代署也。仁杰乃得免。详见《旧书·酷吏传》。此其残酷，诚罕伦比。然后所杀戮最甚者，为唐之宗戚，韩、鲁诸王诛后，高祖之子存者，仍有舒王元名。太宗子存者有纪王慎，高宗子存者有泽王上金、许王素节。诸王之叛也，慎独不与谋，亦系狱，临刑放免，流于巴州，行及蒲州而卒。时永昌元年（689）七月也。明年七月，元名为丘神勣所陷，迁于和州、杀其子豫章王亶。时上金为随州刺史，素节为舒州刺史，武承嗣使周兴诬告其谋反，追赴都。素节至都城南，被杀。上金闻之，亦自缢。子七人，六人流死。素节子死者九人，四人以幼长禁雷州。诸王子孙，亦多诛死，幼者咸配流岭外。又诛其亲党数百家。其幸存者，如章怀太子贤幼子守礼，与睿宗诸子同处宫中，至圣历元年（698），睿宗封相王，许出外邸，始与其诸子居于外。中宗遗诏封守礼为邠王。玄宗时，积阴累日，守礼白诸王曰欲晴，果晴。愆阳涉旬，守礼曰即雨，果连澍。岐王等奏之，云邠哥有术。守礼曰："臣无术也。则天时幽闭宫中十余年，每岁被敕杖数顿。见瘢痕甚厚。欲雨，臣脊上即沉闷，欲晴即轻健，臣以此知之，非有术也。"因涕泗沾襟。玄宗亦悯然。唐宗室之遭酷虐，可云甚矣。然自来有天下者，谁不欲自除其逼？此岂武后一人为然？《旧书·韩休传》：休伯父大敏，仕武后为凤阁舍人。梁州都督李行褒为部人诬告，云有逆谋，诏大敏就州推究。或谓曰："行褒诸李近属，太后意欲除之。"大敏竟奏雪之。则天俄命御史重覆，遂构成其罪。大敏坐推反失情，与知反不告得罪，赐死于家。似武后之于诸李，无所纵舍矣。然如濮王泰子千里，褊躁无才，复数进献符瑞，则终后世无恙。又如太祖玄孙思训，后时为江都令，以后多杀宗室，弃官去，亦不闻后之追戮也。公主见害者亦多，然太宗女千金公主，以巧媚善进奉，抗疏请以则天为母，反承恩宠。改邑号，为延安大长公主，加实封，赐姓武氏，以其子娶武承嗣女。则后之所除，亦其逼己者而已，此岂后之所独哉？蒲州，今山西永济县。和州，今安徽和县。随州，今湖北随县。舒州，今安徽潜江县。雷州，今广东海康县。江都，扬州所治。岐王隆范，玄宗弟，见第七节。次则大臣，因及一时豪杰，《新书·徐有功传》曰：武后僭位，畏唐大臣谋己，于是周兴、来俊臣、丘神勣、王弘义等，揣识后指，置总监、牧院诸狱，捕将相，俾相钩连，又污引天下豪杰，驰使者，即按一切以反论。此后兴大狱之本旨也。《旧书·酷吏传》曰：朝士多因入朝，默遭掩袭，以至于族，与其家无复音息，每入朝，必与其家诀，曰："不知重相见不？"其意之所在可见。狄仁杰、魏元忠等，受后信任，不为不厚，仍不免时遭诬陷者以此。且如魏玄同，年已七十有三，尚何能为？亦何所求？而为周兴所诬，竟至赐死，则以兴谓其言太后老当复皇嗣，正触后之所忌也。裴寂，开国时功臣也，而其孙承先；魏徵，太宗时名臣也，而其子叔璘；刘仁轨，高宗时名将也，且尽心于武后，而其子濬；皆为酷吏所陷。泉男生子献诚，受父命以一国降，黑齿常之以蕃将有功，杀之何以慰绝域、劝来者？而皆不得免，后之所忌，亦可见矣。其事皆在变革之前。《旧书·酷吏传》言：载初元年（690）十月，左台御史周矩上疏，诏狱稍息，时正初变革时也。其后杀戮最甚者：一为长寿二年（693）之杀六道流人，一为神功元年（697）綦连耀之狱，亦皆防其欲图己而已。后既革命，改元天授。其明年，丘神勣、周兴皆败。索元礼之死，《通鉴》亦系是年。又明年，为长寿元年（692），来子珣配流。二年，有上封事言岭表流人有阴谋逆者，后遣司刑平事万国俊摄监察御史就按之。国俊至广州，遍召流人，矫制赐自尽。并号哭称冤，国俊拥就水曲，杀三百余人。然后锻炼，曲成反状。更诬奏云：诸道流人，咸有怨望。若不推究，为变不遥。后乃更遣五使，分往诸道，各杀数百人，远年杂犯，亦枉受祸。然国俊等亦相继窜死。明年，为延载元年（694），王弘义死。来俊臣亦贬。阅三年，为神功元年，洛州录事参军綦连耀有反谋，来俊臣时为合宫尉，明堂尉吉顼告之，俊臣上变。太后使武懿宗推之。懿宗令其广引朝士，凡破三十六家，坐流窜者千余人。俊臣因此复用，顼亦以进。然俊臣不久即败，久视元年（700），顼亦流岭表。洛州见第二章第三节。明堂县，高宗分万年县置。合宫县，武后以东都河南县改。此固历代开创之主所同。后之杀唐宗室，亦岂甚于隋文帝之杀宇文氏哉？故曰：后特暴主之一，谓其暴有特甚于他暴主之处，实不然也。然刑之不祥，终不免滥及平民，如越王贞之败，缘坐者六七百人，籍没者五千口。赖狄仁杰出为豫州，密表申理，乃得配流丰州。丘神勣兵未至，琅邪已败，神勣至州，官吏素服来迎，神勣尽杀之，破千余家。契丹乱后，武懿宗安抚河北，胁从来归者，以为同反，尽杀之。甚至王弘义游赵、贝，见闾里耆老作邑斋，告其谋反，杀二百余人。此岂能为患者邪？丰州，今五原县。豪猾或转漏网，裴炎从子仙先，炎死，坐流岭南，上变求面陈得失。后召见。言宜还太子东宫，罢诸武权。后怒，命曳出，杖之朝堂，长流瀼州。岁余逃归，为吏迹捕，流北庭。无复名检，专居贿，至数千万，娶降胡女为妻。妻有黄金、骏马、牛羊，以财自雄，养客数百人。自北庭属京师多其客。诇候朝廷事，闻知十常七八。时补阙李秦授为后谋曰："谶言代武者刘，刘无强姓，殆流人乎？今大臣流放者数万族，使其协乱，社稷忧也。"后谓然，夜拜秦授考功员外，分走使者，赐墨诏慰安流人，实命杀之，仙先前知，以橐驰载金币宾客奔突厥。行未远，都护遣兵追之，与格斗，为所执，械系狱，以状闻。会武后度流人已诛，更遣使者安抚十道，流人存者，一切纵还，仙先得不死。如仙先者，正后所惧，欲连污一网尽之者也，而卒不能杀。当时如仙先者，岂止一二人哉？亦幸而天下之势，未至土崩瓦解耳，不则敌可尽乎？瀼州，今广西上思县。北庭见第三章第六节。甚且身所信任者，即怀异志焉。《新书·来俊臣传》云：俊臣知群臣不敢异己，乃有异图。常自比石勒。欲告皇嗣及庐陵王与南北衙谋反，因得逞志。其党卫遂忠发其谋。初俊臣屡掎摭诸武、太平公主、张昌宗等过咎，后不发。至是，诸武怨，共证其罪，有诏斩于西市。谓俊臣欲干大位，似近于诬，然自来酷吏，为人多近狂易，亦难保其必无此事也。则又百世之鉴矣。

纵侈为后之大恶，亦非自后始也。唐起代北，又世贵戚，其宫廷本无轨范，已见第三章第一节。自太宗即有意于封禅，至高宗卒行之。事在乾封元年（666）。又欲立明堂，以岁饥未果。总章二年（669）。据《旧书·礼仪志》，封禅之举，天后实密赞之。祭地祇及梁父，皆以后为亚献。后又屡劝帝封中岳。高宗尝三下诏欲封中岳。一在仪凤元年（676），以吐蕃犯塞停。一在调露元年（679），以突厥温傅、奉职二部叛停。一在其崩年。初诏以十一月有事，以不豫改来年正月。十一月疾甚，乃诏罢之。十二月，遂崩矣。自其入宫，逮于专政，所习见者如是，一朝得志，安得不肆然行之？后之得宝图也，既命洛水为永昌，亦改嵩山为神岳。万岁通天元年（696），遂封焉。明堂之作，以僧怀义为使，后之外嬖也。凡役数万人。号曰万象神宫。又于明堂后造天堂，以安佛象。高百余尺。始起建构，为大风吹倒，俄又重营。其功未毕，而御医沈南璆得幸，怀义心悒，密烧之。延及明堂皆尽。事在证圣元年（695）。重营之。仍以怀义为使。万岁登封元年（696）成。其高二百九十四尺，东西南北广三百尺。又铸铜为九州鼎，置于明堂庭前。神功元年（697）成。神都鼎高丈八尺，受千八百石；余八州各高丈四尺，受千二百石。都用铜五十六万七百一十二斤。时又欲造大仪钟，敛天下三品金，功竟不成。武三思劝率诸蕃酋长，奏请征敛东都铜、铁，造天枢于端门外，端门，皇城正南门。立颂以纪功业。延载元年（694）。以姚璹为督作使。无虑用铜、铁五万斤，至敛天下农器以铸。其高四百有五尺，八面面别五尺，冶铁象山为趾，员周四百七十尺。太后自书其榜曰大周万国颂德天枢。天册万岁元年。其变革实借沙门之造《大云经》，故命诸州各置大云寺，凡度僧千人。其明年，又令释教在道法之上，僧、尼处道士、女冠之前。久视元年（700），欲造大象，使天下僧、尼人日出一钱以助之，以狄仁杰谏而止。长安末，复将建之白司马坂，在北邙山上。李峤谏，不纳。张廷珪又以为言，乃罢。后迄居东都，后惟长安元年（701）十月至京师，三年十月还洛，居西京者两年，其余迄在东都。后死，至神龙二年（706），中宗乃还长安。春秋高，厌居宫中。武三思欲因此市权，乃诱胁群不肖，建三阳宫于嵩山，事在久视元年（700），见《旧纪》。兴泰宫于寿安县之万安山。事在大足四年（704），亦见《旧纪》。寿安，今河南宜阳县。请后岁临幸，己与二张易之、昌宗，见下。扈侍驰骋，窃威福自私焉。工役巨万万，百姓愁叹。《新书·外戚传》。后之纵侈，视前世可谓加厉矣，然溯其原，则皆自高祖以来开之也。

史颇称后能用人，误也。陆贽之告德宗也，曰："往者则天太后，践阼临朝，欲收人心，尤务拔擢弘委任之意，开汲引之门。进用不疑，求访无倦。非但人得荐士，亦许自举其才。所荐必行，所举辄试。其于选士之道，岂不伤于容易哉？而课责既严，进退皆速，不肖者旋黜，才能者骤升。是以当世谓知人之明，累朝赖多士之用。"此乃激厉德宗，极言求才贵广，考课贵精耳。其实武后所用，皆昧死要利，知进而不知退之徒，如狄仁杰、魏元忠即是。次焉者益之以忿戾，如李昭德即是。下焉者谀媚容悦，以全其躯，如姚璹、娄师德、苏味道、杨再思之徒皆是。璹等皆武后相。璹为夏官侍郎，坐从父弟敬节同徐敬业之乱，贬桂州都督府长史。访诸山川、草树，名号有武字者，皆以为上应国姓，列奏其事。则天大悦。召拜天官侍郎。天枢之作，璹为督作使，已见前。明堂灾，则天欲责躬避正殿，璹止之。重造明堂，又充使督作。娄师德，弟守代州，辞之官，教之耐事。弟曰："人有唾面，洁之乃已。"师德曰："未也。洁之是逢其怒，正使自乾耳。"苏味道尝谓人曰："处事不欲明。决断明白，若有错误，必贻咎谴，但模棱以持两端可矣。"时人号为苏模棱。杨再思，恭慎畏葸，未尝忤物。或谓曰："公名高位重，何必屈折如此？"再思曰："世路艰难，直者受祸，苟不如此，何以全身？"当时苟免之徒，皆此类也。桂州、代州皆见第二章第二节。最下者，则如和逢尧之负鼎，阎朝隐之为牺，不复知有人间羞耻事矣。《新书·逢尧传》：武后时，负鼎诣阙下，上书自言，愿助天子和任百度。有司让曰："昔桀不道，伊尹负鼎于汤，今天子圣明，百司以和，尚何所调？"逢尧不能答，流庄州。又《文艺传》：阎朝隐，累迁给事中，仗内供奉。后有疾，令往祷少室山。乃沐浴，伏身俎盘为牺牲，请代后疾。还奏，会后亦愈，大见褒赐。此安足以云得才？后喜谀媚，鲠直者多遭害。如载初中，新丰因风雪山移，乃改县名为庆山，四方毕贺。江陵人俞文俊，诣阙上书，言"地气不和而堆阜出。今陛下以女主处阳位，反易刚柔，故地气隔塞，而山变为灾"。则天大怒，流于岭外，后为六道使所杀。即其一事也。见《旧书·忠义传》。江陵，今湖北江陵县。其擢授之滥，后世斜封墨敕之原实开焉。《通鉴》：后革命后，命史务滋等十人巡抚诸道。长寿元年一月，引见存抚使所举人，悉加擢用。高者试凤阁舍人、给事中，次试员外郎、侍御史、补阙、拾遗、校书郎。试官自此始。时人为之语曰："补阙连车载，拾遗平斗量。欋推侍御史，碗脱校书郎。"进退之速，正所谓加膝坠渊，适见其赏罚之无章，又安足语于课责也？乃《新书·后传》，亦从而称之。其文曰："太后不惜爵位，以笼四方豪杰自为助。虽妄男子，言有所合，辄不次官之，至不称职，废诛不少纵，务取实材真贤。"此则唐世士务进取，变世之后，忘其戮辱之酷，而羡其升进之易，乃相率为是言耳。

　　武后非徒不能用人也，又多嬖幸。其始有僧怀义。怀义，鄂人，本姓冯，名小宝，因千金公主以进。后欲使出入禁中，乃度为僧，名怀义。又使与薛绍合族，命绍以季父事之。怀义之造明堂，其厉民已如上述。又多畜恶少年，纵横犯法，至于殴辱御史。后以宠移，言多不顺，后乃选宫人有力者，执而杀之。其寺僧徒，皆流远恶处。戈矛伏于衽席之间，亦危矣。其后则有张易之、昌宗兄弟。为置控鹤府，以易之为监。圣历二年（699）。后又改为奉宸府，用为令。久视元年（700）。多引词人，以为供奉。又令选美少年。右补阙朱敬则谏曰："嗜欲之情，愚智皆同，贤者能节之，不使过度，则前圣格言也。陛下内宠，已有薛怀义、张易之、昌宗，固应足矣。近闻上舍奉御柳模，自言子良宾洁白美须眉；左监门卫长史侯祥云：阳道壮伟，过于薛怀义；专欲自进，堪奉宸内供奉。无礼无仪，溢于朝听。臣愚职在谏净，不敢不奏。"以如此亵渎之辞，形诸奏牍，实为古今所罕闻。后顾劳之曰："非卿直言，朕不知此。"赐彩百段。《旧书·张易之昌宗传》，附《张行成传》后。此似能受直言，然此说可信与否，尚未可知，见第十六章第一节。且后仍加昌宗司仆卿，易之麟台令，俄又改昌宗为吏部侍郎，政事多委之，而祸机不可道矣。

## 第四节　高宗武后时外患

唐室之兵威，至高宗时而极盛，亦至高宗时而就衰。盖其时之兵力，本不足恃，灭突厥，平高丽，皆因人之衅，故一与新兴之强敌吐蕃遇，遂致败绩失据矣。

吐蕃弃宗弄赞，以高宗永徽元年（650）卒。子早死，孙立。国事皆委禄东赞。即为弄赞来迎文成者也。性强毅严重。讲兵训师，雅有节制。吐蕃之并诸羌，雄霸本土多其谋。有子五人：长曰赞悉若，早死，次钦陵，次赞婆，次悉多干，次勃论。东赞死后，钦陵兄弟，复专其国，《旧书·吐蕃传》。《传》又云：钦陵每居中用事，诸弟分据方面。赞婆则专在东境，与中国为邻，三十余年。案，东赞之死，在龙朔三年（663）破吐谷浑后不久，不能确知其年月。而患遂中于边疆矣。

龙朔三年（663），吐蕃攻吐谷浑，破之黄河上，吐谷浑主诺曷钵与弘化公主走凉州。命苏定方为安集大使以安集之。《旧书·吐谷浑传》叙此事于大非川败后，误。定方之殁，在乾封元年（666）。乾封二年，破生羌十二州，悉罢之。《通鉴》。咸亨元年（670），与于阗陷龟兹拨换城，安西四镇并废。新、旧《书·本纪》。案，于阗当后藏出新疆孔道，《新书·本纪》，于麟德二年（665），记吐蕃与疏勒、弓月攻于阗，盖至是为所胁服，与之共攻龟兹也。《旧书·龟兹传》云：太宗既破龟兹，移置安西都护府于其国城，以郭孝恪为都护，兼统于阗、疏勒、碎叶，谓之四镇。高宗嗣位，不欲广地劳人，复命有司弃龟兹等四镇。移安西于西州。其后吐蕃大入，焉耆已西四镇城堡，并为贼所陷。则天临朝，长寿元年（692），武威军总管王孝杰、阿史那忠节大破吐蕃，复龟兹、于阗等四镇。自此复于龟兹置安西都护府，用汉兵三万人以镇之，《新书》略同。《旧书·本纪》，于是年十月，书武威军总管王孝杰大破吐蕃，复龟兹、于阗、疏勒、碎叶四镇。似四镇所在，迄未尝变。然新、旧《书·龟兹传》，皆有焉耆已西四镇之语，又似焉耆实在四镇之中。而《通鉴》于是年，且明书罢龟兹、于阗、焉耆、疏勒四镇。是自太宗平龟兹，至于咸亨，确曾改碎叶为焉耆也，此固可云史佚其事，然自咸亨至长寿，四镇迄在废罢之中，又何由改焉耆为碎叶乎？今案，新、旧《书·地理志》，举四镇都督府之名，皆曰龟兹、毗沙、疏勒、焉耆。毗沙即于阗，见下。《新书》于焉耆都督府下注曰：有碎叶城。盖四镇所属，城堡非一，镇之所理，时有迁移，但仍在所统之内，则亦得以旧名该之。此镇盖初理碎叶，咸亨前移于焉耆，至长寿复设，则又在碎叶也。《新书·焉耆传》：开元七年（719），十姓可汗请居碎叶，安西节度使汤嘉惠表以焉耆备四镇，则又自碎叶移于焉耆矣。弓月，城名，在轮台县西约六百里，当自庭州通碎叶之道，见《新书·地理志》庭州下。此城在当时颇强。龙朔二年，安西都护高贤尝伐之。至咸亨四年，与疏勒俱降。其明年，为上元元年，于阗王尉迟伏阇雄亦来朝。明年，以其地为毗沙都督府。《旧纪》云：以其击吐蕃有功也。是岁，龟兹王白素稽亦献银颇罗。盖吐蕃之侵西域，至是又一挫。时吐蕃犹与吐谷浑相表奏论曲直。高宗欲徙吐谷浑于凉州，又欲先击吐蕃，议不决。及是，乃以薛仁贵为大总管，纳诺曷钵于故庭。与钦陵战大非川，今布喀河。败绩。吐谷浑地遂尽入吐蕃矣。《新书》本传云：王师败于大非川，举吐谷浑地皆陷。诺曷钵与亲近数千帐才免。三年，乃徙治鄯水南。诺曷钵以吐蕃势盛不抗，而鄯州地狭，又徙灵州。帝为置安乐州，即拜刺史。死，子忠立。忠死，子宣超立。宣超死，子曦皓立。曦皓死，子兆立。吐蕃复取安乐州，残部徙朔方、河东。语缪为退浑。贞元十四年（798），以慕容复为长乐都督国王，袭可汗号。复死，停袭。吐谷浑自晋永嘉时有国，至龙朔三年（663）吐蕃取其地，凡三百五十年。及此，封嗣绝矣。《地理志》：威州，本安乐州。吐谷浑部落自凉州徙鄯州，不安其居，又徙灵州境。咸亨三年（672），以灵州故鸣沙县地置州以居之，至德后没吐蕃。大中三年（849）收复，更名。则兆在至德后也。此为吐谷浑王室结局。至其部落：则本传载圣历时，余部诣凉、甘、肃、瓜、沙等州降。议徙于秦、陇、丰、灵间，凉州都督郭元振不可，乃止。元振谓降虏皆突矢刃，弃吐蕃而来云。此部落不知其本在何处，度必在青海北境，近凉、甘、肃、瓜、沙等州者也，其在青海东南境近鄯州者：元振谓前日王孝杰自河源军徙耽尔乙句贵置灵州。《旧书·王忠嗣传》：天宝时，伐吐谷浑于墨离，虏其全国而归。《王思礼传》：天宝十三年（754），吐谷浑苏毗玉欵塞，诏哥舒翰至磨环川应接之。《新书·王难得传》：天宝时，从哥舒翰击吐蕃，至积石，虏吐谷浑王子悉弄川及悉类藏而还。《地理志》：鄯州有河源军，西南约二百里为振武军，自振武九十里至莫离驿，又经公主佛堂、大非川二百八十里至那录驿，吐浑界也。磨环川，即后来置神策军处，在今甘肃临潭县西。积石山，即置积石军处，在今甘肃临夏县西北。此等皆距吐浑界尚远，盖自大非川败后，青海巳西之地，举不可问，吐浑部落之留者，悉为之臣属矣。亹叠水，今大通河。鸣沙，在今中卫县境。甘州，今张掖，肃州，今酒泉，瓜州，在安西东。沙州，今敦煌、秦州。振武军，故石堡城，后更曰天威军云。仪凤元（676）、二年，吐蕃复寇鄯、廓等州。廓州见第三章第四节。高选刘仁轨为洮河镇守使，久之，无功。时李敬玄为中书令，仁轨奏请，多为所抑，意不平，而知其非将帅才，乃奏以自代。三年，敬玄与钦陵战于青海，败绩。蕃将黑齿常之百济降将。夜斫贼营，敬玄乃得脱。于是以常之充河源军副使。调露元年（679），赞普死，子器弩悉弄立。年八岁。复委政于钦陵。永隆元年（680），吐蕃寇河源军，黑齿常之击却之。擢为大使。常之"严烽逻，开屯田，虏谋稍折"。初剑南兵募于茂州之西南筑安戎城，以压蕃境。俄生羌为蕃乡道，攻陷守之。因并西洱河诸蛮。尽收羊同、党项及诸羌之地。拓跋氏于此时内徙，移其部落于庆州，置静边等州以处之。其故地陷于吐蕃。处者为所役属，吐蕃谓之弭药。羌亦有流移至西北者。河陇陷后蕃祸之深，实由羌、浑、党项为所驱率也。东与凉、松、茂、巂等州相接，松州见第三章第四节。巂州见第三章第一节。南至婆罗门，西陷四镇，北抵突厥。汉、魏已来，西戎之盛；未之有也。《旧书·吐蕃传》文。此婆罗门指印度。《通鉴》作南邻天竺，见永隆元年。武后秉政，永昌元年（689），韦待价击之，败于寅识迦河。《旧书》本传：旋师弓月，顿于高昌。胡三省曰：据《旧书·传》，当在弓月西南。长寿元年（692），武威军总管王孝杰复四镇。更置安西都护府于龟兹，用汉兵三万人以镇之。复四镇之谋，起自唐璿，见《新书》本传。证圣元年（695），寇临洮。即洮州，今甘肃临潭县西南。明年，王孝杰、娄师德与钦陵战于素罗汗山，胡三省曰：在洮州界。败绩。是岁九月，钦陵遣使请和。求罢四镇兵，分十姓地。诏通泉尉郭元振往察其宜。通泉县，在今四川射洪县东南。元振言绝之恐其为患甘、凉，可要以还吐浑诸部及青海为易，从之。盖吐蕃距河、湟、青海近，西域远，故唐于陇右，每战辄北，四镇则吐蕃不能以力取，乃谩为好辞以求之也。圣历二年（699），器弩悉弄渐长，与大臣密图钦陵，乘其在外，阳言将猎，召兵，执其亲党二千余人，杀之，而发使召钦陵、赞婆等。钦陵举兵不受召。赞普自讨之。钦陵未战而溃,自杀。赞婆来降。长安三年(703),吐蕃南境属国泥婆罗门等皆叛,赞普自讨之,卒于军。诸子争立。久之,国人立其子弃隶缩赞,年七岁,蕃祸乃少纾。景龙二年(708),郭元振论阙啜欲引吐蕃击娑葛事云:"往者吐蕃争论十姓四镇,今不相侵扰者?不是顾国家和信,直是其国中诸豪及泥婆罗门等属国,自有携贰。赞普南征,身殒寇庭,国中大乱,嫡庶竞立。将相争权,自相屠灭。兼以人畜疲疬,财力困穷,人事天时,俱未称惬。所以屈志,且共汉和。"又云:"其国中诸蛮及婆罗门等国见今携背,忽请汉兵,助其诛讨,不知欲以何辞拒之?"则吐蕃是时,内忧外患颇烈,且历数岁未定也。

自车鼻平后,北鄙无事,殆三十年。调露元年(679),单于管内突厥阿史德、奉职二部叛,立阿史那泥孰匐为可汗。明年,永隆元年(680)。裴行俭平之。温傅部又迎颉利族子伏念于夏州,见第二章第二节。将渡河,立为可汗。明年,开耀元年(681)。行俭又平之。事亦见《程务挺传》。颉利疏族骨咄禄,《旧书·本纪》作骨笃禄。鸠集亡散,入总材山为盗,《新书》云:又治黑沙城,当皆在单于管内。渐强盛,又自立为可汗。在单于府之阿史德元珍降之,与共寇边。事在永淳元(682)、二年,见《旧书·本纪》。天授中,此据《旧书》本传,《新书》作天授初。《通鉴》系延载元年(694),盖因其入寇追溯之也。病卒。子幼,弟默啜立。延载元年,寇灵州。武后以薛怀义为大总管,领十八将军讨之。不遇,班师,而契丹之寇又作。

今热河之地,山深林密,又饶水草,本可孕育一强部。两晋之世,鲜卑宇文氏居之,东见厄于慕容,西见陵于拓跋;慕容氏败,高丽入侵,稍及辽西,宇文遗种,又为所厌;故卒以不振。隋文帝、炀帝,屡勤兵于高丽,虽云丧败,然征战皆在辽东,辽西远于锋镝矣。至武后之世,奚、契丹之获休息,盖已历百年,故其势渐张。时窟哥之裔尽忠,仍为松漠都督。孙敖曹之裔万荣,其妻兄也。《新书》:窟哥有二孙:曰枯莫离,曰尽忠,万荣为敖曹孙。《旧书》以万荣为敖曹曾孙,枯莫离为窟哥曾孙,于尽忠,则但云窟哥之胤而已。营州都督赵文翙数侵侮其下,尽忠等皆怨望。万岁登封元年(696)五月,遂杀文翙以叛。尽忠自号无上可汗,以万荣为将。纵兵四略,所向辄下。武后发二十八将击之。又以武三思为安抚大使。八月,诸将战西硖石黄獐谷,败绩。胡三省曰:平州有西硖石、东硖石二戍,黄獐谷在西硖石。平州,今河北卢龙县。九月,更以武攸宜为大总管。是月,尽忠死。默啜请为太后子,并为其女求婚,愿率部众讨契丹。太后使册为迁善可汗。《通鉴》。默啜袭其部,破之。虏尽忠、万荣妻子。万荣收散兵复振。十月,使别将骆务整、何阿小入冀州。今河北冀县。武后更诏王孝杰、苏宏晖以兵十七万讨之。明年二月,战东硖石,败绩，孝杰死之。万荣遂屠幽州。见第二章第七节。四月，以武懿宗为大总管，娄师德副之，沙吒忠义为前军总管，将兵二十万击契丹。懿宗至赵州，见第二章第六节。闻骆务整将至，退据相州。见第二章第一节。契丹遂屠赵州。万荣鼓而南，残瀛州属县。瀛州，今河北河间县。默啜复袭其后。万荣军中闻之，恟惧。奚人叛。神兵道总管杨玄基乃击破之。获何阿小，降骆务整及别将李楷固。万荣走潞水东，为其奴所杀。久视元年（700），武后使李楷固、骆务整讨其余党，平之，然奚、契丹遂臣突厥，营州不复可理，耶律氏之坐大，兆于此矣。方事之殷，营州境内诸“夷州”，多内迁河南，神龙时乃还治幽州，又为安、史造乱及乱平后河北诸镇负固不服之由。故李尽忠之乱，虽不久戡定，其关系实绝大也。《旧书·地理志》：尽忠之乱，鲜州迁青，崇州迁淄。青，此奚部落也。威州迁幽，昌州迁青，载初间自昌州析置之沃州迁幽、师州、带州迁青，玄州迁宋，此契丹部落也。慎州迁淄、青，载初二年（690）自慎州析置之黎州迁宋，夷宾州迁徐，此靺鞨部落也。又有顺州，本侨治营州南之五柳戍。瑞州，本威州，贞观十年（636），以乌特汗达干部落置，在营州境，咸亨中更名。二者皆突厥州。顺州此时未知所迁，瑞州亦迁于宋。此等自神龙至开元，皆还附幽州。盖营州在是时，已非中国之力所及矣。《志》叙东北蕃降胡羁縻州名凡十七。云：“禄山之乱，一切驱之寇扰中原，至德以后，入据河朔，其部落之名无存者。”盖当时入处塞内者甚多，而松漠、饶乐，转成为宽间之境，此河朔所以难理，亦契丹所以坐大也。青州、淄州见第三章第五节。宋州，今河南商丘县。徐州见第二章第六节。五柳戍见第三章第二节。

不仅此也，因契丹之动荡，靺鞨之内属者，亦不得安其居而走归故土，遂开满族兴起之端民族动荡之波澜，亦可谓壮阔矣。《旧书·传》云：渤海靺鞨大祚荣者，本高丽别种也。高丽灭，率家属徙居营州。李尽忠叛，祚荣与靺鞨乞四比羽各领亡命，东奔保阻以自固。尽忠既死，则天命李楷固讨其余党。先破斩乞四比羽。又度天门岭，以迫祚荣。祚荣合高丽、靺鞨之众以拒，王师大败，楷固脱身而还。属契丹及奚，尽降突厥，道路阻绝，则天不能讨。祚荣遂率其众东保桂娄故地。据东牟山，筑城居之。祚荣骁勇，善用兵。靺鞨之众及高丽余烬，稍稍归之。圣历中，自立为振国王。遣使通于突厥。其地在营州之东二千里。南与新罗相接，越喜靺鞨。此处当有夺文。东北至黑水靺鞨。地方二千里。编户十余万。胜兵数万人。《新书》则云：渤海，本粟末靺鞨附高丽者，姓大氏。高丽灭，率众保挹娄之东牟山。地直营州东二千里，南比新罗，以泥河为境。东穷海，西契丹。筑城郭以居。高丽逋残稍归之。万岁通天中，契丹尽忠杀营州都督赵翙反。有舍利乞乞仲象者，与靺鞨酋乞四比羽及高丽余种东走。渡辽水，保大白山之东北，阻奥娄河，树壁自固。武后封乞四比羽为许国公，乞乞仲象为震国公，赦其罪。比羽不受命。诏玉钤卫大将军李楷固、中郎将索仇击斩之。是时仲象已死，其子祚荣，引残痍遁去。楷固穷蹑，度天门岭。祚荣因高丽、靺鞨兵拒楷固，楷固败还。于是契丹附突厥，王师道绝不克讨。祚荣即并比羽之众，恃荒远，乃建国，自号震国王，遣使交突厥。地方五千里，户十余万，胜兵数万。案，《新书》叙次，甚为错乱。其所谓保太白山东北阻奥娄河者，盖即其所谓挹娄，亦即《旧书》所谓桂娄故地之东牟山。太白山今长白山，当中韩界上。桂娄为高丽部名，《新书》作挹娄，疑误。此自楷固败还后祚荣东徙所据之地。若仲象之东奔，则徒以违尽忠之难，其去营州，当不能甚远。胡三省据《新书·安禄山传》，谓天门岭在土护真河北三百里，其说自确。胡氏说见开元元年（713），渤海建国事，《通鉴》至此乃追叙也。参看第五章第五节。《新书》之文，盖采自两书？一就祚荣所保之山言之，则曰东牟。一但举名山以表其方位，则曰太白山之东北。《新书》既不察其本为一地，又任意次比，一系诸尽忠未叛之前，一系诸尽忠虽叛，楷固尚未出师之日，使人读之，一若天门岭更在大白山之表者，则其诒误甚矣。若高丽亡后，靺鞨迁居营州东二千里，则其于尽忠之乱，可谓风马牛不相及，何缘因之东走？若一东走即至太白山之东北，武后亦何缘出师征之？虽高宗灭高丽时，兵力亦未能至此也。且营州东二千里，远在辽水之表，何缘东走反渡辽水乎？此等皆显而易见，而竟弗之恩，作史如此，是为绝物矣。然因其文，乃知初叛者实为仲象而非祚荣。又仲象本姓乞乞，则大氏似系祚荣建国后所改。其所定国名，《旧书》作振，《新书》作震，震为东方之卦，渤海习知中国文义，或谓其必以此自号，而疑振字为误，观《新书》，知此封号实出武后，则亦未必作震者是，作振者非矣。可见史料虽用之不善，但能多存，即有益也。渤海为靺鞨开化之最早者，于金、清两朝之兴起，皆远有关系，其建国，实艮隅一大事也。

默啜既破契丹，武后又册为颉跌利施大单于立功报国可汗。圣历元年（698），默啜表请与则天为子，并言有女请和亲。初咸亨中，突厥部落来降者，多处之丰、胜、灵、夏、朔、代等六州，谓之降户。丰州见第二章第六节。胜、夏、朔、代四州皆见第二章第二节。至是，默啜又索之。及单于都护府之地。兼请农器、种子。则天不许。默啜怒，言辞甚慢，拘我使人。纳言姚璹、鸾台侍郎杨再思建议许其和亲。遂尽驱六州降户数千帐，并种子四万余石，农器三千事以与之。默啜由此浸强。事亦见《旧书·良吏·田仁会传》。其年，则天令武延秀就纳其女为妃，遣阎知微送之。行至黑沙南庭，默啜收延秀等拘之。伪号知微为可汗，与之率众十余万，入寇河北。则天发兵三十万击之。又以兵十五万为后援。默啜陷定、赵二州而去。定州见第二章第四节。所过杀掠，不可胜纪。诸将皆观望不敢战。惟狄仁杰总兵十万追之，无所及。自此连岁寇边，唐恒以重臣为总管，屯兵以备之。至中宗神龙三年（707），张仁愿于河北筑三受降城，见第三章第二节。牛头朝那山北置烽候千八百所，牛头朝那山，在今萨拉齐西北九十里。突厥不得度山放牧，朔方无复寇掠，乃获减镇兵数万人焉。

高宗虽因高丽、百济之衅翦灭之，然兵力不充，故得其地而不能守。刘仁轨定百济，即请用扶余隆，使绥定其余众。乃以隆为熊津都督，遣还本国，共新罗和亲。麟德二年（665）八月，隆到熊津，与新罗盟，刘仁愿监之。已而仁愿、仁轨还。隆畏新罗，亦归京师。咸亨元年（670），高丽大长钳牟岑叛，立高藏外孙安舜。诏高侃、李谨行讨之。新罗纳高丽叛众，又略百济地守之，侃、谨行遂并与战。凡四年乃平。事见《旧书·本纪》。舜杀钳牟岑，走新罗。上元元年（674），削金法敏官爵，命刘仁轨讨之。其弟仁问，先在京师，以为新罗王，令归国。明年，新罗使入朝服罪，乃舍之。然新罗遂取百济地，抵高丽南境矣。仪凤元年（676），移安东都护府于辽东故城。《旧书·本纪》。《地理志》。华人任东官者悉罢之。徙熊津都督府于建安故城。百济户口，先徙于徐、兖等州者，皆置于建安。《通鉴考异》云：《实录》：咸亨元年（670），高侃出讨，始拔安东都护府，自平壤城移于辽东州。仪凤元年（676）二月，甲戌，以高丽余众反叛，移安东都护于辽东府城。《会要》无咸亨元年移府事。盖咸亨元年言移府者，终言之也。仪凤元年言高丽反者，本其所以移也。窃疑咸亨之移，乃用兵时暂退，至此乃定移治之令。建安城，在辽东西三百里，汉平郭县地。兖州见第二章第六节。二年，又以高藏为辽东都督朝鲜王，《新书·泉男生传》：是年，亦受诏安抚辽东。扶余隆为熊津都督带方郡王，以安辑其余众，而移安东都护府于辽东新城以统之。太宗置辽州所治。丽人先编侨内地者皆原遣。藏至安东，与靺鞨通，谋叛。事觉，召还，配邛州，见第三章第五节。分徙其人于河南、陇右。贫弱者留居安东城旁。百济地为新罗所据，隆不敢还，寄治高丽而卒。武后神功元年（697），狄仁杰为相，疏言西戍四镇，东戍安东劳费，请以四镇委斛瑟罗，废安东，复高氏为君长。《传》云：事虽不行，识者是之，然其明年，圣历元年（698）。改安东为都督府，新、旧《书·地志》。委藏孙宝元统摄旧户，则实用仁杰之策也。事竟不行。高丽旧户，遂分投突厥、靺鞨。又明年，授藏男德武安东都督。《新书》本传云：后稍自国。至元和末，犹遣使献乐工云。《地理志》载贾耽入四夷路：自鸭绿江口舟行百余里，乃小舫溯流，东北三十里至泊灼口。又溯流五百里至丸都县城，见第二章第二节。盖渤海以为县。故高丽王都。又东北溯流二百里至神州，又陆行四百里至显州，神州、显州，皆渤海州名。神州盖其西京鸭绿府所治，显州盖其中京显德府所治也。从朝鲜金于霖《韩国小史》说。天宝中王所都，盖即德武之后也。新、旧《书·地理志》：安东自圣历更名后，神龙元年（705），仍复故名，开元二年（714），徙于平州，天宝二年（743），又徙于辽西故城。《通鉴》：万岁通天元年（696），龙山军讨击副使许钦寂与契丹战于崇州，军败被擒，敌将围安东，令钦寂说其属城未下者。安东都护裴玄珪在城中，钦寂谓曰："狂贼天殃，灭在旦夕，公但厉兵谨守，以全忠节。"敌杀之。胡三省疑安东此时已徙平州，此时契丹兵力，不能至辽东，固也，然观圣历后之措置，仍在辽东之境，则此时似不得已徙平州。窃疑时因契丹反叛，玄珪未能之官，在他处被围，史乃误为围安东，实则所围者乃安东都护其人耳。唐自平丽、济后，盖未尝能一日安辑之。其地乃入于新罗。然新罗北疆，亦仅及浿水，其北乃为女真所荐居，稍以坐大矣。《新书·地志》载高丽诸羁縻州，有拂涅、越喜，此皆靺鞨部落，不独白山、粟末，初皆为之臣属也。故能控制靺鞨，牖启靺鞨者，高丽也。隋、唐两代，倾全力以覆高丽，而其终局，乃为女真驱除难。此事关系之大，亦岂下于夫余之颠覆哉？参看《两晋南北朝史》第十六章第一节。

　　高宗、武后之世，国威之陵替，实缘其兵力之式微，观魏元忠、陈子昂之论可知。皆见新、旧《书》本传。武后本不知兵，又尽力于防遏异己，无暇更及他事，其措置之乖方，自更不可问矣。时有欲开蜀山，自雅州道入讨生羌，以袭吐蕃者，雅州见第二章第四节。此何异为吐蕃开道？而后亦欲从之，以陈子昂谏乃止。亦见《子昂传》。甚者，契丹之叛，夏官郎中侯味讨之，不利，乃奏言"贼徒炽盛，常有蛇虎导其军"，《旧书·薛季昶传》。此尚成何言语？然后乃至以薛怀义、武懿宗为大将，亦何怪此等语之日至于耳哉？狄仁杰之请罢四镇，安东之戍也，曰："近者国家，频岁出师，所费滋广。调发日加，百姓虚弊。转输靡绝，杼轴殆空。越碛逾海，分兵防守，行役既久，怨旷亦多。方今关东饥馑，蜀汉逃亡，江、淮已南，征求不息，人不复业，则相率为盗。根本一摇，忧患不浅。"盖其势之岌岌如此。然唐自太宗时，本无迫切之外患，而开边不已，高宗已后，国力日衰，而终不肯有所弃。于是玄宗继起，不得不重边兵，边兵重而安、史之乱作，节镇遍于内地，大局遂不可收拾矣。《易》曰："履霜坚冰至"，"其所由来者渐矣，非一朝一夕之故也。"君子观于此，而知诒谋之不可不慎，又知奋然能革前人之弊者之难也。

## 第五节　中宗复位

　　武后以女主革命，为前世所无，身没之后，将传诸子，复以周为唐乎？抑虽传诸子，而不易其赐姓，不改其国号，遂以唐为周乎？又或传诸武氏之子乎？

此本无成法可循。以当时事势论，自以传诸子，复以周为唐，为较洽乎人心；即后亦未必欲舍其子而传诸武氏之子也。然行险徼幸者，则何所不至？于是有武承嗣觊觎储位之事。

后父士彟，有兄三人：曰士棱、士让、士逸。士彟娶于相里氏，生子曰元庆、元爽。又娶杨氏，生三女：长适贺兰越石，次即后，次适郭孝慎，前死。后既立，杨氏封代国夫人，改荣国。越石妻封韩国夫人。士彟卒后，士让子惟良、怀运及元爽等遇荣国无礼，荣国憾焉，讽后抗疏请出元庆等为外职。于是元庆自宗正少卿出为龙州刺史，今四川平武县。元爽自少府监出为濠州，今安徽凤阳县。惟良自卫尉少卿出为始州。后改为剑州，今四川剑阁县。元庆至州，病卒。乾封元年（666），怀运为淄州刺史，淄州见第三章第五节。与惟良以岳牧例集泰山下。时韩国夫人女贺兰氏在宫中，颇承恩宠，《新书·后传》云：韩国出入禁中，一女国姝，帝皆宠之。韩国卒，女封魏国夫人，欲以备嫔职，难于后，未决。后意欲除之。讽高宗幸其母宅。因惟良等献食，密令人以毒药贮贺兰氏食中。贺兰氏食之，暴卒。乃归罪于惟良、怀运，诛之。元爽等缘坐，配流岭外而死。以韩国子敏之为士彟嗣。恃宠多愆犯，配流雷州。见第四章第三节。行至韶州，今广东曲江县。以马缰自缢死。乃召元爽子承嗣还袭祖爵。周国公。后革命，封为魏王。承嗣弟承业前死，赠陈王。承嗣以子延晖嗣焉。元庆子三思封梁王。承嗣子延基、延秀，三思子崇训、崇烈，惟良子攸宜、攸绪，其弟怀道子攸宁、攸暨，怀运子攸归、攸止、攸望，士逸孙懿宗、嗣宗、重规、载德，皆封为王。兼据《新书·宰相世系表》及《外戚传》。后族中惟攸绪远于权利，弃官隐嵩山。载德子平一，亦隐嵩山，修浮屠法。余多随俗浮沉，或冒进竞利，甚有觊觎非分如承嗣者，然皆无德无才，不足以干大位也。

中宗之为庐陵王也，迁于均州，今湖北均县。又迁于房州。是岁，徐敬业起兵，以匡复为名，已见前。垂拱三年（687）九月，复有虔州人杨初成，虔州，在今河南灵宝县南。自称郎将，募州人欲迎王，不果，见杀。天授二年（691），凤阁舍人张嘉福，与洛阳人王庆之等上表，请立武承嗣为太子。时相岑长倩、格辅元不肯署名，仍奏请切责。长倩、辅元，因此为诸武所陷而死，然庆之亦为李昭德所杖杀。据《旧书·长倩传》《昭德传》云：张嘉福令王庆之率轻薄恶少数百人，诣阙上表。则天不许。庆之固请不已。则天令昭德诘责之令散。昭德使杖杀庆之，余众乃息。《新书》亦云：昭德答杀庆之，余众散走。合恶少上表，无缘邀宰相署名，盖嘉福使庆之等请之于前，己又邀百官继之于后也。《通鉴》云：庆之见太后。太后曰："皇嗣我子，奈何废之？"庆之对曰："神不歆非类，民不祀非族。今谁有天下，而以李氏为嗣乎？"太后谕遣之。庆之伏地以死泣请。太后乃以印纸遗之，曰："欲见我，以此示门者。"自是庆之屡求见。太后颇怒之。命凤阁侍郎李昭德赐庆之杖。昭德引出光政门外，以示朝士，曰："此贼欲废我皇嗣，立武承嗣。"命扑之。耳目皆血出，然后杖杀之。其党乃散。此等举动，甚似近世雇用无赖，使自称某某代表请愿者。如此谋位，岂有成理？可知武氏之无能为也。长寿元年（692），复以昭德言罢承嗣政事。二年，少府监裴匪躬、内侍范云仙坐私谒皇嗣要斩，自此公卿已下，皆不得见。惟太常工人安金藏等得在左右。或告皇嗣潜有异谋。命来俊臣穷状。金藏剖胸以明之，乃命停推。圣历元年（698）三月，召庐陵王还神都。光宅元年（684），改东都曰神都。是岁八月，武承嗣死。延基袭，避父名，称继魏王。后以议张易之见杀，见下。复以承嗣次子延义为继魏王。九月，皇嗣逊位，庐陵王复为太子。明年正月，赐姓武氏。中宗之获还储位，史谓狄仁杰、李昭德、吉顼、王及善、李嗣真、齐浣、王琳有力焉。然仁杰之匡维，事近后人增饰。诸臣即使有言，亦未必能回后意。盖后本无立侄之意，诸臣实潜窥其旨，而后敢于有言也。扶翼中宗之功，当以吉顼为最大。《旧书·顼传》云：中宗未立为太子时，张易之、昌宗尝密问顼以自安之策。顼说以请建立庐陵及相王。易之然其言，遂承间奏请。则天知顼首谋，召而问之。顼曰："庐陵、相王，皆陛下之子，先帝顾托，当有主意，惟陛下裁之。"则天意乃定。顼既得罪，时无知者。睿宗即位，左右发明其事，乃下诏赠左御史台大夫。此事之信而有征者也。《李昭德传》云：昭德既杖杀王庆之，因奏曰："臣闻文、武之道，布在方策，岂有侄为天子，而为姑立庙乎？"此亦差可征信者。《仁杰传》云：中宗在房陵，吉顼、李昭德，皆有匡复谠言，则天无复辟意。惟仁杰从容奏对，每以母子恩情为言，则天亦渐有悟，竟召还中宗，复为储贰。夫为天下者不顾家，岂徒母子恩情，所能感动，其说殊不近情。《传》又云：仁杰前后匡复奏对几万言。开元中，北海太守李邕撰为《梁公别传》，备载其辞。其书，《通鉴考异》谓其辞鄙诞，非邕所为。而《新书·仁杰传》且改易之、昌宗问计于吉顼为问计于仁杰，可谓信史乎？《旧传》称其举张柬之之功，其事亦无可征也。《王及善传》：为内史，则天将追庐陵王，立为太子，及善赞成其计。及太子立，又请太子出外朝，以慰人心，则天从之。《新书·李嗣真传》云：武后尝问嗣真储贰事。对曰："程婴、杵臼，存赵氏孤，古人嘉之。"后悟，中宗乃安。《齐浣传》云：中宗在庐陵，浣上言请抑诸武，迎太子东宫，不报。及太子还，武后召浣宴同明殿，谕曰："朕母子如初，卿与有力焉，方不次待尔。"浣辞母老。不忍远离，赏而罢。又《王琳传》赞曰：李德裕著书，称方庆为相时，子为眉州司士参军，武后曰："君在相位，何子之远？"对曰："庐陵是陛下爱子，今尚在远，臣之子庸敢相近。"建言不斥太子名，以动群臣，示中兴之渐。此等皆可谓有匡复之辞者，然谓武后之还中宗由此，恐未必然也。《旧书·

忠义传》：苏安恒投匦上书，请禅位东宫，黜武氏诸王为公侯，太后召见，赐食，慰谕而遣之。明年，安恒复上疏，以传位为言，后亦不之罪也。其意之所在可知矣。王綝，字方庆，以字显。眉州见第二节。中宗既还，后虑其与诸武不相容，命与相王、太平公主及诸武誓于明堂，为文以告天地，铭之铁券，藏于史馆。其思患豫防，不过如此，可见其神明已衰，无力把持政柄矣。其时盗弄政权者为张易之、昌宗，乃嬖幸而非权奸，自更不能操纵朝局。于是朝臣树党相攻，后既就衰，漫无别白，事势相激，而兵戈起矣。

中宗嫡长子重润，高宗时曾立为皇太孙，中宗失位，贬为庶人，别囚之。及还为太子，重润立为邵王。妹永泰郡主，嫁后兄孙延基。大足元年（701），三人窃言二张专政。易之诉之太后，后皆杀之。《旧书·武延基传》云：咸令自杀。《易之传》云：付太子自鞫问处置，太子并自缢杀之。《新书》本传云：后怒，杖杀之。《延基传》云：得罪缢死。御史大夫魏元忠尝奏二张之罪，易之惧不自安，乃诬奏元忠与司礼丞高戬云："天子老矣，当挟太子为耐久朋。"而引凤阁舍人张说为证。说同寮宋璟激厉说，说乃显言其诬，然仍贬元忠为高要尉，今广东高要县。戬、说皆流岭表。长安四年（704）十二月，后卧疾长生院，宰臣希得进见，惟易之兄弟侍侧。屡有人为飞书及榜其书于通衢者，云："易之兄弟谋反。"太后皆不问。许州人杨元嗣，许州，今河南许昌县。告昌宗尝召术士李弘泰占相，弘泰言昌宗有天子相，劝于定州造佛寺，则天下归心。定州见第二章第四节。太后命凤阁侍郎韦承庆、司刑卿崔神庆、御史中丞宋璟鞫之。承庆、神庆奏言昌宗款称弘泰之语，寻已奏闻，准法首原，弘泰妖言，请收行法。璟与大理丞封全桢奏：虽云奏闻，终是包藏祸心，请收付狱。太后不听。寻敕璟外州推按，又敕副李峤安抚陇、蜀，璟皆不肯行。司刑少卿桓彦范，鸾台侍郎崔玄暐亦以为言。璟复奏收昌宗下狱。太后乃可其奏。旋遣中使召昌宗，特敕赦之。后是时既不能去易之、昌宗，又不能罪攻易之、昌宗者，纷争久而不决，则人心愈摇，而乘之者起矣。

张柬之者，久仕武后之朝。是年十月，以姚元之荐同平章事，年几八十矣。与同官崔玄暐、中台右丞敬晖、司刑少卿桓彦范、相王府司马袁恕己密谋拥立中宗。结右羽林卫大将军李多祚，《新书》云：其先为靺鞨酋长，号黄头都督。后入中国，世系湮远。黄头为室韦部名，见第三章第三节。多祚之先，盖室韦黄头部长，与靺鞨杂居者也。《旧书》云：多祚前后掌禁兵，北门宿卫，二十余年。多祚许诺。初柬之代杨玄琰为荆州长史，荆州见第二章第三节。相与泛江中流，知其有匡复之意，乃引为羽林将军，又用晖、彦范及右散骑侍郎李湛，义府少子。皆为左右羽林将军。时太子每于北门起居，晖、彦范因得谒见，密陈其策。太子许之。明年，中宗神龙元年（705）。柬之、玄暐、晖、彦范帅左右羽林兵五百余人，使多祚、湛及王同皎迎太子。同皎者，尚太子女定安郡主，时行太子典膳郎。又使恕己从相王，统南牙兵，以备非常。太子不肯出，同皎强之乃可，至玄武门，斩关而入，时太后寝疾迎仙宫。柬之等斩张易之、昌宗于庑下。后乃传位于太子，时正月乙巳也。丁未，后徙于上阳宫。上尊号为则天大圣皇帝。二月甲寅，复国号为唐。十一月，则天崩，年八十三。遗制去帝号，称则天大圣皇后。

## 第六节　韦后乱政

张柬之等之杀张易之、昌宗也，史谓洛州长史薛季昶，朝邑尉刘幽求，皆劝其遂诛诸武，而柬之等不听。朝邑县，今属陕西。此事新、旧《书》诸传及诸史，说颇违异。《旧书·敬晖传》言：季昶劝晖诛三思之属，晖与张柬之不可。《新书》则谓晖亦主诛诸武。其《桓彦范传》，又谓柬之勒兵将遂诛诸武，季昶亦劝之，而彦范不可。《通鉴考异》谓《唐统纪》《唐历》《狄梁公传》，并与《旧书·敬晖传》同，《御史台纪》则与《新书·彦范传》同。《旧书·刘幽求传》谓幽求劝彦范、晖诛三思，《新书》则但云劝彦范等而已。案，《旧书·敬晖传》言：诸武得志后，张柬之叹曰："主上昔为英王时，素称勇烈，吾留诸武，冀自诛锄，今事势已去，知复何言？"《新书·彦范传》以是为彦范之语，云："主上昔为英王，故吾留武氏，使自诛定，今大事已去，得非天乎？"《十七史商榷》云：英王是封号，而《新书》以为英烈之意，可谓粗忽。《新书》粗忽，诚难为辩，然与此事之实不实，则无涉也。中宗封英王，事在仪凤二年（677），《新书》亦漏去。案，柬之等若以周为唐，自可正诸武之罪，然观当日，自中宗复位至复国号，其间凡历九日，则柬之等实替一周室之君，立一周室之君耳。此与太宗之代高祖何异？太宗代高祖，可以诛诸李乎？此以名义论也，若以事势论，则柬之等皆当国日浅，事权不属，且亦无多徒党，安能总揽朝权？季昶本非岂弟之士，季昶，《旧书》列《良吏传》，然《徐有功传》云：润州刺史窦孝谌妻庞氏为奴诬告，令给事中薛季昶鞫之。季昶锻炼成其罪，庞氏当斩。有功独明其无罪，季昶等反陷有功，几死，则其所为反类酷吏矣。润州见第七章第二节。幽求亦属权谲之徒，使柬之等而用其说，杀戮甚而无以善其后，亦未必有裨大局也。

政局既未大变，则倾险者终胜，此自然之势也。《旧书·外戚传》：言武三思性倾巧，便辟善事人，特蒙武后信任，盖在诸武之中，最称狡诈者。中宗自为皇太子，传授之局已定，初无忌于诸武，而李之与武，肺腑之亲实深。武后女太平公主，初嫁薛绍，绍死，武后杀武攸暨妻，以主配焉。中宗八女，永泰公主归武延基，已见上节。新都公主嫁武延晖。安乐公主，韦后生，后与中宗所最爱也，适武崇训。上官婉儿者，仪之孙。襁褓中随母郑氏配入掖庭。有文辞，明习吏事。圣历已后，据《旧书》《新书》云通天已来。百司表奏，多令参决。中宗即位，令掌制命，拜为昭容。昭容既久事武后，自于武氏易亲。宗楚客者，武后从父姊子。纪处讷，以三思妇娣为妻。此外朝士，武氏之党尚多。情势如斯，诸武自易得志。史谓昭容通于三思，三思因之入宫，又得幸于韦后；并谓三思死后，韦后复私武延秀。又谓昭容与崔湜乱，故引知政事。以政权之移易，专归诸床笫之间，恐亦揣测之辞，不必实也。柬之等本疏逖，以幸功故，结宿卫以立新君。不有废也，君何以兴？然为之君者，遂不免有芒刺在背之感，此亦人情，而诸武遂因而中之矣。

中宗复国号旬日，丙寅。即以武三思为司空，同三品。又以武攸暨为司徒，封定王。三思、攸暨固让。后又以桓彦范奏，降封二人为郡王。武懿宗等十二人皆为公。此特体制如是，于武氏之握权，固无损也。五月，封柬之、玄晖、晖、彦范、恕己皆为王，罢其政事。玄晖以长安四年（705）六月，为鸾台侍郎平章事。柬之以是年十月，自秋官侍郎同平章事。诛易之时，惟此二人为相。神龙元年（705）正月，恕己自司刑少卿为凤阁侍郎，同平章事，柬之为夏官尚书。玄晖守内史。晖、彦范并为纳言。三月，恕己守中书令。四月，柬之为中书令。晖为侍中。柬之表请归襄州养疾，以为刺史。不知州事，食全俸。襄州见第二章第三节。玄晖检校益州长史，又改梁州。明年，又出晖、彦范、恕己于外。二月，王同皎被杀。其罪状曰：谋杀武三思，因以兵胁废韦后。新、旧《书·同皎》及《宋之问传》云：同皎招集壮士，期以则天灵驾发引，劫杀三思。同谋者有洛阳人张仲之、祖延庆，抚州司仓舟祖雍，武当丞周憬，校书郎李悛。之问及弟之逊，初皆谄附二张。之问坐左迁泷州参军，之逊迁播州参军。之问逃匿仲之家，而之逊外妹妻延庆，故之问及之逊子昙得其谋。之问使昙发其事。悛，之问甥也。三思使上言同皎谋于杀三思后拥兵诣阙废韦后。中宗怒，斩同皎于都亭驿。《通鉴考异》引《实录》《统纪》略同，惟云之逊初亦与谋。又引《御史台记》，李悛作李恮。云昙将发之，未果，遇恮及祖雍于路，白之。雍、恮以闻。《朝野佥载》则云：之逊出为兖州司仓，亡归，同皎匿之。同皎忿三思乱国，与所亲论之，之逊窃听，遣佣昙上书告之。则同皎或有欲杀三思之言，而其谋杀三思及废韦后，皆为三思所诬矣。《通鉴》从《佥载》。抚州，今江西临川县。武当郡，即均州。泷州，在今广东罗定县东。播州，今贵州遵义县。谓五人与之通谋，皆贬岭外。三思令人疏皇后秽行，榜于天津桥，云五人为之，乃更长流远州。初晖、彦范等引考功员外郎崔湜为耳目，湜反以其计议，潜告三思。三思引为中书舍人。至是，湜又说三思杀五人。三思问谁可使者？湜表兄周利贞，先为晖、彦范所恶，湜举充此行。乃以利贞为御史中丞，奉使岭外。柬之、玄晔已死。晖、彦范、恕己皆为所杀。薛季昶初以与诛张易之，进户部侍郎。及五王失柄，累贬为儋州司马。儋州见第二节。以与昭州首领周庆立、广州司马宗楚客不协，不敢往，仰药死。昭州，今广西平乐县。惟杨玄琰豫知祸作，托辞欲祝发为浮屠，悉辞官封，得全。于时居相位者：韦巨源、杨再思，皆热中谄佞之徒。宗楚客尤惟武、韦是附，与侍中纪处讷共为朋党，时人呼为宗、纪。魏元忠，中宗复位即召之，倚之颇重，然实权不属，亦无能为。《旧书·元忠传》云：元忠作相则天朝，议者以为公清，至是再居政事，天下莫不延首倾属。元忠乃亲附权豪，抑弃寒畯，议者以此少之。案，观其与于重俊之谋，则知其非附武、韦者，特势处于无可如何耳。此外崔湜、郑愔、太常少卿。宗晋卿、楚客弟，将作大匠。甘元柬、鸿胪卿。及周利用、冉祖雍、李俊、宋之逊、姚绍之等，绍之为陷王同皎于法者，利用等五人，常为三思耳目，时人谓之三思五狗。亦莫非三思之党者。而韦后又黩乱于其间，朝局遂不可问矣。

　　韦后随中宗于房州，同艰危累年，情义甚笃。《传》言帝尝谓后："一朝见天日，誓不相禁忌。"此盖因帝纵任后无所矫正，造为是言，不必实也。然后干政确颇甚。《旧书·桓彦范传》：彦范尝表论时政，言："陛下每临朝听政，皇后必施帷幔，坐于殿上，与闻政事。"此表苟非伪造，则中宗复位之初，后之所为，已与麟德后之武后无殊矣。武后在高宗朝，尝上意见十二条，请王公百寮，皆习《老子》，又请子父在为母服三年。《旧书·本纪》上元元年（674）。而后亦表请天下士庶为出母服丧三年；又请百姓以年二十三为丁，五十九免役。神龙元年（705）十一月，百官上帝号为应天皇帝，后为顺天皇后。景龙元年（707）九月，又加号为顺天翊圣皇后。此亦模仿武后与高宗并称天皇、天后也。二年正月，宫中希旨，妄称后衣箱中有五色云出。帝使画工图之，出示于朝。乃大赦天下。内外五品已上，母、妻各加邑号一等。无妻者听授女。天下妇人八十已上，版授乡、县、郡等君。三年七月，表请诸妇人不因夫子而加邑号者，许同见任职事官，听子孙用荫。知太史事迦叶志忠上表曰："昔高祖未受命，天下歌《桃李子》；太宗未受命，天下歌《秦王破陈乐》；高宗未受命，天下歌《侧堂堂》；天后未受命，天下歌《武媚娘》；皇帝未受命，天下歌《英王石州》；皇后未受命，天下歌《桑条韦》。谨进《桑条歌》十二篇。伏乞宣布中外，进入乐府，皇后先蚕之时，以享宗庙。"兵部尚书宗楚客，又讽补阙赵延禧，表陈符命，解桑条以为十八代之符，请颁示天下，编诸史册。此则几欲与君代兴矣。冬，帝将亲祠南郊，国子祭酒祝钦明、郭山恽建议云：皇后亦合助祭，乃以后为亚献，此又武后之有事于泰山、梁父也。盖后之与政事，收人望，无一不与武后同，而其矫诬则又过之。其为欲践武后遗迹，了无疑义。夫后身受武后之祸，可谓极酷；且以武后之才，在高宗时得政之久，而亦终于颠覆，后何人斯？乃欲效之。抑后特一寻常妇人耳，何以有此大欲？其事殊不可解。案，中宗四子：长邵王重润，为武后所杀，已见上节。次谯王重福，次卫王重俊，次温王重茂，皆非后所生。重福之妃，张易之之甥也。后疑重润之死，重福实为之，言于中宗，贬为濮州刺史。今山东濮县。改均州，尝令州司防守。重俊立为太子。神龙二年（706）七月。盖亦非后所欲？后生四女，幼安乐公主，最为后所爱。史言主尝求为皇太女。《旧书·节愍太子传》云：或劝主请废重俊为王，自立为皇太女。《魏元忠传》云：主尝私请废节愍太子，立己为皇太女，中宗以问元忠，元忠固称不可，乃止。《韦后传》云：主请自立为皇太女，帝虽不从，亦不加谴。后岂以无子故，欲传之于女，故身冒不韪，而欲效武后之所为邪？不可知矣。

中宗盖极昏愚之主，故虽饱经忧患，而仍志昏近习，心无远图，惟取当年之乐。《旧书·本纪》赞语。朝政既紊，宫闱尤无轨范。太平、长宁、安乐、宜城、新都、定安、金城七公主，皆开府置官属。《新书·太平公主传》。长宁以下五公主，皆中宗女。《廿二史考异》云：神龙朝，公主别无封金城者。惟高宗女高安公主，始封宣城，神龙初进册长公主，实封千户，开府置官属。此金城或宣城之误。安乐尤骄。卖官鬻狱，势倾朝廷。尝自草制敕，掩其文，请帝书焉，帝亦笑而从之，竟不省视。左右内职，皆许时出禁中。于是上官昭容及宫人贵幸者，皆立外宅。朝官邪佞者候之，恣为狎游，祈其赏秩，以至要官。上官与其母郑氏，尚宫柴氏、贺娄氏，树用亲党，广纳货赂，别降墨敕授官。臧获屠贩，累居荣秩。《旧书·本纪》：神龙二年（706）三月，是月，大置员外官，自京诸司及诸州佐，凡二千余人。超授阉官七品已上及员外者千余人。广营佛寺，所费无艺。封家岁给绢至百二十万匹已上，而每年庸、调，多不过百万匹，少则七八十万而已。《旧书·韦嗣立传》。帝方幸玄武门，与近臣观宫女大酺。又遣宫女为市肆，鬻卖众物，令宰臣及公卿为商贾，与之交易，因为忿争。又于上元夜与皇后微行观灯。放宫女数千人看灯。因此多有亡逸者。令群臣集梨园球场，分朋拔河，与皇后、公主亲往观之。屡幸安乐公主及群臣第宅山庄。游骊山。临渭修禊饮。其在宫中，则武三思至与韦后共御床博戏，而帝从旁典筹。国子祭酒叶静能善禁架，常侍马秦客善医，光禄少卿杨均善烹调，皆引入后庭。史言均、秦客烝于后，虽未必实，然其黩乱，则可谓古今所罕矣。

重俊既为太子，安乐公主常凌忽之。重俊因此忿怨。景龙元年（707）七月，与左羽林大将军李多祚，右羽林将军李思冲、敬玄子。李承况，高祖子楚哀王子云嗣玄孙。独孤祎之、沙吒忠义等矫制发羽林、千骑三百余人，杀武三思、崇训于其第。使左金吾大将军成王千里本名仁，吴王恪子。及其子天水王禧分兵守宫城诸门，而自率兵趋肃章门，斩关而入。求韦后及安乐公主所在。叩阁索上官昭容。后及公主拥帝驰赴玄武门楼，召羽林留军自卫。多祚兵至，帝凭槛谕之。千骑倒戈斫多祚、承况、祎之、忠义等。余党溃散。重俊奔终南山，为左右所杀。是役也，魏元忠与其谋。其子太仆少卿升实从重俊，为乱兵所杀。元忠因此贬务川尉，务川县，今曰婺川，属贵州。道卒。史称李多祚犹豫不战，元忠又持两端，故败。《旧·元忠传》。盖二人皆非犯上作乱之徒，故临事不能果决也。元忠文人，且已老，多祚则拥立中宗者，夫岂有叛心？二人亦与重俊之谋，而朝局之危可知矣。

太平公主多权略，则天以为类己，每与谋议，又与诛张易之，韦后、上官昭容皆自以为智谋不及，甚惮之。《旧书》公主事见《外戚传》中。重俊既败，安乐公主、宗楚客使冉祖雍奏太平、相王，皆与于重俊之谋。御史中丞萧至忠保持相王，乃免。于时朝臣攻武、韦者甚众。武后时请复辟之苏安恒，时为集艺馆内教，或言其与重俊之谋，下狱死。先是雍州人韦月将、高轸并上疏言三思父子，必为逆乱。三思知而求索其罪。有司希旨，奏月将当弃市，轸配流岭外。黄门侍郎宋璟执奏，月将乃得配流岭南，广州都督周仁轨仍杀之。《通鉴考异》引《朝野佥载》。三思怒，斥璟为外职。武崇训之死，武延秀复尚安乐公主，故武氏之势不减。有燕钦融者，景龙末，为许州司户参军，再上书斥韦后干与国政，与安乐公主、武延秀等图危社稷。中宗召至廷，扑杀之。又有博陵人郎岌，博陵见第二章第四节。亦表言后及宗楚客乱被诛。此等疏逖之人，何与朝廷之事？而其言之不已如此，知必有阴主之者。观于此，而知危机之潜伏者深矣。

## 第七节　玄宗之立

景龙四年（710），是岁，韦后临朝，改元为唐隆，睿宗立，又改为景云。六月，中宗崩。《旧书·本纪》云：时安乐公主志欲皇后临朝称制，而求立为皇太女，由是与后合谋进鸩。《通鉴》云：马秦客、杨均得幸于后，恐事泄被诛，安乐公主欲后临朝，自为皇太女，乃相与合谋，于饼馅中进毒。《旧书·韦后传》，既云帝"遇毒暴崩"，又云：时马秦客侍疾，议者归罪于秦客及安乐公主；则时帝实有疾，以为死于鸩毒，事亦近诬。然韦后不能总揽朝权，则必有乘机而起者，相王本曾居宸极，其必遭疑忌者势也。时相李峤，尝密表请措置相王诸子，勿令在京。而太平公主与上官昭容谋，草遗制，立温王重茂为太子，皇后知政事，而以相王参谋，盖亦欲持两端。《新书·昭容传》云：始从母子王昱为拾遗，昱戒曰：上往困房陵，武氏得志矣，卒中兴，天命所在，不可幸也。三思虽乘衅，天下知必败，今昭容上所信而附之，且灭族，郑以责婉儿，不从。节愍诛三思，果索之，始忧惧。及草遗制，即引相王辅政。临淄王兵起，被收。婉儿以诏草示刘幽求，幽求言之王，王不许，遂诛。乱世处权势之地者，其机实至危，迫而思自全之计，固理所可有也。然韦后之党，不以是为已足。宗楚客乃云："皇后于相王为嫂叔。嫂叔不通问"，卒罢之。后与从兄韦温定策，温，玄贞兄玄俨之子。以刑部尚书裴谈、工部尚书张锡知政事，留守东都。又命左金吾大将军赵承恩，及宦者左监门卫大将军薛思简率兵往均州，以备谯王重福。立温王重茂为皇太子。召诸府兵五万人屯京城，列为左右营，然后发丧。少帝即位，时年十六。尊后为皇太后，临朝称制。后令韦温总知内外兵马，守援宫掖。驸马韦捷、温弟滑之子，尚中宗女成安公主。韦濯玄贞世父弘庆之孙。尚定安公主，即王同皎妻也，同皎死，更嫁濯。分掌左右屯营。武延秀及温从子播、温兄灌之子。族弟璿、玄贞弟玄昭之子。外甥高崇一作嵩。共典左右羽林及飞骑、万骑。又遣使诸道巡抚。然京城恐惧，相传将有革命之事，往往偶语，人情不安。盖已成惊弓之鸟也。

相王子临淄王隆基居京师，尝阴接万骑豪俊。兵部侍郎崔日用，素附三思、延秀及宗楚客，恐祸及，往输诚，潜谋推戴。隆基与太平公主谋，公主使子卫尉卿薛崇简从，又与苑总监钟绍京及刘幽求等谋之。时韦播、高崇分押万骑，数榜棰以取威，万骑皆怨，果毅葛福顺、陈玄礼诉之隆基。隆基使幽求讽以诛韦氏，皆踊跃愿从命。果毅李仙凫亦与谋。隆基乃微服与幽求入苑中，止绍京廨舍。使福顺、仙凫夜攻玄武门。入羽林军，杀韦璿、韦播及高崇，送首隆基。绍京率丁匠从隆基出，使福顺攻玄德门，仙凫攻白兽门，斩关而入。宿卫梓宫之兵闻噪声，皆被甲应之。韦后惶惑，走入飞骑营，为乱兵所害。安乐公主及武延秀亦见杀。诛上官昭容。明日，迎相王入禁中。杀韦温、宗楚客、纪处讷、马秦客、杨均、叶静能等。韦巨源闻乱，出至都街，为乱兵所杀，年八十矣。崔日用诛诸韦于杜曲，在长安南。襁褓儿无免者。武氏宗族，缘坐诛死及配流殆尽。盖至是而武韦之势，始一大挫矣。少帝下诏让位于相王。相王即位，是为睿宗，迁谯王重福为集州刺史。今四川南江县。初韦后之临朝也，贬吏部侍郎郑愔为江州司马。见第二章第七节。愔潜过均州，与重福及洛阳人张灵均谋诛韦氏。未发而韦氏败。据《通鉴》。灵均说重福直诣洛阳，袭杀留守，西据陕州，今河南陕县。东下河南北，重福乃遣家臣王道先赴东都，潜募勇敢，而与灵均自均州乘驿继进。愔时自秘书少监左迁沅州刺史，今湖南沅陵县。亦迟留洛阳以俟之。洛州长史崔日知日用弟。洛州见第二章第三节。破获王道之党。

留台侍御史李邕谕屯营兵拒重福，破之。重福投漕河死。灵均及憍皆斩于东都市。时八月也。明年正月，改封温王为襄王，迁于集州，遣兵守卫。玄宗开元二年（714），转房州刺史，见第二节。寻薨，时年十七，谥曰殇皇帝。

睿宗六子：长宋王成器，次申王成义，次临淄王隆基，次岐王隆范，次薛王隆业，次隋王隆悌。隆悌早薨。韦氏之败，以临淄王为平王，旋立为太子。刘幽求、钟绍京等虽知机务，旋即罢去，而以姚元之、宋璟为相，罢斜封墨敕官，革正选务，纲纪颇振起矣。然太平公主，自中宗已来，进达朝士，多至大官。词人后进，造其门者，或有贫窘，则遗之金帛。及此，又提下幼主，授天下于睿宗。《新书》本传云：将立相王，未有以发其端者。主顾温王儿子，可劫以为功，乃入见王曰："天下事归相王，此非儿所坐。"乃掖王下，取乘舆服进睿宗。军国大政，事必参决，如不朝谒，则宰相就第议其可否。其必不能自远于权势也审矣。乃数为流言云："太子非长不当立。"以宰相韦安石不附己，欲倾之，赖郭元振救之，乃免。《旧书·安石传》曰：太平公主与窦怀贞等潜有异图，引安石与其事，屡使子婿唐晙邀安石至宅，安石竟拒不往。睿宗尝密召安石，谓曰："闻朝廷倾心东宫，卿何不察也？"安石对曰："陛下何得亡国之言？此必太平之计也。"睿宗矍然曰："朕知之矣，卿勿言也。"太平于帘中窃听之。乃构飞语，欲令鞠之，赖郭元振保护获免。又尝乘辇邀宰相于光范门，讽以易太子，以宋璟抗言而罢。景云二年（710）正月，郭元振、张说皆同平章事。二月，宋璟与姚元之密言于上，请出宋王及高宗孙豳王守礼于外，罢岐、薛二王左右羽林大将军，使为卫率，以事太子，而安置太平公主于蒲州，从之。张说又进言，命太子监国。未几，太子奏宋璟、姚元之离间姑、弟，皆外出。豳、宋二王出刺之命亦寝。五月，复以太子请，召太平公主还京师。十月，张说转尚书左丞，留司东都。明年先天元年。六月，武攸暨卒。七月，星官言帝坐前星有变。八月，帝传位于太子，是为玄宗。然惟知三品已下除授及徒罪而已，其军国大务并重刑狱，太上皇并兼省之。《通鉴考异》引《睿宗实录》。是月，刘幽求为右仆射，同三品，与右羽林将军张暐谋以羽林军诛太平。侍御史邓光宾泄其谋，三人皆流岭外。崔湜讽广州都督周利贞杀幽求，桂州都督王晙知其谋，留幽求不遣，乃免。十一月，上皇诰遣皇帝巡边。又明年，先天二年（713），玄宗开元元年（713）。二月，乃罢之。六月，郭元振同三品，时宰相七人，窦怀贞、萧至忠、岑羲、崔湜皆太平党，而元振与魏知古、陆象先不附。新、旧《书》传皆云：宰相七人，五出其门。《通鉴考异》云：《唐历》曰：宰相有七，四出其门。或者新、旧《传》并象先数之，《唐历》不数象先耳。案，新、旧《书·象先传》，亦皆言其不附太平。左羽林大将军常元楷、知右羽林将军事李慈皆私谒主。主乃谋使元楷、慈举羽林兵入武德殿，羲、至忠举兵南衙应之。王琚者，初与王同皎善，同皎败，变姓名亡去，后事玄宗于东宫。及即位，拜中书侍郎。言不可不速发。张说亦自东都使人遣上佩刀，劝速决，崔日用自荆州长史入奏事。劝上先定北军，后收逆党，帝从之。以为吏部侍郎。七月，魏知古告公主欲以是月四日作乱。三日，上与岐、薛二王、元振、琚、日用等定策。王毛仲者，高丽人。父以犯事没官。与李宜德俱事玄宗为奴。玄宗之入苑，宜德从之，毛仲避不入，数日而归。玄宗不之责，而超授将军。玄宗之监国，奏改左右万骑曰龙武军，与左右羽林为北门四军，以葛福顺等为将军。毛仲专知东宫驰马、鹰狗等坊。及是，因毛仲取闲厩马及兵三百余人，自武德殿入虔化门，召元楷、慈先斩之，又诛至忠、羲、怀贞等。崔湜流窦州，在今广东信宜县南。宫人引其同谋进毒，赐死。太平逃入山寺，三日乃出，赐死于家。诸子、党与，死者数十人，惟薛崇简以数谏其母获免。于是上皇诰：自今军国刑政，一听皇帝处分。武氏余孽，至斯而尽，时局乃有澄清之望矣。

# 第五章　开元天宝治乱

## 第一节　玄宗政治

开元、天宝，世皆以为有唐盛衰治乱之界，其实非也。传曰：拨乱世，反之正，欲言拨乱，则必举致乱之原而尽去之，玄宗则安能？彼其放纵淫乱之习，一切无异于前人，特即位之初，承极乱之后，不得不稍事整顿耳。积习既深，终难自拔，则阅时不久，复蹈前人之覆辙矣。

国于天地，必有与立。专制之世，所恃为桢干者，士大夫之气节也，而唐世则最阙于是。长孙无忌、褚遂良等，号称正人，校其所为，亦何莫非植党死权？而武、韦之朝，更不必论矣。玄宗之起，扶翼之者，亦多倾险之士。《旧书·崔日用传》：日用尝语人曰："吾一生行事，皆临时制变，不专守始谋，每一念之，不觉芒刺之在背也。"当时如此者，岂独一日用而已？帝于此辈，能速去之，如刘幽求、钟绍京、王琚等，皆暂用即斥。郭元振旧有勋劳，且有讨萧、岑之功，帝于骊山讲武，顾以军容不振，坐诸纛下，欲斩之，盖亦所以挫折之也。姜皎藩邸之旧，即位拜殿中少监，与诛韦氏之谋，迁太常卿，出入卧内，亲宠无比；弟晦，亦历御史中丞、吏部侍郎，宋璟请抑损之，亦即放归田园。而用姚崇、宋璟，崇以开元元年（713）相，璟以四年相。史称崇善应变，承权戚干政之后，罢冗职，修制度，择百官；璟善持正，务清政刑，使官人皆任职；此其所以获致一时之治也，然为时初不久。开元九年，张说相，导帝以行封禅，而骄盈之志萌矣。

帝于诸王，外示敦睦，实则禁约甚严。驸马都尉裴虚己，坐与岐王范即隆范，避帝讳去隆字。游燕，配徙岭外，并离其妻睿宗女霍国公主。万年尉刘庭琦，大祝张谔，皆坐与范饮酒赋诗见黜。开元十三年（725），帝不豫，薛王业即隆业。妃弟内直郎韦宾与殿中监皇甫恂私议休咎，事发，宾杖杀，恂左迁。

此等事似乎过当，然前三年，开元十年。尚书左领军兵曹权楚璧，尚与其党李齐损等作乱，立楚璧兄子，诈称为襄王重茂之子。见《通鉴》。则知承置君如弈棋之后，人心不免浮动，帝之禁约诸王，不令与外人交结，亦有所不得已也。

武韦之世，奢侈之风，可谓荡焉无复纲纪。宗楚客败，太平公主观其第，叹曰："见其居处，吾辈乃虚生耳。"即此一事，可概其余。睿宗正位，初未能少拯其敝。睿宗先天元年（712）正月，幸安福门观酺，三日夜。七月，幸安福门观乐，三日乃止。二年正月，上元日，御安福门，出内人连袂踏歌，纵百僚观之，一夜方罢。二月，初有僧虔婆陀请夜开门，然灯百千炬，三日三夜。皇帝御延喜门，观灯纵乐，凡三日夜，左拾遗严挺之上疏谏，乃止。睿宗女金仙、玉真两公主，皆为道士，筑观京师。公主以方士史崇玄为师，观之筑，即由崇玄护作，日役万人。而佛寺之兴造尤盛。玄宗立，乃思矫之。开元二年（714）正月，姚崇上言，请检责天下僧尼，以伪滥还俗者，二万余人。《旧书·本纪》。敕所在毋得创建佛寺，旧寺颓坏应葺者，诣有司陈牒，检视然后听之。《通鉴》。六月，内出珠玉、锦绣、服玩。《旧书·本纪》。《纪》云：又令于殿前焚之，此即下引七月乙未敕，纪终言之耳。七月，乙未，制乘舆服御；金银器玩，宜令有司销毁，以供军国之用。其珠玉、锦绣，焚于殿前，后妃以下，皆毋得服。戊戌，敕百官所服带及酒器、马衔镫，三品以上，听饰以玉，四品以金，五品以银，自余皆禁之。妇人服饰，从其夫子。其旧成锦绣，听染为皂。自今天下更毋得采珠玉、织锦绣等物。罢两京织锦坊。《通鉴》。此等禁令，未知其效如何，要胜于坐视其流荡也。

然唐之宫廷，夸毗之习深矣，帝初非拔俗之流，其安能久自振饬？帝以开元十三年（725）封泰山，历汴、宋、许，车骑数万，王公、妃主、四夷君长马、橐驰亦数万，所顿弥数十里焉。《新书·齐浣传》。名曰登封，实游观也。先是已祠后土于汾阴。开元十一年。汾阴，汉县，唐改曰宝鼎，在今山西荣河县北。后又欲封西岳，而西岳庙适灾，天又久旱，乃止。天宝九载（750）。帝屡幸东都及骊山，于西京、东都往来之路作行宫千余间。《通鉴》开元二十二年。广温泉宫为华清宫，环宫所置百官区署。《新书·房琯传》。华清宫，在今陕西临潼县南。选乐工数百人自教之，号皇帝弟子。以置院近禁苑之黎园，又云黎园弟子。见《旧书·音乐志》。尝在东都酺五凤楼下，命三百里内县令、刺史，各以声乐集。《新书·元德秀传》。此何异于隋炀帝之所为邪？帝即位之初，吴兢上言：比见上封事者，言有可采，但赐束帛，未尝蒙召见，被拔擢，其忤旨则朝堂决杖，传送本州，或死于流贬。此睿宗之败德，殊不闻帝能干蛊，而谀媚之风大开。《旧书·本纪》：开元二十五年，大理少卿徐岵奏天下断死刑五十八，鸟巢狱上。亦见《刑法志》。二十八年，又书频岁丰稔，京师米斛不满二百，天下乂安，虽行万里，不持兵刃，与贞观史官之娇诬，如出一辙。见第三章第一节。

唐之亡也，以禁军及宦官，启之者帝也。帝之任用王毛仲、李宜德，已见第四章第七节。即位之后，毛仲至为大将军，封公，持节充朔方道防御大使。从东封，加开府仪同三司，自帝即位以来，得此者，后父王同皎及姚崇、宋璟而已。毛仲子娶葛福顺女，及宜德等数十人，皆倚之为不法。至开元十九年（731），乃皆远贬。毛仲于道见杀。《旧书·文苑·齐浣传》：浣为吏部侍郎，乘间论毛仲等曰："福顺典兵马，与毛仲婚姻，小人宠极则奸生，若不豫图，恐为后患，惟陛下思之。高力士小心谨慎，又是阉官，便于禁中驱使，腹心之委，何必毛仲？臣闻君不密则失臣，臣不密则失身，惟圣虑密之。"玄宗嘉其诚，谕之曰："卿且出，朕知卿忠义，徐俟其宜。"会大理麻察，坐事出为兴州别驾。兴州，今陕西略阳县。浣与察善，出城钱之，因道禁中谏语。察性噂沓，遽奏之。玄宗怒。令中书门下鞫问。又召浣于内殿，谓之曰："卿疑朕不密，翻告麻察，何邪？察轻险无行，常游太平之门，卿不知邪？"浣免冠顿首谢。乃贬高州良德丞，又贬察为浔州皇化尉。高州见第二章第三节。良德，在今广东茂名县东。浔州，今广西桂平县。皇化在其东。此事在开元十七年。《通鉴》。北门诸将，几于尾大不掉矣。帝于刘幽求、王琚等，皆去之如振槁，独于毛仲等豢之至于如此，岂不由其欲倚为腹心邪？齐浣知论此，而必以高力士易毛仲，知帝之所信，在中宫，不在外廷也。此岂有君人之量邪？史言诸将中惟陈玄礼淳朴自守，然他日马嵬之变，唱六军而作难者又何人？然则虽去葛福顺等，禁军之患，又曷尝能弭也？《通鉴》：开元二十年，渤海帅"海贼"寇登州，命右领军将军葛福顺发兵讨之。胡三省曰：去年春，葛福顺以党附王毛仲贬，今则仍为宿卫，盖毛仲既诛，福顺等复叙用也。案，此事亦见新、旧《书·本纪》，《旧书》作左领军将军盖福顺，《新书》作盖福慎，与葛福顺似非一人。胡说恐误。登州，今山东蓬莱县。

高力士者，潘州人，潘州，今广东茂名县。冯盎曾孙，而内侍高延福之养子也。初太宗定制，内侍省不置三品官。则天称制，二十年间，差增员位。神龙中，宦者三千余人，超授七品以上员外官者千余人，然衣朱紫者尚寡。玄宗在位既久，中官稍称旨者，即授三品左右监门卫将军。开元、天宝中，长安大内、大明、兴庆三宫，皇子十宅院，皇孙百孙院，开元时，皇子幼多居禁内，既长，诏附苑城为大宫，分院而处，号十王宅，举全数也。既诸孙多，又于宅外更置百孙院。东都大内、上阳两宫，大率宫女四万人，品官黄衣已上三千人，朱紫者千余人。杨思勖持节讨伐，黎敬仁、林招隐奉使宣传，尹凤祥主书院，而力士知内侍省事。四方文表，必先呈然后进御，小事便决之。史言宇文融、李林甫、李适之、盖嘉运、韦坚、杨慎矜、王铁、杨国忠、安禄山、安思顺、高仙芝，皆因之而取将相高位，其余职不可胜纪。《旧书》本传。《新书》略同，惟无李适之。宦官之监军者权过节度，出使者列郡辟易，郡县丰赡者，一至军则所冀千万计，修功德，市鸟兽，诣一处则不啻千贯，皆在力士可否云。力士谨慎无显过，然其实权之大，则历代宦寺所罕也。

帝之败德，尤在好色。帝后王氏无宠。次子瑛，母赵丽妃，本伎人，帝在潞州时得幸，帝景龙二年（708），为潞州别驾，四年乃入朝。潞州，今山西长治县。开元二年（714），立为太子。武惠妃者，攸止女，即位后得幸。生夏悼王一、怀哀王敏，皆褓襁不育。后又生寿王瑁第十八。及盛王琦。第二十一。十一年，王皇后以符厌废，将遂立惠妃为后，已而不果。《新书·后妃传》云：御史潘好礼疏谏，并载其疏辞。《通鉴考异》谓其疏不足信。见开元十四年。帝在藩邸，鄂王瑶。第五。母皇甫德仪，光王琚。第八。母刘才人，亦皆有宠，及惠妃宠幸，亦渐疏。瑛于内第，与二王等常有怨望。惠妃女咸宜公主，出降杨洄，洄日求其短，谮于惠妃，惠妃泣诉于帝，谓太子结党，将害妾母子，亦指斥至尊。玄宗谋于宰相，意将废黜，张九龄不可，事且寝，而李林甫代九龄为中书令。二十五年四月，杨洄又构于惠妃，言瑛兄弟三人，与太子妃兄薛锈，常构异谋。玄宗召宰相筹之。林甫曰："此陛下家事，臣不合参知。"玄宗意乃决。使中官宣诏于宫中，并废为庶人。锈配流，俄赐死于城东驿。瑛、瑶、琚寻亦遇害。十二月，惠妃薨。明年六月，立忠王玙为皇太子。第三。后改名绍，二十七年九月。又改名亨。天宝三载（744）。《旧书·李林甫传》言：林甫因中官匀惠妃，愿保护寿王，惠妃阴助之，因此得为相。太子废，林甫请立寿王。玄宗曰："忠王仁孝，年又居长，当守器东宫。"乃立为皇太子。自是林甫惧，巧求阴事，以倾太子。《新书·高力士传》曰：太子瑛废，武惠妃方嬖，李林甫等皆属寿王。帝以肃宗长，意未决。居忽忽不食。力士曰："大家不食，亦膳羞不具邪？"帝曰："尔我家老，揣我何为而然？"力士曰："嗣君未定邪？推长而立，孰敢争？"帝曰："尔言是也。"储位遂定。盖瑛废而惠妃旋死，故力士敢言之，而林甫亦不复坚持也。然异时大狱，潜伏于此矣。

武惠妃死而杨妃宠，其纵侈，乃十倍于惠妃。杨妃者，父曰玄琰，始为寿王妃。惠妃死，后庭无当帝意者，或言妃姿质天挺，遂召纳禁中。为出自妃意者，丐籍女官，号太真。《新书》本传。《通鉴》：开元二十三年（735）十二月。册故蜀州司户杨玄琰女为寿王纪。《考异》曰：《实录》载册文云玄璬长女。按陈鸿《长恨歌传》云：诏高力士潜搜外宫，得杨玄琰女于寿邸。《旧·贵妃传》云：玄琰女，早孤，养于叔父玄璬。又云：玄琰女容色冠代，宜蒙召见，时妃衣道士服，号太真。旧史盖讳之耳。蜀州，今四川崇庆县。天宝四载（745）八月，册为贵妃。姊三人，并封国夫人。韩国、虢国之封，事在七载十月，见《旧书·本纪》。《国忠传》云：三夫人同日拜命。叔玄珪，为光禄卿。再从兄铦，鸿胪卿；锜，侍御史，尚武惠妃女太华公主。杨国忠者，妃之从祖兄，本名钊。蒲博无行，为宗党所鄙，乃发愤从蜀军。蜀大豪鲜于仲通颇资给之。玄琰死蜀州，国忠护视其家，因与妹通。虢国。剑南节度使治益州。章仇兼琼与李林甫不平，闻妃新有宠，思结纳之，使仲通之长安，仲通辞，而以国忠见。兼琼表为推官，使部春贡长安，与以蜀货百万。国忠至京师，见群女弟，致赠遗，诸杨日为兼琼誉，而言国忠善樗蒲。玄宗引见，稍入供奉，累迁监察御史，擢兼度支员外郎，领使五十余。子暄，尚延和郡主。昢，尚万春公主。玄宗女。妃弟鉴，尚承荣郡主。韩国夫人婿秘书少监崔峋。女为代宗妃，虢国男裴徽，尚代宗女延安公主。《旧书·后妃传》。《新书·公主传》：肃宗女郜国公主，始封延光，下嫁裴徽，《旧书》恐误。女嫁让帝男。让帝，即宋王成器，见第四章第七节。后更名宪。以让储位于玄宗追谥。秦国夫人婿柳澄，先死。男钧，尚长清县主。澄弟潭，尚肃宗女和政公主。韩、虢、秦三夫人与铦、锜等五家，每有请托，府县承迎，峻如诏敕。四方赂遗，其门如市。甲第洞开，僭拟宫掖。车马仆御，照耀京邑，递相夸尚。每构一堂，费逾千万，见制度宏壮于己者，即彻而复造，土木之工，不舍昼夜。玄宗颁赐，及四方献遗，五家如一，中使不绝。玄宗凡有游幸，贵妃无不随侍。乘马则高力士执辔授鞭。宫中供贵妃院织锦、刺绣之工，凡七百人，雕刻、镕造，又数百人。扬、益、岭表刺史，必求良工，造作奇器、异服，以奉贵妃献贺，因致擢居显位。玄宗每年十月幸华清宫，国忠姊妹五家扈从，每家为一队，着一色衣，五家合队，照映如百花之焕发。而遗钿、坠舄，瑟瑟，珠翠，璨烂芳馥于路。其纵侈，盖又轶武、韦之世矣。《新书·后妃传》云：铦、秦国早死，韩、虢与国忠贵最久。

所以能如是其侈者，则计臣之聚敛实为之。《新书·食货志》云：玄宗时，海内富实。米斗之价钱十三，青、齐间斗才三钱。绢一匹钱二百。道路列肆，具酒食以待行人，店有驿驴，行千里不持尺兵。天下岁入之物：租钱二百余万缗，粟千九百八十余万斛，庸、调绢七百四十万匹，绵百八十余万屯，布千三十五万余端。天子骄于佚乐而用不知节，大抵用物之数，常过其所入，于是钱谷之臣，始事朘刻。《旧书·食货志》云：掌财赋者，开元以前，事归尚书省；开元以后，权移他官。开元中，有御史宇文融，献策括籍外剩田，色役伪滥及逃户，许归首免五年征赋，每年量税一千五百钱。置摄御史，分路检括隐审，得户八十余万，田亦称是。得钱数百万贯。事在开元九年（721）。《旧书》本传曰：奏置劝农判官十人，并摄御史，分往天下。《新书》及《通典》并云二十九人，《通典》且列其姓名，则《旧书》误也。《旧书》又云：所括皆虚张其数，亦有以实户为客者。玄宗以为能，数年间，拔为御史中丞、户部侍郎。事在开元十二年。《旧书》本传曰：融乃驰传巡历天下，事无大小，先牒上劝农使而后申中书，省司亦待指按而后决断，其侵官如此。杨崇礼为太府卿，清严善句剥。分寸锱铢，躬亲不厌。转输纳欠，折估渍损，必令征送，天下州县征财帛，四时不止。崇礼正道子。《旧书》事见其子慎矜传，云为大府卿二十年，公清如一，其人实一畜聚之臣，不能以其事侈欲之主，而并没其才守也。及老病致仕，事在开元二十一年，时崇礼年九十余矣。以其子慎矜为御史，专知大府出纳；其弟慎名，又专知京仓；皆以苛刻害人，承主恩而征责。《旧书·慎矜传》曰：诸州纳物，有水渍伤败及色下者，皆令本州征折估钱，转市轻货。此与韦坚同，皆括诸州之财，以归诸中央者也。又有韦坚，规融、慎矜之迹，乃请于江淮转运租米。取州县义仓粟，转市轻货，差富户押船。若迟留损坏，皆征船户。开关中漕渠，凿广运潭，以挽山东之粟，岁四百万石。坚以天宝元年（713）为陕郡太守，领江淮租庸转运使。于咸阳截灞、浐水，引至长安城东，与渭合，以通长安至关门运渠。陕郡，即陕县。咸阳县，今属陕西。帝以为能，又至贵盛，王铁进计，奋身自为户口色役使。事在天宝四载。铁，方翼孙。征剥财货，每岁进钱百亿，宝货称是。云非正额租庸，便入百宝大盈库，以供人主燕私赏赐之用。《旧书·杨炎传》曰：旧制：人丁戍边者，蠲其租庸，六岁免归。玄宗方事夷狄，戍者多死不反，边将怙宠而讳不以死申，故其贯籍之名不除。至天宝中，王铁为户口使，以丁籍且存，丁身焉往？是隐课而不出耳。遂案旧籍，计除六年之外，积征其家三十年租庸。又《陆贽传》：德宗于奉天行在贮贡物于廊下，仍题琼林、大盈二库名。赞谏曰：琼林、大盈，自古悉无其制。传诸耆旧，皆云创自开元。贵臣贪权，饰巧求媚。乃言郡邑贡、赋，所用盍各区分？赋税当委于有司，以给经用，贡献宜归于天子。以奉私求，玄宗悦之，新是二库，荡心侈欲，萌柢于兹。逮乎失邦，终以饵寇。玄宗日益眷之，数年间，亦为御史大夫、京兆尹，带二十余使。又杨国忠，借椒房之势，承恩幸，带四十余使，云经其听览，必数倍弘益，又见宠贵。夫谷帛降贱，适益耕夫织妇生计之艰。货物流衍，更开驵侩豪民并兼之路。若此者，往往外观繁盛，实则贫富愈不均。富者恣其骄奢，贫者耻不逮焉而追随于后，则俗益坏而民益嚣然愁苦，不聊其生。事势如斯，最宜警惕，而唐人转以是称开元为全盛，只见其昧于治体也。国家取民虽薄，利亦或不在民，而归于中饱，搜剔征责，谁曰不宜？然亦视其用之之如何。若竭天下之资财，以供一人之侈欲，则其贤于中饱者几何？而中饱者究犹有所惮也。且搜剔征责者，岂能域于吏而不及于民乎？欲剥民者，不益得所借手乎？故曰：与其有聚敛之臣，宁有盗臣。

玄宗治绩之衰，盖自其相张说时始。开元十四年（726），杜暹以安西都护入相，始开边将干进之端，十六年，宇文融继之，又开计臣柄政之路，理财用兵，实当时召乱之两大端也。十七年，张九龄相。九龄虽文人，颇称持正。二十二年，李林甫相。林甫者，高祖从父弟长平王叔良之曾孙，史称其"每事过慎，条理众务，增修纲纪，中外迁除，皆有恒度"，盖亦守成综核之才。玄宗在位岁久，倦于万机，遂一以委成，恣其宴乐。唐人本好党援进取，林甫尤耽宠固权，苟患失之，不惜举国事以为之殉，而朝局不可问矣。牛仙客者，王君㚟河西节度判官。萧嵩代君㚟，又以军事委之，竟代为节度，参看第三节。河西节度，治凉州。凉州见第三章第二节。后改朔方总管。朔方军，治灵州，见第三章第二节。玄宗欲用为尚书。九龄以其本出使典，不可。玄宗不悦，又以争废太子事忤旨。二十四年，遂罢九龄，相仙客。唯诺而已。天宝元年（742），仙客卒。林甫复引李适之。适之者，恒山王承乾之孙。雅好宾友，颇有时誉，亦务进取，则其势于林甫为逼，而龁龁之端以开。韦坚妹为太子妃。坚妻，姜皎女，林甫舅子也，初甚昵比，后稍不协。坚又与适之善。四载（745），林甫乃引为刑部尚书，而罢其诸使，实夺之权也。以杨慎矜代之。陇右节度治鄯州。皇甫惟明，故忠王友。时破吐蕃入献捷，见林甫专权，意不平，微劝上去之。林甫使杨慎矜密伺之。五载，正月望夜，太子出游，与坚相见。坚又与惟明同会景龙观道士之室。慎矜发其事，谓坚戚里，不合与边将狎昵。林甫因奏坚与惟明结谋，欲共立太子，贬坚为缙云太守，今浙江缙云县。惟明为播川太守。播川郡，即播州，见第四章第六节。李适之惧，自求散地，遂罢知政事。坚弟将作少匠兰，兵部员外郎芝，为兄讼冤，且引太子为言，上益怒。太子惧，表请与妃离昏。坚再贬江夏别驾，今湖北武昌县。兰、芝皆贬岭南。林甫因言坚与李适之等为朋党。坚长流临封，即封州。适之贬宜春太守。宜春见第二章第七节。坚亲党坐坚流贬者数十人。赞善大夫杜有邻，女为太子良娣。良娣姊为左骁卫兵曹柳勣妻。淄川太守裴敦复，荐勣于北海太守李邕，淄川，今山东淄川县。北海郡，即青州。邕，高祖子虢王凤之孙。勣至京师，又与著作郎王曾等为友，皆当时名士也。勣与妻族不协。为飞语，告有邻妄称图谶，交构东宫，指斥乘舆。林甫令京兆士曹参军吉温与御史鞫之。温者，京兆尹萧炅荐之林甫，与殿中侍御史罗希奭，俱为林甫爪牙，时人谓之罗钳吉网者也。鞫其狱，乃勣首谋。温令勣连引曾等。有邻、勣、曾等皆杖死。别遣希奭往按李邕。六载，邕及裴敦复皆杖死。希奭自北海如岭南，所过杀迁谪者。李适之忧惧，自杀。林甫又奏分遣御史至贬所，杀韦坚兄弟及皇甫惟明。又遣使于循河及江、淮州县求坚罪，收系纲典船夫，溢于牢狱，征剥逋户，延及邻伍，皆裸死公府，至林甫死乃止焉。王忠嗣者，父海宾，与吐蕃战死，忠嗣养于禁中，肃宗在忠邸，与之游处，后为河东、朔方节度使。河东军，治太原，见第二章第四节。皇甫惟明败，充河西、陇右节度。仍权知朔方、河东，至六载四月乃让还。林甫使人告其欲奉太子。玄宗怒，征入朝，令三司推讯。初玄宗使忠嗣取石堡城，忠嗣不可。边将董延光献策请取之，诏忠嗣分兵应接，忠嗣不为赏格，延光过期无功，诉忠嗣缓师。参看第四节。及是，上曰："吾儿在深宫，安得与外人通谋？此必妄也。"但劾其阻挠军功。三司奏忠嗣罪当死。哥舒翰代为陇右，力言之，乃贬汉阳太守。汉阳郡，即沔州，见第二章第七节。林甫是时之所为，似专欲危太子者，盖太子之立，本非其意，而林甫专权日久，玄宗春秋高，惧一朝晏驾，新君继世，有不测之祸，故为自全之计耶？玄宗意既不回，杨慎矜稍避事防患，因与王銈有隙。《旧书·杨国忠传》。此为林甫与銈构陷慎矜真相，盖其谋实有不可告人者在也。銈构其规复隋室，蓄异书，与凶人来往；说国家休咎。林甫使人发之。遂与兄慎余、弟慎名同赐自尽。銈兼京兆尹，威权转盛。子准既骄恣，弟锌尤凶险不法。十一载，锌所善邢𬘓与右龙武军、万骑谋作乱，杀宰相及杨国忠。事泄，伏诛。锌杖死。銈赐自尽。准与弟备流岭南，道杀之。初林甫以杨国忠怙宠敢言，援之为党，以按韦坚。于京城别置推院。连岁大狱，追捕挤陷，皆国忠发之。及国忠骤迁领五十余使，林甫始恶之。复相贼。王銈获罪，国忠代为御史大夫，权京兆尹。初突厥默啜政衰，九姓首领阿布思来降，见第二节。上宠之，赐姓名为李献忠。十载，禄山讨契丹，败绩。十一载，出兵将以报怨，请阿布思俱行。阿布思素与禄山不协，惧，叛归漠北。参看第五、第七节。国忠乃穷竟邢𬘓狱，令引林甫交私銈、锌、阿布思事状。南诏侵蜀，国忠遥领剑南节度，蜀人请其赴镇，见第六节。林甫奏遣之。将辞，泣陈必为林甫所排。帝怜之，不数月，召还。会林甫卒，十一月。遂代为右相。时安禄山方宠，国忠使人说之，禄山乃使阿布思部落降者诣阙，诬告林甫与阿布思约为父子。上信之，下吏按问。林甫婿谏议大夫杨齐宣惧累，附国忠证之。乃削林甫官爵。剖棺，抉取含珠，褫金紫，更以庶人礼葬。子孙有官者，皆除名流岭南、黔中。近亲党与坐贬者五十余人。朝局之鼎沸如此，益以边将之骄横，而乱迫眉睫矣。

## 第二节　开天边事一

唐代天宝之乱，原因孔多，边兵之重，要为其大者。唐初武功，看似卓越，实皆乘敌国之敝，非由兵力之强。故在高宗时，东西两面，业已遭受挫折；武、韦之世，敌势弥张。仍欲维持开国时之规模，则边兵不得不重。边兵重而内地空虚，朝纲弛紊，乱事遂一发而不可收拾矣。唐代武功，为今人所艳称，然昔人多惜其黩武而自敝，信有由也。今分述开、天时边事如下：

唐代大敌，自首突厥，然突厥再兴之后，不久亦即就衰。《旧书·突厥传》曰：景云中，默啜西击娑葛，破灭之。契丹及奚，自神功之后，常受其征役。其地东西万余里，控弦四十万。自颉利之后，最为强盛。神功下距景云凡十三年，默啜之势，盖初张于东，而后盛于西也。娑葛者，突厥别部突骑施酋长。贺鲁之平，以阿史那弥射、步真分统五咄陆、五弩失毕之众，已见第三章第六节。龙朔二年（662），二人从苏海政讨龟兹。步真怨弥射，且欲并其部，乃诬弥射谋反。海政不能察，即收斩之，步真死乾封时。咸亨二年（671），以西突厥部酋阿史那都支为匐延都督，以安辑其众。平贺鲁时，以处木昆部为匐延都督府。仪凤中，纪在二年（677）。都支自号十姓可汗，与吐蕃连和，寇安西。诏裴行俭讨之。行俭请毋发兵，可以计取。乃诏行俭册送波斯王子，并安抚大食，若道两蕃者。都支上谒，遂禽之。时调露元年（679）也。永隆中，又有阿史那车薄，自称十姓可汗，与咽面俱叛。永淳元年（682），命行俭往讨。未行卒。安西都护王方翼破平之。见新、旧《书》《本纪》及《行俭》《方翼传》。《纪》系其事于永淳元年，乃因行俭受命，方翼出征追书之，其叛自当在此之前，《旧书·方翼传》云永隆中是也。《新书》改为永淳中，误矣。咽面，羁縻州名，隶燕然都护府，长安二年（702），为都督府，隶北庭，见《地理志》。西姓益衰，二部人日离散。垂拱初，擢弥射子元庆、步真子斛瑟罗袭父所领及可汗号。长寿中，元庆坐谒皇嗣，为来俊臣所诬，要斩。流其子献于振州。圣历二年（699），以斛瑟罗为平西军大总管，令振抚国人。时突骑施乌质勒张甚，斛瑟罗不敢归，与其部人六七万内迁，死长安。《旧书·解琬传》：圣历初，充使安抚乌质勒及十姓部落。长安三年，召献还，袭兴昔亡可汗，为安抚招慰十姓大使、北庭大都护。四年，《旧书》云神龙中。以斛瑟罗子怀道为十姓可汗，兼濛池都护。未几，擢献为碛西节度使。时乌质勒帐落浸盛，稍攻得碎叶，即徙居之。谓碎叶川为大牙，弓月城、伊丽水为小牙。碎叶川见第三章第六节。弓月城见第四章第四节。伊丽水，即伊列河，见第三章第六节。尽并斛瑟罗地。神龙中，封怀德郡王。是岁死。子嗢鹿州都督娑葛袭。贺鲁之平，以突骑施索葛莫贺部为嗢鹿都督府。与阿史那阙啜忠节不和，阿史那姓，阙啜官名，忠节其人之汉名。屡相侵掠。阙啜兵众寡弱，渐不能支。安西都护郭元振奏请追阙啜入朝宿卫，移其部落于瓜、沙等州安置。瓜、沙州皆见第四章第四节。制从之。阙啜行至播仙城，贾耽入四夷路，播仙镇，故且末城，高宗上元中更名。与经略使周以悌遇。以悌劝其觊宰相宗楚客、纪处讷请留。仍发安西兵，并引吐蕃，以击娑葛，求阿史那献为可汗，以招十姓。使郭虔瓘历城人，时为西边将。历城县，今属山东。往拔汗那征甲马，以助军用。阙啜从之。元振闻其谋，疏言："用吐蕃非便。阿史那献不能招胁十姓。又言吐蕃频年亦册献兄俀子、叔仆罗、拔布相次为可汗，亦不能招得十姓，皆自磨灭。往年虔瓘已曾与忠节擅入拔汗那，税甲税马不得，拔汗那不胜侵扰，转南句吐蕃，将俀子重扰四镇"。疏奏，不省。而遣摄御史中丞冯嘉宾持节安抚阙啜，御史吕守素处置四镇。除牛师奖为安西副都护，便领甘、凉已西兵、募，兼征吐蕃，以讨娑葛。娑葛发兵掩擒阙啜，杀嘉宾，又害守素、使弟遮弩率兵盗塞。师奖与战，败死。遂陷安西。时景龙二年（708）十一月也。楚客又请以周以悌代元振，使阿史那献为十姓可汗，置军焉耆，以取娑葛。元振使子鸿间道奏其状。以悌竟得罪，流于白州。今广西博白县。复以元振代以悌。赦娑葛罪，册为十四姓可汗。胡三省曰：西突厥先有十姓，今并咽面、葛逻禄、莫贺达干、都摩支为十四姓。莫贺达干、都摩支，见下节。西土遂定。娑葛与遮弩分治其部。遮弩恨众少，叛归默啜，请为乡道，反攻其兄。默啜留遮弩，自以兵二万击娑葛，擒之。归语遮弩曰："汝兄弟不相协，能事我乎？"两杀之。《旧书》曰：自垂拱已后，十姓部落，频被默啜侵略，死散殆尽。案，默啜之立，乃在天授，安得垂拱时已掠十姓？而垂拱上距永淳，不过三岁，即骨咄禄亦初起，不能侵略十姓也。然张仁愿筑三受降城，事在景龙元年，《传》云乘默啜尽众西击娑葛之虚，则默啜与娑葛构兵，不自遮弩叛降始。彼自圣历已后，未尝大举寇边，盖其兵锋实已渐移于西也。娑葛之亡，实为默啜之极盛。然默啜虐用其下。既年老，愈昏暴，部落怨叛。开元二年（714），使子同俄特勒、妹婿火拔颉利发攻北庭。都护郭虔瓘击之，斩同俄城下。火拔不敢归，携妻子来奔。于是默啜属部，纷纷降附，分崩离析之机肇矣。默啜讨九姓，战碛北，九姓溃，人畜多死。思结等部来降。此据《新书》。《旧书》云：与九姓首领阿布思等战，阿布思来降。阿布思盖思结部之酋长也。默啜又讨九姓拔野古，战独乐河，见第二章第二节。拔野古大败。默啜轻归不为备，道大林中，拔野古残众突出，击斩之。与入蕃使郝灵佺传首京师，时开元四年六月也。骨咄禄之子阙特勒鸠合旧部，杀默啜子小可汗及诸弟并亲信略尽。立其兄左贤王默棘连，是为毗伽可汗，国人谓之小杀。

　　毗伽可汗立未几，而有河曲降人叛变之事。《旧书·王晙传》曰：默啜为九姓所杀，其下酋长，多款塞投降。《突厥传》曰：降户阿悉烂、跌跌思泰等自河曲叛归。案，跌跌思泰，乃默啜未死时来降者。置之河曲之内。俄而小杀继立，降者渐叛。晙时为并州长史，上疏言："降者部落，不受军州进止，辄动兵马，屡有伤杀，私置烽铺，潜为抗拒，公私行李，颇实危惧。北虏如或南牧，降户必与连衡。臣问没蕃归人，云却逃者甚众。南北信使，委曲通传，此辈降人，翻成细作，倘收合余烬，来逼军州，虏骑凭陵，胡兵应接，表里有敌，进退无援。望至秋冬之际，令朔方军盛陈兵马，告其祸福。啖以缯帛之利，示以麋鹿之饶，说其鱼米之乡，陈其畜牧之地，并分配淮南、河南宽乡安置。虽复一时劳弊，必得久长安稳。二十年外，渐染淳风，将以充兵，皆为劲卒。若以北狄降者，不可南中安置，则高丽俘虏置之沙漠之曲，西域遍甿散在青、徐之右，何独降胡，不可移徙？谋者必言降户旧置河曲，昔年既得康宁，今日还应稳便。往者颉利破亡，边境宁谧，降户之辈，无复他心。今虏未见破灭，降户私使往来，或畏北虏之威，或怀北虏之惠，又是北虏戚属，夫岂不识亲疏？将比昔年，安可同日？纵因迁移，或致逃叛，但有移得，即是良图。留待河冰，恐即有变。"疏奏未报，降虏果叛。敕晙帅并州兵西济河以讨之。时叛者分为两道，其在东者，晙追及之。以功迁左散骑常侍，持节朔方道行军大总管，寻迁御史大夫。时突厥跌跌部落及仆固都督匐磨等，散在受降城左右，谋引突厥陷军城而叛。晙因入奏，密请诛之。八年（720）秋，晙诱诛跌跌等党与八百余人于中受降城。授兵部尚书，复充朔方军大总管。九年，兰池州胡康待宾。苦于赋役，诱降虏余烬攻夏州。诏陇右节度使郭知运与晙相知讨之。知运与晙不协，晙所招抚降者，知运纵兵击之，贼以为晙所卖，相率叛走，俄复结聚。晙坐左迁。《张说传》：开元七年，检校并州长史，兼天兵军大使。天兵军，开元五年置，即在并州城中，以时九姓之众，散在太原以北，宿重兵以镇之也。八年秋，王晙诛河曲降虏阿布思等千余人。此语似误，不则别一阿布思，非赐姓名李献忠者也。参看第七节。时并州大同、横野等军大同军，在代州北。横野军，在蔚州东北。有九姓同罗、拔曳固等部落，皆怀震惧。说率轻骑，持旌节，直诣其部落，宿于帐下，九姓乃安。九年四月，胡贼康待宾反，攻陷兰池等六州。王晙率兵讨之，仍令说相知经略。时叛胡与党项连结，说击破之，奏置麟州，在今陕西神木县北。以安置党项余烬。明年，为朔方军节度大使。康待宾余党庆州方渠降胡康愿子，庆州见第三章第一节。方渠县，今甘肃环县。自立为可汗，谋掠监牧马，西涉河出塞。说进兵讨擒之。于是移河曲六州残胡五万余口配许、汝、唐、显州改。邓、仙、开元二年，析许、汝、唐、豫四州之地置，二十六年（738）废。豫等州，始空河南朔方千里之地。康待宾、康愿子之叛，见新、旧《书·本纪》开元九年、十年。六胡州者，鲁、丽、塞、含、依、契，调露元年（679）所置。长安四年（704），并为匡、长二州。神龙二年（706），置兰池都督府，置六县以隶之。开元十年（722），复分为鲁、丽、契、塞四州。十一年，克定康待宾，迁其人于河南、江、淮。十八年，又为匡、长二州。二十六年,自江淮放回胡户,置宥州及延恩、怀德、归仁三县,事见《旧书·地理志》。六胡州,本在灵、盐二州境,开元中,于废匡州置怀恩县,宥州理焉。地在东胜县境。其东北三百里有榆多勒城。天宝中,王忠嗣奏于其地置经略军,宥州亦寄治焉。宝应后废。元和八年(813),李吉甫奏复之,以备回纥、党项。十五年,移治长泽县,在今陕西靖边县之东。降户安处河南、江、淮者凡十五年,初不闻有风尘之警。二十六年之放回,未知其故安在,然必不能全回。且如王晙之言,则当时高丽、西胡,杂处内地者,尚不少矣。此可见突厥初降时,群臣或欲处之兖、豫,实为善策。盖内地中国人多,易于同化。苟非种落太多,反客为主,而又政刑大乱,郡县极敝,如典午之初者,原不虑其呼啸而起。正不容因噎废食,动援郭钦、江统之说以为难也。

《旧书》云:毗伽可汗性仁友。自以得国是阙特勤之功,固让之,阙特勤不受,遂以为左贤王,专掌兵马。是时奚、契丹相率款塞;突骑施苏禄自立为可汗;突厥部落,颇多携贰;乃召默啜时衙官暾欲谷为谋主。初默啜下衙官,尽为阙特勤所杀,暾欲谷以女为小杀可敦,免死归部落。年七十余,蕃人甚敬伏之。《传》侈陈暾欲谷智谋,容有附会。然又载玄宗东封时,张说欲加兵以备突厥,曰:"小杀仁而爱人,众为之用;阙特勤骁武善战,所向无前;暾欲谷深沉有谋,老而益智。"则是时突厥君臣,确为一时俊杰,而又能和衷共济,一扫前此相猜相戕之习,此其所以能拯默啜之敝,复雄北方三十年欤?小杀既得降户,谋欲南入为寇;又欲修筑城壁,造立寺观;暾欲谷皆止之。开元八年(720)冬,王晙奏请西征拔悉蜜,东发奚、契丹,期以明年秋初,引朔方兵数道俱入,掩突厥牙帐于稽落河上。暾欲谷策拔悉蜜去两蕃远,谓奚、契丹,见第五节。势必不合;王晙兵马,亦不能至;拔悉蜜轻而好利,必先来,可击。九年九月,拔悉蜜果来,而王晙及两蕃不至,惧而退。突厥蹑之。拔悉蜜时在北庭,暾欲谷分兵间道袭拔其城,因纵卒击,悉擒之。回兵掠凉州,败中国兵。《本纪》在八年十一月,《实录》同,《通鉴》从之。由是大振,尽有默啜之众。明年,固乞和,《通鉴》在九年二月。许之。又连岁遣使献方物求婚,不许。十五年,使来朝,时吐蕃与书,计同时入寇,并献之。上嘉其诚,许于西受降城互市,每年赍缣帛数十万匹就边以遗之。十九年,阙特勤死。二十二年,《本纪》。小杀为其大臣梅录啜所毒。药发未死,先讨斩梅录啜,尽灭其党。《新书》云:夷其种。既卒,国人立其子为伊然可汗。寻卒,《通鉴》。其弟嗣立,是为苾伽骨咄禄可汗,册为登利可汗。年幼,其母名婆匐,暾欲谷女。与小臣饫斯达干通,干与国政,不为蕃人所伏。登利从叔父二人,分掌兵马,在东者号左杀,在西者号右杀。登利与其母诱斩右杀,并其众。左杀惧及,攻登利杀之。《旧书·本纪》在开元二十九年七月。左杀者，判阙特勤也。立毗伽可汗子，俄为骨咄叶护所杀。立其弟，又杀之。叶护乃自为可汗。天宝初，回纥、葛逻禄、拔悉蜜并起攻叶护，杀之。尊拔悉蜜之长为颉跌伊施可汗。回纥、葛逻禄，自为左右叶护。国人奉判阙特勤子为乌苏米施可汗。拔悉蜜等三部共攻之。米施遁亡。三载（744），拔悉蜜等杀之，传首京师。其弟白眉特勒鹘陇匐立，是为白眉可汗。于是突厥大乱。国人推拔悉蜜酋为可汗。诏朔方节度使王忠嗣以兵乘其乱，击其左十一部，破之。其右未下，此据《新书·突厥传》。《旧书·王忠嗣传》云："取其右厢而归。"而回纥、葛逻禄杀拔悉蜜可汗，奉回纥骨力裴罗定其国。明年，杀白眉可汗，传首。《新书》云：突厥国于后魏大统时，至是灭，后或朝贡，皆旧部九姓云。突厥本西海部族，然据东方未久，奚、契丹、靺鞨及北徼诸部落，尽臣服之，其用物也弘矣，其取精也多矣，故自颉利之亡，至于是，几百二十年，屡蹶而屡起。使有英主出，收率旧众，以图中兴，未尝不可为中国之大患。其亡也，实中国之天幸也。铁勒诸部，本气势郁勃，突厥既亡，必有代之而兴者，而回纥盛矣。

薛延陀亡时，回纥酋长曰吐迷度。《新书》本传云：吐迷度与诸部攻薛延陀，残之，并有其地，遂南逾贺兰山，境诸河。可见回纥本据，实在贺兰山北。上文云居薛延陀北娑陵水上，乃延陀亡后东迁之所宅也。参看第三章第二节。太宗以其地为瀚海都督府，拜吐迷度为都督，隶燕然都护府。龙朔中更号瀚海，见第三章第二节。吐迷度兄子乌纥，悉吐迷度之妻，与俱陆莫贺达干俱罗勃谋乱，而归车鼻可汗。二人皆车鼻婿。乌纥领骑夜劫吐迷度，杀之。燕然副都护元礼臣给乌纥，许白为都督。乌纥往谢，因斩以徇。擢吐迷度子婆闰袭父所领。俱罗勃入朝，帝不遣。婆闰死，子比栗嗣。比栗死，子独解支嗣。武后时，默啜取铁勒故地，回纥与契苾、思结、浑三部度碛徙甘、凉间。独解支死，子伏帝匐立。明年，助唐攻杀默啜。死，子承宗立。凉州都督王君㚟诬暴其罪，流死瀤州。在今广西上思县南。族子瀚海府司马护输乘众怨，共杀君㚟，梗绝安西诸国朝贡道。参看第四节。久之，奔突厥死。子立，即骨力裴罗也。既斩颉跌伊施，遣使上状，自称骨咄禄毗伽阙可汗。天子以为奉诚王。南居突厥故地。徙牙乌德鞬山、昆河之间，南距西城千七百里。昆河，今鄂尔坤河。西城，汉高阙塞，在今临河县北。有诏拜为骨咄禄毗伽阙怀仁可汗。斥地愈广，东极室韦，西至金山，南控大漠，俨然代突厥而兴矣。

## 第三节　开天边事二

　　默啜之杀娑葛也，突骑施别种车鼻施啜苏禄，裒拾余众，自为可汗，众至三十万。开元中，拜顺国公，《通鉴》事在六年五月。进号忠顺可汗。《通鉴》在七年十月。以阿史那怀道女为交河公主妻之。是岁，突骑施鬻马于安西，使者致公主教于杜暹，《新书·苏禄传》。据《通鉴》，唐以交河公主妻苏禄，事在开元十年（722）十二月，杜暹为安西副大都护，在十二年三月；《旧书·暹传》，亦在是年；则此是岁二字似误。暹怒，笞其使，不报。苏禄怒，阴结吐蕃，举兵略四镇，围安西。暹方入当国，赵颐贞代为都护，乘城。久之，出战，又败。苏禄略人畜，发囷贮，徐闻暹已宰相，乃引去。《新书·苏禄传》。《旧书·杜暹传》：暹以开元十二年为安西都护。明年，于阗王尉迟眺阴结突厥及诸蕃国，图为叛乱。暹密知其谋，发兵捕而斩之，并诛其党与五十余人，更立君长，于阗遂安。《新书》略同。《通鉴》亦有其事。《旧书·于阗传》：天授三年（692），其王伏阇雄卒，则天封其子璥为于阗国王，开元十六年，复册立尉迟伏师为于阗王，无眺为王及为暹所废事，盖史家仅记封册。虽不完具，犹可校以《杜暹传》而知其不备也。《新书·于阗传》曰：伏阇雄死，武后立其子璥，开元时献马、驼、貀，璥死，复立尉迟伏师战为王，则亿撰璥死而立伏师之事，谓其身相接，使人反疑《杜暹传》为不足信矣。暹之相，在开元十四年九月，苏禄与吐蕃赞普围安西，在十五年闰九月，皆见《旧书·本纪》。《纪》云：副大都护赵归贞击败之，盖讳饰之辞，不足信也。《新书·本纪》，十五年九月丙子，吐蕃寇瓜州。下连书闰月，庚子，寇安西，副大都护赵颐贞败之。一似安西之役，专出吐蕃，而于苏禄无与者。欧、宋二公之疏如此。始苏禄爱治其人。性勤约，每战有所得，尽以与下，故诸族附悦之，为尽力。又交通吐蕃、突厥，二国皆以女妻之。遂立三国女，并为可敦，以数子为叶护。费日广而无素储，晚年，卤获稍留不分，下始贰。又病风，一支挛，不事事。于是大首领莫贺达干、都摩支二部方盛，此据《新书·苏禄传》，《旧书·突厥传》都摩支作都摩度。《实录》同。见《通鉴考异》。而种人自谓娑葛后者为黄姓，苏禄部者为黑姓，更相猜雠。俄而莫贺达干、都摩支夜攻苏禄，杀之。据《旧传》，事在开元二十六年夏。都摩支又背达干，立苏禄子吐火仙骨啜为可汗，居碎叶城。引黑姓可汗尔微特勒保怛逻斯城，共击达干。碎叶城、怛逻斯城皆见第三章第六节。帝使碛西节度使盖嘉运和抚西方诸国。达干与嘉运率石王、史王破吐火仙，擒之。《旧书·本纪》：开元二十七年七月，北庭都护盖嘉运以轻骑袭破突骑施于碎叶城，杀苏禄，盖误。嘉运当时，并擒吐火仙弟顿阿波，皆以献俘，赦不诛。《新书·本纪》，系吐火仙之擒于八月。疏勒镇守使夫蒙灵詧挟锐兵，与拔汗那王掩怛逻斯城，斩黑姓可汗。诸国皆降。初阿史那献为碛西节度使。见上节。十姓部落都担叛，献击斩之，据《新书·本纪》，事在开元二年三月。收碎叶已西帐落三万内属。玺书嘉慰。葛逻禄、胡屋、鼠尼施三姓，咄陆五啜，有胡禄屋阙啜，鼠尼施处半啜。胡屋当即胡禄屋阙，鼠尼施当即处尼施处半。因默啜政衰内属，为默啜所侵掠，以献为定远道大总管，与北庭都护汤嘉惠等掎角。于是突骑施阴幸边隙，献乞益师，身入朝，玄宗不许。然献终亦归死长安。《新书》本传云：献终以娑葛强很不能制，归死长安。案，时娑葛已前死。及是，又以怀道子昕为十姓可汗，领突骑施所部。莫贺达干怒，诱诸落叛。诏嘉运招谕，乃降。《旧书·本纪》，在开元二十八年十二月。遂命统其众。后数年，复以昕为可汗，遣兵护送至碎叶西俱兰城，俱兰名见《新书·西域传》。《通鉴考异》云：《会要》作俱南城。为莫贺达干所杀。西突厥遂亡。《通鉴》系天宝元年（742）。此据《新书·西突厥传》。《突骑施传》，莫贺达干作莫贺咄。云莫贺咄自为可汗，安西节度夫蒙灵詧诛斩之。其事，《通鉴》系天宝三载。天宝后，突骑施部以黑姓为可汗，仍通使贡，受诏册。至德后，黄、黑姓皆立可汗，相攻，中国多故，不暇治。大历后，葛逻禄盛，徙居碎叶川，二姓微，臣役焉。

唐初西域，本羁制于西突厥。西突厥亡，突骑施等莫能继起；默啜、吐蕃，虽皆意存觊觎，而力有不及；大食方兴，亦未能遽行兼并；故开天之际，中国之声望犹存。葱岭东西，西暨拂菻，南抵天竺，仍通朝贡，受册命。并有赐姓、尚主，遣子宿卫者。唐于其国置军州，或更其国号。如拔汗那以助平吐火仙，册其王为奉化王。天宝三载（744），改其国号宁远。以外家姓赐其王为窦氏。又封宗室女为和义公主降之。十三载，其王忠节遣子入朝，请留宿卫，习华礼，许之。此国，史称其事唐最谨焉。护蜜，即元魏时之钵和。乾元元年（758）来朝，赐氏李。南天竺丐名其军，玄宗赐名为怀德军。史国，天宝中改号为来威国。虽安史乱后，余风遗烈，犹未尽绝也。然开天之际，要为极盛之时。当是时，西方强国，实惟吐蕃、大食，陵轹诸国，诸国多有来乞援者。南天竺尝乞师讨大食、吐蕃。乌荼，亦曰乌苌，东鄙与大食接，开元中数诱之。其王与骨咄、俱位，皆不肯臣。玄宗命使者册为王。个失蜜，即迦湿弥罗，王木多笔，遣使来朝。言国有象、步、马三种兵。臣身与中天竺王阨吐蕃五大道，禁出入，战辄胜。有如天可汗兵至勃律者，虽众二十万，能输粮以助。康，其王乌勒伽，与大食亟战不胜，来乞师，天子不许。石，开元二十九年（741），王伊捺吐屯屈勒上言："今突厥已属天可汗，惟大食为诸国患，请讨之。"天子不许。俱蜜，开元中来献。其王那罗延，颇言大食暴赋，天子但慰遣而已。东曹，天宝十一载，其王与安王请击黑衣大食，不听。唐与吐蕃，所争在于四镇。开元中尝破平喝盘陀，于其地置葱岭守捉，为安西极边戍，亦所以固四镇也。吐蕃出西域之道，实惟于阗，既不获逞，乃思假道于勃律，亦为唐所阻遏，事见下节。大食席方兴之势，去葱岭已西诸国近，实非唐所能与争。故唐于来乞师者，皆谢绝焉。度德量力，宜也。而边将贪功，安西节度高仙芝，以天宝九载，出师以讨石国。其王车鼻施约降，仙芝仍浮之，献于阙下，斩之。其子走大食乞兵。明年七月，仙芝遂大败于怛逻斯城。经此挫折，设更欲兴忿兵以报怨者，后事必更不堪设想，而安史之乱旋作，唐于西域，遂不复能过问，此转所以保全威望，为要功生事之臣藏拙也。《新书·西域传》赞曰："西方之戎，古未尝通中国，至汉始载乌孙诸国，后以名字见者浸多。唐兴，以次修贡，盖百余，皆冒万里而至，亦已勤矣，然中国有报赠、册吊、程粮、传驿之费。东至高丽，南至真腊，西至波斯、吐蕃、坚昆，北至突厥、契丹、靺鞨，谓之八蕃；其外谓之绝域；视地远近而给费。开元盛时，税西域商胡，以供四镇，出北道者，纳赋轮台。事在开元七年（719），见《焉耆传》。轮台，今新疆轮台县。地广则费倍，此盛王之鉴也。"夫报赠、册吊、程粮、传驿，为费几何？征戍之劳，盖有什百于此者矣。唐北平突厥，西御吐蕃，东抚治奚、契丹，皆所谓"守在四夷"，虽知其劳，势不容已。若西域则异于是，不徒大食不能越葱岭而叩玉门，即吐蕃欲为患甘、凉，亦必道南山而不由四镇也。唐事外之劳费无谓，盖莫西域若，而自太宗已来，皆明知其然而不能自克，然后知后汉世祖闭关却使之不易几也。

## 第四节　开天边事三

武后末年，吐蕃因内乱浸弱，已见第四章第一节。此时中国实不必亟亟与和。乃中宗时，赞普祖母使来为其孙请昏，遽以所养雍王守礼女金城公主妻之。事在景龙四年（710），即睿宗景云元年也。帝幸始平县送之。哀其孩幼，为之悲泣。为曲赦县大辟罪以下，百姓给复一年，改县曰金城，乡曰凤池，里曰怆别。齐景公涕出而女于吴，不得已也，中国是时，有何不得已邪？守礼，章怀太子子。金城县，后又改曰兴平，今陕西兴平县。使杨矩送主。睿宗即位，矩为鄯州都督，鄯州见第三章第四节。吐蕃使厚遗之，因请河西九曲之地，为公主汤沐之所，矩遽奏与之。《新书·本纪》，系此事于景龙四年三月，似不得如是之速。《通鉴》系此年末。其地肥良，堪顿兵畜牧，又近唐境，吐蕃自是益张雄，易入寇。一时君臣之昏愦庸懦可知矣。开元二年（714），吐蕃相岔达延上书宰相，请载盟文，定境于河源。未及定，寇临洮军、兰渭等州。临洮军，在今甘肃临洮县境。兰州见第二章第六节。渭州，在今甘肃陇西县西南。杨矩悔惧，饮药死。玄宗下诏将亲征，俄诸将破其兵，乃止。宰相建言吐蕃本以河为境，以公主故，桥河筑城，置独山、九曲二军，距积石二百里。见第四章第四节。今既负约，请毁桥复守河。诏可。吐蕃请和。然恃盛强，求与天子敌国，语悖敖。使者至临洮，诏不纳。金城公主上书求听修好，且言赞普君臣，欲与天子共署誓刻。吐蕃又遣使上书，言孝和皇帝尝赐盟，唐宰相在誓刻者皆殁，故须再誓。帝谓昔已和亲，有成言，寻前盟可矣。不许复誓，礼其使而遣之。且厚赐赞普。自是岁朝贡，不犯边。《新书·吐蕃传》《本纪》，开元四年、五年、七年，皆书吐蕃请和。盖时吐蕃究承丧乱之后，未能大为边患也。然其在西域，复有战事。

吐蕃之用兵，似诸方面各自为政，中枢不甚能制御，盖其地广而交通阻塞，不得不委任边将，遂成尾大不掉之局，钦陵兄弟之行事，即其明证也。西域、天竺，皆文明之地，为野蛮好侵略者所垂涎，故吐蕃甘心焉。诸国多有乞师中国，以讨吐蕃者，已见上节。其附从之者，则有护蜜及大勃律，而小勃律亦数为所困。大、小勃律，为今泊米尔高原之地。小勃律在大勃律西北，护蜜在勃律北。《传》云：地当四镇入吐火罗道，故役属吐蕃。吐蕃曰："我非谋尔国，假道攻四镇耳。"开元十年（722），又攻之。其王没谨忙，诒书北庭节度使张孝嵩求救，孝嵩遣疏勒副使张思礼以步骑四千昼夜驰，与谨忙夹击，大破之。杀其众数万，复所失九城。吐蕃侵西域之锋一挫。

时中国事吐蕃颇劳费，开元十三年（725），封禅礼毕，张说奏请许吐蕃和，以息边境，帝与河西节度使王君㚟筹之。君㚟请深入。十五年正月，破之青海之西。先是吐蕃大将悉诺逻攻大斗谷，当即大斗拔谷，见第二章第四节。《新书·地理志》：凉州西有大斗军，本赤水守捉，开元十六年为军，因大斗拔谷为名。又移攻甘州，见第四章第四节。君㚟袭其后，俘其辎重及疲兵，是年九月，悉诺逻攻陷瓜州，执君㚟之父，俄而君㚟为回纥所杀。初凉州界有回纥、契苾、思结、浑四部落。君㚟微时，往来凉府，为所轻。及为节度，以法绳之。回纥等密使人诣东都自陈枉状，君㚟遽发驿奏回纥部落难制，潜有叛谋。上使中使按问。回纥等竟不得理，四姓首长皆长流。其党谋杀君㚟，会吐蕃使间道往突厥，君㚟率精骑往肃州掩之，还至甘州，为所杀，参看第二节。肃州见第四章第四节。乃命萧嵩为河西节度，张守珪为瓜州刺史。嵩纵反间，吐蕃赞普召悉诺逻诛之。嵩、守珪及陇右节度使张忠亮战皆捷。十七年，朔方大总管信安王祎太宗子吴王恪之孙。又率兵赴陇右，拔石堡城，置振武军。于是吐蕃频遣使请和。忠王友皇甫惟明陈通和之便，上乃令惟明及内侍张元方充使。十八年十月，吐蕃令其重臣名悉猎随惟明等入朝。名悉猎，即来迎金城公主者，其人略通华文。明年正月，诏御史大夫崔琳报聘。吐蕃请交马于赤岭，在石堡城西二十里。互市于甘松岭。在今四川松潘县西南。宰相裴光庭言甘松中国阻，不如许赤岭。乃听以赤岭为界，表以大碑，刻约其上。碑立于二十二年六月。二十四年正月，吐蕃遣使贡方物。其年，吐蕃西击勃律。勃律遣使来告急。上使报吐蕃，令其罢兵。吐蕃不受诏，遂攻破勃律国。《旧书·吐蕃传》《西域传》，事在二十二年。上甚怒之。时崔希逸为河西节度使，吐蕃与汉树栅为界，置守捉，希逸请皆罢之，而其傔人孙诲入朝奏事，言吐蕃无备可掩。上使内给事赵惠琮与诲驰往，观察事宜。惠琮等遂矫诏令希逸掩袭，破之青海上。《旧书·吐蕃传》。《传》云：吐蕃自是复绝朝贡。然据《希逸传》，其袭破吐蕃，在开元二十五年三月，而《本纪》，是年十二月，吐蕃尚遣使朝贡。希逸以失信怏怏。俄迁为河南尹。萧炅代为节度。又以杜希望为陇右节度，王昊此据《旧书·吐蕃传》。《通鉴》依《实录》《唐历》作王昱。为剑南节度，分道经略。仍令毁其分界之碑。二十六年，希望攻吐蕃新城，拔之，以为威武军。《旧书·吐蕃传》。《通鉴》从《实录》作威戎军。案，《通鉴》是也。《新书·地理志》：鄯州星宿川西三百五十里有威戎军。又发兵夺河桥，于河左筑盐泉城，置镇西军。在河州西百八十里。河州，今甘肃导河县。王昊攻安戎城，见第四章第四节。大败。二十八年，益州长史章仇兼琼诱城中羌族归款，据诏书。乃取之。诏改为平戎城。二十九年春，金城公主薨。吐蕃遣使来告哀，仍请和。上不许。《旧书·吐蕃传》。《本纪》在二十八年，《新书》同，盖薨于二十八年，而告哀使以二十九年至。十二月，吐蕃袭石堡城。河西、陇右节度盖嘉运不能守。天宝初，会皇甫惟明、王忠嗣为节度。皆不能克。七载（748），以哥舒翰为节度。八年六月，乃攻拔之。改为神武军。先二岁，六载。安西副都护高仙芝击小勃律，降之。《新书》本传曰：没谨忙死，子难泥立。死，兄麻来分立。死，苏失利之立。为吐蕃阴诱，妻以女，故西北二十余国，皆臣吐蕃，贡献不入。疑开元二十四年攻破其国后，复以女妻之，与结好也。传又言仙芝平其国，拂菻、大食诸胡七十二国皆震恐，咸归附，此亦张大之辞。当时执苏失利之及其妻归京师，诏改其国号归仁，置归仁军，募千人镇之。安西之戍，尚嫌劳费，况于勃律邪？是岁，吐火罗邻胡羯师谋引吐蕃攻吐火罗，吐火罗叶护失里忙伽罗丐安西兵助讨。《新书·西域传》。九载，仙芝又击破之，虏其王。仙芝破羯师之事，新、旧《书》本传皆不载。《新书·西域传》，亦但云失里忙伽罗丐安西兵助讨，帝为出师破之而已。《通鉴》：天宝八载十一月乙未，吐火罗叶护失里忙伽罗遣使表称：羯师王亲附吐蕃，困苦小勃律镇军，阻其粮道。臣思破凶徒。望发安西兵，以来岁正月至小勃律，六月至大勃律。上许之。九载，安西节度使高仙芝破揭师、虏其王勃特没。三月，庚子，立勃特没之兄素迦为揭师王。《考异》曰：《实录》，去载十一月，吐火罗叶护请使安西兵讨揭师，上许之，不见出师。今载三月，庚子，册揭师国王勃特没兄素迦为王，不言揭师为谁所破。按十载正月，高仙芝擒揭师王来献，然则揭师为仙芝所破也。案，观困苦小勃律镇军之语，则知唐之出兵，非为吐火罗，正以归仁置军，不得不救耳。然敌果洊至，其可终守乎？贪功生事之举，辗转诒累如此。十三载三月，《新书·本纪》。《旧书·外戚·王子颜传》亦云十三载。哥舒翰收九曲故地，置神策军于临洮西，见第四章第四节。浇河郡于积石西，浇河郡，即廓州，见第三章第四节。及宛秀军，《新书·地志》：廓州西八十里宛秀城有威胜军，当即此宛秀军。以实河曲。《新书·吐蕃传》。《哥舒翰传》云：收黄河九曲，以其地置洮阳郡，筑神策、宛秀二军。《通鉴》：十三载七月，哥舒翰奏于所开九曲之地置浇河、洮阳二郡及神策军。洮阳郡，即洮州。见第四章第四节。唐是时，可谓西域、河湟，两路皆致克捷，然未几，禄山难作，尽征河、陇、朔方之兵入赴难，而局势急变矣。

## 第五节　开天边事四

自李尽忠之败，契丹不能立，遂附突厥。奚亦与突厥相表里，号两蕃。景云元年（710），奚首领李大酺此据《新书》。《旧书》本传作李大辅，《本纪》亦作酺。遣使贡方物，睿宗嘉之，宴赐甚厚。延和元年（712），幽州都督孙佺，亦从《新书》。《旧纪》《传》皆作孙俭。顾与李楷落、周以悌袭之，大败，佺、以悌皆为虏禽，送默啜害之。《旧书》云：俭没于陈。朝廷方多故，不暇讨。开元二年（714），并州节度大使薛讷仁贵子。伐契丹，又败绩。尽忠从父弟失活，旋以默啜政衰来归。《新传》在开元二年，《旧传》在三年。四年八月，《新书·本纪》。又与李大酺偕来。于是复置饶乐、松漠二府，以大酺、失活为都督。《通鉴》皆在开元四年八月。《新书·传》，大酺为饶乐都督在二年，《旧传》在三年。又置静析军，以失活为经略大使。以东平王外孙杨元嗣女为永乐公主妻失活，《旧纪》开元五年十一月。东平王续，太宗子纪王慎之子。宗室出女辛为固安公主妻大酺。《旧纪》开元五年三月。五年，大酺、失活请于柳城依旧置营州都督府，从之。《旧纪》在三月。六年五月，《旧书·纪》《传》。失活死，弟娑固袭。《新传》。《旧传》云从父弟。八年，有可突于者，为静析军副使，悍勇得众，娑固欲去之，未决，而可突于反，攻娑固。娑固奔营州。都督许钦澹，以州甲五百，合李大酺兵攻可突于，不胜，娑固、大酺皆死。钦澹惧，徙军入榆关。今山海关。可突于奉娑固从父弟郁于为君，遣使者谢罪。有诏即拜郁于、松漠都督，以宗室出女慕容为燕郡公主妻之。大酺之死，弟鲁苏袭。十年，入朝。诏袭其兄官爵，仍以固安公主为妻。《旧纪》在六月。十一年，郁于死，弟吐于袭，复妻燕郡公主。吐于与可突于猜阻，十三年，携公主来奔。可突于奉尽忠弟邵固统众。以宗室出女陈为东华公主妻之。《旧纪》在十四年三月。十八年，可突于杀邵固，《旧纪》在五月。云：契丹衙官突可汗杀其主李召固。突可汗，乃可突于之讹。立屈烈为王，《旧书·张守珪传》作屈剌。胁奚众共降突厥。公主走平卢军。营州军名。鲁苏奔榆关。诏幽州长史知范阳节度事赵含章击之。拜忠王浚肃宗初名。为河北道行军元帅，既又兼河东道诸军元帅。王不行，而以信安王祎见上节。为河北道行军副元帅。二十年，祎与含章出塞捕虏，大破之。可突于走，奚众降。明年，可突于盗边，幽州长史薛楚玉讷弟。遣副总管郭英杰等击之，英杰，知运子。败死。帝擢张守珪为幽州长史经略之。可突于阳请臣，而稍趋西北倚突厥。其衙官李过折，与可突于内不平。守珪使客王悔阴邀之，以兵围可突于。过折即夜斩可突于、屈烈及支党数十人自归。《新书·契丹传》。据此，是守珪之师既出，而过折乃应之也。《旧书·本纪》云：守珪发兵讨契丹，斩其王屈烈及其大臣可突于于陈，传首东都。陈斩固要功之辞，然谓二人死时，守珪之兵已出，则与此合。其《守珪传》云：屈剌与可突于恐惧，遣使诈降，守珪察知其伪，遣管记右卫骑曹王悔诣其部落就谋之。悔至屈剌帐，贼徒初无降意，乃移其营帐，渐向西北，密遣使引突厥，将杀悔以叛。会契丹别帅李过折与可突于争权不协，悔潜诱之，斩屈剌、可突于，尽诛其党，率余众以降。守珪因出师，次于紫蒙川，大阅军实，燕赏将士。传屈剌、可突于等首于东都。则可突于既死而守珪之师乃出，大功全在于悔矣。《新书·本纪》及《守珪传》，略与《旧书》同。恐《守珪传》之说较确，《纪》与《新书·契丹传》所云，皆要赏之辞也。《新书·王琳传》：琳孙备，辟范阳节度使张守珪幕府。时契丹屈烈部将谋入寇，河北骚然，备至虏中，胁说祸福，虏乃不入。则当时守珪安边，颇得策士之力。时二十二年十二月也。明年，拜过折为松漠都督。其年，为可突于余党泥里所杀。《通鉴考异》云：《旧传》不言朝廷如何处置泥里。今据《张九龄集》，有《赐契丹都督涅礼敕》，又有《赐张守珪敕》云："涅礼自擅，难以义责，而未有名位，恐其不安，卿可宣朝旨，使知无它也。"泥里盖即涅礼也。初可突于之胁奚众以叛也，赵含章发清夷军讨破之。清夷军在妫州。妫州，今怀来县。众稍自归。明年，信安王祎又降其酋李诗等。以其地为归义州，治良乡之广阳城。置其部幽州之偏。李诗死，子延宠嗣，又与契丹叛，为张守珪所困，复降。拜饶乐都督。天宝四载（745），契丹大酋李怀秀降。《新书·契丹传》。《旧书·本纪》作李怀节，《通鉴》同。拜松漠都督。三月，各以宗室出女妻之。九月，皆杀公主叛去。《旧纪》。范阳节度安禄山讨破之。更封契丹酋楷落，奚酋娑固为松漠、饶乐都督。《通鉴》事在五载四月。十载，禄山发幽州、云中、平卢、河东兵十余万，以奚为乡道，讨契丹。战潢水南，《新书·契丹传》。《本纪》作战于吐护真河。大败。明年，再击之，以阿布思叛不果。然与相侵掠未尝解，至其反乃已。亦数与奚鏖斗，诛其君李日越。《通鉴》事在十三载。奚、契丹是时，尚不能与唐大兵敌，故李祎、张守珪，皆能戡定之。至禄山之败，则自由其贪功徼幸，非兵力之不敌也。《新书·禄山传》：十一载，率河东兵讨契丹，告奚曰："彼背盟，我将讨之，尔助我乎？"奚为出徒兵二千乡道。至土护真河，禄山计曰："道虽远，我疾趋，乘其不备，破之固矣。"乃敕人持一绳，欲尽缚契丹，昼夜行三百里，次天门岭。会雨甚，弓弛矢脱不可用。禄山督战急。大将何思德曰："士方疲，宜少息。使使者盛陈利害以胁贼，贼必降。"禄山怒，欲斩以令军，乃请战。思德貌类禄山，及战，虏丛矛注矢邀取之，传言禄山获矣。奚闻，亦叛，夹攻禄山营，士略尽。禄山中流矢，引奚儿数十，弃众走山而坠，庆绪、孙孝哲掖出之。夜走平卢。部将史定方以兵鏖战，虏解围去。禄山不得志，乃悉兵号二十万讨契丹以报。阿布思叛，不进辄班师。盖奚本非心服。禄山所将之兵，亦未尽至，故有此大败也。明岁出师，使微阿布思之叛，自可一大创之，而又以阿布思叛不果。此后禄山迫于叛计，遂不暇再事契丹矣。此亦契丹之天幸也。然历开元、天宝之世，几五十年，实未尝一日真臣服。营州之复，特其名焉而已。《旧书·良吏·宋庆礼传》：开元中，累迁贝州刺史，仍为河北支度营田使。初营州都督府置在柳城，控带奚、契丹。则天时，都督赵文翙政理乖方，两蕃反叛，攻陷州城。其后移于幽州东二百里渔阳城安置。开元五年，奚、契丹各款塞归附。玄宗欲复营州于旧城。侍中宋璟固争，以为不可。独庆礼盛陈其利。乃诏庆礼及太子詹事姜师度、左骁卫将军邵宏等充使。更于柳城筑营州城，兴役三旬而毕。俄拜庆礼御史中丞，兼检校营州都督。开屯田八十余所。追拔幽州及渔阳、淄、青等户。并招辑商胡，为立店肆。数年间，营州仓廪颇实，居人渐殷。七年卒。太常博士张星议：庆礼有事东北，所亡万计，所谓害于而家，凶于而国，请谥曰专。礼部员外郎张九龄驳曰：营州镇彼戎夷，扼喉断臂，逆则制其死命，顺则为其主人。自经隳废，便长寇孽。二十年间，有事东鄙，僵尸暴骨，败将覆军，不可胜计。而庆礼以数千之役徒，无甲兵之强卫，指期遂往，禀命而行，俾柳城为金汤之险，林胡生腹心之疾。寻而罢海运，收岁储，边亭晏然，河朔无扰。与夫兴师之费，转输之劳，校其优劣，孰为利害？而云所亡万计，一何谬哉？及契丹背诞之日，惧我掎角之势，虽鼠穴自固，而驹牧无侵云云。案，《姜师度传》：神龙初，累迁易州刺史，兼御史中丞，为河北道监察兼度支营田使。始于蓟门之北，涨水为沟，以备奚、契丹之寇。可见是时两蕃为患之深。此庆礼等所以主复营州于柳城也。以大体论，自是良图。惜乎如庆礼、师度等良吏少，徒恃兵力震慑，终致外蕃受其侵害，而己亦与之俱敝耳。贝州，今河北清河县。易州见第三章第六节。其势已隐然不可易矣。

大祚荣自立后，中宗即位，使往招慰，祚荣遣子入侍。将加册立，会契丹、突厥，连岁寇边，使命不达。睿宗先天二年（713），使册拜祚荣为渤海郡王，仍以其所统为忽汗州，加授忽汗州都督。自是去靺鞨号，专称渤海，每岁遣使朝贡。开元七年（719），祚荣死，其国私谥为高王。册立其嫡子武艺。十四年，黑水靺鞨遣使来朝。诏以其地为黑水州，仍置长史，遣使镇押。《旧传》曰：武艺谓其属曰："黑水经我境，始与唐家相通。旧请突厥吐屯，皆先告我。今不计会，即请汉官，必是与唐家通谋，腹背攻我也。"遣母弟门艺及其舅任雅相，发兵以击黑水。门艺曾充质子，至京师，开元初还国，谓武艺曰："黑水请唐家官吏，即欲击之，是背唐也。昔高丽全盛之时，强兵三十余万，今日渤海之众，数倍少于高丽，《新书》曰：今我众比高丽三之一。乃欲违背唐家，事必不可。"武艺不从。门艺兵至境，又上书固谏。武艺怒，遣从兄大壹夏代门艺，征门艺欲杀之。门艺来奔。武艺寻遣使朝贡，仍上表极言门艺罪状，请杀之。《本纪》：是年十一月，遣子义信来朝。上密遣门艺往安西，仍报武艺云："流向岭南，已遣去讫。"乃留其使，别遣使报之。俄有泄其事者。武艺又上书云：大国示人以信，岂有欺诳之理？今闻门艺不向岭南，伏请依前杀却。上遣门艺暂向岭南以报之。二十年，武艺遣其将张文休率海贼攻登州，今山东蓬莱县。杀刺史韦俊。诏遣门艺往幽州征兵以讨之。仍令太仆卿金思兰往新罗发兵，以攻其南境。属山阻寒冻，雪深丈余，士卒死者过半，竟无功而还。新罗是时之王为金兴光。《旧书》本传云：其族人思兰，先因入朝留京师，拜为太仆员外卿，至是，遣归国发兵以讨靺鞨，仍加授兴光开府仪同三司、宁海军使。使兴光攻渤海南境，不必有宁海军使之授。《新书·新罗传》云：渤海靺鞨掠登州，兴光击走之，帝进兴光宁海军大使，使攻靺鞨，则兴光未受命攻渤海南境之前，已在海道击走靺鞨矣。《新书》言新罗有张保皋、郑年者，自其国皆来，为武宁军小将。后保皋得归新罗，谒其王，言"遍中国以新罗人为奴婢，愿得镇清海，使贼不得掠人西去"。清海，海路之要也，王与保皋万人守之。自大和后，海上无鬻新罗人者。可见唐世，中国、新罗之间，海道往来甚畅。渤海地亦临海，此其所以能从海道来寇，而亦新罗之所以能败其兵也。武宁，徐州军名。武艺怀怨不已，密遣使至东都假刺客刺门艺。《新书》云：募客入东都。门艺格之，不死。诏河南府捕获其贼，尽杀之。《新书·乌承玼传》：开元中，与族兄承恩，皆为平卢先锋。渤海大武艺与弟门艺战国中，门艺来，诏与太仆卿金思兰发范阳、新罗兵十万讨之，无功。武艺遣客刺门艺于东都，引兵至马都山，屠城邑。承玼窒要路，堑以大石，亘四百里，虏不得入。《通鉴考异》谓《新书》此文，乃误用韩愈《乌重胤庙碑》，武艺实无入寇至马都山之事，特未知《传》中余事，别据何书。案，《传》谓武艺与门艺战国中，其语必有所本。然则《旧书》所载武艺遣门艺攻黑水而门艺不肯，乃其来降后自媚之辞，实则与兄争位而败逋耳。庇争国之罪人，于理自亦非直，然穷来归我，何忍杀之，锢之不使归争国，亦于武艺无负矣。而武艺竟因此而入犯，此可见武后以后，东北诸蕃之跋扈也。二十五年，武艺病卒。亦据《旧书》本传。《纪》在二十六年，盖据赴告到日。其国私谥曰武王。子钦茂嗣。天宝末，徙上京，直旧国三百里忽汗河之东。讫帝世，朝献者二十九云。

靺鞨著者，粟末而外，又有汩咄、安居骨、拂涅、黑水、白山等。高丽亡后，惟黑水完强，已见第三章第三节。《新书》本传云：开元十年（722），其酋倪属利稽来朝。玄宗即拜勃利州刺史。于是安东都护薛泰请置黑水府，以部长为都督、刺史，朝廷为置长史监之，赐府都督姓李氏，名曰献诚，以云麾将军领黑水经略使，隶幽州都督。初黑水西北，又有思慕部。益北行十日，得郡利部。东北行十日，得窟说部，亦号屈说。稍东南行，十日得莫曳皆部。又有拂涅、虞娄、越喜、铁利等部。其地南距渤海，北东际于海，西抵室韦。南北袤二千里，东西千里。拂涅、铁利、虞娄、越喜时时通中国，而郡利、屈说、莫曳皆不能自通。《传》存其朝京师者，迄于元和，云："后渤海盛，靺鞨皆役属之，不复与王会矣。"

## 第六节　开天边事五

唐初，黔、泸、戎、嶲诸州，同为西南控扼要地，而姚州深入其阻，所系尤重。见第三章第七节。《旧书·本纪》：高宗麟德元年（664）五月，于昆明之弄栋川置姚州都督府，盖中间尝废罢也。自高宗用兵之后，中宗神龙三年（707），侍御史唐九徵又尝出兵讨击叛蛮，于其处勒石纪功焉。《旧书·本纪》。《旧书·张柬之传》：神功初，出为合州刺史，今四川合川县。寻转蜀州。旧例，每岁差兵募五百人往姚州镇守。柬之表论其弊曰："姚州，哀牢旧国，汉置永昌郡以统理之。收其盐、布、毡、罽之税，以利中土。其国西通大秦，南通交趾，奇珍异宝，进贡岁时不阙。刘备据有巴、蜀，常以甲兵不充。及备死，诸葛亮五月渡泸，收其金、银、盐、布，以益军储；使张伯岐选其劲卒搜兵，以增武备。搜同叟，乃民族之名，亦即寮字之异译，说见《秦汉史》第九章第四节。故《蜀志》称自亮南征之后，国以富饶，甲兵充足。今盐、布之税不供，珍奇之贡不入，戈戟之用不实于戎行，宝货之资不输于大国，而空竭府库，驱率平人，受役蛮夷，肝脑涂地，臣窃为国家惜之。往者诸葛亮破南中，使其渠帅自相统领，不置汉官，亦不留兵镇守，人问其故。亮言置官、留兵，有三不易。大意以置官夷汉杂居，猜嫌必起。留兵运粮，为患更重。忽若反叛，劳费更多。但粗设纪纲，自然安定。窃以此策，妙得羁縻之术。今姚府所置之官，既无安边静寇之心，又无且纵且禽之技。惟知诡谋狡算，恣情割剥；贪叨劫掠，积以为常；扇动酋渠，遣成朋党；折支诌笑，取媚蛮夷；拜跪趋伏，无复惭耻；提挈子弟，啸引凶愚；聚会蒱博，一掷累万。剑南逋逃，中原亡命，有二千余户，见散在彼州，专以掠夺为业。姚州本龙朔中武陵县主簿石子仁奏置之。武陵县，在今湖北竹溪县东。后长史李孝让、辛文协，并为群蛮所杀。前朝遣郎将赵武贵讨击，贵及蜀兵，应时破败，噍类无遗。又使将军李义总等往征，郎将刘惠基在阵战死。其州乃废。垂拱四年，蛮郎将王善宝、昆州刺史爨乾福昆州见第二章第二节。又请置州。奏言所有课税，自出姚府管内，更不劳扰蜀中。及置州后，录事参军李棱为蛮所杀。延载中，司马成琛奏请于泸南置镇七所，遣蜀兵防守。自此蜀中骚扰，于今不息。且姚府总管五十七州，巨猾游客，不可胜数。国家设官分职，本以化俗防奸，无耻无厌，狼籍至此。今不问夷夏，负罪并深。见道路劫杀，不能禁止，恐一旦惊扰，为患转大。伏乞省罢姚州，使隶巂府。岁时朝觐，同之蕃国。亦废泸南诸镇，于泸北置关。百姓自非奉使入蕃，不许交通往来。增巂府兵，选择清良宰牧，以统理之。臣愚，将为稳便。"读此，可见贪吏、莠民，与外族不肖之徒，互相勾结，以刻剥土人，疲敝中国之状。历代新开之地，同化其民甚难，如西南至今未竟其功。往往叛乱时起，终至离逖。或彼离中国而自立，或中国不能维持而卒弃之。职此之由，更观近代欧人之开拓南洋、美洲，而叹人类之罪恶，今古同符，东西一辙也。惜乎此等罪恶，见侮夺者莫能言，侮夺人者不肯言，传于世者甚少耳。然据一端以推想其余，亦可以见其概矣。唐是时开拓所及者，为今云南之东境及北境。高宗时，吐蕃臣西洱河蛮，其势力始与中国交会。睿宗即位，摄监察御史李知古请发兵击之。蛮既降附，又请筑城征税。睿宗令发剑南兵往。知古又欲因是诛其豪杰，没其子女为奴婢。蛮众恐惧，其酋傍名，乃引吐蕃攻杀知古，断其尸以祭天。姚、嶲路历年不通。《旧书·徐坚传》《吐蕃传》。西南情势，岌岌可危矣。然吐蕃距云南远，亦不易深入，于是南诏兴焉。

南诏，《新书·传》云：本哀牢夷后，观其父子以名相属，其说是也。《传》云：至丰祐，始慕中国，不肯连父名。夷语王为诏，其先渠帅有六，自号六诏：曰蒙嶲诏，在今云南云龙县南。越析诏、今云南丽江县。浪穹诏、今云南洱源县。邆睒诏、今云南邓川县。施浪诏、在洱源县蒙次和山下。蒙舍诏，今云南蒙化县。蒙舍诏在诸部南，故称南诏。王蒙氏，自舍龙以来，有谱次可考。舍龙生独逻，亦曰细奴逻。《旧书》云：国初有蒙舍龙，生迎独庞，迎独生细奴逻。高宗时，遣使者入朝。生逻盛炎，武后时身入朝。生炎阁，炎阁死开元时。弟盛逻皮立。生皮逻阁。炎阁未有子时，以阁罗凤为嗣，及生子，还其宗，而名承阁遂不改。《新书》本传，《传》曰：逻盛炎生炎阁。武后时，盛炎身入朝，妻方娠，生盛逻皮，喜曰："我又有子，虽死唐地足矣。"《旧书》则云：细奴逻生逻盛。武后时来朝，其妻方娠。次姚州，闻妻生子，曰："吾且有子，死于唐地足矣。"子名曰盛逻皮。开元初，逻盛死，子盛逻皮立。《通鉴》从《旧传》。《考异》曰：《杨国忠传》《云南别录》并同。见开元二十六年（738）。以理衡之，《旧书》似是，然炎阁之名，《新书》似不得杜撰。开元末，皮逻阁逐河蛮，即西洱河蛮。取太和城，今云南大理县。以处阁罗凤。天子赐皮逻阁名归义。当是时，五诏微，归义独强，乃厚以利啗剑南节度使王昱，求合六诏为一。制可。《新书·南诏传》。《传》下文言：六诏之外，又有时傍、矣川罗识二族，通号八诏。除蒙嶲诏之地，系为归义所夺外；其越析诏，贞元中，有豪酋张寻求，烝其王波冲妻，因杀波冲。剑南节度使召寻求至姚州杀之，部落无长，乃以地归南诏。浪穹诏之王铎罗望，与南诏战，不胜，挈其部保剑川，更称剑浪。传望偏、偏罗矣、罗君三世，乃为南诏所虏，事亦在贞元中。邆睒诏王咩罗皮，施浪诏王施望欠，曾与浪穹诏合拒归义，不胜。咩罗皮走保野共川，传皮罗邓、邓罗颠、颠文托三世。施望欠走永昌，献女丐和，归义许之。死，弟望千走吐蕃，吐蕃立为诏，纳之剑川。传子千旁罗颠，南诏破剑川，颠文托见虏，徙永昌，千旁罗颠走泸北，三浪悉灭。时傍母，归义女，其女复妻阁罗凤。咩罗皮之败，时傍入居邆川，为阁罗凤所猜，徙置白崖城。后与矣川罗识诣吐蕃神川都督，求自立为诏，谋泄，被杀。矣川罗识奔神川，都督送之罗些城。则诸诏破灭，实在阁罗凤时，此时云合六诏为一，仅为诸诏共主而已。剑川，今云南剑川县。姚州所属羁縻州有野共，未详所在。人居必依水，昔人言某川，犹今人言某水流域，野共族之地称野共川，犹邆睒诏之地称邆川也。白厓城，在今云南仪凤县东南。归义已并群蛮，遂破吐蕃，浸骄大。入朝，天子亦为加礼。又以破洱蛮功，驰遣中人册为云南王。于是徙治太和城。天宝初，遣阁罗凤子凤迦异入宿卫。七载（748），归义死，阁罗凤立，袭王。《旧书》：归义卒，诏立子阁罗凤，袭云南王。初安宁城有五盐井，人得煮鬻自给，玄宗诏特进何履光以兵定南诏境，取安宁城及井，复立马援铜柱，乃还。《旧书·本纪》：天宝八载十月，特进何履光率十道兵以伐云南。此时南诏事唐颇谨。使能勤而抚之，固可彼此相安，并可借其力以御吐蕃也，乃又以贪吏诛求，引起变故。

杨国忠德鲜于仲通，用为剑南节度使，仲通下忿少方略。故事，南诏尝与妻子谒都督，过云南，云南郡，即姚州。太守张虔陀私之。多所求丐，阁罗凤不应。虔陀数垢靳之，阴表其罪，由是忿怨，反，发兵攻虔陀，杀之，取姚州及小夷州三十二。时天宝九载（750）也。明年，仲通自将出戎、巂州。分二道，进次曲州、靖州。见第三章第七节。阁罗凤遣使者谢罪，愿还所虏，得自新。且城姚州。如不听，则归命吐蕃，恐云南非唐有。仲通囚使者，进薄白厓城。《旧书》云：进军逼太和。大败，引还。阁罗凤遂北臣吐蕃，吐蕃以为弟。夷谓弟钟，故称赞普钟。给金印，号东帝。杨国忠调天下兵，凡十万，使侍御史李宓讨之，败于太和城，死者十八。十三载六月。会安禄山反，阁罗凤因之取巂州、会同军，在今会理县。据清溪关。今汉源县南。西南形势一变已。

初爨弘达之死也，唐以爨归王为南宁州都督，居石城。在今曲靖县北。袭杀东爨首领盖聘及子盖启，徙共范川。有两爨大鬼主崇道者，与弟日进、日用居安宁城左。闻章仇兼琼开步头路，见第三章第七节。筑安宁城，群蛮震骚，共杀筑城使者。玄宗诏蒙归义讨之。师次波州，唐羁縻州，今广西安平土州。归王及崇道兄弟泥首谢罪，赦之。俄而崇道杀日进及归王。归王妻阿奼，乌蛮女也，走父部，乞兵相仇。于是诸爨乱，阿奼遣使诣归义求杀夫者。书闻，诏以其子守隅为南宁州都督。归义以女妻之，又以一女妻崇道子辅朝。然崇道、守隅相攻讨不置。阿奼诉归义，为兴师，崇道走黎州。见第三章第四节。遂虏其族。杀辅朝，收其女，崇道俄亦被杀，诸爨稍离弱。阁罗凤立，召守隅并妻归河睑，不通中国。惟阿奼自主其部落，岁入朝，阁罗凤遣昆川城使杨牟利以兵胁西爨，徙户二十余万于永昌城。今云南保山县。东爨以言语不通，多散依林谷，得不徙。乌蛮种复振，徙居西爨故地，与南诏世婚姻。其种分七部落：一曰阿芋路，居曲州、靖州故地。二曰阿猛。三曰夔山。四曰暴蛮。五曰卢鹿蛮。二部落分保竹子岭。六曰磨弥敛。七曰勿邓。勿邓地方千里，有邛部六姓，一姓白蛮也，五姓乌蛮也。又有初裹五姓，皆乌蛮也。居邛部、台登之间。邛部县，在今越巂县北。台登县，在今冕宁县东。又有东钦蛮二姓，皆白蛮也，居北谷。又有粟蛮二姓，雷蛮二姓，梦蛮三姓，散处黎、巂、戎数州之鄙，皆隶勿邓。勿邓南七十里有两林部落，有十低三姓，阿屯三姓，亏望三姓隶焉。

其南有丰琶部落，阿诺二姓隶焉。两林地虽狭，而诸部推为长，号都大鬼主。勿邓、丰琶、两林，皆谓之东蛮。天宝中皆受封爵。及南诏陷嶲州，遂羁属吐蕃。西洱河蛮，开元中首领入朝，授刺史。蒙归义拔太和城，乃北徙，更羁制于浪穹诏。浪穹诏破，又徙云南柘城。南诏柘东城，今昆明。盖西南诸族，无不折而入于南诏者矣。惟牂柯苗裔赵国珍，天宝中战有功，中书舍人张渐荐其有武略，习知南方地形，杨国忠奏用为黔州都督，屡败南诏云。新、旧《书》本传。滇西距中原远，而去缅甸近。其文化，本有来自海表者，读《秦汉史》第九章第六节可见。旁薄郁积，至于唐而南诏兴，非偶然也。

## 第七节　安史之乱上

唐初行府兵之制，天下十道，置府六百三十四，而在关内者二百六十一，其势本内重于外。府兵之制，无事时耕于野，有事则命将以出，事解辄罢，兵散于府，将归于朝，故士不失业，而将帅无握兵之重。其戍边者，大曰军，小曰守捉，曰城，曰镇，而总之者曰道，其数初不甚多。高宗、武后时，府兵之法浸坏，至不能给宿卫。开元时，宰相张说，乃请以募士充之。由是府兵之法，变为彍骑。天宝以后，彍骑之法，又稍变废，宿卫者皆市人，至不能受甲。而所谓禁军者，禄山反时，从驾西巡者，亦仅千人。其时节度、经略之使，大者凡十。节度使九：曰安西，治龟兹。曰北庭，治北庭都护府。曰河西，治凉州。曰朔方，治灵州。曰河东，治太原府。曰范阳，治幽州。曰平卢，治营州。曰陇右，治鄯州。曰剑南，治成都府。岭南五府经略使，治广州。又有长乐经略使，福州刺史领之。东莱守捉使，莱州刺史领之。东牟守捉使，登州刺史领之。所管兵皆少。大凡镇兵四十九万人，戎马八万余匹。每岁军费：衣赐千二十万匹段，军食百九十万石，大凡千二百十一万。开元以前，每年边用，不过二百万耳。以上据《旧书·地理志》。于是外重之势以成。天宝六载（747），高仙芝以破小勃律功，代夫蒙灵詧为安西节度使。《通鉴》记其事而论之曰："自唐兴以来，边帅皆用忠厚名臣，不久任，不遥领，不兼统。功名著者，往往入为宰相。胡三省曰：如李靖、李勣、刘仁轨、娄师德之类是也。开元以来，薛讷、郭元振、张嘉贞、王晙、张说、杜暹、萧嵩、李适之等，亦皆自边帅入相。其四夷之将，虽才略如阿史那社尔、契苾何力，犹不专大将之任，皆以大臣为使以制之。及开元中，天子有吞四夷之志，为边将者十余年不易，始久任矣。皇子则庆、忠诸王，宰相则萧嵩、牛仙客，始遥领矣。庆王琮，玄宗长子。开元四年（716），遥领安西大都护，仍充安抚河东、关内、陇右诸蕃大使。十五年，遥领凉州都督，兼河西诸军节度大使。忠王即肃宗，事见第五节。萧嵩入相后，遥领河西。牛仙客入相后，亦遥领朔方，可参看第一、第四节。二十六年，仙客又兼领河东，李林甫兼领陇右，又兼领河西。天宝九载，朔方节度使张齐丘左迁。十载，又命林甫遥领，至十一载李献忠叛，乃举安思顺自代，见下。盖嘉运、王忠嗣专制数道，始兼统矣。嘉运本北庭都护，二十七年，平西突厥，入献捷。明年，以为河西、陇右节度。忠嗣初镇朔方，天宝四载，兼领河东，五载，皇甫惟明败，又兼河西、陇右，至六载，乃辞朔方、河东。李林甫欲杜边帅入相之路，以胡人不知书，乃奏言文臣为将，怯当矢石，不若用寒畯、胡人，胡人则勇决习战，寒族则孤立无党。上悦其言，始用安禄山，至是诸道节度，尽用胡人，《通鉴》此条，颇同《旧书·李林甫传》，但言之较详耳。《旧书》此节，系园林甫用安思顺而及云："十载，林甫兼安西大都护、朔方节度。俄兼单于副大都护。十一载，以朔方副使李献忠叛，让节度，举安思顺自代。"下述林甫告玄宗语，云："帝以为然，乃用思顺代林甫领使。自是高仙芝、哥舒翰，皆专任大将。"其说较允。当时胡人任大将者，禄山而外，不过思顺、仙芝、翰三人而已。云诸道节度，尽用胡人，似欠审谛。仙芝，高丽人。翰，突骑施哥舒部之裔。王忠嗣之贬，思顺代为河西，翰代为陇右。张齐丘左迁，尝命思顺权知朔方。十载，乃命林甫遥领。是岁，仙芝自安西入朝，以为河西，代思顺。思顺讽群胡割耳剺面留己，乃已。至林甫举以自代，乃之朔方。禄山反，乃以郭子仪代之。天下之势偏重。卒使禄山倾覆天下，皆出于林甫专宠固位之谋也。"昔人论天宝之乱源如此。平心论之，中国政俗皆尚和平，承平之时，武备不得不弛，初无关于法制。自"五胡乱华"以来，以汉人任耕，而以降附之外族任战，其策亦迄未尝变，故唐初虽有府兵，出征实多用蕃兵、蕃将，此实非玄宗一人之咎，归狱林甫，尤近深文。惟天宝之时，偏重之势太甚，君相不早为之计，而徒荒淫纵恣，耽宠怙权，则神州陆沉，固不得不任其责耳。

当时天下兵力，实以西北二边为重，以唐所视为大敌者，实为突厥与吐蕃也。然以重之之故，其制驭之亦较严；朔方、河、陇，多以宰臣遥领，或将相出入迭为之。而所用胡人，如高仙芝、哥舒翰等，亦不过贪功生事之徒；故未有他患。东北去中枢较远，奚、契丹虽桀骜，尚非突厥、吐蕃之比，故唐人视之较轻，所用节将，惟张守珪出于精选，亦仅武夫，不知远虑，而安禄山遂乘之，盗窃兵柄矣。禄山者，营州柳城胡。《新书》云本姓康，《旧书》云无姓氏，名轧荦山。母阿史德氏，为突厥巫师。禄山少孤，随母在突厥中，将军安波至兄延偃妻其母。开元初，偕携以归国。与将军安道买男偕来。道买次男安节德偃，约两家子为兄弟，乃冒姓安，更名禄山。史思明者，本名窣干，营州宁夷州突厥杂种胡人。宁夷州，未详。《旧传》云：与禄山同乡里，则亦当置于柳城。与禄山同乡里。先禄山一日生。《通鉴考异》曰：《旧传》云，思明除日生。禄山元日生。按《禄山事迹》，天宝十载（751），正月二十日，上及贵妃为禄山作生日，今不取。今按作生日不必定在其生日，此不能断《旧传》之诬也。及长，相善，俱以骁勇闻。又俱解六蕃语，同为互市郎。张守珪为幽州节度，使二人同捉生，拔禄山为偏将，遂养为子。开元二十七年（739），守珪以罪去。明年，禄山为平卢兵马使。又明年，授营州都督、平卢军使。天宝元年，以平卢为节度，禄山为使。三载，遂代裴宽节度范阳，而平卢等使如故。九载，兼河北道采访处置使。十载，拜云中太守，即云州，见第二章第二节。河东节度使，一身兼制三镇，其势遂不可制矣。玄宗信任禄山，史所传多野言。如《新书》本传云：令见皇太子，不拜。左右摘语之。禄山曰："臣不识朝廷仪，皇太子何官也？"帝曰："吾百岁后付以位。"谢曰："臣愚，知陛下不知太子，罪万死。"乃再拜。时杨贵妃有宠，禄山请为妃养儿，帝许之。其拜必先妃后帝。帝怪之。答曰："蕃人先母后父。"帝大悦。此等皆不直一笑。《旧书》本传云：禄山性巧黠，人多誉之。又厚赂往来者，乞为好言，玄宗益信乡。采访使张利贞，尝受其赂；黜陟使席建侯，又言其公直无私；裴宽受代，李林甫顺旨，并言其美；数公皆信臣，故玄宗意益坚，其说当近于实。盖时于东北，不甚措意，故于无意之中，使成尾大之势也。禄山性悖戾，非他蕃将仅邀战功、利官爵者比，遂畜逆谋。更筑垒范阳北，号雄武城，峙兵积谷，养同罗、奚、契丹八千人为假子。畜单于护真大马三万，牛羊五万。潜遣贾胡行诸道，岁输财百万。十一载，攻契丹，败绩。参看第五节。将出兵以报怨，表请阿布思自助。阿布思之来降也，见第二节。玄宗宠之，赐姓名曰李献忠。李林甫遥领朔方，用为副使。及是，诏以兵与禄山会。献忠素与禄山不协，叛归碛北，为边患。诏北庭都护程千里讨之。献忠为回纥所掠，奔葛逻禄。葛逻禄缚送之，俘于京师，斩之，而其众皆为禄山所有，阿布思事，见新、旧《书·本纪》天宝十一载至十三载，及李林甫、程千里、安禄山诸《传》。愈偃肆。《新书》云：皇太子及宰相屡言禄山反。帝不信。杨国忠建言追还朝，以验厥状。禄山揣得其谋，乃驰入谒，帝意遂安，凡国忠所陈无入者。十三载，来谒华清宫，对帝泣曰：臣蕃人，不识文字，陛下擢以不次，国忠必欲杀臣以甘心。帝慰解之，拜尚书左仆射，诏还领。又请为闲厩、陇右群牧等使，表吉温以自副。温时附禄山。禄山加河东节度使，奏为副使，知留后事。复奏为魏郡太守。杨国忠为相，追温入为御史中丞，盖欲止其狼狈也。然《旧书·传》言其至西京，朝廷动静，辄报禄山。观安岱、李方来之事，则知禄山谋逆，用间谋颇多，温亦难保非其一，酷吏之不可信如此。魏郡，在今河北大名县东。还，疾驱去。既总闲牧，因择良马内范阳，又夺张文俨马牧。反状明白。人告言者，帝必缚与之。明年，国忠谋授禄山同中书门下平章事，召还朝。制未下，帝使中官辅璆琳赐大柑，因察非常，禄山厚赂之，还言无他，帝遂不召。未几，事泄，帝托他罪杀之。自是始疑。帝赐禄山长子庆宗娶宗室女，手诏禄山观礼。辞疾甚。帝赐书曰："为卿别治一汤，可会十月，朕待卿华清宫。"唐是时，盖明知禄山之必反，而无如之何，乃思以计饵之，使某入都，以消弭战祸，其策可谓无俚。然谓玄宗犹信之，杨国忠与之不协，乃思激其速反，则其诬亦显而易见矣。去冬吉温以事贬岭外，是岁死于狱，杨国忠又使客擿禄山阴事，讽京兆尹捕其第，得安岱、李方来与禄山反状，缢杀之。见《新书·李岘传》。至是，则其反谋无可掩饰，兵祸亦无可消弭矣。十一月，禄山遂反于范阳。

禄山之反，其众凡十五万。河北皆禄山统内，望风瓦解。又遣骑入太原，杀尹杨光翙。时安西节度使封常清入朝，帝以为范阳、平卢节度使，乘驿诣东京募兵以御之。得六万人，皆白徒，不习战。又以荣王琬玄宗第六子。为元帅，高仙芝副之。帅飞骑、彍骑、新募之天武军及朔方、河西、陇右之众屯陕。见第二章第六节。置河南节度使，领陈留等十三郡。陈留，即汴州。以卫尉卿张介然为之。十二月，禄山度河，陷灵昌。即滑州，见第二章第六节。遂陷陈留，介然死。进陷荥阳，封常清拒战，败绩，奔陕。禄山遂陷东京。常清告仙芝：陕不可守，且潼关无兵，贼入之，则长安危矣。仙芝乃弃陕奔潼关。禄山使崔乾祐屯陕。常清之败，三表陈贼形势，上皆不见，常清乃自驰诣阙。至渭南，敕削官爵，白衣诣仙芝军自效。时宦者边令诚监仙芝军，数以事干仙芝不遂，奏言常清张贼势以摇众心，仙芝弃地数百里，且盗减军士粮赐。上使赍敕即军中斩二人。常清具遗表劝上勿轻贼而死。常清既死，令诚索陌刀手百余人自随，宣杀仙芝之命。仙芝曰："我退，罪也，以为减截粮赐则诬。"谓令诚曰："上是天，下是地，兵士皆在，足下岂不知乎？"其召募兵排列在外，素爱仙芝，仙芝呼谓之曰："我若实有此，君辈即言实；若实无之，吾辈当言枉。"兵齐呼曰"枉。"其声殷地，然遂斩之。仙芝、常清，非必大将才，要不失为战将；当时欲御禄山，舍此二人，亦无可用者；乃听宦人之言而诛之，亦可谓暗矣。先是哥舒翰入朝，得风疾，留京师，乃拜为兵马副元帅，将蕃、汉兵，并仙芝旧卒二十万军潼关。翰时疾颇甚，委政于行军司马田良丘，良丘复不敢专断，教令不一，颇无部伍。其将王思礼、李承光又争长不协，人无斗志。然潼关天险，贼亦未能遽进也。

禄山之陷陈留也，使其将李庭望守之。既入东京，又以张通晤为睢阳太守，即宋州，见第四章第四节。使与陈留太守杨朝宗东略地。郡县望风降服。惟东平太守嗣吴王祗、东平郡，即郓州。祗，太宗子吴王恪之孙。济南太守李随，济南郡，即齐州。皆起兵讨贼。单父尉贾贲单父县，今山东单县。率吏民击通晤，斩之。禄山将尹子奇屯陈留欲东略，至襄邑而还。襄邑县，在今河南睢县西。平原太守颜真卿、平原郡，即德州，见第二章第六节。常山太守颜杲卿常山郡，即镇州，见第二章第七节。亦起兵河北响应。使入范阳招副使贾循。循未及发，禄山使人杀之。使史思明、蔡希德攻陷常山，杲卿死。然真卿之兵，进克魏郡，时清河客李萼，为其郡乞师于真卿，说真卿曰："闻朝廷使程千里统十万众自太行东下，将出崞口，为贼所扼。今先伐魏，分兵开崞口之路，出千里之兵，使讨邺、幽陵；平原、清河，合十万众徇洛阳，分兵而制其冲；公坚壁无与战；不数十日，贼必溃而相图矣。"真卿然之。遂合清河、博平兵克魏郡。清河郡，即贝州，见第二章第六节。崞口，在河北邯郸县西。邺郡，即相州，见第二章第一节。幽陵，指范阳。博平郡，即博州，见第四章第二节。禄山又使其将高秀岩寇振武，朔方节度使郭子仪败之。乘胜拔静边军，胡三省曰：当在单于府东北，王忠嗣镇河东所筑也。宋白曰：云中郡西至静边军百八十里。进围云中。上命还朔方，发兵进取东京，别选良将一人，分兵先出井陉，今河北井陉、获鹿二县间。以定河北。子仪荐李光弼，楷落子。上以为河东节度使，子仪分朔方兵万人与之。时河北诸郡惟饶阳未下，史思明围之。闻光弼出井陉，解围与相拒。子仪又自井陉出，连败思明于九门、嘉山。九门县，在今河北藁城县西北。嘉山，在常山郡之东。思明奔博陵。子仪、光弼就围之。河北十余郡，皆杀贼守将而降。渔阳路再绝。胡三省曰：渔阳，即谓范阳也。范阳郡幽州，其后又分置蓟州渔阳郡。唐人于此时，多以范阳、渔阳通言之。前此颜杲卿反正，渔阳路绝矣，杲卿败而复通。今郭、李破史思明，故再绝。蓟州，今蓟县。禄山先在东京僭称燕帝，天宝十五载（756），即肃宗至德元载正月。及是，议弃之，还自救。使唐能坚守潼关，长安或未必沦没也。而玄宗及杨国忠促哥舒翰出战，遂至一败涂地。

《旧书·哥舒翰传》云：翰至潼关，或劝翰留兵三万守关，悉以精锐回诛杨国忠。翰心许之，未发。有客泄其谋于国忠。国忠大惧，乃奏言潼关兵众虽盛，而无后殿，请选监牧小儿三千人，于苑中训练。诏从之，遣剑南军将分统焉。又奏召募万人，屯于灞上，在长安东。令其腹心杜乾运将之。翰虑为所图，乃上表请乾运兵隶于潼关。遂召乾运赴潼关计事，因斩之。先是翰数奏禄山虽窃河朔，而不得人心，请持重以敝之。贼将崔乾祐于陕郡潜锋蓄锐，而觇者奏云："贼殊无备。"上然之，命悉众速讨。翰奏曰："禄山久习用兵，必不肯无备，且贼兵远来，利在速战，王师自战其地，利在坚守。若轻出战，是入其算。乞更观事势。"杨国忠恐其谋己，屡奏使出兵。上久处太平，不练军事，既为国忠眩惑，中使相继督责，翰不得已，引兵出关。《王思礼传》谓思礼密语翰：

请抗表诛杨国忠。翰不应。复请以三十骑劫之，横驮来潼关杀之。翰曰："此乃翰反，何与禄山事？"《杨国忠传》云：哥舒翰守潼关，诸将以函关距京师三百里，利在守险，不利出攻。国忠以翰持兵，虑反图己，欲其速战，自中督促之。《新书·翰传》云：郭子仪以禄山悉锐兵南破宛、洛，而以余众守幽州，吾直捣之，覆其巢穴，质叛族以招逆徒，禄山之首可致。若师出潼关，变生京师，天下殆矣。乃极言请翰固关无出军，而帝入国忠之言，使使者促战，项背相望也。哥舒翰武人，未尝与闻朝政，又婴废疾，若杀国忠，试问何以善其后？安得然或人之说？王思礼亦安得劝之？果有是意，纵不敢回戈西向，岂复能顺命出关？故谓翰或翰之将士有图国忠之议，必为妄语。翰既不能图国忠，国忠何用忌之？其选练监牧小儿及召募，意或诚为万一之备。使剑南军将统之者，国忠时领剑南节度，麾下固应有亲信之人；抑或已为幸蜀之计也。至哥舒翰之杀杜乾运，或诚以议事不协；或是时翰不能亲治军，麾下乃有此卤莽之举；要不能以是而谓其有图国忠之意也。促战之举，恐仍由于玄宗之不练军事者居多。玄宗虽好用兵，初未尝亲履行陈，固非太宗之伦。观其杀封常清、高仙芝，可谓绝无思虑，此非特不练军事，且恐益之眊荒，果若此者，其躁急求战，又岂待国忠之眩惑也。国忠不能力谏，则自不待言。且国忠亦非知军机之人，观其征云南之事可知。特谓其虑翰之害己而促之战，则未必然耳。郭子仪请命翰坚守，语出《邠志》，见《通鉴考异》。可信与否，亦难质言，然当日事势，固确是如此。故《国忠传》谓诸将之意皆然，可见询谋之佥同，而玄宗顾以轻躁之心，信谍报而促之战，抑何其老将至而犹有童心也？《旧书·杨国忠传》曰：禄山虽据河洛，其兵锋，东止于梁、宋，南不过许、邓。李光弼、郭子仪统河朔劲卒，连收恒、定，若崤函固守，兵不妄动，则凶逆之势，不讨自弊。及哥舒翰出师，不数日，乘舆迁幸，朝廷陷没，兵满天下，毒流四海，皆国忠之召祸也。其蔽罪于国忠诬，其论用兵形势则是也。《旧书》多载时人意见，此当时之公论也。《新书·刘子玄传》：子秩，安禄山反，哥舒翰守潼关，杨国忠欲夺其兵。秩上言：翰兵天下成败所系，不可忽，房琯见其书，以比刘更生。则当时知潼关之兵关系之重者，又不独诸将矣。

哥舒翰既出关，与贼战于灵宝，见第二章第六节。大败。时天宝十五载（756）六月八日，距李光弼破史思明于嘉山，仅数日耳。明日，翰至关，蕃将火拔归仁执之以降。安庆绪弃东京时杀之。关门不守，杨国忠唱幸蜀之计。十三日，陵晨，帝乃与国忠及宰相韦见素、太子、亲王、贵妃姊妹等出延秋门。至马嵬驿，在今陕西兴平县西。兵士杀杨国忠，又胁上杀贵妃而后行。《旧书·国忠传》曰：至马嵬，军士饥而愤怒。陈玄礼惧乱，先谓军士曰："今天下崩离，万乘震荡，岂不由杨国忠？若不诛之，何以塞四海之怨愤？"众曰："念之久矣。事行身死，固所愿也。"会吐蕃和好使在驿门，遮国忠诉事，军士呼曰："杨国忠与蕃人谋叛。"诸军乃围驿，擒国忠，斩首以徇。并杀其子暄及韩国夫人。国忠妻裴柔，与虢国夫人走陈仓，县令薛景仙追杀之。陈仓见第四章第二节。《玄宗本纪》曰：诸卫顿兵不进，陈玄礼奏请诛国忠，会吐蕃使遮国忠，兵士围驿四合，乃诛国忠。众乃退。一族兵犹未解，上令高力士诘之。回奏：诸将既诛国忠，以贵妃在宫，人情恐惧。上即命力士赐贵妃自尽。丁酉，明日。将发，朝臣惟韦见素一人。乃命其子京兆府司录谔为御史中丞，充置顿使，议所向。军士或言河、陇，或言灵武、太原，或言还京为便。谔曰：还京须有捍贼之备，兵马未集，恐非万全。不如且幸扶风，即岐州，见第二章第一节。徐图所向。上询于众，咸以为然。及行，百姓遮路，乞留皇太子，愿戮力破贼，收复京城。因留太子。案，陈玄礼，《旧书》附《王毛仲传》，云：禄山反，玄礼欲于城中诛杨国忠，事不果，竟于马嵬斩之，其为豫谋可知。《杨贵妃传》云：玄礼密启太子诛国忠父子。《韦见素传》谓玄礼与飞龙马家李护国谋于皇太子，请诛国忠。《肃宗张皇后传》云：百姓遮道请留太子。宦者李靖忠启太子请留，良娣赞成之。张后时为太子良娣。靖忠者，李辅国本名，《宦官传》作静忠，护国则肃宗即位后赐名也。《宦官传》谓其献计太子，请分玄宗麾下兵北趋朔方，以图兴复。又《建宁王传》，谓是谋也，广平、建宁，广平王俶，即代宗。建宁王倓，肃宗第三子。亦赞成之。则驿门之围，遮道之请，东宫皆与其谋可知。《贵妃传》言：河北盗起，玄宗以皇太子为天下兵马元帅，监抚军国事。国忠大惧，诸杨聚哭。贵妃衔土陈请，帝遂不行内禅。其说之信否未可知，然太子与诸杨间隙之深，则可见矣。《后妃传》序云：马嵬涂地，太子不敢西行。玄宗一日而尸三子，为之子者，不亦难乎？盖非徒求福，亦以免祸矣。众怒如火，其可犯乎？全躯入蜀，实为至幸，此又昵于衽席者之深鉴也。

马嵬之难既平，玄宗遂西入蜀。太子北行，至平凉，即原州，见第三章第一节。朔方留后杜鸿渐使来迎。时河西行军司马裴冕入为御史大夫，之平凉见太子，亦劝之朔方。七月，太子至灵武。冕及鸿渐等劝进，遂即帝位。是为肃宗。而尊玄宗为太上皇。

## 第八节 安史之乱下

图恢复者必借兵力。天宝时，兵力萃于西北，而河西、陇右皆较远，肃宗西行，必之朔方者势也。顾朔方兵力，皆在郭、李之手，故潼关不守，光弼遂释博陵之围，与子仪俱入井陉，而河北遂尽为史思明、尹子奇所陷。

玄宗之西行，安禄山不意其如是之速，故潼关陷后，尚驻兵十日，乃遣孙孝哲入长安，以张通儒为西京留守，田乾真为京兆尹，安忠顺屯兵苑中，而使孝哲监关中军。禄山始终未至长安。《新书·传》云："禄山未至长安，士人皆逃入山谷，宫嫔散匿行哭，将相第家，委宝货不赀，群不逞争取之。又剽左藏大盈库，百司帑藏。竭，乃火其余。禄山至，怒，大索三日，民间财赀尽掠之。"误也。孝哲，契丹人，豪侈，果杀戮，又与禄山用事臣严庄不睦；禄山死后，庄夺其使，以与邓季杨。诸将皆慓悍无远略，惟事声色货贿；故此一路，初不足为唐室患。惟阿史那从礼以同罗、仆骨骑五千出塞，诱河曲六州胡，欲迫行在，转成肃宗之近患而已。

其时郭、李而外，河西节度副使李嗣业亦以兵七千至。顾力犹未足，乃使仆固怀恩仆骨酋长歌滥拔延之孙，世袭金微州都督。初事王忠嗣、安思顺，后从郭子仪。与敦煌王承寀邠王守礼之孙。同使回纥结好，且发其兵。时回纥裴罗可汗已卒，子磨延啜立，是为葛勒可汗。以可敦之妹为女妻承寀，遣渠领来和亲。时唐以郭子仪为灵州长史，使李光弼留守北京。太原。可汗乃自将兵，与子仪共平河曲，朔方遂安。至德元年十二月。

其东出之路，则薛景仙取扶风而守之。诏改为凤翔府，以景仙为守。初京兆李泌，天宝中，上书论世务，玄宗召见，令待诏翰林，仍东宫供奉，杨国忠奏其为《感遇诗》讽刺时政，诏于蕲春安置。蕲春郡，即蕲州，今湖北蕲春县。乃潜遁名山。肃宗即位，遣使访召。会泌自嵩、颍间奔赴行在。拜银青光禄大夫，俾掌枢务。时以广平王俶为天下兵马元帅，仍俾掌军司马事。泌劝上且幸彭原，即宁州。俟西北兵将至，进幸扶风以应之，于时庸调亦集，可以赡军。上从之。河南房琯，玄宗时为宪部侍郎，从驾于蜀。时大臣赴难者少，玄宗悦，即日拜文部尚书，同中书门下平章事。与韦见素等奉使灵武，册立肃宗。肃宗以琯素有重名，倾心待之。琯亦以天下为己任，抗疏自请将兵，以诛寇孽，收复京都。许之。至德元载（756）十月，琯与禄山将安守忠战于陈陶斜，在今咸阳县东。败绩。是役也，史谓琯以虚名择将吏，以至于败。然琯所将，本非精兵；且意欲持重伺敌，而中使邢延恩督战，遂至仓皇失据；则其败也，犹之哥舒翰潼关之败也。《旧书·高适传》：适上言：监哥舒翰军之李大宜，与将士约为香火，使倡妇弹箜篌、琵琶，以相娱乐，樗蒲、饮酒，不恤军务，宦官之坏军政如此。琯之败，肃宗待之如初，可见其咎不在琯。然此役，与唐之治乱，所关实巨。盖使琯而不败，则兵权不致尽入武人之手，而如朔方军之因循养寇，诸节镇之骄恣自擅，其弊皆可以不作矣。然以是时敌势之炽，岂复一文臣，仓卒受命，用素骄之将，不练之卒所能平？琯之志可钦，而其遇则可悲也。

毫毛不拔将寻斧柯，君子是以凛然于积重之势也。

然唐室虽敝，而贼徒亦不能有为。禄山本痴肥，晚岁益甚。叛后目复盲，又患疽，益卞躁。左右给侍，无罪辄死，或笞掠。帐下李猪儿，本降竖，后为阉人，愈亲信，而遭诃辱尤数。严庄最亲倚，亦时遭笞挞。长子庆宗，仕唐为太仆卿，禄山反，被杀。次子庆绪，僭号之后，嬖妾段夫人，爱其子庆恩。庆绪惧不立，庄遂说以行大事，为谕猪儿。至德二载（757），正月朔，戕禄山于东京。庆绪即伪位，委政于庄而兄事之。时史思明自博陵，蔡希德自太行，高秀岩自大同，牛廷玠自范阳，合兵十万，以攻太原。李光弼麾下精兵，皆赴朔方，余团练乌合之众，不满万人，其势甚危。会禄山死，庆绪使思明归守范阳，留希德等攻太原。二月，光弼出击，破之，希德遁去。进攻之势乃一挫。

光弼破希德之月，郭子仪亦平河东。河东郡，即蒲州，今山西永济县。遣子旰等攻潼关，败还。时肃宗已至凤翔，江、淮庸调，亦集汉中。四月，以子仪为天下兵马副元帅，使将兵如凤翔，与关内节度王思礼合攻西京。五月，仍为安守忠所败。可见其兵力尚强也。然庆绪徒纵乐饮酒，诸将皆不为用，故唐室卒得进取之机。

九月，回纥可汗使其子叶护将帝德率四千余人来。乃使子仪副广平王，率诸军而东，战香积寺，在长安南。大破之。张通儒等皆走。唐遂复西京。初，上欲速得京师，与回纥约："克城之日，土地士庶归唐，金帛子女皆归回纥。"至是，叶护欲如约。广平王拜于马前，曰："今始得西京，若遽俘掠，则东京之人，皆为贼固守，不可复取矣。愿至东京乃如约。"叶护惊，下马答拜。即与仆固怀恩引回纥、西域之兵，自城南而东。孟子曰："争地以战，杀人盈野，争城以战，杀人盈城，此所谓率土地而食人肉，罪不容于死，故善战者服上刑。"然善战者亦或有以自解也，曰：吾固欲拯民于水火之中，非杀无以止杀也。行一不义，杀一不辜而得天下不为，陈义虽高，不能行也。好战者之言如是，其实未必然，其心或亦以为如是。至于明目张胆，以金帛、子女易土地及能任赋役之士庶，则诚视天下为其私产矣。岂不异哉？而或犹以此称广平之仁，曰：能隐其民无罪而为奴虏，然则东京之民奚罪焉？岂不异哉？广平留长安三日，复东出。庆绪悉发洛阳兵，使严庄将之，就张通儒等于陕，其数犹十五万。十月，子仪等又败之。庄、通儒等皆走。庆绪亦走河北，庄来降。遂复东京。回纥大掠三日。耆老以缯锦万匹赂之，乃止。此唐政府自为盗贼也。

初贾贲既斩张通晤，李随亦至睢阳，朝以为河南节度使，而以前高要尉许远守睢阳。又于南阳置节度使，南阳郡，即邓州，见第二章第七节。以太守鲁炅为之。至德元年（583）正月。雍丘令令狐潮降敌，雍丘，今河南杞县。敌以为将，使东击淮阳。官兵破之。潮东见李庭坚，所俘淮阳之兵叛于后，潮弃妻子走，贾贲因之入雍丘。真源令张巡，真源，在今河南鹿邑县东。起兵，入雍丘与之合。潮还攻，贲战死，巡代领其众。二月。朝以吴王祇为陈留太守，节度河南，李光弼节度河北，加颜真卿河北采访使。三月。敌将武令珣围南阳，朝征吴王为太仆卿，代以嗣虢王巨。五月。巨，虢王凤之曾孙。巨自蓝田出武关，见第二章第六节。围乃解。时北海太守贺兰进明亦起兵，北海见第一节。颜真卿既克魏郡，以书招之并力，进明渡河屯平原。敕加河北招讨使。史思明、尹子奇再陷河北，遣兵攻平原。真卿度不能守，弃郡走。进明亦诣行在。十月。朝又以代虢王。尹子奇以五千骑略北海，欲南取江淮。会回纥可汗将兵来，遣其将葛逻支以二千骑奄至范阳城下，子奇闻之，遽北归。安庆绪嗣伪位，以子奇为汴州。刺史、河南节度使。至德二载（757）正月。子奇进攻睢阳。先是贼将杨朝宗欲袭宁陵，今河南宁陵县。断张巡之后。巡遂拔雍丘，东守宁陵，与许远共击朝宗，破之。及是，远告急于巡。巡乃入睢阳，与之俱守。远以巡才出己上，举战斗之事，一以委之，己但居中应接而已。子奇来攻，巡、远击败之，然攻围不辍。田承嗣亦继武令珣攻南阳。鲁炅走襄阳。五月。敌攻之，不克，时敌欲南侵江、汉，赖炅扼之得全，而睢阳之围益急。初，房琯恶贺兰进明，既以为河南节度兼御史大夫，复以许叔冀为灵昌太守，为进明都知兵马使，亦兼御史大夫以挫之。进明居临淮，临淮郡，即泗州，今安徽泗县。叔冀在谯郡。即亳州，今安徽亳县。虢王之见代，尽将其部曲西行，所留者羸兵数千，劣马数百。叔冀恃部下精锐，又名位相等，不受进明节制。张巡使南霁云乞师，进明遂不敢分兵，睢阳陷，巡死。十月。许远亦死于偃师。张镐者，博州人，廓落有大志，好谈王霸大略。天宝末，杨国忠以声名自高，搜天下奇杰，闻镐名，荐之，自褐衣拜左拾遗。玄宗幸蜀，镐自山谷徒步扈从。肃宗即位，遣赴行在。至凤翔，奏议多有弘益。拜谏议大夫，寻迁中书侍郎，同中书门下平章事。亦房琯之伦也。及是，命兼河南节度使、持节、都统淮南等道诸军事。镐闻睢阳围急，倍道兼进，无所及。然时西京收复，敌大势已败，尹子奇悉众赴陕，《新书·禄山传》。与张通儒同败，陈留人遂杀之以降。初朝廷使来瑱守颍川，见第二章第七节。事在至德元载四月。敌屡攻之，不能克。及是，田承嗣围之，瑱走，承嗣亦来降，郭子仪应之缓，乃复叛，与武令珣走河北，蔡希德攻上党，即潞州。程千里守，突出欲擒之，还，桥坏，坠堑中，反为所擒。事在至德二载九月，安庆绪走河北时见杀。千里谕其下坚守，希德卒不能克。张镐率诸节度徇河南、河东郡县，皆下之。惟能元皓据北海，高秀岩据大同而已。《通鉴》至德二载十一月。

　　安庆绪之走相州也，疲卒才千余。已而蔡希德、田承嗣、武令珣先后归之，又自召募，众至六万，势复振。庆绪不亲政事，惟缮亭沼楼船，为长夜之饮。

其用事之臣高尚等，各不相协。蔡希德兵最锐，性刚直，张通儒潛杀之。此据《旧书》。《新书》云：时密送款者十余人，希德为其一，通儒以他事杀之。庆绪以崔乾祐领中外兵，愎戾好杀，士卒不附。史思明据范阳，骄横。思明于天宝十一载（752），以平卢兵马使兼北平太守，充卢龙军使。禄山反，使之略定河北，贾循死后，令守范阳。庆绪遣阿史那承庆、安守忠、李立节往议事，共图之。思明杀守忠、立节，囚承庆。十二月，来降。诏以为范阳节度使。其河东节度使高秀岩亦来降。以为云中太守。明年，为乾元元年（758），二月，其北海节度使能元皓又降。以为河北招讨使。贼势益蹙。

初乌知义为平卢兵马使，史思明以列将事之。后知义子承恩，为信都太守。信都郡，即冀州，今河北冀县。郭子仪、李光弼入井陉，以郡降于思明。思明亲信之。及是，唐遣其往河北宣慰，列郡多降。光弼因请以为范阳节度副使，使与阿史那承庆图思明。事泄，思明杀之，复叛。时六月也。七月，帝以幼女宁国公主下嫁磨延啜，册为英武威远毗伽可汗。汗以主为可敦，使子骨啜与帝德等率三千骑来助讨贼。九月，诏朔方郭子仪、淮西鲁炅、淮西军，治颍川，见第二章第七节。兴平李奂、兴平军，治上洛，见第二章第七节。滑濮许叔冀、北庭行营李嗣业、荆州季广琛、平卢董秦、河东李光弼、关内泽潞王思礼泽州，今山西晋城县。九节度之师攻邺。据《旧书·本纪》。《宝录》同，汾阳家传无李奂，而有河南崔光远，见《通鉴考异》。李嗣业中流矢死，兵马使荔非元礼代统其众。不置元帅，但以鱼朝恩为观军容宣慰处置使。号令不一，久无功。庆绪求救于思明。十二月，思明陷魏州。即魏郡，见上节。李光弼请与朔方军往索战，得旷日持久，则邺城必拔矣。鱼朝恩不可。明年二月，思明趋邺。先以兵抄诸军粮运。诸军乏食，人思自溃，思明乃引大军直抵城下。三月，战，官军大败。郭子仪以朔方军断河桥保东京。河桥，在今平原省孟县南。诸节度各溃归本镇。惟李光弼、王思礼全军而归。思明杀庆绪及高尚、孙孝哲、崔乾祐等，留子朝义守邺，自还范阳。四月，僭称燕帝。

唐平安、史，本倚朔方军。然此时，此军业已浸骄，郭子仪军政又不肃。相州之役，子仪卒实先奔。七月，乃召之还京师，以李光弼代为节度。光弼愿得亲王为之副，诏以赵王係为天下兵马元帅，係，肃宗次子，后徙王越。光弼副之。朔方将士，乐子仪之宽，而惮光弼之严。左方兵马使张用济，欲以兵入东京，逐光弼，请子仪，都知兵马使仆固怀恩等不可，乃止。光弼以数千骑至汜水，用济单骑来谒，光弼责以召不时至，斩之。怀恩继至。光弼引坐与语。须臾，闻者白："蕃、浑五百骑至矣。"光弼变色。怀恩走出，召麾下将，阳责之曰："语汝勿来，何得故违？"光弼曰："士卒随将，亦复何罪？"命给牛酒。盖怀恩成备而见光弼，光弼弗能害也。朔方军情如此，更欲倚之以图克复，亦难矣。八月，以光弼为幽州长史、河北节度使。九月，思明使子朝清守范阳，发兵四道济河会汴州。光弼还东京，使许叔冀守，叔冀战不胜，降之，思明西攻郑州。今河南郑县。光弼弃东京，保河阳。见第二章第四节。十月，思明来攻，光弼败之。思明又遣兵攻陕。初禄山之叛，神策军使成如璆使兵马使卫伯玉以千人赴难，与鱼朝恩俱屯于陕，及是，败之。明年，为上元元年（760）。八月，以神策军故地沦没，即诏伯玉军号神策，以伯玉为节度，朝恩为观军容使，监其军，与陕州节度使郭英乂俱屯于陕。十一月，光弼拔怀州，今河南沁阳县。禽其河南节度使安太清。二年二月，上命光弼及怀恩、伯玉进取东京，与思明战于邙山，败绩。光弼、怀恩走闻喜，今山西闻喜县。伯玉、朝恩还保陕。河阳、怀州皆陷。是役也，《旧书·思明传》言其潜遣人反说官军，言洛中将士，皆幽、朔人，思归，可取。鱼朝恩以为然，告光弼、怀恩、伯玉令出兵，光弼等然之。《光弼传》云：朝恩屡言贼可灭之状，朝旨令光弼速收东都。光弼屡表贼锋尚锐，不可轻进。怀恩害光弼之功，潜附朝恩，言贼可灭，由是中使督战，光弼不获已进军。《怀恩传》亦言其心惮光弼而颇不协。《新书·怀恩传》云：安太清妻有色，怀恩子场劫致于幕。光弼命归之，不听。乃以卒环守，复驰骑趋之，射杀七人，夺妻还太清。怀恩怒曰："公乃为贼杀官卒邪？"初会军汜水，朔方将张用济后至，斩纛下，怀恩常悒悒不乐。及战邙山，不用令以覆王师。案，光弼若然朝恩之说，无缘与敌久相持；是时合朔方、神策两军，即使未能进取，亦不应至于甚败；则谓怀恩不用命以覆师，似无疑义。相州之役，合九节度之师而不置元帅，史云以郭、李皆元勋，难相统属。夫光弼名位，本出子仪之下；其为河东节度，乃由子仪之荐；况子仪素以宽和闻，谓其不能令众或有之，谓将招致抗拒，无是理也；则何不可相统属之有。子仪既召还京师，翼年正月，以党项不靖，分邠宁置鄜坊节度，邠宁节度，治邠州，见第三章第一节。宁州见第二章第六节。鄜坊节度，治坊州，今陕西中部县。鄜州，今陕西鄜县。各置副使，而以子仪兼领两道，留居京师，此仍是投闲之局。九月，或言天下未平，不宜置子仪散地，乃命出镇邠州。旋制：子仪统诸道兵，自朔方取范阳，还定河北。发射生、英武等禁军，及朔方、鄜坊、邠宁、泾原诸道蕃汉兵共七万人，皆受子仪节度。泾原节度，治泾州，见第二章第七节。原州见第三章第一节。史言制下旬日，为朝恩所沮，事竟不行。《通鉴》。盖朝恩自谓知兵，欲要平贼之功，故始于相州之役，不置统帅，而己以观军容使厕其间，俨然王人虽微，序于诸侯之上；继又因此而中思明之反说，牵率光弼以俱行，而不悟朔方军中，又多乖午，以致求荣反辱也。骄将务修私怨，宦竖专秉庙谟，以此克敌，木亦难乎？邙山既败，光弼求自贬，使镇河中，治蒲州。旋改临淮。仍以子仪领朔方行营，而怀恩为之副。此军实权，遂入怀恩之手矣。邙山败后，怀恩入为工部尚书，代宗立，乃复出。

史朝义为思明孽长子，宽厚，下多附者，而朝清喜田猎。戕虐似思明，而淫酗过之。邙山战后，思明遂欲进取，使朝义攻陕，为卫伯玉所败。思明怒，召之，及其将骆悦，欲诛而释之。又言朝义怯，不足成吾事，欲追朝清自副。悦遂说朝义弑思明，又使人杀朝清。幽州乱，张通儒亦战死。事数月乃定。朝义以李怀仙为范阳尹、燕京留守。《新书·思明传》云：朝义阴令向贡、阿史那玉图朝清。贡绐计曰："闻上欲以王为太子，且车驾在远，王宜入侍。"朝清谓然，趣帐下出治装，贡使高久仁、高如震率壮士入牙城。朝清登楼，自射杀数人。阿史那玉伪北，朝清下，被执。与母辛俱死。张通儒不知，引兵战城中，数日，不克，亦死。贡摄军事。未几，玉袭杀之，自为长史。治杀朝清罪，乃枭久仁徇于军。如震惧，拥兵拒守。五日，玉败走武清。朝义使人招之。至东都，凡胡面者，无少长悉诛，以李怀仙为幽州节度使。斩如震，幽州乃定。其说略与《唐实录》《河洛春秋》同。惟《实录》朝清作朝英，《旧传》亦同。见《通鉴考异》。《考异》又引《蓟门纪乱》，则朝清又作朝兴，云系思明太子。高久仁作高鞠仁，云与如震同是朝兴牙将。云：朝义潜勒张通儒及户部尚书康孝忠与鞠仁、如震等谋诛朝兴。通儒潜令孝忠取其马，通儒与鞠仁领兵入其子城。朝兴拒战，被擒，见杀。收其党与悉诛之。思明骁将辛万年，特有宠于朝兴，又与鞠仁、如震友善。通儒敕鞠仁、如震斩万年，鞠仁告之。于是如震万年领其部曲入子城，斩通儒。推伪中书令阿史那承庆为留守。函通儒等首，使万年送洛阳，诬其欲以蓟城归顺。承庆领蕃兵数十骑至如震宅门，要如震相见。如震驰至，即斩之。入东军，与康孝忠招集蕃羯。鞠仁统麾下军讨之。承庆败，与孝忠出城，收散卒，东保潞县。月余，径诣洛阳，自陈其事。城中蕃军家口，尽逾城相继而去。鞠仁令城中杀胡者皆重赏；于是羯胡俱尽。高鼻类胡而滥死者甚众。朝义以李怀仙为范阳节度，乃诱鞠仁杀之。武清，今河北武清县。潞县，在今河北通县东。于是敌势又顿挫，此亦唐之天幸也。

上元三年（762）代宗宝应元年。四月，玄宗、肃宗相继崩，代宗立。以子奉节王适即德宗。旋徙王鲁，又徙雍。为天下兵马大元帅。初回纥英武可汗卒，大子叶护，前得罪死。次子移地健立，号牟羽可汗。后加册为登里颉咄登密施含俱录英义建功毗伽可汗。其妻，仆固怀恩女也。始英武为少子请婚，肃宗以妻之，至是，以为可敦。代宗即位，以史朝义未灭，复遣中人刘清潭往结好，且发其兵。比至，回纥已为朝义所怵，曰："唐荐有丧，国无主，且乱，请回纥人收府库，其富不赀。"可汗即引兵南。时八月也。朝廷震惊，遣殿中监药子昂迎劳，又命怀恩与会。乃上书请助天子讨贼。于是使雍王东会之。时可汗壁陕州，王往见之。可汗责王不蹈舞，引左厢兵马使药子昂、右厢兵马使魏琚、行军司马李进、元帅判官韦少华榜之百。少华、琚一夕死。乃以怀恩为前锋，郭英乂、鱼朝恩为后殿，与回纥俱东。王留陕州。怀恩与朝义战，败之。朝义东走。回纥入东京，放兵攘剽。人皆遁保圣善、白马二祠浮屠。回纥怒，火浮屠，杀万余人。朔方、神策军亦掠汝、郑间，乡无完庐，皆蔽纸为裳，虐于贼矣。怀恩与回纥可汗留河阳，使子玚逐朝义。于是贼汴州节度使张献诚，相州节度使薛嵩，恒阳节度使张忠志皆来降。恒阳，今河北曲阳县。朝义辗转奔莫州。今河北任丘县。怀恩会兖郓节度使辛云京等围之。兖郓节度，治兖州，见第二章第六节。田承嗣绐朝义还幽州发兵，以城降。朝义至幽州，李怀仙不纳。谋奔两蕃。怀仙复招之，朝义自缢死。怀仙来降，乱平。时广德元年（763）正月也。首尾凡八年。

安史之乱，盖以西胡之狡黠，用北族之愚悍，此自足以扰乱中原，然绝不能成大事也。《新书·禄山传》言："贼将何千年，劝贼令高秀岩以兵三万出振武，下朔方，诱诸蕃取盐、盐州，在今宁夏盐池县北。夏、见第二章第二节。鄜、坊；使李归仁、张通儒以兵二万道云中，取太原，团弩士万二千入蒲关，在今山西永济县西。以动关中；劝禄山自将兵梁河阳，取洛阳；使蔡希德、贾循以兵二万绝海收淄、青，见第三章第五节。以摇江、淮；则天下无复事矣。"此画颇具远见。使禄山用之，其乱决不能如后来之易平，而禄山不能用，徒罄全力以取东京，此所谓"兵屯聚而西，无他奇道"者也。《新书·李泌传》言：泌尝劝肃宗"诏李光弼出井陉，郭子仪取冯翊，即同州，今陕西大荔县。入河东，则史思明、张忠志不敢离范阳、常山，安守忠、田乾真不敢离长安。以三地禁其四将，徐命建宁王北并塞，与光弼相掎角，以取范阳。贼失巢窟，当死河南诸将手"。帝然之。会西方兵大集，帝欲速得长安。泌曰："我所恃者，碛西突骑、西北诸戎耳。若先取京师，期必在春，关东早热，马且病，士皆思归，不可以战，贼得休士养徒，必复来南，此危道也。"泌事多出其子繁增饰，此说殊不足信。然论当时用兵形势，则自是如此。盖以禄山当日之凭借，占据中国则不足，扰乱边陲则有余。使其不急取两京，而收率西北诸蕃，以拊关中之背，则唐室岂徒旰食而已。此辽之所以困宋，亦元之所以困金也。然其卒不出此者，何也？《禄山传》又言：其据东京，见宫阙尊雄，锐情僭号，故兵久不西，而诸道兵得稍集。《旧书·史思明传》言：禄山陷西京，常以橐驰运御府珍宝于范阳，不知纪极。此岂有取天下之略者乎？《高尚传》言：尚始与严庄、孙孝哲计画，白禄山以为事必成。及河朔路再绝，河南诸郡，皆有防御，潼关有哥舒翰之师，禄山大惧，怒尚等曰："汝元向我道万全。今四边若此，万全何在？更不须见我。"尚等遂数日不得见。禄山忧闷，不知所为。会田乾真自潼关至，晓谕之曰："自古帝王，皆有胜败，然后成大事，岂有一举得之者？今四边兵马虽多，皆非精锐，岂我之比？纵事不成，收取数万众，横行天下，为一盗跖，亦十年五岁矣。岂有人能制我？尚、庄等皆佐命元勋，何得隔绝，不与相见？”禄山喜曰：“阿浩，乾真小字。非汝谁能开豁我心里事，今无忧矣。”遂召尚等饮燕作乐，待之如初。以窥窃神器始，而以为盗跖横行十年五岁终，此可谓之有大略乎？《新书》谓其“睹纲纪大乱，计天下可取，逆谋日炽”，殆非实录也。尚本名不危。史言其母老乞食于人，而周游不归侍养。尚，幽州雍奴人。雍奴，今河北武清县也。尝叹息谓汝南周铣曰：汝南郡，即蔡州。见第四章第二节。“高不危宁当举事而死，终不能咬草根以求活。”所志如此，可与之图天下乎？李泌言：“华人为禄山用者，独周挚、高尚等数人，余皆胁制偷合，天下大计，非所知也。”即此数人者，亦岂足与言天下大计哉？蛮夷起朔垂者，虽歆羡中原子女玉帛之富，初无荐居上国之心，是以中国无如之何。元魏之居平城，势尚如此。逮其入居中国，而又不知持之之方，则其亡不旋踵矣。若禄山得东京而呕思僭号，得西京而徒知辇运珍宝，是以中国自累也。此所谓“离乎夷狄，而未即乎中国”者邪？其败也宜矣。

然苟好武功，而不知天下之大计者，则观于安史之事，亦不可不引为深鉴也。薛讷之欲讨契丹也，姚崇等沮之，玄宗即以讷同三品，群臣乃不敢言。当其即位之初，其愎谏自用即如此。宋庆礼欲复营州，实为绥边之长策，而宋璟固争。郝灵佺传默啜之首，自以为不世之功，而璟深抑其赏，致灵佺自悼而死。夫岂不知默啜为害之久且烈，盖深知玄宗之用兵，近于轻举，将至自焚，不得不深防其渐也。禄山之南下也，封常清之众，多市井之徒，兵交之后，被铁骑唐突，飞矢如雨，皆魂慑色沮，望贼奔散。张介然之众，则闻吹角鼓噪之声而气已夺矣。陈留陷后，两宿及荥阳，荥阳太守崔无波召募拒之，乘城者自坠如雨，无波及官吏，遂尽为敌所虏。皆见《旧书·忠义传》。《新书·禄山传》言：时兵暴起，州县发官铠仗，皆穿朽钝折不可用。吏皆弃城匿，或自杀，不则就禽。禁卫皆市井徒，既授甲，不能脱弓襊剑繁。内地之兵备如此，可重边兵以事四裔乎？中国疆域广，腹里距边地远，承平之世，民不能无忌战，此固事势使然，不能为一人咎。然理天下者，贵乎察事势之盈虚，而与之消息。纵不能矫之使正，亦岂可更速其倾？此玄宗之所以为暗也。

# 第六章　安史乱后形势

## 第一节　代宗之立

　　肃宗性颇昏庸，又其得位不以正，故张良娣、李辅国、广平、建宁等，遂乘之窃权争位焉。良娣，帝即位后，册为淑妃。乾元元年（758）四月，立为皇后。《传》言其与辅国持权禁中，干与政事，请谒过当，帝颇不悦，而无如之何。辅国，帝即位后擢为太子家令，判元帅府行军司马事。四方奏事，御前符印，一以委之。从幸凤翔，授太子詹事。还京，拜殿中监，闲厩、五坊、宫院、营田、栽接、总监等使，又兼陇右群牧，京畿铸钱，长春宫等殿句当，少府、殿中二监都使。至德二年（757）十二月，加开府仪同三司，进封郕国公。宰臣、百司不时奏事皆因之。常在银台门受事。银台，宫城门。置察事厅子数十人，官吏有小过，无不伺知，即加推讯。府、县按鞫，三司制狱，三司，谓御史台、刑部、大理寺。必诣辅国取决。随意区分，皆称制敕，无敢异议者。乾元二年，李岘为相，叩头论之，乃获变革，察事等并停。《旧书》本传及《李岘传》。《通鉴》载其制书曰：“比缘军国务殷，或宣口敕，处分诸色取索，及杖配囚徒，自今一切并停，如非正宣，并不得行，中外诸务，各归有司。英武军虞候及六军诸使诸司等，比来或因论竞，愚自追摄，自今须一切经台、府，如所由处断不平，听具状奏闻。诸律令除十恶、杀人、奸盗、造伪外，余烦冗一切删除，仍委中书、门下与法官详定闻奏。”观此制，可见辅国乱政之概。然辅国让行军司马不许，《通鉴》。而岘亦旋贬。玄宗自蜀还，居兴庆宫，辅国言其近市，交通外人，六军功臣反侧不自安，请迁之西内。上不许。上元元年（760）七月，辅国遂矫诏发射生五百骑劫迁焉。高力士及内侍王承恩、魏悦皆配流，陈玄礼致仕。明年，为宝应元年（762），上皇崩。肃宗本有疾，至此亦大渐。广平王俶为肃宗长子，次子曰越王係，第三子则建宁王倓也。《旧书·倓传》言：玄宗幸蜀，倓兄弟典亲兵扈从。百姓遮道乞留太子，太子不可。倓劝其暂往河西，以谋兴复，广平王亦赞成之，盖二人并与其谋。《传》又云：太子既北上，渡渭，一日百战，倓自选骁骑数百卫从。每仓皇颠沛之际，血战在前。太子或过时不得食，倓涕泣不自胜，上尤怜之。军士属目于倓。至灵武，太子即帝位。广平既为元子，欲以倓为天下兵马元帅。侍臣曰："广平王家嗣，有君人之量。"上曰："广平地当储贰，何假更为元帅？"左右曰："广平今未册立，艰难时，人尤属望于元帅；况太子从曰抚军，守曰监国，今之元帅，抚军也；广平为宜。"遂以广平为元帅，倓典亲军。李辅国为元帅府司马。时张良娣有宠，倓性忠謇，因侍上屡言良娣颇自恣，辅国连结内外，欲倾动皇嗣。自是日为良娣、辅国所构，云：建宁恨不得兵权，颇蓄异志。肃宗怒，赐倓死。盖建宁与广平之争，广平以获辅国之助而胜也。广平、建宁，实皆非正嫡。若论正嫡，则肃宗第六子兖王侗，为韦妃所生。妃虽以兄坚之狱，与太子离婚，实非其罪。灵武自立，既不待玄宗之命，妃亦何不可正位中宫？则侗实足膺正嫡之目。若以长，则广平之次，尚有越王，广平即替，亦不能及倓。故知二王之争，实乘非常之际，各树党图握兵以求位，不能以继嗣之常法，判其曲直也。《张后传》云：后以建宁之隙，常欲危太子；又云：后生二子，兴王佋、定王侗，兴王早薨，侗又孩幼，故储位获安；二语实自相矛盾，盖本两说，而史兼采之。后之立，与代宗之立为太子，同在乾元元年（758），相距仅数十百日。《旧书·肃宗纪》：后之立，在四月己酉，代宗之立为太子，在五月庚寅。《代宗纪》：则其立为太子，在四月庚寅。《新书·肃宗纪》：后之立，在三月戊寅，代宗立为太子，在十月甲辰。《代宗纪》则但云其立为太子在四月而不日。《通鉴》：后之立，与《新书·肃宗纪》同，代宗立为太子，与《旧书·肃宗纪》同。《通鉴》考月日最精审，疑当从之。又案，代宗初封广平王，肃宗还京，改封楚王，是年三月，改封成王，及立为太子，改名豫。《旧书·肃宗诸子传》：佋之薨，在上元元年六月，时年八岁，当后立时，已六岁矣。广平既非正嫡，佋亦何不可立？《李揆传》：揆以乾元初同平章事。时代宗自广平王改封成王，张皇后有子数岁，阴有夺宗之议。揆因对见，肃宗从容曰："成王嫡长有功，今当命嗣，卿意何如？"揆拜贺曰："陛下言及此，社稷之福，天下幸甚。"肃宗喜曰："朕计决矣。"自此颇承恩遇，遂蒙大用。揆者，见辅国执子弟之礼，谓之五父者也。《旧书·辅国传》。代宗与辅国之关系可知。代宗既获为元帅，其与建宁之争，胜负已定。张后欲立其子，碍之者乃代宗而非建宁，谗之何为？然则建宁之死，事恐专由于辅国，谓其兼由于张后者实诬；而后与辅国之隙，未必不始于其扶翼广平之日也。及肃宗大渐之际，而二人遂趋于决裂。

《旧书·越王係传》曰：宝应元年（762）四月，肃宗寝疾弥留。皇后张氏，与中官李辅国有隙，因皇太子监国，《纪》在乙丑。谋诛之。使人以肃宗命召太子入宫，谓之曰："辅国久典禁军，四方诏令，皆出其口。顷矫制命，逼徙圣皇。今圣体弥留，心怀怏怏，常忌吾与汝。又闻射生内侍程元振，《元振传》：以宦者直内侍省，累迁至内射生使。案，以宦者将射生手，故曰内射生使。结托黄门，将图不轨。若不诛之，祸在顷刻。"太子泣而对曰："此二人是陛下勋旧内臣。今圣躬不康，重以此事惊挠圣虑，情所难任。若决行此命，当出外徐图之。"后知太子难与共事，乃召係，谓之曰："皇太子仁惠，不足以图平祸难。"复以除辅国谋告之。曰："汝能行此事乎？"係曰："能。"后令内谒者监段恒俊与越王谋，《旧书·后传》：中官与谋者，有朱辉光、马英俊、啖庭瑶、陈仙甫等。《通鉴考异》曰：《代宗实录》《唐历》《统纪》《係传》，皆以段恒俊为马殷俊，则二者即是一人。后辉光、庭瑶、仙甫皆配流，惟恒俊见杀。辉光，他篇亦作光辉。召中官有武勇者二百余人，授甲于长生殿。是月乙丑，皇后矫诏召太子。程元振伺知之，告辅国。元振握兵于凌霄门以候之。凌霄，亦宫城门。太子既至，以难告。太子曰："必无此事。圣恙危笃，吾岂惧死不赴召乎？"元振曰："为社稷计，行则祸及矣。"遂以兵护太子匿于飞龙厩。丙寅夜，元振、辅国勒兵于三殿前，收捕越王及同谋内侍朱辉光、段恒俊等百余人，幽皇后于别殿。是日，皇后、越王，俱为辅国所害。辅国与代宗，不闻有衅，张后欲除辅国，岂得召代宗谋之？若云代宗实阴疾辅国，故可与之谋，则辅国初未有废代宗之意，即位之后，何时不可图之，何必汲汲于监国之日？故知史所传必非其真。据《新书·本纪》：辅国是时，实并杀兖王僴，及六月，又追废张后及係、僴，皆为庶人。《代宗实录》：群臣议係、僴之罪曰："二王同恶，共扇奸谋。"《通鉴考异》。以係代代宗，非嫡非长，名实不正，而僴则异是，疑后与係实欲替代宗而立僴也。新、旧《书·僴传》，皆曰宝应元年（762）薨，盖讳饰之辞。其《定王僴传》，亦皆曰宝应初薨，疑亦不以良死。唐京师之兵有南北衙。南衙者卫兵，北衙则禁兵。禁兵，玄宗时耗散，肃宗即位，乃复稍补。至德二载（757），置左右神武军，与羽林、龙武，各分左右。并称北衙六军。又择便骑射者置衙前射生手千人，亦曰供奉射生官，又曰殿前射生手，分左、右厢，总号曰英武军。代宗即位，以射生军入禁中靖难，皆赐名宝应功臣，故射生军又号宝应军。其时禁兵实较卫兵为亲，力亦少强。辅国虽专掌禁兵，其关系实疏，元振则身为射生军将，故张后欲行诛，辅国不得不借其力，而事定未几，又为元振所覆也。

丁卯，肃宗崩，代宗即位。尊辅国为尚父，事无巨细，皆委参决。五月，加司空、中书令。程元振欲夺其权，请上渐加禁制。乘其有间，罢其判元帅行军事，闲厩已下使名，并分授诸贵，仍移居外。辅国本赐内宅居止。辅国始惧，茫然失据。诏进封博陆王，许朝朔望。《纪》在六月。十月十八日夜，盗入辅国第，杀辅国，携首、臂而去。诏刻木首葬之，仍赠太傅。《旧书》本传。代宗之去辅国，可谓甚速。然程元振又以功拜飞龙副使、右监门将军、上柱国、知内侍省事，寻判元帅府行军司马，专制禁兵，威权赫然，无异于辅国矣。

安史之乱，首尾不过七年，所扰乱者，亦不过河北、河南、河东、关内四道，唐室复振，理实非难。然终于不振者，则潜伏之乱原太多，至此一时俱发，而朝纲之陵替，尤其大焉者也。肃宗之世，宰相之可用者，莫如房琯与张镐。《新书·琯传》曰：帝虽恨琯丧师，而眷任未衰。崔圆自蜀来，最后见帝，琯谓帝不见省，易之。圆以金界李辅国，不淹日被宠，遂怨琯。《镐传》曰：镐兼河南节度，都统淮南诸军事。帝还京师，诏以本军镇汴州，捕平残寇。史思明献款，镐揣其伪，密奏不宜以威权假之。又言许叔冀狡狯，临难必变，宜追还宿卫。时宦官络绎出镐境，未尝降情结纳，自范阳、滑州使还者，皆盛言思明、叔冀忠，而毁镐无经略才。帝以镐不切事机，遂罢宰相，授荆州长史。是两贤相皆以宦官败也。又《吕諲传》：諲以上元初为相。中人马尚言，素匿于諲，为人求官，諲奏为蓝田尉。事觉，帝怒，命敬羽穷治，杀尚言，以其肉赐从官，罢諲为太子宾客。一怒而至于如此，度其时宦官所为，必有坏法乱纪不可忍者，然非帝纵容之于平时，何以至此？唐自黄巢起事前，实无时不可有为，而终于不振者，则宦官之把持政柄实为之。宦官所以能把持政柄，以其掌握禁兵，此事虽成于德宗，而实始于肃宗，故肃宗实唐室最昏庸之主也。

## 第二节　吐蕃回纥之患

唐开、天时，兵力实以西北边为最厚。朔方、河西、陇右而外，安西、北庭，亦置节度；又有受降城、单于都护庭，见第三章第二节。为之藩卫。大军万人，小军千人，烽戍逻卒，万里相继。用能北捍回纥，西制吐蕃。及安、史难作，尽征河、陇、朔方之兵，入靖国难，而形势一变矣。据《旧书·吐蕃传》。吐蕃乘之，尽陷河西、陇右之地。河、陇之陷，诸《书》岁月，颇有不同。《新书·地理志》：河右暨鄯、阶、叠、宕等州先没，宝应元年（762），又陷秦、渭、洮、临，广德元年（763），复陷河、兰、岷、廓，至贞元三年（787）陷安西、北庭，而陇右州县尽矣。《旧书·本纪》：鄯州陷于至德元年（756）十月。秦、渭、洮、临陷没之年，与《新志》同，而多一成州。然于广德元年七月，又书吐蕃大寇河、陇，陷我秦、成、渭三州，入大震关，陷兰、廓、河、鄯、洮、岷等州，盗有陇右之地。《新书·本纪》，则廓州陷于上元元年（760）。盖史家于诸州之陷，或总书其事于一时，岁月不必尽合；又疆场之间，一彼一此，亦或有一时之失得也。凉州陷于广德二年，见《旧书·吐蕃传》。袁光庭守伊州甚久，见新、旧《书·忠义传》。阶州，今甘肃武都县。叠州，在今青海东南境。宕州，在今甘肃岷县南。临州，今甘肃临洮县。大震关，在今陕西陇县西。剑南西山，亦为所侵占；《旧书·吐蕃传》：剑南西山，武德以来，开置州县，立军防。乾元之后，亦陷于吐蕃。羌、浑、党项、奴剌，悉为所裹胁；《新书·吐谷浑传》：大非川之败，举吐谷浑地皆陷。其可汗诺曷钵徙治鄯水南，又以鄯州地狭，徙灵州，高宗为置安乐州，即拜刺史。死，子忠立。忠死，子宣超立。余部诣凉、甘、肃、瓜、沙等州降。宣超死，子曦皓立。曦皓死，子兆立。吐蕃复取安乐州，残部徙朔方、河东，语谬为退浑。《党项传》：拓跋赤辞之降，自河首积石山而东，皆为中国地。后吐蕃浸盛，拓跋畏逼，请内徙，诏庆州置静边等州处之。地乃入吐蕃，处者皆为吐蕃役属，更号弭药。又有白兰羌，吐蕃谓之丁零。左属党项，右与多弥接。春桑，在党项南。白狗，与东会州接。龙朔后为吐蕃所臣，借其兵为前驱。党项在西北者，天授中内附，户凡二十万，散居灵、夏间，至德末，为吐蕃所诱，使为乡道钞边，皆羌、浑、党项，为吐蕃诱胁可考者也。安土重迁，人情之常，微特居国，即行国，能举国迁移者亦鲜。故河、陇之陷，部族为吐蕃所臣役者甚多。如《新书·地理志》，陇右道有党项州七十三，府一，县一，肃宗时内徙者仅十余州，余皆为之臣属矣。而吐蕃之好诱胁亦特甚，如《旧书·崔宁传》：大历十一年（776）破其兵，乃有突厥、吐浑、氐、蛮、羌、党项之众。突厥而为蕃所诱胁，至于西山，无怪其为害之烈矣。奴剌，上元二年（761）《通鉴注》云："西羌种落之名。"此族史不载其缘起、居地，然肃、代间之侵寇，时见其名，其种落亦非甚寡弱也。灵州见第三章第二节。甘肃沙州见第四章第四节。庆州见第二章第七节。夏州见第二章第二节。瓜州，在今甘肃安西县东。多弥，在鄯州西，自石堡城八百十里渡黄河，又六百八十里，至多弥西界，见《新志·鄯州》分注。东会州，后改曰茂州，见第三章第四节。而患遂中于西垂。

吐蕃赞普乞黎苏笼猎赞，以天宝十四载（755）死，子婆悉笼猎赞立。似不甚能令其下，故虽累遣使请和，申盟誓，而其侵扰如故。其事见于新、旧《书》纪传者：肃宗至德二载（757）三月，吐蕃遗使和亲。上元元年（760），建寅月，宰相郭子仪、萧华、张遵庆等与其使盟。宝应元年（762），建寅月，吐蕃请和，六月，使二人贡方物，二年，即代宗广德元年（763）三月，李之芳、崔伦往使，至其境，为所留。此盖其边将所为？是秋，吐蕃大入寇，中国仍以郭子仪充北道、李抱玉充南道通和使。永泰元年（765）正月，又以抱玉为通和使，马璘副之。三月，吐蕃请和。诏宰相元载、杜鸿渐与其使盟。二年，即大历元年十月，和蕃使杨济与蕃使论泣藏等来。二年四月，宰相及内侍鱼朝恩又与之盟。十一月，论泣陵随和蕃使薛景仙来，云赞普请以凤林关为界。俄又遣使十五人来朝。七年，亦遣使朝贡。然其侵寇迄不绝也。凤林关，在今甘肃临夏县境。代宗广德元年（763）九月，吐蕃寇泾州。见第二章第七节。刺史高晖降之，因为之乡导。十月，犯京畿。诏以雍王适为关内兵马元帅，郭子仪副之。子仪自相州败后，召还京师，迄闲居。《旧书·子仪传》：相州之败，子仪以朔方军保河阳，断浮桥，有诏令留守东都。三月，以为东都畿、山南东道、河南诸道行营元帅。中官鱼朝恩素害子仪之功，因其不振，媒蘖之。寻召还京师。天子以赵王係为天下兵马元帅，李光弼副之，委以陕东军事，代子仪之任。俄而史思明再陷河、洛，朝廷盱食，复虑蕃寇逼近京畿。三年正月，授子仪邠宁、鄜坊两镇节度使，仍留京师。言事者以子仪有社稷大功，残蘖未除，不宜置之散地，肃宗深然之。九月，以为诸道兵马都统，管崇嗣副之，令率英武、威远等禁军，及河西、河东诸镇之师取邠宁、朔方、大同、横野，径抵范阳。诏下旬日，复为鱼朝恩所间，事竟不行。邠宁、鄜坊皆见第五章第八节。大同见第九节。横野见第二节。宝应元年（762），河中军乱，见下节。乃用为朔方、河中、北庭、潞、仪、泽、沁等州节度行营，兼兴平定国副元帅，出镇绛州。隋绛郡，见第二章第六节。肃宗崩，代宗即位，程元振复请罢之，充肃宗山陵使。雍王讨史朝义，代宗欲使子仪副之，元振及鱼朝恩复间其事，遂寝，仍留京师。及是，诏出镇咸阳。见第五章第一节。部下惟有二十骑，强取民家畜产以助军。至咸阳，蕃军已过渭水。其日，天子幸陕州。见第二章第六节。吐蕃入京师，立广武王承宏为帝。章怀太子邠王守礼之子。于是六军将士，持兵剽劫，所在阻绝。子仪闻上避狄，还京。车驾已发，领部曲数百人，南入牛心谷，迟留未知所适。行军判官王延昌、李萼劝其南趋商州，今陕西商县。渐赴行在。子仪从之。延昌、萼别行先至。先是六军将张知节，与麾下数百人奔商州，大掠避难朝官、士庶及居人赀财鞍马。延昌、萼说其整顿士卒，请子仪来抚之，以图收长安。知节大悦。诸军将数人至，又从其计。相率为军，约不侵暴。延昌留军中主约，萼以数骑往迎子仪。回至商州，诸将大喜，皆遵约束。吐蕃将入京师也，前光禄卿殷仲卿逃难至蓝田，见第二章第六节。纠合散兵及诸骁勇至千人。子仪募人往探贼势，羽林将军长孙全绪请行，以二百骑隶之。至韩公堆，昼则击鼓广张旗帜，夜则多然火，以疑吐蕃。仲卿探知官军，其势益壮。遂相为表里，以状闻于子仪。仲卿二百余骑游奕，直渡浐水。吐蕃惧，问百姓。百姓绐曰："郭令公自商州领众却收长安，大军不知其数。"蕃以为然，遂抽军而还。余众尚在城，军将王抚及御史大夫王仲昇领兵自苑中入，椎鼓大呼，仲卿之师又入城，吐蕃皆奔走。子仪乘之，鼓行入长安。据《旧唐书·吐蕃传》，此《实录》也。新、旧《书·子仪传》，专以为子仪之功，《通鉴》亦舍《旧书·吐蕃传》而从《汾阳家传》则失实矣。是役也，王延昌、李萼之功实大，为子仪传记者，乃悉攘之，观于此，而叹史籍之不足信也。王抚，或作王甫。《旧书·本纪》曰："旧将王甫，诱聚京城恶少，齐击街鼓于朱雀街，蕃军震慑，狼狈奔溃。"与《吐蕃传》合。《子仪传》云：长孙全绪遣禁军旧将王甫入长安，阴结少年豪侠，以为内应，一日，齐击鼓于朱雀街，蕃军惶骇而去。又云：射生将王抚，自署为京兆尹，聚兵二千人，扰乱京城，子仪召抚杀之。以王甫、王抚为二人。《通鉴考异》引《实录》，亦以椎鼓者为武将王甫。《汾阳家传》以谋乱者为射生将王抚。《邠志》则以椎鼓者为射生官王甫，尚有马家小儿张小君、李酒盏。子仪入城，系而责之曰："吾大军未至，汝设诈以畏吐蕃，吐蕃知之，怒汝，燔爇宫阙，从容而去，岂不由汝？"命斩之。诸说互异，王甫、王抚为一人，似无可疑，《旧书·子仪传》，盖博采而未暇考核也。诏以为京城留守。高晖闻吐蕃溃，以三百骑东奔。至潼关，为关守李伯越所杀。子仪送承宏于行在，寻死。《旧书·高宗诸子传》云：子仪送承宏于行在，上不之责，止于虢州，寻死。《本纪》则云：放于华州，一切不问。《新书》纪、传皆云放于华州。《通鉴》亦同，而云承宏逃匿草野，不云子仪送之。时又有丰王珙者，玄宗第二十六子也。代宗幸陕州，将军王怀忠，拥十宅诸王，西投吐蕃。至城西，遇郭子仪。怀忠谓子仪："何不行册立之事？"子仪未对，珙遂越次而言曰："令公作何语？何不言也？"子仪命军士领之，尽赴行在，上不之责，珙归幕次，辞又不顺。群臣恐遂为乱，请除之。赐死。见《旧书·玄宗诸子传》。藩翰之无心肝如此，诸将之无纲纪如彼，夫安得而不乱？虢州见第四章第五节。华州，今陕西华县。程元振不欲天子还京，劝帝且都洛阳，以避蕃寇。子仪因兵部侍郎张重光宣慰回，附章论奏，代宗乃还。而仆固怀恩之乱又作。

　　怀恩之定河朔也，郭子仪让位焉，遂授河北副元帅、灵州大都督府长史、单于镇北大都护、朔方节度使。广德元年（763）七月，又以其子玚为朔方行营节度。于是朔方兵权，尽入其手矣。时诏怀恩送回纥可汗还蕃，至太原，怀恩自相州趋潞州，与可汗会，出太原之北。潞州见第五章第一节。辛云京不犒师。还亦如之。怀恩怒，上表列其状。顿军汾州。今山西汾阳县。会中官骆奉先使于云京，还奏怀恩反状。《旧书·怀恩传》云：奉先使于云京，云京言怀恩与可汗为约，逆状已露，乃与奉先厚结欢，奉先回至怀恩所，其母数让奉先曰："尔等与我儿约为兄弟，今又亲云京，何两面乎？虽然，前事勿论，自今母子兄弟如初。"酒酣，怀恩起舞，奉先赠缠头采，怀恩将酬其贶，奉先遽告发。

怀恩曰："明日端午，请宿为令节。"奉先固辞。怀恩苦邀之。命藏其马。中夕，谓其从者曰："向者责吾，又收吾马，是将害我也。"奉先惧，遂逾垣而走。怀恩惊，遽令追还其马。奉先使回，奏其反状。怀恩此时，决无与回纥谋叛之理，此明为云京构诬，奉先岂得遽信之？《新书·宦者传》云：奉先广德初监怀恩军，恃恩贪甚，怀恩不平，既而惧其谮，遂叛，盖二人故有嫌隙，故疑其将杀己，遂不恤助云京诬之也。《宦者传》又云：事平，擢奉先军容使，掌玑内兵，权焰炽然，盖反以为有先见而赏之矣，其阉如此。怀恩累诏请诛云京、奉先，上但手诏和解。泽潞节度李抱玉，亦与怀恩不协，言其将反。颜真卿语，见下。《旧书·马燧传》曰：宝应中，泽潞节度使李抱玉署奏赵城尉，是时回纥大军还国，倔强恣睢，所过虏掠，廪粟供饩，小不如意，恣行杀害。抱玉具供办，宾介皆惮不敢行。燧自赞请主邮驿。比回纥至，则先赂其渠帅，与明要约。回纥乃授燧旗帜为识。犯令者命燧戮之。燧取死囚给左右厮役，小违令辄杀之。回纥相顾失色。涉其境者，无敢暴掠，抱玉益奇之。燧因说抱玉曰："属者与回纥言，燧得其情，今仆固怀恩恃功树党。李怀仙、张忠志、薛嵩、田承嗣分授疆土，皆出于怀恩。其子玚，佻勇不义，以燧度之，将必窥太原西山以为乱，公宜深备之。"无何，怀恩果与太原都将李竭诚通谋，将取太原。其帅辛云京觉之，斩竭诚，固城自守，怀恩遣其子玚围之。初回纥北归，遣其将安恪、石常庭将兵数百，及诱募附丽者数千人，以守河阳。东都所虏掠重货，悉积河阳。是时，怀恩遣薛嵩自相、卫馈粮，以绝河津，抱玉令燧诣嵩说之，嵩乃绝怀恩从顺。据此，谓怀恩将叛者，实出马燧亿度。竭诚通谋，未知信不，即谓实然，亦事出竭诚，不能竟指为怀恩谋叛也。《怀恩传》载怀恩上书，言"过潞府之日，抱玉与臣马兼银器四事，臣于回纥处得绢，便与抱玉二千匹，以充答赠。今被抱玉共相组织，将此往来之贶，便为结托之私"，谓怀恩与回纥交关者，证据不过如此，亦殊牵强也。赵城，今山西赵城县。怀恩上书自叙功伐，辞甚悖戾。有云："臣实不敢保家，陛下岂能安国？"诏黄门侍郎裴遵庆谕旨，且察其去就。遵庆讽令入朝，怀恩许诺，而其副将范志诚止之。怀恩令其子玚攻云京。云京败之，进攻玚于榆次，见第二章第六节。朝廷患之。颜真卿尝请奉诏召怀恩，令往宣慰。真卿曰："臣往请行者时也，今方受命，事无益矣。"上问其故。对曰："顷陛下避狄陕郊，怀恩来朝，以助讨贼，则其辞顺。今陛下即宫京邑，怀恩进不勤王，退不释众，其辞曲，必不来矣。且明怀恩反者，独辛云京、李抱玉、骆奉先、鱼朝恩四人耳。自外朝臣，咸言其枉。然怀恩将士，皆郭子仪部曲，恩信结其心，陛下何不以子仪代之，喻以逆顺祸福，必相率而归耳。"上从之。子仪至河中，仆固玚已为其下所杀，斩其首，献于阙下。怀恩闻之，率麾下数百骑走灵武。《旧书·本纪》，事在广德元年十二月。《通鉴》系明年二月。《考异》曰：《实录》，广德元年十二月丁酉，仆固玚为帐下张维岳所杀，以其众归郭子仪。怀恩闻之，弃营脱走北蕃。按朔方兵所以不附仆固氏者，以子仪为之帅也。纵不在子仪领朔方后，亦当在领河东副元帅后。而《实录》：二年正月丁卯，子仪为朔方节度使。《汾阳家传》：二年正月，子仪充河东副元帅、河中节度使，癸亥，代宗三殿宴送，二十六日，发上都。二月，至河中，兼朔方节度大使。戊寅，往汾州。甲申，还至河中。《邠志》：二年正月二十日，诏郭公加河中节度、河东副元帅。二十九日，加朔方节度。二月，仆固玚率军攻榆次，逾旬不拔云云。然则玚死决不在去年十二月，今因子仪如汾州并言之。案，《新书·本纪》：广德二年二月辛未，仆固怀恩杀朔方军节度留后浑释之，此事《通鉴》亦系是月，怀恩以元年十二月北走，至二年二月而至朔方，时日正合。若如《邠志》之说，仆固玚即死于是月，怀恩安得即至朔方而杀释之乎？玚之死，《旧书·怀恩传》亦云为张维岳等四人所杀。《新书》则云：子仪至河中，玚攻榆次未拔，追兵于祁，责其缓，鞭之，众怒，是夕，偏将焦晖、白玉等斩其首献阙下。《通鉴》亦云：玚为焦晖所杀。又云：都虞候张维岳在沁州，闻怀恩去，乘传至汾州，抚定其众，杀焦晖、白玉而窃其功，以告郭子仪。子仪使牙官卢谅至汾州。维岳赂谅，使实其言。子仪奏维岳杀玚，传首诣阙。然则《实录》谓维岳以其众归子仪者，乃怀恩留于汾州之众，此时固无从更附仆固氏也。怀恩之欲叛唐，必在玚死后。《旧书·本纪》，于广德元年八月，即书仆固怀恩反，似失之早。浑释之者，瑊之父。《通鉴》云其欲拒怀恩不果，而为怀恩所杀。《新书·本纪》及《回鹘传》并同。而新、旧《书·瑊传》，皆云其与吐蕃战殁，则讳饰之辞也。祁，今山西祁县。沁州，今山西沁源县。余众闻子仪到，束甲来奔。怀恩至灵武，众复振，上厚抚其家。停余官，遥授太师兼中书令大宁王。怀恩终不从。二年十月，怀恩引吐蕃二万寇邠州，《旧书·本纪》：此《实录》也。《子仪传》云：引吐蕃、回纥、党项数十万南下，则与永泰元年（765）之役相混矣。邠州见第三章第一节。遂寇奉天。今陕西乾县。京师戒严。郭子仪屯泾阳。今陕西泾阳县。蕃军挑战，子仪不出。蕃军乃退。时倚蒲、陕为内地，常以重兵镇之。永泰元年五月，以子仪都统河南道节度行营，出镇河中。九月，怀恩复诱回纥、吐蕃、党项、羌、浑、奴刺入寇。吐蕃自北道，寇邠州，遂寇醴泉、奉天。醴泉，今陕西醴泉县。党项、羌、浑、奴刺出西道，寇盩厔、凤翔。盩厔见第四章第二节。凤翔见第五章第八节。又合"山贼"出东道，自同州趋华阴，向蓝田。华阴，今陕西华阴县。参用《旧书·本纪》、郭子仪传，及新、旧《书·仆固怀恩传》。京师戒严。子仪自河中至，屯于泾阳。诸将各守要害。吐蕃大掠京畿，焚庐舍而去。十月，至邠州，与回纥遇，复合从入寇。时怀恩已暴死于鸣沙，时在九月九日，见《旧书·怀恩传》。或曰八日，见《通鉴考异》。鸣沙见第四章第四节。群房无所统摄。回纥首领罗达干等率二千余骑诣泾阳请降，《旧书·回纥传》。《吐蕃传》云：是时回纥请击吐蕃者凡三千骑。子仪说以共击吐蕃。回纥许诺。子仪遣朔方兵马使白元光与会。吐蕃知其谋，是夜奔遁。追破之于灵台西原。《旧书·子仪传》。灵台，今甘肃灵台县。盖是役，回纥之至者独少，且最后，少故易以说谕，后则房掠无所得，吐蕃则业已饱掠而去，欲图攘窃，在彼不在此，故子仪能说使倒戈也。《新书·本纪》：党项、羌与回纥同降。《旧书·怀恩传》云：羌、浑多降于凤翔李抱玉，可见其众之不整。于是怀恩之侄名臣，领千余骑来降。《旧书·怀恩传》。朔方军将，亦以灵武归顺。《旧书·怀恩传》：怀恩之死，张韶代领其众，为徐璜玉所杀，璜玉又为范志诚所杀。《本纪》云：朔方将李回方奏收灵武郡。《新书·本纪》云：朔方副将李怀光克灵州。乱复平。案，肃宗之立，怀光即从郭子仪赴行在。时同罗为寇，子仪与怀恩击之。怀恩子玢，兵败降敌，寻自拔归，怀恩斩之以令众。后其二女俱聘远蕃，为国和亲。牟羽妻，怀恩女。始可汗为少子请婚，帝以妻之，即位后为可敦。助平史朝义后，册为英义可汗、光亲可敦。大历三年（768），光亲卒，明年，复以怀恩女为崇徽公主继室。一门之内，死王事者四十六人。在蕃将中，不可谓非乃心王室。田承嗣之降，业已受代，而怀恩使复其位，论者因谓其怀挟异志。然此说实出马燧，乃揣度之辞。当时思明余孽降者，唐朝皆处之高位，不夺其兵，固不自承嗣等始也。参看下节。禄山、思明，且无大略，而况怀恩？观其既叛之后，分崩离析，绝无能为，而知其本无叛志。《旧书·李抱真传》：抱真为汾州别驾，怀恩反，脱身归京师，代宗召见问状，因奏曰：“郭子仪领朔方之众，人多思之。怀恩欺其众曰：子仪为鱼朝恩所杀，诈而用之，今复子仪之位，可不战而克。”此与颜真卿之所策同，固由子仪宽厚，能得众心，亦见怀恩之不能恤士，世岂有如此而能反者乎？又岂有凤抱反谋，而所为如是者乎？此朝臣所以多明之，而代宗亦终信之欤？《旧书·怀恩传》云：怀恩逆命三年，再犯顺，连诸蕃之众，为国大患，而上为之隐恶，前后下制书，未尝言其反。及怀恩死，群臣以闻，上为之悯默，曰：“怀恩不反，为左右所误。”其宽仁如此。此唐史臣不满代宗之微辞也，然亦可为怀恩本无叛心之一证。

怀恩之难虽平，吐蕃之患，初不因之而遽澹。大历元年（766）九月，陷原州，今甘肃固原县。没蕃后置于临泾，今甘肃镇原县。二年、三年，再寇灵武，至于邠州，京师为之戒严。时京西之军，在凤翔者为李抱玉，而马璘居邠州。朝议以其力不能拒，乃以郭子仪兼邠宁庆节度，移镇邠州，而徙璘于泾原。治泾州。五年八月，元载请置中都于河中，秋杪行幸，春中还京。史云以避蕃戎侵寇。然又云:"载疏大旨,以关、辅、河东等十州户税,入奉京师,创置精兵五万,以威四方",则意实不专为避敌。又云:"其辞多捭阖,欲权归于己",未免深文周内。《旧书·本纪》。本传略同。盖是时诸将实举不足恃,故发愤欲别练也。马璘、李抱玉,俱称良将,然《旧书·抱玉传》言其无破虏之功,《璘传》亦言其无拓境之功,此当时舆论也。郭子仪军政,亦极不肃。相州之败,《通鉴考异》引《邠志》曰:"史思明自称燕王,牙前兵马使吴思礼曰:思明果反,盖蕃将也,安肯尽节于国家?因目左武锋使仆固怀恩,怀恩色变,阴恨之。三月六日,思明轻兵抵相州,郭公率诸军御之。战于万金驿,贼分马军并滏而西,郭公使怀恩以蕃、浑马军邀击,破之。还,遇思礼于阵,射杀之。呼曰:吴思礼阵殁。其夕,郭公疑怀恩为变,遂脱身先去,诸军相继溃于城下。"《通鉴》不取其说,而载:是岁七月,上召子仪还京师,以李光弼代为朔方节度。光弼以河东骑五百驰赴东都,夜入其军,是时朔方将士,乐子仪之宽,惮光弼之严。左厢兵马使张用济屯河阳,光弼以檄召之。用济曰:朔方非叛军也,乘夜而入,何见疑之甚邪?与诸将谋以精锐突入东京,逐光弼,请子仪。仆固怀恩曰:"邺城之溃,郭公先去。朝廷责帅,故罢其兵柄。今逐李公而强请之,是反也。其可乎?"胡三省《注》曰:"观怀恩此言,则邠志所云,亦可以传信。"案,朔方将士,皆乐子仪之宽,故他人不易代将,后来子仪一出,而怀恩之众即离,其故亦由于此,谓子仪是时,以疑怀恩之叛而脱身先去,恐非《实录》,然其先去则真矣。此时虽不置统帅,然子仪以其位望,实自然居于率将之地,谓其去牵动大局,亦必非诬。此等军而可以御敌乎?安史乱后,唐所倚仗者,为朔方军,而此军实不足用,借重蕃兵,授人以柄,而安史余孽,仍病养痈,其症结实在于此。元载于大历八年(773)夏,大城奉天,又于九年下诏大阅,见《旧书·本纪》及《吐蕃传》,所调之兵,虽不皆至,然其所调动则颇广。皆可见载于是时,确有整军经武之志也。八年八月,卢龙朱泚遣弟滔以精骑五千诣泾州防秋。明年七月,泚复身入朝。于是以子仪、抱玉、璘、滔分统诸道防秋之兵。时吐蕃得原州,弃而不居,元载议城之,以与灵武相连接。田神功沮之。上迟疑不决。会载得罪,乃止。郭子仪于九年上书论备蕃利害曰:"朔方,国之北门,西御犬戎,北虞猃狁。五城相去,三千余里。开元、天宝中,战士十万,战马三万,才敌一隅。自先皇帝龙飞灵武,战士从陛下收复两京,东西南北,曾无宁岁。中年以仆固之役,又经耗散。比于天宝,十分之一。今吐蕃充斥,势强十倍。兼河、陇之地,杂羌、浑之众,每岁来窥近郊。以朔方减十倍之军,当吐蕃加十倍之骑,欲求制胜,岂易为力?近入内地,称四节度,每将盈万,每贼兼乘数四。臣所统将士,不当贼四分之一,所有征马,不当贼百分之二,诚合固守,不宜与战。又得马璘牒，贼疑涉渭而南。臣若坚壁，恐犯畿甸；若过畿内，则国人大恐，诸道易摇。外有吐蕃之强，中有易摇之众，外畏内惧，将何以安？制胜之术，力非不足，但虑简练未精，进退未一，时淹师老，地阔势分。愿陛下更询谠议，慎择名将，俾之统军，于诸道各抽精卒，成四五万，则制胜之道必矣。臣又料河南、河北、山南、江淮，小镇数千，大镇数万，空耗月饩，曾不习战。臣请抽赴关中，教之战阵，则军声益振，攻守必全，亦长久之计也。"读此疏，可见唐中叶后宿兵无用之地，而边备空虚之状。然当日西垂诸将，暮气已深，果抽内地之师，俾之训练，又能收御侮之效欤？此元载所以发愤而欲别练也。

西川一方：代宗初，高适为节度使。以吐蕃渐逼京畿，曾出师以牵制之，无功。松、维顾相继陷没。松、维、川皆见第三章第四节。《旧纪》，事在广德元年（763）八月。代以严武，破吐蕃兵，拔当狗、盐川二城。《旧纪》在广德二年九月、十月。当狗，胡三省曰：当白狗羌之路，故以名城。永泰元年（765），武卒，郭英乂代之。以苛酷狂荡，为西山都知兵马使崔宁所覆。后遂以宁主西川。大历十年（775）、十一年、十二年，亦频破蕃军，见新、旧《书·本纪》。然侵寇仍不绝也。参看下节。蕃寇初入，西北最急，故徙当、柘、悉、静、恭五州于山险以避之。事在大历五年，见《旧书·本纪》及新、旧《书·吐蕃传》。此五州，皆在今松潘叠溪营境。自南诏合于吐蕃，而西南亦告急矣。别见第七章第一节。

吐蕃既横，回纥亦骄。大历七年（772）正月，回纥使出鸿胪寺，劫掠坊市，吏不能禁。复三百骑犯金光、朱雀等门。是日，皇城诸门皆闭。慰谕之方止。七月，回纥蕃客夺长安县令邵说所乘马，人吏不能禁。十年九月，回纥白昼杀人于市。吏捕之，拘于万年狱。见第三章第一节。其首领赤心，持兵入县，劫囚而出，斫伤狱吏。十三年正月，回纥寇太原。尹鲍防与之战，不利。二月，代州都督张光晟击回纥，战于羊武谷，在今山西崞县西。破之。北人乃安。皆见《旧书·本纪》。《回纥传》略同。案，肃、代时，回纥兵助讨安、史者，不过数千，他蕃国兵来者，亦不能多，《旧书·肃宗纪》：至德二载（757），元帅广平王统朔方、安西、回纥、南蛮、大食之众二十万东向讨贼。三载十一月壬申制，有"回纥叶护，云南子弟，诸蕃兵马，力战平凶"之语。时回纥兵来者为四千。《仆固怀恩传》亦云："回纥使叶护、帝德数千骑来赴国难。南蛮、大食之卒，相继而至。"盖其所本者同也。《纪》又载三载七月，吐火罗叶护乌利多并九国首领来朝，助国讨贼，诏令赴朔方行营。此等蕃国，来者亦必不能多。《新书·于阗传》：肃宗时，王尉迟胜使弟曜摄国事，身率兵五千赴难。于阗距中国近，胜慕化又极深，其兵亦不过五千而已。而唐竟非借其力不能破敌，其兵力之窳败可想，孟子曰"国必自伐而后人伐之"，信不诬也。

## 第三节　藩镇及内乱

节度使本置于缘边，及安史乱作，中原刺史，兼治军旅者，皆加节度使之号；其不赐旌节者，则称为团练使；又有称都统或大使者，则兼辖诸节度使。跋扈者遂思据地自专；即较庸懦者，亦多坏法自恣矣；而军人睥睨，思篡其主将者尤众。

玄宗之入蜀也，以太子充天下兵马元帅，都统朔方、河东、河北、平卢诸节度。永王璘玄宗第十六子。为江陵府都督，见第二章第七节。山南东道、岭南、黔中、江南西道节度大使。《通鉴》作都使，下同。盛王琦玄宗第二十一子。为广陵都督，见第二章第三节。江东东路、淮南、河南等路节度大使。丰王珙见上节。为武威都督，见第二章第二节。河西、陇右、安西、北庭等路节度大使。琦、珙皆不出阁，惟璘赴镇。时江淮租赋，山积于江陵，璘召募勇士，得数万人，破用巨亿。璘生长深宫，不省人事，而子襄城王偒有勇力，好兵，遂有东取金陵，割据江表之志。肃宗以高适为淮南节度，来瑱为淮西节度，韦陟为江东节度共图之。璘擅引兵东巡，遣兵攻袭广陵、吴郡。见第二章第五节。淮南采访使李成式、河北招讨判官李铣皆在广陵，共讨之。璘使偒迎战而败，走鄱阳，欲出岭表，至大庾岭，在今江西大庾县南。为江西采访使皇甫侁所杀，偒亦死于乱兵。时至德二载（757）二月也。先一月，河西兵马使盖庭伦与武威九姓商胡安门物等杀其节度使周泌。支度判官崔称与中使刘日新讨平之。乾元二年（759）八月，襄州将康楚元、张嘉延作乱。襄州见第二章第三节。刺史王政奔荆州。江陵。九月，嘉延陷之。并陷澧、朗、复、郢、峡等州。澧州，今湖南澧县。朗州，今湖南常德县。复州，在今湖北天门县西北。郢州，今湖北钟祥县。峡州见第二章第七节。上遣使慰谕，为贬王政为饶州刺史，饶州见第三章第六节。以司农少卿张光奇为襄州刺史。楚元不从。十一月，商州刺史荆襄等道租庸使韦伦讨擒楚元。商州见上节。十二月，送诣阙，斩之。上元元年（760），襄州将张维瑾、曹玠又杀其节度使史翙。以韦伦为襄州刺史、山南东道节度使。时李辅国用事，节将除拜，皆出其门，伦既为朝廷所用，又不私谒辅国，未行，遂改秦州刺史，见第二章第三节。而以陕西节度使来瑱为山南东道节度使。瑱至襄阳，维瑾等乃降。是岁十一月，宋州刺史刘展反。宋州见第四章第四节。时展与御史中丞李铣俱领淮西节度副使，铣贪暴不法，展刚强自用，为之上者皆恶之。节度使王仲昇奏诛铣。又使监军邢延恩说上除展江淮都统，以代浙东节度使李峘，太宗子吴王恪之曾孙。俟其释兵赴镇，中道执之。上从之。以展为都统淮南东、江南西、浙西三道节度使，而密敕峘及淮南东道节度使扬州刺史邓景山图之。展以任重自疑，遂反。峘、景山皆为所败。展遣将陷濠、楚、舒、滁、庐等州。濠州见第四章第五节。楚州见第二章第一节。舒州见第二章第七节。滁州，今安徽滁县。庐州，今安徽合肥县。自渡江，陷润州、升州。润州见第四章第二节。隋蒋州，唐改为升州。又遣将陷宣州，今安徽宣城县。取苏、湖州，苏州，即吴郡。湖州见第二章第七节。进逼杭州。今浙江杭县。田神功者，安禄山平卢兵马使，归朝，守陈留，见第五章第七节。与许叔冀俱降史思明，思明使与其将南德信、刘从谏略江淮，神功袭杀德信，复来归，屯任城，见第二章第七节。邓景山、邢延恩奏乞令救淮南。未报，景山使促之，许以淮南金帛子女为赂。神功南下。及彭城，敕令讨展。展渡淮击之，败绩。亡渡江。神功入广陵，大肆劫掠。商胡波斯，被杀者数千人焉。二年正月，神功遣兵与景山济江。战于蒜山，在今江苏镇江县西。展败死。余党皆平。安史之乱，兵不及江淮，至是，民始罹荼毒矣。玄宗之还京也，于绵、益二州分置东、西川两节度。绵州，今四川绵阳县。益州，蜀郡，至德二年（757）为成都府，见第二章第五节。东川节度李奂奏废其兵马使梓州刺史段子璋。梓州，今四川三台县。四月，子璋怒，袭奂，奂奔成都。五月，西川节度崔光远与奂共攻绵州，斩子璋。西川衙将花惊定大掠东蜀。上怒光远不能戢军，罢之，代以高适。刘展之平也，诏追邓景山还朝，以崔圆代之。浙东节度副使李藏用拒展有功，用为楚州刺史。支度租庸使以乱时诸将用仓库物无准，奏请征验。时仓卒募兵，物多散亡，诸将往往卖产以偿。藏用恐其及己，与人言，颇有悔恨。其衙将高干挟故怨，使人诣广陵告藏用反，而先以兵袭之。藏用走，干追斩之。圆遂簿责藏用将吏，以成其状焉。宝应元年（762），建卯月，初王思礼为河东节度使，积粟百万斛，请输五十万斛于京师。会卒，管崇嗣代之，委任左右，数月间，费散殆尽。代以邓景山。检覆严；又性清约，取仓粟红腐者食之，兼给麾下；麾下怨讪，少将黄抱节因之作乱，杀景山，请以都知兵马使辛云京为节度。许之。李光弼之败邙山也，渡河走闻喜，事见第五章第八节。上书求自贬，诏以为河中节度。旋又以为河南副元帅，都统河南，淮南东、西，山南东，荆南，江西，浙江东、西八道行营节度，从《通鉴》。出镇临淮，郡，即泗州，见第五章第八节。而以殿中监李若幽淮南王神通玄孙。为朔方、镇西、北庭、兴平、陈、郑等节度行营，及河中节度，镇绛州，见上节。赐名国贞。绛州素无储蓄；又民闲饥，不可赋敛；将士粮赐不充。国贞屡以状闻，未报。突将王元振作乱，杀国贞。镇西、北庭兵屯翼城者，今山西翼城县。亦杀其节度使荔非元礼，而推裨将白孝德。朝廷因而授之。而绛州诸军，剽掠不已。朝廷忧其与太原乱军合，乃以郭子仪知朔方、河中、北庭、潞泽节度行营，兼兴平、定国等军副元帅，出镇绛州。诛元振及其党数十人。辛云京闻之，亦推按杀邓景山者，元振之党谋为乱。子仪子晞，选亲兵四千，伏甲以待之，晞不寝寐者七十日焉。是岁，四月，代宗立。六月，以兵部侍郎严武为西川节度使。《旧书·武传》云：上皇诰合剑南两川为一道，拜成都尹，充剑南节度使。《新书·方镇表》，合两川为一道，事在广德二年（764）。七月，兵马使徐知道发兵拒之。八月，为其将李忠厚所杀，西川乃平。初肃宗召来瑱赴京师，瑱乐在襄阳，讽其将吏留己，行及邓州，见第二章第七节。复令还镇，上闻而恶之。后荆南节度使吕湮，荆南节度，治荆州。淮西节度使王仲昇及中官，皆言瑱曲收众心，久恐难制。乃割商、金、均、房，商州见上节。金州，今陕西安康县。均州见第四章第五节。房州见第四章第二节。别置观察，令瑱只领襄、邓、唐、复、郢、随六州。唐州见第五章第二节。随州见第四章第三节。瑱怨仲昇构己，仲昇见围于申州，见第四章第二节。瑱不救，仲昇败殁。行军司马裴茙陈其状，且言瑱倔强难制，宜早除之。乃以瑱为淮西、河南十五州节度使，《旧传》。《通鉴》据《实录》作十六州。密敕茙代为襄、邓等州防御。瑱上言：淮西无粮，臣去秋种得麦，请俟收毕而行，而又讽属吏留己。会代宗即位，欲姑息，复以为山南东道节度使。裴茙未知，率兵赴襄阳，欲受代。瑱与副使薛南阳谋，拒之，禽茙送京师，赐死。八月，瑱入朝谢罪。以为兵部尚书、同平章事，知山南东道节度使。广德元年（763）正月，乃削官爵，流播州，赐死于路。史谓由程元振之谮，"方镇由是解体，吐蕃入犯京畿，下诏征兵，诸道卒无至者"，实则瑱固罪有应得也。瑱行军司马庞充，统兵二千人赴河南，至汝州，见第二章第六节。闻瑱死，将士鱼目等回兵袭襄州。左兵马使李昭御却之。右兵马使梁崇义自邓州归，众推为主。崇义杀昭及薛南阳。上不能讨，以代瑱。十二月，《旧纪》。《新纪》在十一月。宦官广州市舶使吕太一反，逐其节度使张体，纵兵大掠，官军平之。二年七月，李光弼殁于徐州。《旧传》云：广德初，吐蕃入寇京畿，代宗诏征天下兵，光弼与程元振不协，迁延不至。朝廷方倚为援，恐成嫌疑，数诏问其母。吐蕃退，乃除光弼东京留守，以察其去就。光弼伺知之，辞以久待敕不至，且归徐州，欲收江淮租赋以自给。代宗还京，遣中使往宣慰。光弼母在河中，密诏郭子仪舆归京师。其弟光进，与李辅国同掌禁兵，委以心膂，至是为渭北节度使。光弼御军严肃，天下服其威名，及惧鱼朝恩之害，不敢入朝，田神功等皆不禀命。因愧耻成疾云云。元振、朝恩诚非佳人，光弼亦非纯臣。以其不勤王，不入朝，悉蔽罪于元振、朝恩，更非公允。田神功本安、史余孽。平刘展后，迁为汴、宋等八州节度，而逗留扬州不时往，盖河南时遭破坏，贪扬州之富庶，闻光弼至临淮，乃归河南，原非心服。然光弼之据徐州，欲收江淮租赋，与神功亦何以异？《旧书·穆宁传》：上元二年（761），佐盐铁转运使，光弼以饷运不继，扬言欲杀宁，宁直抵徐州见光弼，喻以大义，不为挠折。光弼深重宁，宁得行其职，此已属不成事体。《陈少游传》云：建中四年（780）十月，驾幸奉天。度支汴东使包佶在扬州，尚未知也。佶判官崔沇，遽报少游。佶时所总赋税钱帛，约八百万贯。少游先使其判官崔颎就佶强索其纳给文历，并请供二百万贯钱物，以助军费。佶答曰："所用财物，须承敕令。"颎勃然曰："中丞若得为刘长卿，不尔为崔众矣。"长卿尝任租庸使，为吴仲孺所困，崔众供军吝财，为光弼所杀，故颎言及之。佶大惧，不敢固护，财帛将转输入京师者，悉为少游所夺。然则竟有以供饷不如意，而为光弼所贼者，更复成何事体？当时朝廷经费，深赖江淮，果为光弼所擅，复何以自给邪？光弼既殁，诏以宰相王缙都统河南、淮西、山南东道诸节度行营事，兼东都留守。岁余，迁河南副元帅。缙，禄山之乱，选为太原少尹，与光弼同守太原，功效谋略，众所推先，盖取其能靖光弼之众也。永泰元年（765）四月，严武卒。都知兵马使郭英幹、知运子。都虞候郭嘉琳请用英幹兄英乂。崔旰者，儒家子，喜纵横之术。尝从军剑南。宝应初，蜀中"山贼"拥绝县道，严武荐为利州刺史。今四川广元县。及武为西川，就山南西道节度张献诚求之。山南西道节度，治梁州。见第四章第二节。献诚者，守珪子，初陷安禄山，后又为史思明守汴，及东都平乃归国者也。献诚许之。武奏旰为汉州刺史、今四川广汉县。西山兵马使，与吐蕃战，有功。及是，与军众共请立大将王崇俊。朝以英乂代武。英乂诬杀崇俊。又召旰还成都。旰托备吐蕃未赴。英乂怒，出兵袭之。旰转入深山。直天大寒，士马冻死，英乂大败而迁。旰遂攻成都。英乂奔简州。今四川简阳县。普州刺史韩澄斩其首以送旰。普州，今四川安岳县。邛州衙将柏茂林，依《旧书·本纪》。《新书·崔宁传》作茂琳。《旧书·张鸿渐传》作柏贞节。邛州见第三章第五节。泸州衙将杨子琳，本泸南贼帅，见《新书·崔宁传》。泸州见第三章第七节。剑州衙将李昌夔，剑州见第四章第五节。各兴兵讨旰。剑南大乱，大历元年（767）二月，以宰相杜鸿渐为西川节度使。又以张献诚为东川节度使，柏茂林为邛南防御使，崔旰为茂州刺史、茂州见第三章第四节。西山防御使。三月，献诚与旰战于梓州，败绩。鸿渐至成都，悉以军州事让旰，且表让旌节。朝廷不得已，以旰为西川节度，召鸿渐还京。又以柏茂林为邛州刺史，杨子琳为泸州刺史。三年四月，旰来朝，改名宁。子琳乘虚袭据成都。诏宁还镇。宁妾任氏，出家财募士，以逼子琳。子琳遁去。宁弟宽，时为留后。乃乘势复之。子琳既败，收余兵，沿江而下。入夔州，见第二章第七节。杀别驾张忠。朝廷以其本谋近忠，授峡州刺史。移澧州镇遏使。是岁二月，商州兵马使刘洽杀其防御使殷仲卿，寻讨平之。八月，辛云京卒，以王缙为河东节度。太原旧将王无纵、张奉璋等恃功，每事多违约束，缙一朝悉召斩之。十二月，马璘自邠宁移镇泾州。众惮迁，刀斧将王童之作乱。兵马使段秀实斩之，及其党十余人以徇。曰："敢后徙者族。"乃迁于泾。五年四月湖南都团练观察处置使、潭州刺史崔瓘为兵马使臧玠所杀。潭州见第四章第二节。澧州刺史杨子琳起兵讨之，取略而还。六年四月，子琳来朝，赐名猷。八年九月，岭南节度使广州刺史吕崇贲为部将哥舒晃所杀。九年正月，澧、朗两州镇遏使、澧州刺史杨猷擅浮江而下。至鄂州，即江夏郡，见第五章第一节。诏许赴汝州。溯汉而上。复、郢、襄等州皆闭城拒之。三月，以为洮州刺史。时洮州已陷吐蕃，盖以空名畀之也。五月，猷入朝，见《通鉴》。十年三月，河阳军乱，见第二章第五节。逐三城使常休明，迫牙将王惟恭为留后，军士大掠数日。诏以马燧为河阳三城使。陕州军乱，见第二章第五节。逐观察使李国清，纵兵大掠。国清卑辞遍拜将士，方免祸。会淮西节度使李忠臣入朝，过陕，命按之。将士慑其兵威，不敢动。忠臣设棘围，令军士匿名投库物。一日得万缗，尽以畀其从兵为赏。十一月，哥舒晃之叛，诏江南西道都团练观察使路嗣恭兼岭南节度使。嗣恭以伊慎为先锋，复始兴。今广东曲江县。又擢流人孟瑶、敬冕为将。瑶主大军当其前，而冕自间道轻入，招集义勇，得八十人，以挠其心腹。是月，遂破广州。擒晃，斩首以献。诛其同恶者万余人，俚洞之宿恶者，皆族诛之。湖南观察使辛京杲贪残。将王国良镇武冈，今湖南武冈县。豪富，京杲加以死罪。国良惧，散财聚众，据县以叛。诸道同讨，连岁不能下。德宗建中元年（780），以曹王皋代京杲，皋，太宗子曹王明之玄孙。乃谕降之。以上皆肃、代之世，藩镇跋扈之甚者也，而安、史余孽，为梗尤甚。

安、史之将降唐者，以其淄青节度使能元皓为最早。乾元元年（758）二月。滑州刺史令狐彰次之。上元二年（760）五月。滑州见第二章第六节。元皓降后，初为河北招讨使，后授齐州刺史、齐、兖、郓等州节度使。乾元元年九月。齐州，今山东历城县。兖州见第二章第六节。郓州见第二章第七节。移刺兖州，仍节度兖、郓。尝破史朝义之兵。上元二年四月。以上皆见《旧纪》。彰仍为滑州刺史，滑、卫、相、贝、魏、博六州节度使。卫州，今河南汲县，见第二章第六节。魏州，即魏郡，见第五章第七节。博州见第四章第二节。后名其军曰永平。彰以与鱼朝恩不协，不敢入朝，然临没，悉以土地甲兵籍上朝廷，勒其子归东都，军士欲逼夺其长子建，建守死不从，事在八年二月。元和时，宰相李吉甫，犹以是请录用其后人焉。然能如是者卒寡，而河北遂终为唐室之患。宝应元年（762），史朝义之败也，其汴州将张献诚、相州将薛嵩、仁贵孙。恒州将张忠志、恒州，即镇州，见第二章第七节。忠志，范阳城旁奚，为范阳将张镇高假子。幽州将李怀仙、柳城胡，世事契丹。魏州将田承嗣相次来降。

朝廷皆以元职授之。于是献诚为汴州节度使，后移山南西道，事已见前。嵩为相、卫、邢、洺、贝、磁六州节度使，邢州，今河北邢台县。洺州见第二章第六节。贝州见第五章第五节。磁州，今河北磁县。忠志为成德军节度使，统恒、赵、深、定、易五州，赵州见第二章第六节。深州，今河北深县。定州，今河北定县。易州见第二章第六节。赐姓名曰李宝臣。承嗣为魏、博、德、沧、瀛五州都防御使，旋亦晋为节度使。德州平原郡见第五章第七节。沧州见第二章第七节。瀛州见第四章第四节。怀仙仍故地，为卢龙节度使。《旧书·承嗣传》云：代宗遣仆固怀恩讨平河朔，帝以二凶继乱，郡邑伤残，屡行赦宥。凡为安、史诖误者，一切不问。时怀恩阴图不轨，虑贼平宠衰，欲留贼将为援，乃奏承嗣及李怀仙、张忠志、薛嵩等四人分帅河北诸郡，《新书·怀恩传》本之，说实自相矛盾。观能元皓、令狐彰、张献诚之降，朝廷皆授以元职，可知怀恩实承朝旨行事。《新书·承嗣传》云：承嗣之降，厚以金帛反间仆固场将士。场虑下生变，即约降。承嗣诈疾不出，场欲驰入取之，承嗣列干刀为备，场不得志。承嗣厚赂之以免。可知当时即欲便宜更易，亦不易也。王玄志之杀徐归道也，朝以为营州刺史、平卢军节度使。乾元元年二月。玄志卒，十二月。裨将李怀玉高丽人。杀其子，推侯希逸为平卢军使。希逸母，怀玉姑。朝廷因以为节度副使。初玄志使董秦渡海，与田神功攻平原、乐安，棣州乐安郡，在今山东惠民县南。下之。防河招讨使李锐承制以秦为平原太守。希逸数与范阳相攻，救援既绝，又为奚所攻，上元元年，乃悉举其军二万人袭破李怀仙，引而南。宝应元年，于青州北渡河，与淄青田神功、兖郓能元皓会于兖州。代宗因以为平卢、青、淄等六州节度，而移神功于兖、郓、青州节度，始有平卢之号。希逸好游畋，营塔寺，军州苦之。军士奉怀玉为帅。希逸奔滑州。召还京师，而以怀玉知留后，赐名正己。时永泰元年（765）七月也。嵩、宝臣、承嗣收安、史余党，各有劲兵数万；治兵缮邑，擅署文武将吏，贡赋不入朝廷；又与正己及梁崇义结为婚姻；遂成尾大不掉之势矣。大历三年（768）六月，幽州兵马使朱希彩、经略副使朱泚、泚弟滔共杀李怀仙。李宝臣遣将攻之，为所败。朝廷不得已，宥之，以王缙领卢龙节度，希彩为留后。缙至幽州，度不可制，劳军旬日而还。遂以希彩为节度。七年七月，希彩又为其下所杀。朱滔时将衙内兵，潜使人于众中言曰："节度使非朱副使不可。"众从之。泚遂自称留后。朝廷因之，授以节度。八年正月，薛嵩卒，弟崿立，朝廷亦以留后授之。是岁八月，朱泚使其弟滔将兵五千诣泾州防秋。九年六月，身入朝。至蔚州，见第二章第七节。有疾。诸将请还。泚曰："死则舆尸而行。"诸将乃不敢言。九月，至京师。十年正月，表请留阙下。乃以滔知留后。观泚此时之情形，似已不能制滔矣。是月也，昭义兵马使裴志清逐薛崿，昭义，相、卫六州军名。以其众归田承嗣。承嗣声言救援，而实引兵袭取相州。又遣将取洺、卫，并据贝州。诏以华州刺史李承昭知昭义留后。宝臣、正己，皆与承嗣不协，表请讨之。乃贬承嗣为永州刺史，今湖南零陵县。命诸道出兵临其境，违即进讨。时朱滔方恭顺，与宝臣及河东薛兼训攻其北，正己与淮西李忠臣攻其南。承嗣部将多叛，乃使奉表请束身归朝。而宝臣、正己会师枣强，今河北枣强县。各享士卒，宝臣军赏厚，正己军赏薄，士卒多怨言，正己惧，引军退，宝臣军亦退。李忠臣闻之，亦释卫州之围。宝臣、滔攻贝州，不克，然承嗣将卢子期攻磁州，《旧书·宝臣传》作邢州，《通鉴》依《实录》作磁州。为宝臣及李承昭所擒。河南诸将，又破承嗣从子悦于陈留。见第五章第七节。承嗣惧。乃释所囚正己使，且籍境内户口兵粮之数奉之。正己喜，按兵不进。于是河南诸道，皆不敢进。承嗣又知范阳宝臣故里，常欲得之。乃勒石为谶曰："二帝同功势万全，将田作伴入幽、燕。"密瘗宝臣境内。使望气者云："此中有王气。"宝臣掘得之。宝臣、滔共攻沧州，承嗣使讽之曰："公取沧州，当归国。诚能舍承嗣之罪，请以沧州奉献，愿取范阳以自效。"宝臣喜，以为事合符命，遂与承嗣通谋。承嗣割州与之。宝臣密图范阳，承嗣亦陈兵境上。代宗使中贵人马承倩赍诏宣劳宝臣。将归，宝臣亲遗之百缣。承倩诟厉，掷出道中。宝臣顾左右有愧色。兵马使王武俊契丹怒皆部人。父路俱，开元中入居蓟。因说宝臣释承嗣为己资。宝臣乃选锐卒二千，掩滔不备，破之。承嗣闻宝臣与滔交锋，知其衅已成，乃旋军。使告宝臣曰："河内有警，不暇从公。石上谶文，吾戏为之耳。"宝臣惭怒而退。正己屡为承嗣上表，乞许其自新。十一年二月，承嗣复遣使上表。乃下诏赦其罪，复其官爵，听与家属入朝。而承嗣卒不至。田神功之徙兖、郓，史朝义犯宋州，神功败之，复徙汴、宋。宝应元年。入朝，大历八年。卒，弟神玉知留后。九年。是岁五月，神玉卒。都虞候李灵曜，杀兵马使孟鉴，北结承嗣为援。诏以永平节度使李勉兼汴、宋八州留后，勉，高祖子郑王元懿曾孙。灵曜为濮州刺史。濮州见第四章第六节。灵曜不受命，不得已，以为汴、宋留后。而承嗣复出兵攻滑州，灵曜亦擅以其党为八州刺史。诏勉与淮西李忠臣、河阳三城使马燧讨之。李正己及淮南陈少游，亦进兵击灵曜。汴宋兵马使李僧惠，灵曜之谋主也。宋州衙将刘昌遣僧神表潜说之。僧惠乃与汴宋衙将高凭、石隐金遣神表奉表诣京师，请讨灵曜。九月，以僧惠为宋州刺史，凭为曹州，见第二章第六节。隐金为郓州。李忠臣、马燧军于郑州，见第五章第八节。灵曜逆战，两军不意其至，退荥泽。今河南荥泽县。淮西军士溃去者十五六。忠臣欲引归，燧不可。忠臣收散卒复振。十月，与陈少游前军会。战于汴州，灵曜败，入城固守。承嗣又使其从子悦救灵曜，燧、忠臣败之。灵曜遁，至韦城，在今河南滑县东南。为永平将所获，送京师，斩之。燧知忠臣暴戾，以己功让之，不入汴城。忠臣果专其功。李僧惠与之争，忠臣击杀之。又欲杀刘昌，昌遁逃得免。十二月，以忠臣刺汴州。明年，复命讨田承嗣。承嗣复上表谢罪。诏又复其官爵，且令不必入朝。讨灵曜也，永平衙将刘洽乘其无备，入宋州。据《旧传》。《通鉴考异》云：盖李僧惠见杀，洽因据宋州。十月，以洽为宋州刺史，隶永平军。十四年二月，田承嗣死，承嗣有子十五人，以悦为才，使知军事，诏以为留后。李忠臣贪残好色，悉以军政委其妹婿节度副使张惠光，复以惠光子为衙将，皆暴横。三月，左厢都虞候李希烈忠臣族子。杀惠光父子，忠臣奔京师。诏以希烈为蔡州刺史，见第四章第二节。淮西留后李勉为汴州刺史，增领汴、颍二州。勉奏李澄为滑州刺史。

《新书·独孤及传》：代宗以左拾遗召，既至，上疏陈政曰："师兴不息十年矣。人之生产，空于杼轴。拥兵者第馆亘街陌，奴婢厌酒肉，而贫人赢饿就役，剥肤及髓。今天下惟朔方、陇西，有吐蕃、仆固之虞。邠、泾、凤翔兵，足以当之矣。自此而往，东泊海，南至番禺，西尽巴蜀，无鼠窃之盗，而兵不为解。倾天下之货，竭天下之谷，以给不用之军，为无端之费，臣不知其故。假令居安思危，自可扼要害之地，俾置屯御，悉休其余，以粮储扉屡之资，充疲人贡赋，岁可减国租之半。疗痈者必决之使溃，今兵之为患犹痈也，不以渐戢之，其害滋大，大而图之，必力倍而功寡，岂《易》不俟终日之义哉？"合上节所引郭子仪之言观之，可见是时养兵之弊也。

藩镇跋扈如此，小民穷迫无聊，内乱自不免时作。宝应元年（762），台州贼帅袁晁台州，临海郡。见第四章第二节。攻陷浙东诸州，众至二十万。代宗使御史中丞袁傪讨之。傪使将王栖曜等破其众。李光弼亦遣将出讨。广德元年（763）四月，擒之。张镐时为洪州观察使，洪州见第二章第三节。亦出兵屯上饶。今江西上饶县。镐又袭杀舒城杨昭。舒城，今安徽舒城县。击破新安沈千载。新安见第二章第四节。苏、常等州草贼，常州见第四章第二节。寇掠郡邑，代宗遣中使马日新与李光弼同讨。兖州人张建封见日新，愿自往说谕。日新从之。降其众数千。时江左兵荒，诏日新领汴、滑兵五千留镇。日新贪暴，为李庭兰所逐，劫其众进攻苏州，复为王栖曜所破。时又有张度，保阳羡西山累年。《新书·李栖筠传》。阳羡，今江苏宜兴县。永泰初，宣、饶方清、陈庄西绝江，劫商旅为乱。《新书·李芃传》。此在长江下游者也，其波澜且及于岭表。时频诏发岭南兵募隶鲁旻军，夷洞、夷僚乘之，相恐为乱。其首领梁崇牵及其党覃问等，诱西原贼帅张侯、夏永，西原，羁縻州，在今广西扶南县西南。攻陷城邑，据容州。治北流，今广西北流县。后徙普宜，今广西容县。前后刺史，皆寄治藤、梧，藤州，今广西藤县。梧州，今广西苍梧县。大历五年（770），王翃为容州刺史、容管经略使。乃出私财，募将健，击斩其魁。时李勉为岭南节度，翃至广州见之，请其移牒诸州，并扬言出千兵援助。勉然之。翃乃以手札告谕藤、义等州同讨，义州，在今广西岑溪县东。遂擒崇牵，复容州故境。又遣将讨袭西原，部内渐安。番禺帅冯崇道，桂州叛将朱济时等番禺见第二章第七节，桂州见第二章第二节。阻洞为乱，前后累岁，陷没十余州。勉又遣将李观与翃并力讨斩之。后哥舒晃为乱，翃遣李宝悉所管兵赴援广州，覃问复招合夷僚来袭。翃伏兵擒之。

## 第四节　代宗政治

　　肃宗昏愚，代宗则颇阴鸷，观其倚李辅国以得位，旋即能除去辅国可知。程元振代辅国判元帅府行军司马，专制禁兵，不久，亦为代宗所除去。《旧书·元振传》曰：元振尝请托于襄阳节度使来瑱，瑱不从。及元振握权，征瑱入朝，瑱迁延不至。广德元年（763），破裴茙，遂入朝，拜兵部尚书。元振欲报私憾，诬瑱之罪，竟坐诛。宰臣裴冕，为肃宗山陵使，有事与元振相违，乃发小吏臧私，贬冕施州刺史。瑱名将，冕元勋，既被诬陷，天下方镇皆解体。吐蕃、党项，入犯京畿，下诏征兵，诸道卒无至者。其辞之诬，显而易见。参看上节。《传》又曰：代宗幸陕州，至行在，太常博士柳伉上疏，请诛元振以谢天下。代宗顾人情归咎，乃罢元振官，放归田里。《新书》载伉疏曰："犬戎以数万众犯关度陇，历秦、渭，掠邠、泾，不血刃而入京师，谋臣不奋一言，武士不力一战，提卒叫呼，劫宫闱，焚陵寝，此将帅叛陛下也。自朝义之灭，陛下以为智力所能，故疏元功，委近习，日引月长，以成大祸，群臣在廷，无一犯颜回虑者，此公卿叛陛下也。陛下始出都，百姓填然，夺府库，相杀戮，此三辅叛陛下也。自十月朔召诸道兵，尽四十日，无只轮入关者，此四方叛陛下也。内外离叛，虽一鱼朝恩以陕郡戮力，陛下能独以此守社稷乎？臣闻良医疗疾，当病饮药。陛下视今日，病何由至此乎？天下之心，乃恨陛下远贤臣，任宦竖，离间将相，而几于亡。必欲存宗庙社稷，独斩元振首，驰告天下；悉出内使隶诸州，独留朝恩备左右，陛下持神策兵付大臣；然后削尊号，下诏引咎，若曰：天下其许朕自新改过乎？宜即募士西与朝廷会。若以朕恶未悛邪？则帝王大器，敢妨圣贤，其听天下所往。如此而兵不至，人不感，天下不服，请赤臣族以谢。"其辞甚危，且近要胁，盖代宗授意外廷为之，以折宦寺之气也。元振家在三原。今陕西三原县。十二月，车驾还京，元振服衰麻于车中入京城，以规任用。与御史大夫王仲昇饮酒，为御史所弹，诏长流溱州。在今四川綦江县南。

此据《旧书·元振传》。《本纪》云："衣妇人服入京城，京兆府擒之以闻，乃下御史台鞠问。"《新书·传》云："元振自三原衣妇衣私入京师，舍司农卿陈景诠家，图不轨，御史劾按，长流溱州。景诠贬新兴尉。元振行至江陵死。"新兴郡，即新州，见第二章第七节。

元振虽除，鱼朝恩复炽。朝恩为观军容使，监卫伯玉军，已见第四章第八节。伯玉之为神策军节度使也，与陕州节度使郭英义皆镇陕。其后伯玉罢，以英义兼神策军节度。英义入为仆射，军遂统于观军容使。代宗幸陕，朝恩举在陕兵与神策军迎扈，悉号神策军。及京师平，朝恩遂以军归禁中，自将之，尚未与北军齿也。永泰元年（765），吐蕃复入寇，朝恩又以神策军屯苑中。自是浸盛，分为左右厢，势居北军右。遂为天子禁军，非他军比。朝恩为天下观军容宣慰处置使，《旧书》本传。知神策军兵马使，《新书·兵志》。势遂浡乎不可御矣。朝恩姿狂妄。朝恩引轻浮后生处门下，讲《五经》大义，作文章，自谓才兼文武。永泰中，诏判国子监，遂岸然入学，执易升坐。诏会群臣计事，则诞辞折愧坐人。与郭子仪不协，则遣盗发其先冢。又谋易执政，以震朝廷。其人实无能为，盖尚非辅国、元振之比，特兵权在手，卒不易去而已。乃用其部将皇甫温为陕州刺史，以树外援。又以神策都虞候刘希暹、兵马使王驾鹤同掌禁兵。希暹讽朝恩，于北军置狱，召坊市凶恶少年，罗织城内富人，捕置狱中，忍酷考讯，录其家产，并没于军。举选之士，财货稍殷，客于旅舍，遇横死者非一。周智光者，本以骑射从军，朝恩镇陕州，与之昵狎，屡于上前赏拔，累迁华州刺史，同、华二州节度。华州见第二节，同州见第五章第八节。智光与鄜坊节度杜冕不协。鄜坊见第五章第八节。永泰元年，吐蕃入寇，智光逐贼至鄜州，杀刺史张麟，坑冕家族八十一人，焚坊州庐舍三千余家。惧罪，召不赴命，遂聚亡命不逞之徒，众至数万，纵其剽掠，以结其心。大历元年十二月，又专杀前虢州刺史庞充。虢州见第四章第五节。劫诸节度使进奉贡物及转运米二万石。与皇甫温不协。监军张志斌自陕入奏，智光馆给礼慢，志斌责其不肃，智光大怒，叱下斩之，脔其肉以饲从者。淮南节度崔圆入觐，方物百万，智光强留其半。举选之士竦骇，或窃同州路以过，智光使部将邀斩于乾坑谷，横死者众。优诏以为尚书左仆射，遣中使持告身授之，智光受诏慢骂，因历数大臣之过。盖自有节度使以来，未有狂悖如此者。二年正月，密诏郭子仪讨之。帐下将斩其首来献。时淮西节度李忠臣入觐，次潼关，诏与神策将李大清同讨。忠臣遂入华州，大掠，自赤水至潼关，二百里间，畜产财物殆尽。赤水，渭水支流，源出渭南县。今县东有赤水镇。朝恩所用之人如此，其不可忍明矣，代宗乃倚元载以图之。

元载，才臣也。其为人怙势贪财，为宰相十五年，使纲纪大坏，其罪诚不可恕。然其所规划，确有足拯时弊者；而史言载之罪状，亦有诬辞，非尽实录也。《旧书·载传》云：载为度支郎中，姿性敏悟，善奏对，肃宗嘉之，委以国计，俾充使江淮，都领漕挽之任。征入，迁户部侍郎，度支使，并诸道转运使。会肃宗寝疾。载与李辅国善。辅国妻元氏，载之诸宗，因是相昵狎。会选京尹，辅国乃以载兼。载意属国柄，诣辅国恳辞。辅国识其意，然之。翌日，拜载同中书门下平章事。旬日，肃宗晏驾，代宗即位，辅国势愈重，称载于上前。载能伺上意，颇承恩遇。迁中书侍郎，同中书门下平章事。度支、转运，当时所重，见下。载既膺斯职，其势自足入相，何待辅国汲引？《萧华传》谓辅国矫命罢华，而以载代之，更近无稽。《新书》谓盗杀辅国，载阴与其谋，观辅国罢而载即加判天下行军司马，说殆可信。载固非守小信，不负辅国者，然代宗性甚阴鸷，载果依辅国以进，未必遽与之共谋辅国。观此，知谓载之入相由于辅国者必诬也。代宗既与载相契，乃又与共谋鱼朝恩。载乃用心腹崔昭为京兆尹，厚以财结皇甫温及射生将周皓。刘希暹觉帝旨，密白朝恩，朝恩稍惧，潜计不轨。载乃徙凤翔尹李抱玉节度山南西道，以温代节度凤翔，凤翔见第五章第八节。山南西道节度见上节。而留之京师，约与皓共诛朝恩。朝恩诛，温还镇陕。大历五年（770）寒食，宴禁中，既罢，诏留朝恩议事，皓与左右擒缢之。帝隐之，下诏罢其观军容使，增封实户六百，内侍监如故。希暹代为神策军使，言不逊，王驾鹤白之，赐死，以驾鹤代将。《新书·兵志》。贾明观者，本万年县捕贼史，万年县见第三章第一节。事希暹，恣为凶恶，家产巨万。载奏令江西效力。在洪州二年，洪州见第二章第三节。观察使魏少游容之。及路嗣恭代少游，乃笞杀之。《旧书·朝恩传》谓载受明观奸谋，《嗣恭传》云载受赂，亦近诬谤。载之定谋诛朝恩，以白帝，帝曰："善图之，勿反受祸。"可知当时事势之危，固不宜多所诛戮，使反侧者不安也。

元载欲建河中为中都，以关辅、河东户税，入奉京师，别练兵，且城原州，以御吐蕃，已见第二节。《旧书·载传》云："自鱼朝恩就诛，志颇盈满，遂抗表请建中都。"盖朝恩在，朝局如蜩螗沸羹，事无可为，故朝恩死而亟谋之，此可见其赴机之捷也。《传》又云：四镇、北庭行营节度，寄理泾州。大历八年（773），蕃戎入邠宁，朝议以为三辅以西，无襟带之固，而泾州散地，不足为守。载尝为西州刺史，西州见第三章第六节。知河西、陇右要害，指画于上前曰："今国家西境，极于潘源，唐县，在今甘肃平凉县东。吐蕃防戍，在摧沙堡，在今固原县西北。而原州界其间。草肥水甘，旧垒存焉。吐蕃比毁其垣墉，弃之不居。其西则监牧故地，皆有长濠巨堑，重复深固。原州虽早霜，黍稷不蓺，而平凉附其东，独耕一县，可以足食。请移京西军戍原州，乘间筑之，贮粟一年。戎人夏牧，多在青海，羽书覆至，已逾月矣。今运筑并作，不二旬可毕。移郭子仪大军居泾，以为根本。分兵守石门、木峡、陇山之关，皆在原州境。北抵于河，皆连山峻岭，寇不可越。稍置鸣沙县、见第四章第四节。安丰军为之羽翼，在灵州西。北带灵武五城，为之形势。然后举陇右之地，以至安西。是谓断西戎之胫，朝廷可安枕矣。"兼图其地形以献。又密使人逾陇山入原州，量井泉，计徒庸，车乘、畚锸之器皆具。此诚当日筹边之至计，惜其为田神功所沮也。而其用第五琦、刘晏以理财，所关尤巨。

唐自安、史乱后，度支艰窘。肃宗即位，恃率贷、税商贾、鬻告身、度牒、征臧物以给用。吐蕃逼，又收奉钱、率户、敛青苗、地头钱以饷军。《新书·食货志》：肃宗即位，遣御史郑叔清等籍江淮、蜀汉富商右族訾畜，十收其二，谓之率贷。诸道亦税商贾以赡军。明年，叔清与宰相裴冕建议：诸道得召人纳钱，给空名告身，授官勋邑号。度道士、僧尼。纳钱百千，赐明经出身。商贾助军者给复。及两京平，又于关辅诸州纳钱度僧尼万人。及吐蕃逼京师，近甸屯兵数万，百官进奉钱，又率户以给军粮。至大历元年（766），天下苗一亩税钱十五，市轻货给百官手力课，以国用急，不及秋，方苗青即征之，号青苗钱。又有地头钱，每亩二十，通名为青苗钱。又诏上都秋税分二等：上等亩税一斗，下等六升，荒田二升。五年，始定法：夏，上田亩税六升，下田四升。秋，上田亩税五升，下田三升，荒田如故。青苗钱加一倍，而地头钱不在焉。《旧书·酷吏传》：毛若虚，肃宗收两京，除监察御史。审国用不足，上策征剥财货。有润于公者，日有进奉。渐见任用，称旨。每推一人，未鞫，即先收其家资，以定赃数。不满望，即摊征乡里近亲。是时北方破坏已甚，完富之地，实惟江淮。唐之克平安、史，有江淮以给军实，实为一大原因，唐人所以重张巡、许远之功也。首建此策者为第五琦。琦为贺兰进明录事参军，奏事蜀中，得谒见。奏言："方今之急在兵，兵之强弱在赋，赋之所出，江淮居多。若假臣职任，使济军须，臣能使赏给之资，不劳圣虑。"玄宗大喜。即日拜句当江淮租庸使。据《旧书》本传。《新传》以为肃宗所命误。寻加山南等五道度支使。税吴盐、蜀麻、铜冶，市轻货，由江陵、襄阳、上津路转至凤翔。上津路，在湖北郧西县西，通陕西之郇阳。乾元元年（758），加度支郎中。寻兼中丞，为盐铁使。于是大变盐法，人不益税，而国用以饶。迁户部侍郎，兼御史中丞，专判度支，领河南等道支度，都句当转运、租庸、盐铁、司农、大府出纳、山南东西、江淮南馆驿等使。几于举全国财计，悉以委之矣。二年，加同平章事。是年十一月，以铸大钱，谷价腾贵，又盗铸争起贬。兵部侍郎吕諲代掌度支。上元元年（760）五月，諲罢，刘晏以户部侍郎充使。二年，建子月，晏坐事免，元载以户部侍郎句当度支、铸钱、盐铁，并兼江淮转运。宝应元年（762），同平章事，领使如故。六月，复以晏为户部侍郎，兼京兆尹，充度支、转运、盐铁、铸钱等使。旋兼河南道水陆转运都使。载之于晏，盖实知其才而用之。《旧书·载传》曰：载以度支、转运，职务繁碎，负荷且重，虑伤名，阻大位，素与刘晏相友善，乃悉以钱谷之务委之，荐以自代，未免以小人之腹，度君子之心矣。广德元年（763）正月，晏以吏部尚书同平章事，领使如故。是岁十月，吐蕃陷京师，代宗幸陕。郭子仪请第五琦为粮料使，兼御史大夫，关内元帅副使。未几，改京兆尹。明年，晏以与程元振交通罢，琦遂专判度支，兼诸道铸钱、盐铁、转运、常平等使，盖倚子仪复起也？三月，复以晏领东都、河南、江淮、山南等道转运、租庸、盐铁使，盖载实左右之？《旧书·晏传》曰：时承兵戈之后，中外艰食。京师米价，斗至一千。禁军乏食，畿县百姓，乃掇穗以供之。晏至江淮，以书遗载，言浚汴水之利，有云："三秦之人，待此而饱；六军之众，待此而强。"又云："京师、三辅百姓，惟苦税亩伤多，若使江湖米来，每年三二十万，即可顿减徭赋。"又云："东都残毁，百不一存，若米运流通，则饥人皆附。"又云："舟车既通，则商贾往来，百货杂集。"可见浚汴之计，不惟益上，兼以利民。载主其事于中，故晏遂得行其志。史言"自此岁运米数十万石，以济关中"。盐法亦益精密。初岁入钱六十万贯，季年逾十倍，而人无厌苦。大历末，通计一岁征赋所入，总一千二百万贯，而盐利且过半。又言晏始以盐利为漕佣，不发丁男，不劳郡县，自古未之有。《旧书·食货志》。案，历代空匮之际，取于民者，惟有二途：一曰加赋，乃径取之于凡民。一则取之盐铁、征商等。虽亦辗转终归细民，较之径取，终为有间，故其治乱，亦以绝殊。汉武帝之诛求，宁减有明之末，然山东"盗"起，终克平定，而明末"流寇"，遂致不可收拾者？一筦盐铁，榷酒酤，行均输，算舟车，而一加三饷也。唐中叶之取民，实与桑、孔同揆，故安、史乱后，复获延其运祚百五十年。此事实始于第五琦，而成于刘晏。二人皆不愧畜聚之臣，然亦不能不互为起踬，盖唐人党争积习使然，载乃能维持调护而并用之。大历元年（766）正月，分天下财赋、铸钱、常平、转运、盐铁置二使：东都畿内、河南、淮南、江东西、湖南、荆南、山南东道，晏领之；京畿、关内、河东、剑南、山南西道，琦领之。《旧书·食货志》。盖地广事繁，专掌或虞丛脞，分职则益见精专，此实理财之良策，然非载能兼容并包，亦不能建是制也。夫岂有异术哉？载亦长于理财，乃不自用而用人，其休休有容之度，固有以致之也。而猥曰惮事繁责重，虑伤名阻位哉？五年，鱼朝恩败，琦坐累贬外，载兼判度支。敕言庶政宜归尚书。自王室多难，征求调发，率于权便裁之，新书从事，且救当时之急，殊非致理之道。今外虞既平，将明画一之法。魏、晋有度支尚书，校计军国之用，国朝但以郎官署领，办集有余。时艰之后，方立使额，参佐既众，簿书转烦，终无弘益，又失事体。其度支使及关内、河东、山南西道、剑南、西川转运、常平、盐铁等使宜停。于是悉以度支之务，归于宰相。此尤得塞利孔使归于一之道。然明年，复以韩滉为户部侍郎，判度支，盖积重之势难遽返也。《新书·滉传》云："自至德军兴，所在赋税无艺，帑司给输乾隐。滉检制吏下，及四方输将，犯者痛根以法。会岁数稔，兵革少息，故储积谷帛稍丰实。"滉为人无足取，见第七章第四、第六节。在是时固能臣也。载可谓能用人矣。

元载虽有才，然不能自饬，尤不能饬下。其为相也，与内侍董秀相结。中书主书卓英倩、李待荣用事。天下官爵，大者出载，小者自倩、荣。四方赍货贿求官者，道路相属。《旧书·崔祐甫传》。案，求官者多赍货贿，此刘希暹、周智光所以欲贼举选之士也，可谓象有齿以焚其身矣。又《陈少游传》：除桂州刺史，欲规求近郡，时中官董秀掌枢密用事，少游乃宿于其里，候其下直，际晚谒之。从容曰："七郎家中，人数几何？每月所费复几何？"秀曰："久忝近职，家累甚重，又属时物腾贵，一月过千余贯。"少游曰："据此之费，俸钱不足支数日，其余常须数求外人，方可取济。倘有输诚供亿者，但留心庇覆之，固易为力耳。少游虽不才，请以一身独供七郎之费。每岁献钱五万贯。今见有大半，请即受纳，余到官续送，免贵人劳虑，不亦可乎？"秀既逾于始望，欣惬颇甚，因与之厚相结。少游言讫，泣曰："南方炎瘴，深恇违辞，但恐不生还，再睹颜色矣。"秀遽曰："中丞美才，不当违官，请从容旬日，冀竭塞分。"时少游又已纳贿于元载子仲武矣。秀、载内外引荐，数日，拜宣州刺史。又云：少游"初结元载，每年馈金帛约十万贯"。桂州见第二章第四节。宣州见上节。妻王氏，忠嗣女。狠戾自专。子弟纵横，侈僭无度。尝请百官凡欲论事，皆先白长官，长官白宰相，然后上闻，《旧书·颜真卿传》。其怙权而不知远祸若此。代宗与舅左金吾大将军吴凑密图之。大历十二年（777）三月，遣凑收载及宰相王缙。载赐自尽。妻、子亦皆赐死。董秀杖杀。卓英倩、李待荣皆处极法。并欲赐王缙死，刘晏、李涵等争之，涵御史大夫，时与晏同鞠载。乃贬括州刺史。括州，后改处州，今浙江丽水县。《旧书·缙传》云：载用事，缙卑附之，不敢与忤，然恃才与老，多所傲忽，为载所不悦；又云：心虽希载旨，然以言辞陵诟，无所忌惮。其实非载党可知，而帝遽欲并诛之，亦可见其天姿之深刻矣。载之败，与载厚善坐贬者数十百人。卓英倩弟英珆家金州，州人缘以授官者百余家。豪制乡曲，聚无赖少年以伺变。载诛，竟至盗库兵据险以叛。《新书·载传》。纪纲扫地如此，亦无怪在上者之猜疑也。

元载既诛，代宗用杨绾为相。《旧书·绾传》言：载秉政，公卿多附之，绾孤立中道，清贞自守。又云："载以绾雅望素高，外示尊重，心实疏忌。会鱼朝恩死，载以朝恩尝判国子监事，尘污太学，宜得名儒，以清其秩，乃奏为国子祭酒。实欲以散地处之"，此亦所谓欲加之罪，其无辞乎者也。载伏诛，乃拜中书侍郎，同中书门下平章事。御史中丞崔宽，宁之弟，家富于财，有别墅，在皇城之南，池馆台榭，当时第一，即日潜遣毁拆。郭子仪在邠州行营，闻缙拜相，坐中音乐，减散五分之四。京兆尹黎干，每出入，驺驭百余，亦即日减损华骑，惟留十骑而已。其余望风变奢从俭者，不可胜数。此似虚辞称美，且过其实，然唐中叶后，纪纲扫地，文武臣僚，皆溺于侈靡，以致武官则拥兵自重，文官则政以贿成，实为致乱之原，肃清之道，固不能无藉乎齐斧，然有诸己而后求诸人，无诸己而后非诸人，所藏乎身不恕而欲喻诸人，纵可刑驱，终非心服，则举一清操拔俗者，以资表率，亦诚不可少也。是年五月，诏自都团练使外，悉罢诸州团练守捉使，又令诸使非军事要急，无得擅召刺史，及停其职务，差人权摄。又定诸州兵皆有常数。其召募给家粮、春冬衣者，谓之官健。差点土人，春夏归农，秋冬追集，给身粮酱菜者，谓之团结。《通鉴》。稍以法令约束武人，更为当务之急。史又言：时厘革旧弊，惟缙是瞻，则所欲行者尚多。夫固实有经纶，非徒雅望镇俗而已。惜缙夙有痼疾，居职旬日即中风，是年七月，遽薨。时与缙同相者为常衮。缙卒，衮遂独当政。《旧传》言缙弘通多可，衮颇务苛细。然又云：性清直孤绝，不妄交游。惩元载时贿赂朋党大行，不以财势者，无因入仕，乃一切杜绝之，中外百司奏请，皆执不与，则亦不失为贤者。代宗初借元载之权谲，及其败，复能用缙与衮以矫之，可谓知所务矣。故代宗实非昏愚之主也。

然代宗迷信佛教殊深，因此诒误政事，且耗财蠹国者亦极大，此则殊不可解。《旧书·王缙传》云：代宗初喜祠祀，未甚重佛。缙与元载、杜鸿渐喜饭僧徒，代宗问以福业报应，由是奉之过当。尝令僧百余人于宫中陈设佛像，经行念诵，谓之内道场。其饮膳穷极珍异，出入乘厩马，度支具廪给。每西蕃入寇，必令僧讲诵《仁王经》。苟幸其退，则横加锡赐。胡僧不空，官至卿监，封国公，通籍禁中，势移公卿。争权擅威，日相陵夺。京畿之丰田美利，多归于寺观。僧徒藏奸蓄乱，败戮相继，而信心不易。乃诏天下官吏：不得箠曳僧尼。五台山有金阁寺，铸铜为瓦，涂金于上，照耀山谷，计钱巨亿。五台山，在今山西五台县东北。缙为宰相，给中书符牒，令山僧数十人，分行郡县，聚徒讲说，以求货利。代宗七月望日，于内道场造盂兰盆，饰以金翠，所费百万。又云："缙等对扬启沃，必以业果为证。以为国家庆祚灵长，皆福报所资。业力已定，虽小有患难，不足道也。故禄山、思明，毒乱方炽，而皆有子祸；仆固怀恩将乱而死；西戎犯阙，未击而退；此皆非人事之明征也。"帝信之愈甚。公卿大臣，既挂以业根，则人事弃而不修。大历刑政，日以陵迟，有由然也。《新书·食货志》曰：时回纥岁送马十万匹，酬以缣帛百余万匹，而中国财力屈竭，岁负马价。河湟六镇既陷，岁发防秋兵三万戍京西，资粮百五十余万缗。鱼朝恩擅权，代宗与元载日夜图之。及诛，帝复与载贰。君臣猜间，边计兵食，置而不议者几十年。而诸镇擅地，结为表里。天子颛留意祠祷，焚币玉，写浮屠书，度支禀赐僧巫，岁以巨万计。生于其心，害于其政，亦可谓甚矣。帝性阴鸷，殊非迷信之徒。而时"黎幹用左道位至京尹，尝内集众工，编刺珠绣为御衣，既成而焚之，以为禳裣，且无虚月"，则所信者又不独佛，此真不可解。岂以争位贼其三弟，有慊于中而然邪？《新书·文艺传》：史思明陷洛阳，有诏幸东京，将亲征，苏源明时知制诰，上疏言：每立殿廊，旌旗之下，饿夫执殳，仆于行间者，日见二三市井馁殍求食，死于路旁者日见四五。王公以下，廪稍匮绝，将士粮赐，仅支日月；而中官冗食，不减往年；梨园杂伎，愈甚今日。肃宗之昏愚如此，代宗能连去李辅国、程元振、鱼朝恩，且能用杨绾，可谓差胜乃父，然其佞佛之妄费，则恐又加甚厚矣。

# 第七章　德宗事迹

## 第一节　德宗初政

大历十四年（779）五月，代宗崩。子德宗立，即雍王适也。代宗为广平王时，正妃曰崔氏。母，杨贵妃姊韩国夫人也。生郑王邈，为代宗次子。长子即德宗。母沈氏，追谥睿真皇后。开元末，以良家子选入东宫，肃宗以赐广平王。天宝元年（742），生德宗。代宗即位，为天下兵马大元帅，讨史朝义。广德二年（764），立为皇太子。《旧书·后妃传》言：崔妃挟母氏之势，性颇悍妒。及西京陷贼，母党皆诛，妃从王至灵武，恩顾渐薄，达京而薨。沈氏，禄山之乱陷于贼，被拘于东都掖庭。代宗收东都见之，留于宫中。史思明再陷河洛，失所在。崔妃之薨，独孤氏以妹艳进。即位，册为贵妃。生韩王迥，代宗第七子也。邈，宝应元年（762）封郑王。大历初，代德宗为天下兵马元帅，八年薨，由是罢元帅府，八年依《新书》本传。《旧书·传》作九年（774），而《本纪》亦在八年，盖元帅府之罢在九年，追书之也。子舒王谊，德宗养为子，则邈之地位，实与诸昆弟殊。其不立，非因母之失爱，德宗盖亦以总戎，获居储位也。《新书·元载传》言：帝为太子，实用载议，故兴元元年（784），诏复其官，听改葬。《黎干传》曰：德宗在东宫，干与宦者刘忠翼阴谋，几危宗嗣。及即位，又诡道希进，密乘车谒忠翼。事觉，除名长流，俄赐死蓝田驿。见第二章第六节。忠翼，本名清潭，与董秀皆有宠于代宗。当盛时，爵赏在其口吻。掊冒财贿，赀产皆累巨万。至是，积前罪，并及诛。《旧书·刘晏传》曰：时人风言代宗宠独孤妃，爱韩王迥，晏密启请立独孤为皇后。杨炎因对欷，流涕奏言："赖祖宗福祐，先皇与陛下，不为贼臣所间。不然，刘晏、黎干辈，摇动社稷，凶谋果矣。今干已伏罪，晏犹领权，臣为宰相，不能正持此事，罪当万死。"崔祐甫奏言："此事暧昧，陛下已廓然大赦，不当寻究虚语。"其说信否不可知，然当时外间有储位动摇之说，则必不诬矣。独孤之死，亦追谥为皇后，可见其宠幸之深。其死在大历十年，此储位之所以获安欤？

德宗即位之初，即罢诸处岁贡。又减宫中服御常贡。诞日亦不纳中外之贡，惟李正己、田悦各献缣三百匹，受之，以付度支。禁天下不得贡珍禽异兽。放四方鹰犬。文单国所献舞象三十二，令放荆山之阳。胡三省曰：此荆山在唐京兆富平县界。案，富平，今为县，属陕西。出宫女百余人。停梨园伎及伶官之冗食者三百人。留者皆隶太常。罢内出盂兰盆。不命僧为内道场。且诏自今更不得奏置寺观及度人。建中元年（780）十一月朔，朝集及贡使见于宣政殿。兵兴已来，四方州府不上计，内外不朝会者二十有五年，至此始复旧制。永泰已来，四方奏计未遣，上书言事忤旨，及蕃客未报者，常数百人，于右银台门置客省以处之，岁给廪料万二千斛，《通鉴》作万九千二百斛。至是罢之。王府六品以上官，及诸州县有司可并省，及诸官可减者，量事并省。举先天故事，非供奉侍卫之官，自文武六品以上清望，每日二人，更直待制，以备顾问。又尝诏中书、门下两省分置待诏官三十，事未克行，见新、旧《书·沈既济传》。禁百官置邸贩鬻。士庶田宅、车服逾制者，有司为之法度。毁元载、马璘、刘忠翼之第，以其雄侈逾制也。中官邵光烈送淮西旌节，李希烈遗缣七百匹，事发，杖六十配流，由是中官不敢受赂。以上皆见《旧书·本纪》。前代弊政，几于一扫而空，宜乎当时之想望太平也。

其于军事，亦有整顿。神策都知兵马使王驾鹤，掌禁兵十余年，以白志贞代之。郭子仪以司徒、中书令领河中尹、灵州大都督、单于、镇北大都护、关内、河东副元帅、朔方节度、关内支度、盐池六城水运大使、押蕃部及营田，及河阳观察等使。性宽大，政令颇不肃。代宗欲分其权而难之，久不决。德宗立，诏尊子仪为尚父，加太尉兼中书令，所领副元帅、诸使悉罢。以其裨将李怀光为河中尹、邠、宁、庆、见第三章第一节。晋、见第四章第一节。绛、见第六章第二节。慈、今山西吉县。隰今山西隰县。节度使，常谦光为灵州大都督、西受降城、东中西三受降城，见第三章第二节。定远、定远城，在今甘肃平罗县东南。天德、在今内蒙古包头附近。盐、见第五章第八节。夏、见第二章第二节。丰见第四章第三节。等军州节度使，浑瑊为单于大都护、东中二受降城、振武、见第三章第二节。镇北、绥、今陕西绥德县。银、在今陕西米脂县西北。麟、见第五章第二节。胜见第二章第二节。等军州节度使，以分领其任焉。

即位之初，贬常衮，以崔祐甫为相。旋以祐甫荐相杨炎。旧制：天下财赋，皆纳于左藏库，而太府四时以数闻，尚书比部覆其出入，上下相辖无失遗。及第五琦为度支、盐铁使，京师多豪将，求取无节，琦不能禁，乃悉以租赋进大盈库，以中人主之。天子以取给为便，故不复出。以天下公赋，为人主私藏，有司不能窥其多少，国用不能计其赢缩。中官以冗名持簿书，领其事者三百人，皆奉给其间，连结根固不可动。炎请出之，以归有司。租庸之法久弊。至德后，军国之用，仰给于度支、转运。四方征镇，又自给于节度、都团练使。赋敛之司，莫相统摄。朝廷不能覆诸使，诸使不能覆诸州。四方贡献，悉入内库。权臣猾吏，因缘为奸。或公托进献，私为臧盗，动以万计。科敛之名数百，废者不削，重者不去。炎请作两税法，以一其名。《新书·本纪》：建中元年（780）二月丙申，初定两税，而《旧书·本纪》，是年正月敕诏，已云自艰难以来，征赋名目颇多，今后除两税外，辄率一钱，以枉法论。盖规制之详，颁于二月，而并诸科敛为两税，则早定于正月之前也。两税之法，重在并废无名之赋，犹明世之一条鞭也。此二事，诚救时之亟务也。而其于边事，亦有措画。

初泾州马璘卒，以其行军司马段秀实代之。大历十一年（776）。凤翔李抱玉卒，以朱泚兼陇右节度，知河西泽潞行营。十二年。及是，杨炎继元载之议，欲城原州，秀实不同。炎乃以李怀光兼四镇北庭行营泾原节度使，移军原州，而以四镇北庭留后刘文喜为别驾。文喜不受诏。求复秀实，不则以朱泚。诏以泚代怀光。文喜又不受诏，遣子为质于吐蕃以求援，命泚、怀光同讨。久之不拔。天方旱，群臣多请罢兵。上皆不听，曰："微孽不除，何以令天下？"文喜使其将刘海宾入奏事，请姑与之节，文喜必怠，臣必枭其首来献。上曰："惟名与器，不可以假人，尔能立效固善，吾节不可得也。"于是泾州诸将，共杀文喜以降。虽原州卒不果城，然威令固已少申矣。原州之不克城，乃由炎罢相太速，不则其功未尝不可成也。《旧书·炎传》又言炎献议开丰州陵阳渠，发京畿人夫就役，闾里骚扰，事竟无成。《新书·食货志》云：初，度支岁市粮于北都，以赡振武、天德、灵武、盐、夏之军，费钱五六十万缗，溯河舟溺甚众。建中初，杨炎请置屯田于丰州，发关、辅民凿陵阳渠以增溉。京兆尹严郢以为不便。疏奏，不报，渠亦不成。然振武、天德，良田广袤千里，元和中，振武军饥，宰相李绛请开营田；又灵武、邠宁，土广肥而民不知耕，大和末，王起奏立营田；后党项大扰河西，邠宁节度使毕诚亦募士开营田；效皆甚著，则炎之开陵阳渠，亦未为失策也。北都，太原。

唐代党争，人徒知指目牛、李，而不知其由来甚久。褚遂良与刘洎、李林甫与李适之皆是也。此等争阋，实无纯是纯非，而修史者亦不能不涉党派，有偏见，虽在后世亦然，史料传自当时，更无论矣。故所传之语，或多不可信。读史者于此，当详考始末，就事论事，各判其是非；不则信以传信，疑以传疑；不能随声附和，亦不应力求翻案也。杨炎与刘晏之相厄，亦其一事矣。《旧书·

德宗纪》：帝即位后，以韩滉为太常卿，刘晏判度支、盐铁、转运等使。初晏与滉分掌天下财赋，至是晏都领之。《通鉴》云：德宗素闻滉掊克，故罢其利权。建中元年（780）正月，诏"顷以兵车未息，权立使名。朕以征税多门，乡邑凋耗，听于群议，思有变更。晏所领使宜停。天下钱谷委金部、仓部，中书门下拣两司郎官，准格式调掌"。二月，贬晏为忠州刺史。今四川忠县。三月，以谏议大夫韩洄滉弟。为户部侍郎，判度支。时将贬刘晏，罢使名归尚书省本司，今又命洄判度支，金部郎中杜佑权句当江淮水陆运使，一如刘晏、韩滉之制，盖杨炎之排晏也。《炎传》云：元载自作相，常选擢朝士有文学才望者一人厚遇之，将以代己。初，引礼部郎中刘单。单卒，引吏部侍郎薛邕。邕贬，又引炎，亲重无与为比。案，此亦为天下得人之盛心，未可以其怙权黩货而抹杀之也。载败，坐贬道州司马。今湖南道县。初载得罪，刘晏讯劾之，载诛，炎亦坐贬，故深怨晏。欲贬晏，先罢其使。既构晏之罪，贬官，司农卿庾准与晏有隙，乃用为荆南节度使，荆南见第六章第三节。讽令诬晏以忠州叛，杀之，事在七月。妻子徙岭表。朝野为之侧目。李正己上表请晏罪，指斥朝廷。炎惧，乃遣腹心分往诸道。声言宣慰，意实说谤。且言晏之得罪，以昔年附会奸邪，谋立独孤妃，上自恶之，非他过也。或密奏炎遣使往诸镇者，恐天下以杀晏之罪归己，推过于上耳。乃使中人复炎辞于正己。还报信然。自此德宗有意诛炎矣。乃擢用卢杞为门下侍郎平章事。炎转中书侍郎，本门下侍郎。仍平章事。杞无文学，仪貌寝陋，炎恶而忽之。杞亦衔恨。属梁崇义叛，德宗欲以李希烈统诸军讨之，炎固言不可，上不能平。会访宰相群臣中可大任者，卢杞荐张镒、严郢，而炎举崔昭、赵惠伯。上以炎论议疏阔，遂罢为左仆射。建中二年七月。杞知严郢与炎有隙，引为御史大夫。炎子弘业，多犯禁、受赂、请托，郢按之，兼得其他过。初炎将立家庙，先有私第在东都，令河南尹赵惠伯货之，惠伯市为官廨。郢奏追捕惠伯诘案。御史以炎抑吏货市私第，贵估其宅，贱入其币，计以为赃。开元中，萧嵩将于曲江南立私庙，曲江，在长安东南。寻以玄宗临幸之所，恐非便，罢之，至是，炎以其地为庙。有飞语者云"此地有王气"，故炎取之。《通鉴》以此言即出卢杞，亦近莫须有。上愈怒，遂谪炎为崖州司马。事在十月。崖州见第四章第二节。去州百里赐死。惠伯坐贬费州多田尉，费州，在今贵州德江县东南。多田，在今思南县西北。寻亦杀之。按炎之构杀刘晏，诚为过当。然使名之立，本系权宜，故代宗已有并职宰相之举。韩洄、杜佑之再用，《旧书·食货志》谓由出纳无统；《洄传》云由废职罢事久，无纲纪，徒收其名，而莫综其任；与代宗之不卒其事正同。炎败未几，洄亦贬谪，而以杜佑代判度支，则并与刘晏之都领同矣。此皆积重难变使然，不得以私意度之。然则谓炎之罢使，专为报晏，恐近深文。晏之死，于李正己何涉焉，而为之奏请其罪？德宗初立，未任中人，又岂因此而遣其往覆宰相？炎与元载莫逆，其事较然，然或善其谋猷，不必尽出私意。载既亲重炎，其谋猷有出于炎者，亦未可知也。刘晏与炎，相继覆败，其必出于党争倾陷可知，亦何至皆入死罪？则其所以陷之，必尚有不可知者。史之所传，特表面语耳，然而德宗之猜忍，则于此可见矣，贞元后之失政，非无故也。

吐蕃为患，是时可谓深切，既不能攘斥，则一时权计，实在和戎。而自大历中，聘使数辈，皆留之不遣，俘获其人，必遣中官部统，徙之江、岭，此无益于威敌，适足以召怨也。德宗即位，乃征其俘囚五百余人，使韦伦统还其国，与之约和。时南诏阁罗凤，以其子凤迦异前死，立其孙异牟寻。是岁十月，与吐蕃俱入寇。一入茂州，见第二章第四节。一趋扶、文，扶州，在今甘肃文县西。文州，今文县。一趋黎、雅，黎州见第三章第四节。雅州见第二章第四节。连陷郡邑。德宗促崔宁还镇。杨炎曰："必无功，是徒遣也；若有功，义不可夺；则西川之奥，败固失之，胜亦非国家所有。今朱泚所部，戍在近甸，令与禁兵杂往，举无不捷。因是役，得置亲兵纳其腹中，蜀将必不敢动，然后换授他帅，是因小祸受大福也。"帝曰："善。"即止宁，而发禁兵四千，使右神策都将李晟将，邠、陇、范阳兵五千，使金吾大将军曲环将，击吐蕃、南诏，破之。于是罢宁西川节度使，代以张延赏。《旧书·延赏传》云：自天宝末，杨国忠用事南蛮，三蜀疲弊；属车驾迁幸；其后郭英乂淫崔宁之室，遂纵宁、杨琳交乱；及宁得志，复极侈靡；故蜀土残敝，荡然无制度。延赏薄赋约事，动遵法度，仅至富庶焉。崔宁野心，亦因此终克除去，不可谓非因祸而为福，转败而为功也。宁罢西川，制授检校司空、同中书门下平章事、御史大夫、京畿观察使，兼灵州大都督、单于、镇北大都护、朔方节度等使，兼鄜、坊、丹、延都团练观察使。每道皆置留后，自得奏事。朱泚之乱，至奉天，见杀。《旧书》本传云：上卒迫行幸，百僚诸王，鲜有知者，宁后数日自贼中来。上初甚喜。宁私谓所亲曰："圣上聪明，但为卢杞所惑至此。"杞闻之，潜与王翃图议，谓其至奉天时顾望，又迫其朔方掌书记康湛作宁遗朱泚书。云令江淮宣慰，召至朝堂，使二力士缢杀之。此亦诬罔，宁固不可不除也。丹州，今陕西宜川县。延州，今陕西肤施县。时吐蕃赞普曰乞力赞，发使随韦伦来，中国又命崔汉衡往使，建中二年（781）三月。及建中四年而和议成。吐蕃所争者：（一）敕云所贡献物并领讫，今赐外甥少信物，至领取，为以臣礼相处。（二）灵州之西，请以贺兰山为界。胡三省曰：《五代志》：灵武弘静县有贺兰山。弘静县，唐改为保静。案，唐保静县故城，今接甘肃灵武界。（三）盟约依景龙二年（708）敕，唐使到彼，外甥先与盟，蕃使到，阿舅亦亲与盟。要汉衡遣使奏定。汉衡使判官常鲁还奏，帝为改敕书，以贡献为进，赐为寄，领取为领之；

定界、盟并从之。是年四月，张镒自宰相出为陇右节度使，与其相尚结赞盟于清水。今甘肃清水县。七月，又以李揆为入蕃会盟使，而命宰相李忠臣等与其相区颖赞盟于京城之西。玄宗时，以吐蕃求亢礼，和议不就，此时既许为敌国，而两国疆界，又就见有之地分画，中国所守界，在泾、陇、凤州。蕃国守镇，在兰、渭、原、会，西至临洮，东至成州。剑南以西山，大度河为界。黄河以北，从故新泉军直北至大碛，南至贺兰山骆驼岭，中间悉为闲田。见《旧书·吐蕃传》。《张镒传》同。凤州，今陕西凤县。会州，在今甘肃靖远县东北。临洮见第四章第四节。成州见第二章第二节。新泉军，当在今内蒙古东北境。中国所失实多。然是时东方业已兵连祸结，势亦不得不然矣。《旧书·吐蕃传》云：其大相尚结息，以尝覆败于剑南，思雪耻，不肯约和。次相尚结赞，言于赞普，请定界明约，以息边人。赞普然之。竟以结赞代结息为大相，终约和好。《崔汉衡传》同。韦伦之至吐蕃，乞立赞言："不知皇帝舅圣明继立，已发众军，三道连衡。今灵武之师，闻命辄已，而山南、蜀师，追且不及，以是为恨。"然则时主灵武之师者为尚结赞，主山南、蜀之师者，则尚结息也。灵武罢兵，既缘召命，则和意亦未必专出结赞，此其他日所以又为败盟之首欤？

回纥：德宗立，使中人告哀，且修好。时九姓胡劝可汗入寇，可汗欲悉师向塞。宰相顿莫贺达干谏，不听。顿莫贺怒，因击杀之。《通鉴》云：顿莫贺，登里从父兄。并屠其支党及九姓胡，几二千人。即自立为合骨咄禄毗伽可汗。使从使者入朝。建中元年（780），诏京兆尹源休册为武义成功可汗。始回纥至中国，常参以九姓胡，往往留京师，至千人，居赀殖产甚厚。会酋长突董、翳密施、大、小梅录等还国。装橐系道。留振武三月，供拟丰珍，费不赀。军使张光晟阴伺之，皆盛女子以橐。光晟使驿吏刺以长锥，然后知之。已而闻顿莫贺新立，多杀九姓，胡人惧，不敢归，往往亡去。突董察视严急。群胡献计于光晟，请悉斩回纥，光晟许之。即上言："回纥非素强，助之者九胡耳。今其国乱，兵方相加，而虏利则往，财则合，无财与利，一乱不振。不以此时乘之，复归人与币，是谓借贼兵、资盗粮也。"乃使裨校阳不礼。突董果怒，鞭之。光晟因勒兵尽杀回纥群胡。收橐它、马数千，缯锦十万。且告曰："回纥挟大将，谋取振武，谨先诛之。"部送女子还长安。帝召光晟还，以彭令方代之。遣中人与回纥使往言其端。因欲与虏绝，救源休俟命太原。明年乃行。因归突董等四丧。突董，可汗诸父也。休等留五旬，卒不见可汗。可汗传谓休曰："国人皆欲尔死，我独不然。突董等已亡，今又杀尔，犹以血濯血，徒益污。吾以水濯血，不亦善乎？为我言：'有司所负马直一百八十万，可速偿我。'"遣散支将军康赤心等随休来朝贡。帝隐忍，赐以金缯。回纥时已衰敝，《通鉴》云：初回纥风俗朴厚，君臣之等不甚异，故众志专一，劲健无敌。及有功于唐，唐赐遗甚厚，登里可汗始自尊大，筑宫殿以居，妇人有粉黛文绣之饰。中国为之虚耗，而虏俗亦坏。绝之未为不可，然中国未宁，安能恶于虏？则姑隐忍之，亦未为非计也。

## 第二节　东方藩镇之变

德宗初政，可谓能起衰振敝，然而终无成功者，则以是时藩镇之力太强，朝廷兵力、财力皆不足，而德宗锐意讨伐，知进而不知退，遂致能发而不能收也。

先是李正己、李宝臣、田承嗣、梁崇义，各聚兵数万，连衡盘结以自固。闻诏旨将增一城，浚一池，必皆怨怒有辞，则为之罢役，而自于境内治兵缮垒以自固。代宗时，河朔诸道健步奏计者，必获赐赍，德宗立，皆空还，多怨。此等细故，似不足致诸镇之叛，然诸镇之叛，原无深谋远计，特为群小所荧惑耳，此等细故，在当日亦必为扇乱之一因，故时人有是言也。刘文喜诛，四盗俱不自安，乱机稍迫矣。《旧书·德宗本纪》。《阳惠元传》同。建中二年（781）正月，李宝臣卒，子维岳求袭，不许，遂自为留后，与田悦、李正己潜谋拒命。会汴城隘，广之，东方讹言上欲东封，正己惧，发兵屯曹州，田悦亦加兵河上。诏移京西兵万二千人，以备关东，亲誓师而遣之。永平旧领汴、宋、滑、亳、陈、颍、泗七州，亳州、陈州见第三章第七节。颍州见第六章第三节。泗州见第五章第八节。分宋、颍、亳别为节度，以宋州刺史刘洽为之。以泗州隶淮南。又以东都留守路嗣恭为怀、郑、汝、陕四州，河阳三城节度使。怀州见第五章第八节。汝州见第二章第六节。以永平李勉都统洽、嗣恭二道，仍割郑州隶之。旋又以怀、郑、河阳副使李芃为河阳、怀州节度使，割东畿五县隶焉。梁崇义自猜阻，诏加同平章事，赐之铁券以安之。崇义不受命。乃使淮宁节度使李希烈讨之。大历十四年，淮西军赐号淮宁。杨炎谏，不听。田悦使其兵马使康愔围邢州，薛嵒之败，相、卫、洺、贝四州为田承嗣所据，而邢、磁二州及洺州之临洺县归于朝廷。临洺，在今河北永年县西。别将杨朝光断昭义救兵，而自围临洺。诏河东马燧、昭义李抱真讨悦。又遣李晟以神策军与俱。七月，燧等斩朝光，败悦，悦夜遁，邢州围亦解。时李正己卒，子纳擅领军务。悦使求救于纳及李维岳。维岳遣兵三千，纳遣兵万人助之。悦收合散卒二万，军于洹水。在今河北大名县西。淄青军其东，成德军其西，首尾相应。马燧帅诸将进屯邺，奏求河阳兵自助。诏李芃会之。八月，李希烈克襄阳，梁崇义自杀。诏以河中尹李承为山南东道节度使。希烈置之外馆，迫胁万端。承誓死不屈。希烈乃大掠阖境所有而去。初李宝臣以其子暗弱，多杀诸将之难制者，易州刺史张孝忠仅免。及是，朱滔使人说之。孝忠遂降。诏以为恒州刺史、成德节度使。十月，徐州刺史李洧归国。正己从父兄。徐州见第二章第六节。李纳遣将合魏博兵攻之。诏发朔方、神策兵，与滑州刺史李澄及刘洽往救。十一月，大破之。淮南节度使陈少游又取纳海州。见第二章第七节。十二月，纳密州亦降。今山东诸城县。马燧等涉漳水，与田悦夹洹水而军。食乏，悦与淄青、成德之众，皆坚壁不战，以老王师。三年正月，燧令诸军趋魏州。悦等掩其后，诸军大败之。悦收残卒千余人，夜走魏州，其大将李长春不纳，而李抱真与马燧不和，顿兵不进，天明，长春乃开门纳悦，悦杀之，婴城拒守。时城中士卒，不满数千；死者亲戚，号哭满街。悦乃与诸将各断发，约为兄弟。悉发府库及敛富人财，得百余万，以赏士卒。贝州刺史邢曹俊，承嗣旧将也，悦初疏之，至是召之，使整部伍，缮守备，军复振。悦入城旬余，燧等始至。攻之，遂不能克。此为唐军一大失机，破竹之势失矣。然李纳军濮阳，今河南濮阳县。为河南军所逼，奔还濮州，濮州见第四章第六节。悦遣其将符璘送之，璘父令奇，命璘归国，璘遂与其副李瑶降于马燧。瑶父再春，亦以博州降。悦从父弟昂，又以洺州降。李纳虽再陷海、密，然李维岳遣兵与田悦将孟祐守束鹿，今河北束鹿县。为朱滔、张孝忠所拔，进围深州。贼兵势仍蹙也。维岳之始谋拒命也，其判官邵真尝劝其归国，惟岳不听。及是，复说之。惟岳然之。孟祐知其谋，使告田悦。悦使裔官扈岌让维岳。维岳又杀真而从之。发兵万人，与孟祐还攻束鹿。为滔、孝忠所败。其将康日知以赵州归国。兵马使王武俊，为宝臣所疑，而其子士真，为宝臣女夫，宿卫府中。维岳使武俊与步军使卫常宁击日知。闰月，武俊、常宁还袭维岳，士真为内应，遂杀维岳。深州刺史杨荣国，维岳姊夫也，降于朱滔。二月，定州刺史杨政义亦降。于是河北惟魏州未下；河南诸军攻李纳于濮州，纳势亦日蹙；事又垂定矣，而朱滔、王武俊之变作。

　　时以张孝忠为易、定、沧节度使，王武俊为恒、冀都团练观察使，康日知为深、赵都团练观察使，以德、棣隶朱滔，令还镇。剖成德之地，滔未有所得，而德、棣又当取诸淄青，心不平。请深州，不许，遂留屯不肯去。武俊亦憾张孝忠得节度而己不得，又失赵、定。时诏武俊以粮三千石与朱滔，马五百匹给马燧，又疑朝廷弱之。田悦使说滔，许赂以贝州。滔又使说武俊，许赂以深州。武俊遣其判官王巨源报使，即知深州。又使说张孝忠，孝忠不许。刘洽攻濮州，克其郛。李纳使判官房说以母弟经子成务入见。中使宋凤朝言纳势穷，不可舍，乃因说等。纳遂归郓州，复与悦等合。朝廷以李洧为徐、沂、海都团练观察使，沂、海皆为纳所据，徒空名而已。纳都虞候李士真谮德州刺史李西华，纳即以士真代之。士真诈召棣州刺史李长卿，劫之与同归国。朱滔使其将李济时将三千人至德，声言助士真守，而召士真至深州留之。上遣中使发卢龙、恒、冀、易、定之兵讨田悦，王武俊不受诏，执使者送朱滔。滔谕其众南救魏，众不可。乃诛大将数十人，厚拊循其士卒。分兵营赵州，以逼康日知，而以深州授王巨源。武俊以子士真为恒、冀、深三州留后，将兵围赵州。滔将步骑二万五千南下，至束鹿，今河北束鹿县。士卒喧噪，欲归幽州，衙官蔡雄谕之，乃定。滔还深州，密诛为首者二百余人，乃复南下，取宁晋。今河北宁晋县。二镇显叛，而马燧与李抱真仍不和。抱真分麾下二千人戍邢州，燧怒其分兵自重，欲引兵归。李晟曲说燧，燧乃单骑造抱真垒，相与释憾结欢。会田昂请入朝，燧乃奏以洺州隶抱真，以昭义副使卢玄卿为刺史。李晟军先隶抱真，又请兼隶燧，以示协和。然亦未能遂下魏州也，而朱滔、王武俊之救复至。时李怀光兼朔方节度使。五月，诏以朔方、神策兵万五千东讨。怀光恃勇，初至，不待休息，即击之，败绩。滔等堰永济渠入王莽故河，《汉书·沟洫志》：禹酾二渠，一漯川，今河所流也。一北渎，王莽时绝，俗称为王莽河。以绝官军粮道及归路。马燧惧，使卑辞谢滔，请与诸节度归本道，奏天子，以河北委滔。滔欲许之。武俊不可。滔不从。七月，燧与诸军涉水而西，保魏县。属魏州，在今河北大名县西。魏州遂不可取。李晟请以所将兵北解赵州之围，与张孝忠分势围范阳，许之。此为涉险进取之策。晟趋赵州，王士真虽解围去，而与孝忠略恒州，为朱滔所败，晟复病，还定州。事在明年。河北相持之势成矣。诸镇中之兵势，盖以朱滔为最强？田悦、王武俊欲奉为主，臣事之。滔不可。幽州判官李子牟、恒、冀判官郑濡共议：请与郓州为四国，俱称王，而不改年号，如昔诸侯。筑坛同盟，有不如约者，众共伐之。十一月，滔遂称冀王，悦称魏王，武俊称赵王，纳称齐王。盖借此以固辅车，求保其境土也。然其志亦止于此而已，而淮西之为患顾转烈。

先是唐以李希烈兼淄青节度，以讨李纳。希烈顾与纳通谋，欲袭汴州，又密与朱滔等交通。滔等称王之月，希烈亦移居许州。见第四章第五节。李纳亦数遣游兵度汴，以迎希烈。于是东南转输，皆不敢由汴渠，由蔡水而上。在浚仪。十二月，希烈自称天下都元帅建兴王。四年正月，遣将袭陷汝州，执知州事李元平。参看下节。别将四出抄掠。又遣将据邓州。南路遂绝，贡献、商旅皆不通。朝廷先以曹王皋为江南西道节度使，治洪州。及是，复以哥舒曜翰子。为东都兵马兼汝州行营节度使，将凤翔、邠宁、泾原、奉天、好畤行营之兵万余人，以讨希烈。皆神策屯兵也。好畤，在今陕西乾县西北。二月，克汝州。三月，皋拔黄、见第二章第七节。蕲州。见第五章第八节。希烈使其都虞候周曾攻曜。李承尝结曾以谋希烈。曾至襄城，今河南襄城县。还兵袭希烈。希烈知之，遣将袭杀曾。乃上表归咎曾等，引兵还蔡州。外示悔过，实待朱滔等之援也。四月，以白志贞为京城召募使，募禁兵以讨希烈。又加李勉淮西招讨使，以哥舒曜为之副。以荆南节度张伯仪为淮西应援招讨使。山南东道节度贾耽、江西节度曹王皋为之副。曜战不利，还屯襄城。八月，希烈围之。诏李勉与神策将刘德信救之。九月，又为所败。上以诸军不相统一，乃以舒王谟为荆、襄等道行营都元帅，更名谊。昭靖大子邈之子，见上节。将佐皆选一时之望。未行而泾师之变作矣。

## 第三节　泾师之变

德宗时国力之疲敝，首于其财政见之。《旧唐书·卢杞传》曰：度支使杜佑，计诸道用兵，月费百余万贯，京师帑廪，不支数月，且得五百万贯，可支半岁，则用兵济矣。杞乃以户部侍郎赵赞判度支。赞亦计无所施。乃与其党太常博士韦都宾等谋行括率。以为泉货所聚，在于富商，钱出万贯者，留万贯为业，有余，官借以给军，冀得五百万贯。上许之。约罢兵后以公钱还。敕既下，京兆尹韦祯，督责颇峻，人有自缢而死者。都计富户田宅、奴婢等估，才及八十八万贯。又以僦柜纳质、《通鉴》胡《注》：民间以物质钱，异时赎出，于母钱之外，复还子钱，谓之僦柜。积钱货、贮粟麦等，一切借四分之一，封其柜窖。长安为之罢市。计僦质与借商，才及二百万贯。德宗知下民流怨，诏皆罢之。《纪》在建中三年（782）七月。明年建中四年。六月，赵赞又请税间架、算除陌。凡屋，两架为一闲，分为三等：上等间二千，中等千，下等五百。天下公私给与货易，率一贯旧算二十，益为五十。给与物或两换者，约钱为率。怨黩之声，嚣然满于天下。《食货志》曰：建中四年六月，户部侍郎赵赞请置大田。天下田计其顷亩，官收十分之一。择其上腴，树桑环之，曰公桑。自王公至于匹庶，差借其力，得谷、丝以给国用。诏从其说。赞熟计之，自以为非便，皆寝不下。复请行常平税茶之法。又以军须迫蹙，常平利不时集，乃请税屋间架、除陌钱。案，常平之法，事在建中三年九月，见《志》上文及《本纪》。志载赞疏，引古轻重、平准之法以为言。自京城盐、米，推及两都、江陵、成都、扬、汴、苏、洪等州。兼置匹段丝麻，贵则下价出卖，贱则加价收籴。从之。赞于是条奏诸道要、都会之所，皆置吏阅商人财货，计钱每贯税二十；天下所出竹、木、茶、漆，皆十一税之；以充常平本。则竹、木、茶、漆之税，与常平原是一法；而后来除陌之率，亦因此时之商税而增。《志》云：时国用稍广，常赋不足，所税随时而尽，终不能为常平本。然则苛税之原，由于平准，本意不达，乃由兵事迫之，不可以为赞咎；公田之法，虽有计议，自谓不便，即寝不行；赞固非聚敛之臣也。《德宗纪》：建中元年，户部计帐，赋入一千三百五万六千七十贯，盐利不在此限。大历末征税所入，总千二百万贯，盐利过半，已见上章第四节。其时盐利而外，赋入不过六百万缗，此时已增七百万，然合盐利计之，亦当不越二千万。《新书·食货志》云：杨炎作两税法，岁敛钱二千五十余万缗，米四百万斛以供外，钱九百五十余万缗，米千六百余万斛，以供京师，视建中元年，所增又及其半。盖两税之成效？然以供是时之兵费，则固万无足理。《新书·食货志》又曰：是时诸道讨贼，兵在外者，度支给出界粮，每军以台省官一人为粮料使，主供给。士卒出境，则给酒肉。一卒出境，兼三人之费。将士利之，逾境而屯。兵事之广且久如彼，将士之自利又如此，朝廷衮职虽多预，天下军储不自供，度支又安能给之邪？

《新书·陆贽传》：贽见召为翰林学士，会马燧讨贼河北，久不决，请济师，而李希烈又寇襄城，诏问策安出。贽言："幽、燕、恒、魏，势缓而祸轻；汝、洛、荥、汴，势急而祸重。田悦覆败之余，无复远略；王武俊有勇无谋；朱滔多疑少决；互相制劫，急则合力，退则背憎，不能有越轶之患，此谓缓也。希烈果于奔噬，忍于伤残，据蔡、许富全之地，益以襄、邓虏获之实，东寇则饷道阻，北窥则都邑震，此谓急也。代、朔、邠、灵，昔之精骑，上党、孟津，今之锐师，举而委之山东，将多而势分，兵广而财屈。李勉文吏也，而当汴必争之地。哥舒曜之众乌合也，捍襄城方锐之贼。本非素习，首鼠莫前。今若还李芃河阳，以援东都；使李怀光解襄城之围；而专以太原、泽潞兵抗山东，则梁、宋安。"又言："太宗列府兵八百所，而关中五百，举天下不敌关中。承平久，武备微，故禄山乘外重之势，一举而覆两京。然犹诸牧有马，州县有粮，肃宗得以中兴。乾元后外虞踵发，悉师东讨，故吐蕃乘虚，而先帝莫与为御。既自陕还，惩艾前事，稍益禁卫。故关中有朔方、泾原、陇右之兵，以捍西戎；河东有太原之兵，以制北虏。今朔方、太原之众，已屯山东，而神策六军，悉戍关外，将不能尽敌，则请济师，陛下为之辍边军，缺环卫，竭内厩之马，武库之兵，占将家子以益师，赋私畜以增骑。又告乏财，则为算室庐，贷商人，设诸榷之科，日日以甚。第一有如朱滔、李希烈，负固边垒，窃发畿甸者，何以备之？"读此疏，可见唐兵力之不足。《传》云：后泾师急变，贽言皆效。可见势有必至，明者皆能豫烛之，肘腋变生，正不得尽诿诸事势之艰难也。

建中四年（783）十月，德宗发泾原之兵东救襄城。节度使姚令言以兵五千至京师。《旧传》作五万，《通鉴》从奉天记作五千。军士冒雨寒甚，冀得厚赐遗其家。既至，无所有。京兆尹王翃犒之，又惟粝食菜饭。军士怒，至浐水，还趋京城。上奔奉天。见第六章第二节。初刘文喜平，朱泚还镇凤翔。朱滔既叛，以蜡书遗泚，为马燧所获，并使者送京师。上乃召泚还，留之长安，而以张镒代镇凤翔。及是，乱兵奉泚为主。令言及朝臣之不得志者源休、张光晟、李忠臣等皆附之。泚以段秀实尝为泾原，得士心，后罢兵权，必蓄愤，召之谋议。秀实谋诛之，不克而死。上之将如奉天也，张镒窃知之，将迎銮驾，上亦以奉天迫隘，欲之凤翔。凤翔将李楚琳，尝事朱泚，得其心，与其党作乱，杀镒。上乃止。泚遂僭号。国号秦。明年正月，改称汉。自将逼奉天。时奉天兵备单薄，幸得左金吾将军浑瑊、邠宁留后韩游瑰力战御之。灵武留后杜希全、盐州刺史戴休颜、盐州见第五章第八节。夏州刺史时常春，夏州见第二章第二节。会渭北节度使李建徽，渭北节度，时治鄜州，见第五章第八节。合万人入援。道漠谷，在奉天北。为贼所败，退保邠州。时马燧、李芄闻变，各归本镇。李抱真亦退屯临洺。李怀光帅众赴长安。自河中渡河，西屯蒲城。李晟出飞狐，在今河北蔚县东南，接河北涞水。至代州，见第二章第二节。诏加神策行营节度使，亦至河中，由蒲津济，军于东渭桥。在长安东北。西渭桥在长安西南，即便桥也。中渭桥在长安北。刘德信自汝州入援，亦屯东渭桥。神策兵马使尚可孤以三千人讨李希烈，在襄阳，自武关入援，取蓝田。见第二章第六节。镇国军节度副使骆元光奉先养子。守潼关，朱泚遣将袭华州，见第六章第二节。元光击走之，遂军华州。上即以为镇国军节度使，贼由是不能东出。马燧遣其子汇及行军司马王权将兵五千入援，屯东渭桥。李怀光叛后，此军还河东。于是泚党所据，惟长安而已。十一月，李怀光西出，败泚兵于醴泉，见第六章第二节。泚乃解奉天之围。

《旧书·李怀光传》曰：怀光性粗厉疏愎。缘道数言卢杞、赵赞、白志贞等奸佞。且曰："吾见上，当请诛之。"杞等微知之，因说上令怀光乘胜逐泚，收复京师。德宗从之。怀光屯军咸阳，见第五章第一节。数上表暴扬杞等罪。上不得已，为贬杞、赞、志贞以慰安之。又疏中使翟文秀，上之信臣也，又杀之。怀光既不敢进军，迁延自疑，因谋为乱，《卢杞传》曰：或谓王翃、赵赞曰："怀光累叹愤，以为宰相谋议乖方，度支赋敛烦重，京尹刻薄军粮，乘舆播迁，三臣之罪也。今怀光勋业崇重，圣上必开襟布诚，询问得失。使其言入，岂不殆哉？"翃、赞白杞。杞乃从容奏曰："怀光勋业，宗社是赖。臣闻贼徒破胆，皆无守心。因其兵威，一举可破。若许其朝觐，则必赐宴流连，使贼得从容完备，恐难图之，不如使径收京城。"帝然之。乃诏怀光率众屯便桥，克期齐进。赵赞非聚敛之臣，已如前说。当时财力实竭，犒师之薄，亦岂得以咎王翃？陆贽劾裴延龄疏，追述是时事曰：于时内府之积，尚如丘山，竟资凶渠，以饵贪率，论者因争咎德宗之吝。然赞言或过其实，即谓不然，是时用度方广，亦不得不事节啬也。《白志贞传》云：志贞为京城召募使。时尚父子仪婿端王傅吴仲孺,家财巨万,以国家有急,俱不自安,乃上表,请以子弟率奴客从军。德宗嘉之,超授五品官。由是志贞请令节度、观察、团练等使,并尝为是官者,家出子弟、甲马,亦与其男官。自是京师人心摇震,不保家室。时禁军召募,悉委志贞。两军应赴京师者,杀伤殆尽,都不奏闻,皆以京师沽贩之徒填其阙,其人皆在市廛,及泾师犯阙,诏志贞以神策军拒贼,无一人至者。上无以御寇,乃图出幸。至奉天,仍以志贞为行在都知兵马使。闻李怀光至,恐暴扬其罪,乃与卢杞同沮怀光入朝。众议喧沸,言致播迁,杞、志贞之罪也,故与杞同贬。夫召募非易,节度、观察、团练多武人,豪富使其家出子弟、甲马,宁得谓为非计?沽贩之徒,列名军籍,其弊乃自开元已来,非易卒革。即谓不然,谓志贞未能除弊可,谓其弊即由于志贞则不可。泾师卒变,召以自卫无至者,自缘东征死亡多,陆贽固已言之矣。志贞初受知于李光弼;代宗亦素知之,用为司农卿,在寺十余年;德宗召见与语,遽引为腹心,遂用为神策军使;度其才必有过人者。至奉天仍使都知兵马,可见播越之非其罪。且谓其权并宰相,能与卢杞同沮怀光,亦岂实录?抑令怀光径收京城,岂得谓为失策?若谓其出于私意,试问何由知之?《志贞传》谓其与卢杞同贬,出于众议喧沸,可知其事不专由怀光,作史者乃正冯是时之众议以立说耳。《旧书》此等处甚多。怀光粗人,安知朝政?而断断以三人为言,恐正为不悦三人者所构也。朋党之为祸,不亦烈乎?此时与杞并相者,尚有关播。据《旧书》本传观之,其行事殊美,而独于其为相时诋之曰:政事决在卢杞,播但敛衽取容而已,此以与杞同,即为罪状也。又曰:杞等贬,播尚知政事,中外嚣然,以为不可,遂罢相,改刑部尚书。大臣韦伦等泣于朝曰:"宰相不能谋猷翊赞,以至今日,而尚为尚书,可痛心也。"此为国家求贤才、惜政治邪?抑以私憾相挤排也?《传》又诋播引用李元平,云:乏于知人之鉴。好大言虚诞者,必悦而亲信之。有李元平、陶公达、张瑟、刘承诚。荐元平为汝州刺史。至州旬日,为希烈所擒,汝州陷贼,中外哂之,由是公达等未克任用,此因元平之败,以沮公达等也。《元平传》云:希烈伪署为御史中丞,播闻,仍欺于人曰:"李生功业济矣。"言必能覆希烈而建功也。居无何,希烈用为宰相。或告其贰,乃断一指以自誓。希烈既死,或言在贼中微有谋虑,贷死,流于珍州。会赦,得归剡中。浙东观察使皇甫政表闻其到,以发上怒,复流贺州而死。夫能使希烈用为相,其人必有才能。断指自誓,冀奋积志,何其烈也?关播遥闻其见用而深信之,其相知之深,为何如乎?谓其在贼中有谋虑,岂虚言哉?而皇甫政又贼之,谓非朋党之见得乎?要之有朋党则无是非,诚可慨也。唐剡县,今浙江嵊县。珍州,在今贵州桐梓县东。贺州,今广西贺县。

泾师既变,势已不复能东征,乃用陆贽之议,于明年正月,改元兴元,下诏罪己，赦李希烈、田悦、王武俊、李纳之罪，朱滔如能效顺，亦与维新，惟朱泚不赦。于是削平东方之志荒矣。而李怀光既怀反侧，即京城亦不易平。时刘德信与李晟俱屯东渭桥，不受晟节制，晟杀之，并其军。怀光奏请与晟合军，诏许之。两军遂会于陈涛斜。见第五章第八节。怀光逗留不进，而密与朱泚通谋。晟恐为所并，奏请移军东渭桥。上寝其奏不下。会陆贽诣怀光营宣慰，自以意问怀光，怀光无异议。贽还，劝上乘机速许之。晟军遂得移。而李建徽及神策行营节度使杨惠元，犹与联营，贽复请令与晟合军同往。上恐怀光以此为辞，不许，后果为所夺焉。诏加怀光太尉，赐铁券。怀光对使者投于地，曰："人臣反，乃赐铁券，怀光不反，今赐铁券，是使之反也。"乃发卒城咸阳，移军据之。上知怀光反侧，欲幸梁州。见第四章第二节。山南节度使严震闻之，遣张用诚将兵五千至鳌屋迎卫。鳌屋见第四章第二节。用诚与怀光通谋。震继遣衙将马勋奉表。上语勋，勋还梁州取震符召用诚，执以送震。震杖杀之。怀光又约韩游瓌为变，游瓌奏之。又使其将赵升鸾入奉天为内应，升鸾亦诣浑瑊自言。上乃命戴休颜留守，而幸梁州。又欲南幸成都，严震谏，李晟亦以为言，乃止。

于是李晟留，为收复京城之计。晟假判官张彧京兆尹，督渭北刍稿以赡军。李怀光欲击之，其众不可。乃略泾阳、见第六章第二节。三原、今陕西三原县。富平，今陕西富平县。自同州走河中。同州见第五章第八节。怀光遣使诣邠州，令留后张昕悉发所留兵万余人及行营将士家属会泾阳。韩游瓌诱旧部八百，驰还邠州，说昕无从怀光。昕不听。游瓌乃与诸将高固、杨怀宾相结以图昕。初吐蕃尚结赞请出兵助唐收复京城，上遣崔汉衡往使，致其兵，时屯邠南。高固诈为浑瑊书，召吐蕃使稍入邠城。昕等惧，不敢出，而谋杀诸将之不从者。游瓌知之，与固等先举兵杀昕。汉衡矫诏以游瓌知军府事。于是游瓌屯邠宁，戴休颜屯奉天，骆元光屯昭应，今陕西临潼县。尚可孤屯蓝田，皆受李晟节度，晟军声大振。诏以晟兼河中尹、河中、晋、见第四章第一节。绛、见第二章第六节。慈、隰皆见第一节。节度，又兼京畿、渭北、鄜坊、丹延皆见第一节。节度招慰使。而以浑瑊为朔方节度。朔方、邠宁、振武、永平、奉天行营兵马副元帅。又加李晟京畿、渭北、鄜坊、商华兵马副元帅。罢怀光副元帅河中尹，并朔方诸道节度。所管兵马，委本军自举一人统领。浑瑊率诸军出斜谷。在陕西鄠县南。行四百七十里出谷，抵褒城。崔汉衡劝吐蕃出兵助之。尚结赞曰："邠军不出，将袭我后。"韩游瓌闻之，遣将曹子达率兵三千往会瑊军。吐蕃论莽罗依以兵二万从之。李楚琳遣将石锽将卒七百，从瑊拔武功。见第三章第二节。朱泚遣韩旻攻之。锽迎降。瑊战不利。会曹子达以吐蕃至，破之。吐蕃旋以疫引去。而瑊遂引兵屯奉天，与李晟东西相应，以逼长安。五月，晟移书浑珹、骆元光、尚可孤进军。元光、可孤克期皆至。晟薄京城。贼来战，败之。朱泚、姚令言西走。是日，浑瑊、戴休颜、韩游瓌亦克咸阳。姚令言之东，以兵马使冯河清知留后，判官姚况知州事。令言叛，河清与况，誓敦诚节。即时发甲仗器械送行在。时六军虽集，都无戎器，泾州甲仗至，军乃振。特诏褒其诚效，以河清为四镇、北庭、泾原节度，况为行军司马。驾幸梁州，其将田希鉴潜通朱泚，害河清。及是，希鉴复拒泚，泾卒杀令言以降。泚与范阳亲兵北走，为其下所杀。源休奔凤翔，李楚琳杀之。李忠臣奔樊川，在长安南。擒获斩之。张光晟潜通使于李晟，晟兵入苑，光晟劝泚速奔，遂来降，晟表请减罪，不许，亦伏诛。晟以泾州倚边，数害戎帅，请理不用命者。初奉天解围，李楚琳遣使贡奉。时方艰阻，不得已，命为凤翔节度使。至汉中，欲令浑瑊往代。陆贽言商岭道迂且遥，骆谷复为贼所扼，骆谷，在盩厔西南，通洋县。仅通王命，惟在褒斜，虑其塞道，乃已。朱泚平，驾还京师，至凤翔，欲因迎驾诸军，遣人往代。贽又以类于胁执，不如至京征授一官，从之。及是，以晟兼凤翔、陇右，仍充泾原节度，兼管内诸军及四镇、北庭行营兵马副元帅。时楚琳已入朝，晟请与俱，至而诛之。上以初复京师，方安反侧，不许。八月，晟至凤翔，理杀张镒之罪，斩裨将王斌等十余人，托以巡边至泾州，田希鉴迎谒，执而诛之。并诛害冯河清者石奇等三十余人。

朱泚既灭，李怀光遣子璀诣行在谢罪，请束身归朝。诏遣给事中孔巢父往宣慰。巢父至河中，怀光素服待罪，巢父不之止，又宣言于众曰：“谁可代太尉领军者？”怀光左右发怒，杀巢父。怀光复治兵为守御计。诏浑瑊、马燧、骆元光、唐朝臣鄜坊节度。同讨之。瑊破同州，复为怀光所败。诏征邠军赴之。马燧取绛州，分兵会瑊。明年，贞元元年（785）。三月，乃逼河中。时天下旱蝗，资粮匮竭，言事者多请赦怀光。燧朝京师，言其不可。七月，乃与瑊、元光及韩游瓌逼河中。八月，怀光自缢死。《新书·游瓌传》。朔方将牛名俊斩其首以降。新、旧《书·怀光传》。

## 第四节　兴元后藩镇起伏

自四镇相王，河北已成割据之势，然诸镇之间，亦仍有龃龉。四镇兵力，盖以卢龙为最强，而朱滔之为人，亦最狂妄。滔与王武俊不协，李抱真因使门客贾林诈降武俊说之。及李怀光赴长安，马燧、李芃，各归本镇，田悦使说武俊，与滔将马寔共击抱真，抱真又使林说止武俊。先是武俊召回纥兵，使绝李怀光等粮道。怀光等已去，而回纥达干等将千人及杂虏二千至幽州。滔因说之取东都，许以河南子女为赂。回纥许诺。林又说武俊，言滔欲并吞河北，不如与昭义并力取之。武俊遂与抱真及马燧相结，犹未显与滔绝也。滔又使说田悦共取大梁。悦阳许之，而阴为备。兴元元年（784），赦令下，武俊、悦、李纳皆去王号，上表谢罪。于是以武俊为恒、冀、深、赵节度使，康日知改晋、慈、隰。李纳为郓州刺史、平卢节度使。滔兵既南，田悦托言将士不可，使将率五千骑从之。滔怒，纵范阳、回纥兵大掠。自围贝州，而使马寔逼魏州。时朝廷遣孔巢父宣慰魏博。承嗣第六子绪杀悦。巢父命权知军府。滔闻之，喜。使马寔进攻，而别遣使说绪，许以本道节度。绪遣使送款，会李抱真、王武俊使至，许以赴援，乃遣使奉表诣行在。四月，以为魏博节度使。贾林说武俊与抱真共救悦。滔闻之，召马寔还，与抱真、武俊战于贝州，败绩。滔遁还。于是河北之内衅成，弥不能为患矣。朱泚既平，滔上书待罪。诏武俊、抱真开示大信。若诚心益固，善迹克彰，当掩衅录勋，与之昭雪。贞元元年（785）六月，滔病死，军中奉刘怦为主。怦，滔之姑子，滔出征，常使总留事，以和裕得众心。滔败，不肯叛，众又颇服其信义焉。九月，怦又死，子济袭。济时在莫州，见第五章第八节。弟澭，以父命召，而以军府授之。济以澭为瀛州，见第四章第四节。许他日代己。已而自以其子为副大使。澭怒，擅通表朝廷，遣兵千人防秋。济发兵击之。贞元八年。澭遂归京师。十年。澭弟源，为涿州刺史，隋涿郡。见第二章第四节。亦不受济命，济击擒之。十六年。李纳之叛也，棣州入于朱滔。王武俊败滔于贝州，复取德、棣。田绪兄朝仕于纳。或曰："纳欲纳朝于魏。"绪惧，厚赂纳，且说纳取棣州以悦之，因请送朝于京师。纳从之。时棣州刺史赵镐贰于武俊，遂降纳。武俊攻之。镐奔郓州。纳遣兵据其地。绪使矫诏以棣州归纳。武俊怒，遣子士清伐贝州，取四县。诏武俊以四县归绪，纳以棣州归武俊，皆听命。时贞元六年也。棣州之蛤垛，在今山东惠民县南。地有盐利，犹为纳所据。纳又城德州南之三汊，在今山东陵县东南。以通魏博。八年五月，纳卒，子师古袭，武俊欲取其地，上遣中使谕之，乃还。上又命师古毁三汊城，师古亦奉诏。盖时诸镇地丑德齐，且知构兵则唐将乘机征讨，故不敢轻启衅端也。十二年四月，田绪卒。绪尚代宗女嘉诚公主，有庶子三人，季安最幼，公主子之，以为副大使，军中推为留后，朝廷因而授之。时年十五。十七年，王武俊卒，子士真袭。

张孝忠之得易、定、沧也，李维岳将李固烈犹守沧州。孝忠令衙将程华诣固烈交郡。固烈悉取府藏，累乘而还。军人怒，杀之而夺其财。孝忠因授华知沧州事。朱滔、王武俊谋叛，沧、定往来艰阻，华录事参军李宇为至京师，请拜华为沧州刺史，并置横海军，以华为使。寻赐名曰华。时建中三年（782）

也。沧州自是别为一使，孝忠惟有易、定而已。贞元四年（788），日华卒。升横海军为节度，以其子怀直为留后，又于弓高县置景州，在今河北东光县西。以为属郡。五年，遂正授为节度使。七年二月，孝忠卒。子昇云袭，赐名茂昭。九年二月。怀直荒于田猎，尝为其从父兄怀信所逐。后横海节度之位，归于其子行执恭，更名权。权，或云怀直子，或云怀信子，史籍歧异，不能质言也。怀直至权传袭之事，新、旧《书》互异，《旧书》纪传又互异。《旧传》：怀直以贞元九年，为怀信所逐，来朝。既而怀信死，怀直子执恭知留后，乃遣怀直归。十六年卒，执恭袭，朝廷因而授之。元和六年（811）入朝。尝梦沧州衙门楼额，悉帖权字，遂奏请改名权。《本纪》则怀直入朝在十年三月，复令还镇。十一年九月，乃为怀信所逐。十月，以虔王谅为节度，怀信知留后。《新传》则云：九年怀直来朝。帝以虔王为节度，擢怀信为留后。明年，怀信遂为节度。十六年，怀直卒。后五年，怀信死，子权袭领军务，诏授留后。元和元年，擢节度使。六年入朝，遣还镇。权始名执恭，尝梦沧诸门悉署权字，乃改名以应之。《通鉴》系怀信之死于永贞元年七月，与《新传》合。下书以其子执恭为留后。《考异》曰：怀信逐怀直而夺其位，安肯以怀直之子知留后？又《德宗实录》，俱无是事，《顺宗实录》略本亦无，盖《旧传》误也。惟详本：永贞元年七月癸巳，横海军节度使程怀信卒，以其子副使执恭为横海军节度使，路隋《宪宗实录》：元和元年五月丙子，以横海留后程执恭为节度使，盖《顺宗实录》，留后字误为使字耳。案，怀直复归沧州之事，似不能凿空造作。窃疑怀直以九年来朝，至十年三月还镇，《旧书》纪传所书，实系一事。此行实非被逐。至十一年，乃因被逐来朝，而《传》与九年讹为一事。怀信于是年为留后，明年为节度，具如《新书》所记。其后或因内悔，或有所迫，乃以怀直子为留后而还怀直。怀直还后，盖复为节度，至十六年死，则怀信继之，怀信死，执恭乃又继之也。虔王，德宗第四子，《旧传》载怀信逐怀直，谅领横海，正在十一年。

朱泚既叛，唐不复能救援东方。哥舒曜以食尽，奔洛阳，李希烈遂陷襄城。又攻汴州，李勉奔宋州。滑州刺史李澄降之。刘洽遣兵据襄邑，希烈攻拔之。乘胜攻宁陵。见第五章第八节。江淮大震。淮南节度使陈少游，初出兵讨希烈，屯盱眙，今安徽盱眙县。闻长安陷，即归广陵，修堑垒，缮甲兵。镇海军节度使润州刺史韩滉，亦闭关梁，筑石头城，缮馆第，以备巡幸，且自固也。少游大阅于江北，滉亦耀武于京江以应之。度支汴京两税使包佶在扬州，少游胁取其财帛。参看第六章第三节。佶过江，至上元，唐县，今并入江苏江宁县。复为滉所拘。少游使送款于希烈，又与李纳相结。江淮之势岌岌矣。诏加刘洽汴、滑、宋、亳都统副使，知都统事。李勉悉以其众委之。兴元元年（784），赦书下，李希烈独僭位。国号楚。遣将赍赦书赴扬州，至寿州，见第二章第三节。为候骑所得，刺史张建封斩之。诏以为濠、见第四章第五节。庐、见第六章第三节。寿三州都团练使。希烈遣兵攻之，不克。南寇蕲、黄，欲断江路，曹王皋使蕲州刺史伊慎破之。遣兵袭鄂州，今湖北武昌。又为刺史李兼所破。窥江之志乃息。刘洽与希烈战于白塔，未详。不利，希烈乘胜围宁陵。洽将高彦昭、刘昌固守，韩滉遣其将王栖曜助之，希烈不能克。遣将围陈州，今河南淮阳县。又不能下。李澄知大梁兵少，复归国。诏以为汴、滑节度。闰十月。刘洽遣刘昌与陇右、幽州行营节度使曲环救陈州，败希烈兵。希烈奔蔡州。其郑州降于李澄。乃以洽为汴、宋节度使。本管及陈州诸军行营都统，赐名玄佐。而以澄为郑、渭等州节度使，更军名曰义成。或言韩滉有异志。滉子皋，时为考功员外郎，上使归觐，谕滉速运军粮。滉即日发米百万斛。陈少游闻之，亦贡二十万斛。少游旋卒。《旧书》本传：刘洽收汴州，得希烈伪《起居注》：某月日，陈少游上表归顺。少游闻之，惭皇发疾，数日而卒。贞元元年（785）四月，以曹王皋为荆南节度使，降随州。河中平，陆贽劝上释希烈，乃诏诸道各守封疆，非彼侵轶，不须进讨。希烈若降，当待以不死。时曲环已授陈州刺史，与曹王皋、张建封、李澄四略其地。希烈兵势日蹙。二年四月，为大将陈仙奇所杀。以仙奇为淮西节度。七月，复为兵马使吴少诚所杀。八月，李澄卒。子克宁秘之，将为不顺。刘玄佐出师屯于境上，且使告谕切至，由是不敢发，然路绝商旅者四十五日焉。以东都留守贾耽为义成军节度使。十一月，韩滉及刘玄佐来朝。加滉度支、诸道转运盐铁使。《新书·滉传》曰：刘玄佐不朝，帝密诏滉讽之。及过汴，玄佐素惮滉，修属吏礼。滉辞不敢当。因结为兄弟。入拜其母。酒行，滉曰："宜早见天子，不可使夫人白首，与新妇子孙填宫掖也。"玄佐泣悟。滉以钱二十万缗为玄佐办装，又以绫二十万犒军。玄佐入朝，滉荐可任边事。时两河罢兵，滉上言：吐蕃盗河湟久，近岁浸弱，而西迫大食，北抗回鹘，东抗南诏，分军外战，兵在河、陇者，不过五六万。若朝廷命将，以十万众城凉、见第三章第二节。鄯、见第三章第四节。洮、见第四章第四节。渭，见第五章第四节。各置兵二万为守御。臣请以本道财赋馈军，给三年费。然后营田积粟，且耕且战，河、陇可复。帝访玄佐，玄佐请行。会滉病甚，张延赏奏减州县冗官，收禄奉募战士西讨。玄佐虑延赏靳削资储，因称疾。帝遣中人劳问，卧受命。延赏知不可用，乃止。案，是时德宗欲用张延赏为相，李晟以私憾沮之。滉与晟素善，上使滉、玄佐谕晟与延赏释怨。三年正月，乃拜延赏为相，然怨终不释，事见下节。此时情势，安可更据东方自擅？故滉亦易偃蹇为恭顺，滉且然，更何有于玄佐？其入朝又何待讽示？然则谓滉致玄佐之朝，若能消东方之隐患者，阿私所好之辞也。滉处权利之地久，士之沾河润者盖多矣，固宜有是虚誉。玄佐者，滉所结之以财，使为己用者也。彼其为人，本无远志，时又志得意满，安肯为国家雪仇耻，复境土？其闻命而踊跃请行，特为死党用耳。滉荐玄佐使任边事，盖欲以饷军为名，复还浙西，据权利之地也。而李晟则因与张延赏不睦，乃附滉思保其位者也。将之不肯释兵如此，亦安怪德宗疑其生事要功，而不敢轻规河、陇乎？参看下节自明。是岁二月，滉卒。分浙东西为三道，浙西为一道，治润州。浙东为一道，治越州。宣、歙、池为一道，治宣州。越、歙州皆见第二章第七节。宣州见第六章第三节。池州，今安徽贵池县。各置观察使以领之。此未始非唐朝之幸也。时又以襄邓扼淮西冲要，以曹王皋为山南东道节度使，以襄、邓、复、见第六章第三节。郢、见第六章第三节。安、今湖北安陆县。随、唐见第五章第二节。七州隶之。四年（788），以张建封为徐州刺史、徐、泗、濠三州节度使。濠州见第四章第五节。自李洧归顺，寻卒，后高承宗父子、独孤华相继为刺史，为贼侵削，贫困不能自存。建封在彭城十年，军州称理焉。八年二月，曹王皋卒。判官李实高祖子道王元庆曾孙。知留后。割薄军士衣食，军士怨叛。实夜缒城出诣京师。军士掠府库，民财殆尽。三月，刘玄佐卒。帝遣问所欲立，吴凑可乎？监军孟介、行军卢瑗皆曰便。及凑次汜水，今河南汜水县。衙兵拥立玄佐子士宁。时相窦参，俱其合于李纳，乃即以授之。士宁淫暴。大将李万荣，与玄佐同里闬，宽厚得众心。士宁去其兵权，令摄汴州事。万荣深怨之。九年十二月，据《本纪》。《传》在十年正月，盖其至京师之日？士宁畋于城南。万荣矫称有诏征士宁入朝，俾己掌留务。士宁走京师。万荣遣兵三千备秋于京西，有亲兵三百，前为士宁所骄者，悉置行籍中。大将韩惟清、张彦琳因之作乱。不胜，乃劫转运财货及居人而溃。万荣悉捕逃叛将卒妻孥数千人诛之。《鉴》在十年四月，《纪》在七月。十一年五月，授万荣宣武军节度使。建中二年（781），置宋、亳、颍节度使，治宋州。寻名其军曰宣武。兴元元年（784），徙治汴州。十二年七月，万荣病。署其子迺为司马。初万荣委兵于都虞候邓惟恭。惟恭与监军俱文珍谋，文珍后从义父姓，曰刘贞亮。缚迺送归朝廷。遂总领军州事。其日，万荣病卒。迺至京师，付京兆府杖杀。以东都留守董晋为宣武军节度使。惟恭不遣候吏，以疑惧晋。晋惟将幕官僚从十数人往。惟恭不意其速至，已近，乃出迎之。晋委以军政。惟恭不自安，谋乱事觉，械送京师，配流岭南。朝廷恐晋柔懦，寻以汝州刺史陆长源为行军司马。每事守法。晋又委钱谷支计于判官孟叔度，苛刻，军人恶之。二人盖皆贤者，《传》多诋毁之辞，不足信。十五年二月，晋卒。命长源知留后事。军士执长源及叔度等，脔而食之。刘逸准者，玄佐衙将，累署都知兵马使。士宁疑宋州刺史翟良佐不附己，使代之。及是，俱文珍与大将密召逸准赴汴州，令知留后。朝廷因而授之。仍赐名全谅。八月，卒。军中思玄佐之德，推立其甥知兵马使韩弘。汴卒始于李忠臣，迄于玄佐，日益骄恣。《旧书·玄佐传》。士宁后愈甚。《弘传》。其为乱党魁数十百人，弘视事数月，皆知之。一日，召部将刘锷与其党三百，数其罪，尽斩以徇。自是迄弘入朝，二十余年，军众十万，无敢怙乱者。全谅卒之月，陈许节度使曲环亦卒。陈州刺史上官涗知留后。先是吴少诚屡遣兵掠邻境，及是，遂围涗于许州。涗欲弃城走。营田副使刘昌裔止之。募勇士出击，破之。诏削少诚官爵，命诸道兵进讨。宣武韩弘、山南东道于頔、安黄伊慎、陈许上官涗、知寿州事王宗等。时军无统帅，而皆以内官监之，进退不由主将。十二月，自溃于小溵水。溵水县，今河南商水县。其境内有大溵、小溵之名。韩全义者，少从禁军，事窦文场。见第六节。文场为中尉，用为帐中偏将。典禁兵在长武城。在今陕西长武县西。先一岁，以为夏、见第二章第二节。绥、银、皆见第一节。宥见第五章第二节。节度使。诏以长武兵赴镇。军士以夏州沙碛之地，又盛夏移徙，鼓噪为乱。全义逾城而免。都虞候高崇文诛其乱首，全义乃得赴镇。及是，文场复荐之。十六年二月，以为招讨使。北路行营，皆归指挥。而以上官涗为之副。全义无勇略。每议战事，一帐之中，中人十数，纷然莫能决。五月，与少诚将吴秀、吴少阳战于溵水南，旗鼓未交，诸军大溃。退保五楼。在溵水县西南。少诚攻之，诸军复大败。全义退保溵水。又退陈州。诸军各散还本道。少诚归蔡州，上表待罪。十月，赦之。中人掩全义败迹，上待之如初。时剑南节度使韦皋上言：“请择重臣为统帅。”因荐贾耽、浑瑊。且曰：“陛下若重烦元老，臣请以锐士万人，顺流趋荆楚。”德宗不能用。盖鉴于泾师之变，不敢复任大臣，而诸道之兵，心力不齐，确亦不易统率。即择重臣临之，亦未必有济，全义之败，或亦非其罪也。是岁五月，张建封病革。濠州刺史杜兼疾驱到府，阴有冀望。从事李藩语兼曰：“仆射公奄忽如此，公宜在州防遏，今弃州此来，欲何为也？宜疾去。不若此，当奏闻。”兼错愕不虞，遂迳归。建封卒，判官郑通诚权知留后事。惧军士谋乱，适遇浙西兵迁镇，欲引入州城为援。军士怒，杀通诚。立建封子愔为留后。乞授旄节，不许。割濠、泗二州隶淮南节度杜佑，使讨之。佑大具舟舰，遣将孟准先当之。渡淮而败。佑遂固境不敢进。泗州刺史张伾攻埇桥，在今安徽宿县北。又大败而还。李师古欲袭愔，王武俊且观其衅。愔惧。其掌书记冯宿乃以檄书招师古，而说武俊为奏天子，请舍愔。朝廷不获已，授愔团练使、知留后。仍以张伾为泗州留后，杜兼为濠州留后，而加杜佑兼濠、泗等州观察使。杜兼怨苟藩，诬奏藩，建封死时摇动军中。上大怒，密诏杜佑杀之。佑密论保，乃免。时德宗姑息藩镇，至军郡刺史，亦难于更代。兼探上情，遂练卒修武，占召劲勇三千人，恣凶威。杀录事参军韦赏，团练判官陆楚。先是以常州刺史李锜为浙西观察使、诸道盐铁转运使。刻剥以事进奉，上悦之。十七年，浙西布衣崔善真诣阙上书，论锜罪状。上令械送锜。锜为凿坑以待。至，和械推而埋之。锜增置兵额。选善弓矢者聚之一营，名曰挽硬随身。以胡、奚杂类虬须者为一将，名曰蕃落健儿。十九年，上官涗卒。其婿田俌，欲胁其子使袭军政。衙将王沛，亦涗之婿也。知其谋，以告监军范日用。讨擒之。乃以行军司马刘昌裔为节度使。

以上，兴元以后河南北、江淮情形也。其关、陕、河东，虽近，军政亦不肃。贞元元年（785），六月，陕虢都兵马使达奚抱晖鸩杀节度使张劝，邀求旌节。且阴召李怀光将达奚小俊为援。以李泌为陕虢都防御、水陆转运使，加观察使。泌至，召抱晖讽遣之。小俊至境，闻泌已入陕而还。明年，陈许戍边卒三千自京西逃归。至州境，泌潜师险隘，左右攻击，尽诛之。三年，罢李晟兵柄。吐蕃劫盟后，亦罢马燧，而以其都虞候李自良代之。事见下节。自郭子仪已来，朔方军分屯邠、蒲，而属一帅，李怀光平后，邠、蒲始分。浑瑊帅蒲。邠宁韩游瑰，子钦绪，与妖贼李广弘《通鉴》作李锒奴。同谋不轨。宥之。是年十二月，游瑰入朝。将吏以其子谋叛，又御军无政，谓必受代，饯送之礼甚薄。已而令还镇，惧不自安。大将范希朝善将兵，名闻军中。游瑰畏逼，将因事诛之。希朝惧，奔凤翔。上素知其名，召入宿卫。宁州戍卒数百人，纵掠而叛。游瑰自率众戍之。四年七月，诏征游瑰宿卫，除将军张献甫代之。守珪弟守琦之子。游瑰不俟献甫至，轻骑夜出归朝。将卒素骄，闻献甫严急，遂大掠。围监军杨明义第，请奏范希朝为帅。都虞候杨朝晟及诸将谋，诛百余人，乃定。上擢希朝为宁州刺史，以副献甫。《旧书》百二十二《杨朝晟传》。数日，复除振武节度使。盖暂以安众心，终不欲从骄卒之请也。《旧书·希朝传》曰：奔凤翔。德宗闻之，趣召至京师。置于左神策军中。游瑰殁，诸将列名上请希朝为节度。德宗许之。希朝让于张献甫。曰："臣始逼而来，终代其任，非所以防觊觎，安反侧也。"诏嘉之。以献甫统邠宁，除希朝振武节度使。与《朝晟传》小异，未知孰是。然希朝则可谓贤矣。献甫在道，军中有裴满者扇乱，劫朝晟。朝晟阳许之，密计斩三百余人。《旧书》百四十四《朝晟复传》。九年，献甫卒，以朝晟代之。十年六月，泽潞李抱真卒。子缄，匿丧不发，与营田副使卢会昌、抱真从甥元仲经谋承袭。上已闻抱真卒，遣中使第五守进驰传观变。令以军事属大将王延贵。缄谓诸将曰："有诏不许缄视事，诸公意若何？"莫对。乃以使印及管钥归监军。元仲经逃于外，延贵捕得杀之。以郜王谅为昭义节度使，谅当即虔王，初封郜。延贵充留后，赐名虔休。抱真别将知洺州元谊叛，阴结田绪，虔休自将攻之，谊奔魏州，上释不问，命田绪抚安之。事在十二年正月。十一年五月，李自良卒。都虞候张璘久在军，得士心，请假迁葬，自良未许。太原少尹李说，淮安王神通之裔。与监军王定远谋，匿丧，给瑶假，然后遣使告自良病。中使第五国珍自云朔使还，过太原，闻自良卒，急驰至京，先说使至。乃以通王谌德宗第三子。领河东节度大使，说为行军司马，充留后。定远恃立说功，纵恣，军政皆自专决，仍请赐印。监军有印，自定远始也。既得印，益暴。将吏辄自补授。说浸不欢，遂成嫌隙。七月，定远署虞候田宏为列将，以代彭令茵。令茵不服，定远斩之，埋于马粪之中，家人请尸，不与。三军皆怨。说具以闻。德宗以定远有奉天扈从之功，恕死停任。制未至，定远怒说奏闻，趋府抽刀刺说，说走免。定远驰至府门，召集将吏，陈敕牒告身示诸将曰："有敕令李景略知留后，遣说赴京，公等皆有恩命。"大将马良辅发其伪，乱乃未作。十四年六月，归化堡军乱，未详。逐其将张国诚。泾原节度使刘昌败之，诛数百人。复使国诚主其军。十七年，杨朝晟卒于宁州。朝晟疾亟，召僚佐谓曰："朔方命帅，多自本军。虽徇众情，殊非国体。宁州刺史刘南金，练习军旅，宜使摄行军，且知军事，比朝廷择帅，必无虞矣。"又以手书授监军刘英倩。英倩以闻。军士私议曰："朝廷命帅，吾纳之；即命刘君，吾事之；若命帅于他军，彼必以其麾下来，吾属被斥矣，必拒之。"初浑瑊遣兵马使李朝宷成定平，县，在宁州南。瑊薨，朝宷请以其众隶神策军，诏许之。上遣中使往察军情，军中多与南金。复遣高品薛盈珍赍诏往曰："朝宷所将本朔方军，今将并之，以壮军势，威戎狄，以朝宷为使，南金副之，军中以为何如？"诸将皆奉诏。都虞候史经言于众曰："李公命收弓刀，而送甲胄二千。"军士皆曰："李公欲纳麾下二千为腹心，吾辈妻子，其可保乎？"夜造刘南金，欲奉以为帅。南金不纳。军士去诣兵马使高固。固逃匿，搜得。共诣监军请奏之。众曰："刘君既得朝旨为副帅，必挠吾事。"诈称监军命召计事，至而杀之。六月戊戌，制以朝宷为邠宁节度使。是日，告变者至。上追还制书，复遣薛盈珍往谕军情。军中以高固为请。盈珍即以上旨命固知军事。或传《戊戌制书》至邠州。邠军惑，不知所从。奸人乘之，且为变。留后孟子周；悉纳精甲于府廷，日享士卒，内以悦众心，外以威奸党，邠军乃安。十八年，鄜坊节度使王栖曜卒。中军将何朝宗谋作乱，中夜纵火。都虞候裴玢匿身不救，迟明而擒朝宗。德宗三遣使按问，竟斩朝宗及行军司马崔辂，以同州刺史刘昌济为节度使，玢为行军司马。十九年，盐夏节度判官崔文光权知盐州，为政苛刻，部将李庭俊作乱，杀而脔食之。左神策兵马使李兴干戍盐州，杀庭俊以闻。十一月，以兴干为盐州刺史，得专奏事。盐州自是不隶夏州。二十年，昭义节度使李长荣卒。上遣中使以手诏授本军大将。但军士所附即授。大将来希皓，为众所服，固辞。兵马使卢从史与监军相结，得之。

偏远之区，亦时有变故。建中二年（781）二月，振武军乱，杀其帅彭令光、监军刘惠光。四年四月，福建观察使吴诜苦役军士，军士杀诜心腹十余人。逼诜牒大将郝诚溢掌留务。诚溢上表请罪。上遣中使就赦以安之。五月，以吴凑为福建观察使，贬诜为涪州刺史。今四川涪陵县。十一月，西山兵马使张朏作乱，入成都。节度使张延赏奔汉州。见第六章第三节。鹿头戍将叱干遂等讨斩朏，鹿头关，在鹿头山上，今四川德阳县北。延赏乃得归。十四年（798）十二月，明州镇将栗锽杀刺史卢云，明州，今浙江鄞县。诱山越作乱。十五年，浙东观察使裴肃擒斩之。十六年四月，黔中观察使韦士宗黔中观察使，时治黔州。见第二章第七节。政令苛刻，为衙将傅近等所逐，奔施州。见第四章第二节。五月，士宗复入黔州。妄杀士吏，人心大扰，士宗惧，亡走。十七年四月，以裴佶为黔中观察使。十九年二月，安南将王季光逐观察使裴泰。左兵马使赵均斩季光，迎泰复之。

## 第五节　贞元后边患

德宗兴元，虽获返跸，然东方犹梗，而边患复滋，真一艰难之会也。边患之亟，莫如吐蕃。《旧书·吐蕃传》曰：贞元二年（786）八月，吐蕃寇泾、陇、邠、宁，京师戒严。初尚结赞累遣使请盟会定界。九月，遣左监门将军康成往使。与其使论乞陁同来。十一月，吐蕃陷盐州。十二月，陷夏州。三年，命崔瀚《本纪》作翰。为入吐蕃使。尚结赞既陷盐、夏，各留千余人守之，结赞大众屯于鸣沙。自冬及春，羊马多死，粮饷不给。时诏遣华州骆元光、邠宁韩游瓌统众，与凤翔、鄜、邠及诸道戍卒，屯于塞上。又命河东马燧率师次于石州。见第二章第七节。结赞闻而大惧，累遣使请和，仍约盟会。上皆不许。又遣其大将论颊热厚礼卑辞，求燧请盟。燧以奏焉，上又不许，惟促其合势讨逐。燧喜赂信诈，乃与颊热俱入朝，盛言其可保信。上于是从之。燧既赴朝，诸军但闭壁而已。结赞遽悉其众弃夏州而归。马既多死，有徒行者。四月，崔瀚至自鸣沙。初瀚至鸣沙，与尚结赞相见，询其违约之故。对曰："本以定界碑被牵倒，恐二国背盟相侵，故造境上，请修旧好。又蕃军顷年破朱泚，未获酬偿，所以来耳。及徙泾州，其节度使闭城自守，音问莫达。又徙凤翔，请通使于李令公，亦不见纳。康成、王真之来，王真之使，《传》未叙，《纪》亦不及。皆不能达大国之命，日夜望大臣充使，无至者，乃引军还。今君以国亲将命，若结好复盟，蕃之愿也。盟会之期及定界之所，惟命是听。君归奏决定，当以盐、夏相还也。"又云："清水之会，同盟者少，是以和好轻慢不成。今蕃相及元帅已下，凡二十一人赴盟。灵州节度使杜希全，禀性和善，外境所知，请令主盟会。泾州节度李观，亦请同主之。"上令瀚再入吐蕃，报尚结赞：杜希全职在灵州，不可出境；李观今已改官；以浑瑊充会盟使。仍约以五月二十四日，复盟于清水。又令告以盐、夏归于我，才就盟会。上疑蕃情不实，以得州为信焉。结赞云："清水非吉地，请会于原州之土梨树。"又请盟毕归二州。左神策将马有麟《新书》作邻。奏："土梨树地多险隘，恐蕃军隐伏，不利于我。平凉川四隅坦平，且近泾州，就之为便。"乃定盟所于平凉川。及瑊与结赞会，结赞拥精骑数万于坛西，瑊入幕次，其众呼噪而至。瑊出幕后，得他马，跨而奔归。副使崔汉衡等六十余人皆陷焉。至故原州，结赞召与相见，数让国家。因怒浑瑊曰："武功之捷，皆我之力，许以泾州、灵州相报，皆食其言。负我深矣，举国所忿。本劫是盟，在擒瑊也。吾遣以金饰桎梏待瑊，将献赞普。既已失之，虚致君等耳！"结赞本请杜希全、李观同盟，将执二节将，率其锐师，来犯京师；希全等既不行，又欲执浑瑊长驱入寇；其谋也如此。《浑瑊传》载尚结赞告陷蕃将吏怒瑊之语，与《吐蕃传》同。《新书·吐蕃传》云：初与虏约，得长安，以泾、灵四州畀之。会大疫，虏辄求去，及泚平，责先约求地，天子薄其劳，第赐诏书，偿结赞、莽罗等帛万匹，于是虏以为怨。其《李泌传》谓帝约吐蕃赴援，赂以安西、北庭，京师平，来请如约，帝欲与之，泌争之，乃止。案，安西、北庭，是时虽通贡于唐，实恃回纥以为安。见下。吐蕃苟欲得之，当自以兵力取之回纥，求诸唐何益？故《新书·李泌传》之说必诬。《旧书·吐蕃传》，叙劫盟以前往复交涉，其辞颇详，绝未有求泾、灵四州之语。灵州犹可，泾州距长安咫尺，纵急图收复，亦岂得竟弃诸吐蕃？其载尚结赞告崔汉衡，虽有以泾、灵相报之语，又无四州之说，故知此语暨《新书·吐蕃传》之说，亦不实也。泾、灵汉蕃之界，欲请杜希全、李观与盟，意似尚在取信？后来何由变计，伏兵图劫浑瑊，事不可知，要不能谓其本有入寇之谋也。行事之不可知者多矣，本国且然，何况事涉两国？不必曲为之说也。然唐之于是役，和战之计，则有可推而知者。《旧书·张延赏传》曰：贞元元年（785），诏征延赏为中书侍郎，同中书门下平章事。延赏与李晟不协，晟表论其过恶。德宗重违晟意，延赏至兴元，兴元元年（784），以梁州为兴元府。改授左仆射。初大历末，吐蕃寇剑南，李晟领神策军戍之，及旋师，以成都官妓高氏归，延赏闻而大怒，使将吏追还焉，晟颇衔之，形于辞色。三年正月，晟入朝，诏晟与延赏释怨。会浙西观察使韩滉来朝。尝有德于晟，因会燕，说晟使释憾。遂同饮极欢。且请晟表荐为相。晟然之。于是复加同中书门下平章事。及延赏当国用事，晟请一子聘其女，固情好焉。延赏拒而不许。晟谓人曰："武夫性快。若释旧恶于杯酒之间，终欢可解。文士难犯。虽修睦于外，而蓄怒于内。衅未忘也,得无惧焉?"无几,延赏果谋罢晟兵权。初吐蕃尚结赞兴兵入陇州。抵凤翔,无所虏掠。且曰:"召我来,何不持牛酒犒师?"徐乃引去。持是以间晟。晟令衙将王佖选锐兵三千,设伏汧阳,今陕西汧阳县。大败吐蕃,结赞仅免。自是数遣使乞和。晟朝于京师,奏曰:"戎狄无信,不可许。"宰相韩滉,又扶晟议,请调军食以继之。上意将帅生事要功。会滉卒,延赏揣上意,遂行其志。奏令给事中郑云逵代之。上不许。且曰"晟有社稷之功",令自举代己者。于是始用邢君牙焉。凤翔军都虞候。拜晟太尉,兼中书令,奉朝请而已。是年五月,蕃果背约,以劫浑瑊。延赏奏议请省官员,收其禄俸,资幕职、战士,俾刘玄佐复河湟,军用不乏矣。上然之。初韩滉入朝,至汴州,厚结玄佐,将荐其可委边任,玄佐亦欲自效。及滉卒,以疾辞,上遣中官劳问,卧以受命。延赏知不可用,奏用李抱真。抱真亦辞不行。时抱真判官陈昙奏事京师,延赏俾劝抱真,竟拒绝之。盖以延赏挟怨罢李晟兵柄,由是武臣不附。自建议减员之后,物议不平。延赏惧,量留其官。然减员人众,道路怨叹,自闻于上。侍中马燧奏减员太甚,恐不可行。太子少保韦伦伦即泣于朝以沮关播者也,见第三节。及常参官等,各抗疏以减员招怨,并请复之。浙西观察使白志贞亦以疏论。时延赏疾甚,在私第,李泌初为相,采于群情,由是官员悉复。七月,延赏薨。晟与延赏结隙,其曲在晟,昭然可知。延赏在蜀,动遵法度,已见上节。既动遵法度,自不能听戍将挟官伎而行,其追还,非与晟为难也。晟以武夫而干与宰相之进退,其兵权尚可不罢乎?谓由延赏私憾得乎?韩滉与晟及刘玄佐,互相朋比,事亦灼然。参看上节。德宗驭吐蕃,本志在于和,观第一节所述可见,其疑将帅生事要功,自在意中。然则晟之罢兵,岂必由于延赏?抑玄佐岂可杖之才,而延赏犹欲用之;不得,则又求之于李抱真;其委曲求全,不欲轻有所开罪可知。《旧书·晟传》,顾谓其欲用玄佐、抱真,俾立功以压晟。世岂有用其党而可以压其人者?抱真是时,方起台榭,穿池沼,好方士,冀长生,岂有志于功名?其不肯出,又与延赏何涉哉?马燧纵田悦于洹水,闻泚乱而亟归,仅遣其子以偏师入援,旋又引去,其偃蹇可谓已甚。朱泚既败,其势盖亦颇危,故亟平河中以自赎,安敢违朝旨而和戎?其坚执不战,盖必有上契君心者矣。勉入朝而诸军闭壁,疑亦必有所受之。然劫盟之后,亦罢其兵,其处置可谓至公。乃《晟传》又云:尚结赞尤恶晟,乃相与议云:唐之名将,李晟与马燧、浑瑊耳。不去三人,必为我忧。乃行反间,遣使因燧以请和,既和即请盟,复因盟以虏瑊,因以卖燧。下述间晟及晟罢兵柄之事,与《延赏传》略同。又云:劫盟之后,罢马燧,尽中结赞之谋。不亦诞乎?《新书·燧传》曰:吐蕃归燧兄子彛。曰:"河曲之屯,春草未生,吾马饥,公若渡河,我无种矣。赖公许和,今释彛以报。"帝闻,悔怒,夺其兵。此又与间晟之说,同为东野人之言。唐史所传，皆朋党之论。减员虽复，众怨未消，延赏之蒙谤，盖由是也。贞元蕃祸，谓由唐初有以泾、灵相畀之约，其说固诬，然借助于蕃，要为失策，亦幸而其事未就耳。《通鉴》云："上遣崔汉衡诣吐蕃发兵。尚结赞言：蕃法发兵，以主兵大臣为信，今制书无李怀光署名，故不敢进。"上命陆贽谕怀光。怀光固执不可。曰："若克京城，吐蕃必纵焚掠，谁能过之？此一害也。前有敕旨，募士卒克城者人赏百缣。彼发兵五万，若援敕求赏，五百万缣，何从可得？此二害也。虏骑虽来，必不先进，勒兵自固，观我兵势，胜则从而分功，败则从而图变，谲作多端，不可亲信，此三害也。"胡三省曰：怀光虽欲养寇自资，其言亦各有理。田希鉴之乱，《考异》引《邠志》，谓武功之捷，泾人相传，言吐蕃助国有功，将以叛卒之孥，赏而归之。泾人曰："不杀冯公，虽吾亲族，亦将不免矣。"遂杀冯河清，以田希鉴请命于泚。考异谓希鉴必有宿谋，或为此言以要众，其说固当，然蕃众之不足恃而转足诒患，则于此可见矣。《鉴》又云：上闻蕃去，甚忧之，以问陆贽，贽言："吐蕃迁延顾望，反覆多端。深入郊畿，阴受贼使。致令群帅，进退忧虞。欲舍之独前，则虑其怀怨乘蹑；欲待之合势，则苦其失信稽延；戎若未归，寇终不灭。"又曰："将帅意陛下不见信任，且患蕃戎之夺其功；士卒恐陛下不恤旧劳，而畏蕃戎之专其利；贼党惧蕃戎之胜，不死则悉遗人禽；百姓畏蕃戎之来，有财必尽为所掠。是以顺于王化者，其心不得不怠；陷于寇境者，其势不得不坚。"言之尤为深切著明也。

　　盟事既败，上遣中官赍诏书遗结赞，蕃界不纳。结赞遣骑送崔汉衡至境，且赍表请进，李观亦使止之，曰"有诏不许更纳蕃使"，受其表而返其人。虏之戍盐、夏者，涉春大疫。结赞以骑三千迎之。焚城门及庐舍，毁城壁而去。六月。旋率羌、浑之众犯塞。泾、邠诸城，西门不启。贼又修故原州城屯焉。朝以刘昌为泾原，李元谅即骆元光。为陇右；张献甫代韩游瓌。本皆在贞元四年（788）。吐蕃陷连云堡，在今甘肃泾川县西。昌复之。又城平凉，以扼弹筝峡。在今平凉县西。元谅筑良原县名，在泾州西六十里。故城治之。献甫亦败蕃兵。泾、陇、邠、宁稍靖。九年，杜希全建议城盐州。灵武、银、夏、河西亦稍安，而北庭于六年为吐蕃所陷，遂引起西北之轩然大波，其震荡且及于西南焉。

　　上元中河西军镇之陷也，旧将李元忠守北庭，郭昕守安西，与沙陀、回鹘相依，吐蕃久攻之，不下。《旧书·地理志》。元忠本姓曹，名令忠，以功赐姓名。昕，子仪弟幼明之子。《旧书》皆附《子仪传》，元忠以贞元二年卒，见《旧纪》。沙陀者，西突厥别部处月。居金娑山之阳，蒲类海之东，今巴里坤湖。有大碛曰沙陀，故号沙陀突厥。贺鲁反，其酋朱邪孤注与之连和，事在永徽二年（651），见《新书·本纪》。《旧书·本纪》：贞观二十二年（648），阿史那社尔降处月、处密，盖至是而叛。契苾何力讨斩之，即其地置金满、沙陀二州。有金山者，长安二年（702），为金满州都督。死，子辅国嗣。先天初，避吐蕃，徙部北庭。开元二年（714），复领金满州都督。死，子骨咄支嗣。骨咄支死，子尽忠嗣。《新书》本传。建中元年（780），元忠、昕遣使间道奏事。德宗嘉之，以元忠为北庭都护，昕为安西都护。《旧书·地理志》。《本纪》系二年七月，盖其使以元年发，二年至。《纪》云：遣使历回纥诸蕃入奏。既假道于回纥，因附庸焉。盖谓受其征敛如属国也。回纥征求无厌。北庭差近，服用食物所资，必强取之，沙陀尤所厌苦。又有葛禄部及白服突厥，《新书·回鹘传》作白眼突厥。亦憾其侵掠。因吐蕃厚赂见诱，遂附之，《旧书·回纥传》及《吐蕃传》。而波澜阔起矣。

德宗于回纥，亦主和好。贞元三年（787），武义可汗使献方物，请和亲。诏以咸安公主下嫁。德宗女。《新书·回鹘传》言：帝以陕州故憾，不欲与回纥平，李泌力劝乃可。此出其子繁所作《邺侯家传》，殊不足信。《通鉴》亦采其说，然观《考异》所举，则繁所记之事，不雠者已有数端矣。明年，回纥遣使来逆女。《新书》云：又请易回纥曰回鹘，言捷鸷犹鹘然。据《旧书·回纥传》，事在宪宗元和四年（809）。《通鉴考异》云：《邺侯家传》及繁所作《北荒君长录》云在是年，盖《新书》亦即本于是，亦不足信也。既尚主，拜为汩咄禄长寿天观毗伽可汗，主为智惠端正长寿孝顺可敦。五年，可汗死。子多逻斯立。国人号泮官特勒。使鸿胪卿郭锋册为爱登里逻汩没密施俱录毗伽忠贞可汗。是岁，吐蕃率葛禄、白服之众寇北庭。回纥大相颉干迦斯援之，频战败绩。北庭之人，既苦回纥，六年，乃举城附于吐蕃。沙陀亦降焉。《旧书·吐蕃传》。据此，是北庭先降，沙陀继之。《新书·回鹘传》则云：吐蕃因沙陀共寇北庭。《沙陀传》亦云：沙陀部七千帐附吐蕃，与共寇北庭，陷之。《通鉴考异》引赵凤《后唐懿祖系年录》云：尽忠说回纥忠贞可汗援北庭，从颉干迦斯往，迦斯不利而退，尽忠为北庭之众劫以降吐蕃，则讳饰之辞，不足信也。是岁四月，可汗为少可敦叶公主所毒，死。可敦，仆固怀恩孙。怀恩子为回鹘叶护，故女号叶公主。可汗之弟乃自立。《新书·回鹘传》。《旧书》云：可汗为弟所杀而篡立。据《通鉴考异》，《旧书》本于《实录》。迦斯方攻吐蕃，其大臣率国人共杀篡者，以可汗幼子阿啜嗣。《旧书》云。年十六七。迦斯还，可汗等出劳，皆俯伏，言废立状，惟大相生死之。悉发郭锋所赐器币饷迦斯。可汗拜且泣曰："今幸得继绝，仰食于父也。"迦斯以其柔屈，乃相持哭，遂臣事之。以器币悉给将士，无所私。其国遂安。遣来告，且听命。册为奉诚可汗。《新书·回鹘传》。此时回纥上下，盖颇乖离，宜不能与吐蕃敌也。七年秋，迦斯悉其丁壮五六万人，将复北庭。仍召杨袭古偕行。俄为吐蕃、葛禄等所击，大败。死者大半。袭古余众仅百六十，将复入西州。迦斯绐之曰："且与我同至牙帐，当送君归本朝也。"袭古从之。及牙帐，留而不遣。竟杀之。自是安西阻绝，莫知存亡，惟西州之人，犹固守焉。《旧纪》系六年末，《通鉴》同，盖因北庭之陷终言之也。《新书·本纪》，本在七年九月。迦斯既败，葛禄之众，乘胜取回纥之浮图川。回纥震恐，悉迁西州部落、羊马于牙帐之南以避之。《旧书·回纥传》及《吐蕃传》。浮图川，《本纪》同，《新书·回鹘传》作深图川。胡三省曰：浮图川，在乌德鞬山西北。悉迁西州部落羊马于牙帐之南以避之，从《吐蕃传》。《回纥传》西州作西北，《通鉴》同，盖误？北庭既失，西州亦危，故迁其部落羊马近牙帐，以便保护。若回纥之西北，则此时固不畏吐蕃也。《本纪》无此二字，盖夺？《新书·回鹘传》云：稍南其部落以避之，语殊含混。然亦可见其所据者，西州业已讹为西北也。吐蕃在西域，可谓大得志矣。前此争四镇且不得。然因此而趣南诏之叛。

贞元元年（785），韦皋代张延赏为西川节度使。初，勿邓、丰琶、两林，天宝中皆受封爵。及南诏陷嶲州，遂羁属吐蕃。贞元中，复通款。以勿邓大鬼主苴嵩兼邛部团练使。邛部县，属嶲州，在今越嶲县北。死，子苴骠离幼，以苴梦冲为大鬼主。数为吐蕃侵猎。两林都大鬼主苴那时遗皋书，乞兵攻吐蕃。皋遣将逼台登。见第五章第六节。分兵破吐蕃青海、腊城二节度军于北谷。《通鉴》作台登谷，盖在台登之北。杀青海大兵马使乞藏遮遮，尚结赞子也。时贞元五年十月也。数年间，尽复嶲州之地。《旧书·吐蕃传》。案，嶲州城至十三年始克，见《本纪》及《皋传》。诏封苴那时、苴梦冲、丰琶部落大鬼主骠傍为郡王。苴梦冲内附吐蕃，断南诏使路。皋遣兵召至，声其罪斩之。披其族为六部，以样弃主之。八年二月。及苴骠离长，乃命为大鬼主焉。八年，皋攻维州，获吐蕃大将论赞热。九年，城盐州，命皋出师以分吐蕃之兵。皋遣将出西山及南道，破俄和城及通鹘军。《新书·地理志》：翼州有峨和城。翼州，在今松潘叠溪营西。通鹤军，未详。吐蕃南道元帅论莽热来援，又破之。平栅堡五十余。九年，女国王汤立悉《新书》本传。《通鉴》作志。及白狗、哥邻、逋租、南水、弱水、悉董、清远、咄霸皆诣皋求内附。此所谓西山八国也。女国是时，已以男子为王。诸国王或身来朝，或遣子弟入朝，皆授官。立悉授银青光禄大夫，归化州刺史，其妹乞悉漫从其兄来朝，封和义郡夫人，可知立悉之为男子也。此后西川节度使常兼押西山八国之称。八国者，诸国中除弱水。胡三省云：最弱小，不得与于八国之数也。见《通鉴》贞元十年《注》。松州羌二万继之。松州见第三章第四节。十年而南诏归顺。

初吐蕃赋役南蛮重数。又夺诸蛮险地，立城堡，征兵以助镇防。《旧书·南诏传》。观下文异牟寻欲归华，悉召诸种落与议，未毕至则不敢公言，则知南诏之于诸蛮，尚有不纯臣之义，此云南蛮，云诸蛮，显然非指南诏一国。《新书》云：吐蕃责赋重数，悉夺其险，立营候，岁索兵助防，则似专施诸南诏者矣。异牟寻厌苦之。郑回者，相州人，见第二章第一节。为西泸县令。在今西昌西南。嶲州陷，为所房。阁罗凤命教凤迦异。及异牟寻立，又令教其子寻梦凑。寻以为清平官。蛮谓相为清平官，凡置六人。回劝牟寻弃蕃归唐。牟寻善其言。韦皋微闻之。令蛮归化者寓书于牟寻，且招怀之。时贞元四年（788）也。七年，又遣间使持书喻之。道出磨些蛮。见下。其魁主潜告吐蕃。吐蕃诘牟寻。牟寻惧，执使送吐蕃。然蕃益疑之。多召南诏大臣之子为质。牟寻愈怨。九年，与酋长计，遣三使异道趋成都，遗书请归款。皋护送使者京师。上嘉之，赐牟寻诏书。因命皋遣使以观其情，皋命巡官崔佐时往。此据《新书》。《旧书》以佐时之使在贞元四年，误。时蕃使数百人先在，牟寻悉召诸种落，与议归化，未毕至，未敢公言，密令佐时称牂牁使者，衣以牂牁服以入。佐时不肯。牟寻不得已，乃夜迎佐时。佐时遂大宣诏书，牟寻恐吐蕃知，顾左右无色，业已然，皆俯伏受命。又明年正月，使其子阁劝即寻梦凑。及清平官等与佐时盟于点苍山神祠。山在今大理县西。乃去吐蕃所立帝号，请复南诏旧名。初吐蕃因争北庭，与回鹘大战，死伤颇众，乃征兵于牟寻，万人。牟寻欲因袭之，乃示寡弱，仅可发三千人。吐蕃少之，请益。至五千，乃许。牟寻自将数万蹑其后，大破吐蕃于神川，遂断铁桥。吐蕃称金沙江为神川。铁桥，在今云南中甸县北。六月，册牟寻为南诏王。《新传》误在明年。《通鉴》从《实录》在此月。牟寻攻吐蕃，复取昆明，以食盐池。昆明县，属嶲州，今西康盐源县。又破施蛮、在铁桥西北。顺蛮，本与施蛮杂居剑、共诸川。咩罗皮、铎罗望既失邓川、浪穹，夺剑、共地，由是徙铁桥，居剑睒西北四百里，号剑羌。并房其王。因定磨些蛮与施、顺二蛮皆乌蛮种。居铁桥大婆、小婆三探览、昆池等川。隶昆山、西爨故地。破茫蛮。掠弄栋蛮，白蛮种。本居弄栋县鄙，为袤州。有首领。后散居磨些江侧，故剑、共诸川亦有之。汉裳蛮，本汉人，部种在铁桥。惟以明霞缠头，余尚同汉。以实云南东北。南诏盖于是为强矣。十五年，异牟寻谋击吐蕃，请皋图之。时唐兵比岁屯京西、朔方，大峙粮用，南北并攻取故地，然南方转饷稽期，兵不悉集。是夏，房麦不熟，疫疠仍兴，赞普死，新君立，见下。皋揣房未敢动。乃劝牟寻缓举。而吐蕃大臣以岁在辰，贞元十六年庚辰。兵宜出，谋袭南诏。牟寻与皋相闻，皋遣兵赴之，房无功还，期以明年。皋令部将武免按兵嶲州，节级镇守。虽南诏境，亦所在屯戍。吐蕃君长共计：不得嶲州，患未艾，常为两头蛮挟唐为轻重。两头蛮，谓南诏。会房荐饥，方葬赞普，调敛烦，至是大科兵，率三户出一卒，虏法为大调集，欲悉师出西山、剑山，收嶲州以绝南诏。而皋以吐蕃寇麟州，见第五章第二节。出师以挠之矣。

吐蕃内乱，似甚频仍。德宗初年之乞力赞，《新书》云姓户卢提氏，与前云姓勃窣野者不同，则其中间似已易姓。又云：贞元十二年（796），尚结赞死，明年，赞普死，其子足之煎立。二十年，赞普死，其弟嗣立。《旧书》云：贞元二十年三月上旬，赞普卒。赞普以贞元十三年四月卒，长子立。一岁卒，次子嗣立。文义颇欠明了。赞普以贞元十三年四月卒二十一字，据《通鉴考异》，知其本于《实录》，疑四月卒之卒字为立字之误。此十一字为追叙之辞，本分注误为正文，而《旧书》又误仍之也。此赞普即《新书》所云死于尚结赞死之明年者。足之煎若为其长子，则死于二十年三月者，乃足之煎之弟也。《新书·南诏传》：贞元十五年，异牟寻谋击吐蕃，谋于韦皋，皋揣虏赞普死，新君立，未敢遽动，死者当即死于十三年之赞普之长子，立者则其次子，未必十五年更有一赞普死也。《新书》载九年异牟寻与韦皋书曰：代祖弃背，吐蕃欺孤背约，神川都督论讷舌使浪人利罗式浪人，谓浪速蛮人也。眩惑部姓，发兵无时，今十二年。此一忍也。天祸蕃廷，降衅萧墙。太子弟兄流窜，近臣横污，皆尚结赞阴计，以行屠害。平日功臣，无一二在。讷舌等皆册封王。小国奏请，不令上达。此二忍也。又遣讷舌逼城于鄙，弊邑不堪。利罗式私取重赏，部落皆惊。此三忍也。又利罗式骂使者曰：灭子之将，非我其谁？子所富当为我有。此四忍也。今吐蕃委利罗式甲士六十侍卫，因知怀恶不谬。此一难忍也。吐蕃阴毒野心，辄怀搏噬。有如偷生，实污辱先人，辜负部落。此二难忍也。往退浑王为吐蕃所害，孤遗受欺；西山女王，见夺其位；拓跋首领，党项。并蒙诛刈；仆固志忠，身亦丧亡；盖仆骨部落服属吐蕃者。每虑一朝，亦被此祸。此三难忍也。往朝廷降使招抚，情心无二，诏函信节，皆送蕃廷。虽知中夏至仁，业为蕃臣，吞声无诉。此四难忍也。据此，则贞元九年之前，吐蕃曾有内乱。吐蕃谋袭南诏，韦皋为之出兵，其西贡节度使监军野多输煎者，赞普乞立赞养子，当从先赞普殉，亦诣皋将扶忠义降。盖蕃法殉死在葬时，是时乞力赞尚未葬，故野多输煎未殉。然则下言方葬赞普调敛烦，所葬即乞立赞也。此事早亦当在贞元十六年。如此推测不谬，则乞立赞死实历数年而后葬，亦可见吐蕃内乱之烈。大权皆归尚结赞。尚结赞既主兵于北，遮遮又死于南，南北兵事，皆其一家所为，盖亦禄东赞、钦陵、赞婆之伦矣。然尚结赞虽很鸷，亦以暴虐激怒属国，使之怨叛，种吐蕃衰弱之根，可见兵为不祥之器也。贞元十二年九月，吐蕃寇庆州及华池县。庆州见第三章第一节。华池，今甘肃合水县东北华池镇。盖犹尚结赞所为？其明年，赞普遣使赍表请修和好，可见其国是之一变。边将以闻。上以其数负恩背约，不受。自此至十六年，无甚侵寇。十七年七月，寇盐州，又陷麟州。毁城隍，大掠居人，驱党项部落而去。其所谓徐舍人者，呼延州僧延素辈七人。延州见第一节。自言本汉人。司空英国公五代孙也。徐世勣。高祖建义中泯，子孙流播绝域，今三代矣。虽代居职位，世掌兵要，思本之心无涯，顾血族无由自拔耳。又曰：余奉命率师备边，因求资食，遂涉汉疆。案，《新书·南诏传》言：虏攻盐州，帝以虏多诈，疑继以大军，诏韦皋深钞贼鄙分虏势。皋表贼精铠多置南屯，今向盐、夏非全军，欲掠河曲党项畜产耳。此亦徐舍人但欲求食非来为寇之一证，可见蕃人是时无意扰边。然韦皋所遣偏将，遂分九道并进。破蕃兵十六万，拔城七，军镇五。进攻维州。赞普遣论莽热以内大相兼东境五道节度，率杂虏十万来解围，破擒之。十九年五月，蕃使论颊热至，乃遣薛伾报使。二十年，再使来。二十一年，德宗崩，遣使告丧，蕃亦使人来贡助山陵。《旧书·大食传》云：贞元中，与吐蕃为劲敌，蕃军大半西御大食，故鲜为边患，此亦当不尽诬，然终恐东方兵事，与尚结赞相终始也。蕃在东方，兵力本不甚厚，崔澣入蕃，诱略蕃中给役者，求其人马真数。凡五万九千余人，马八万六千余匹。可战者仅三万人，余悉童幼，备数而已。见《旧书·吐蕃传》及《德宗纪》贞元三年。其数与韩滉所言略同，而能战者尤少也。而杀略殊甚。又好俘虏，其待俘虏又极酷。《旧书》本传，于劫盟后数年中，叙其事颇详。而诸将徘徊不能得一俘，《新书·吐蕃传》语。自广德至于贞元皆然，徒闻《缚戎人》《西凉伎》诸篇什，皆白居易《新乐府》。流传于后耳。可见握兵者之全无心肝也。

因南诏之归服，而骠国遂通于唐。《唐书》云：骠，古朱波也。华言谓之骠。自谓突罗成。此据《旧书》。《新书》作突罗朱。阇婆人谓之徒里掘。亦据《旧书》，《新书》作徒里拙。东陆真腊，西东天竺，南尽溟海，北通南诏，东北拒羊苴咩城。南诏都，异牟寻自大和徙此，即今大理县治。《新书》云：东北衺长，属羊苴咩城。往来通聘者二十国，役属者九城，食境土者二百九十部落。《新书》云：凡属国十八，镇城九，部落二百九十八，以名见者三十二。其王姓困没长。国以青甓为圆城，周百六十里，有十二门，四隅作浮屠。明天文。喜佛法。佛寺有百余区。其堂宇皆错以金银，涂以丹彩，地以紫矿，覆以锦罽。王居亦如之。男女七岁，则落发止寺舍，依桑门，至二十，不悟佛理，乃复长发为居人。以上兼采新、旧《唐书》本传。朱波，未详。骠，冯承钧云：即昔称霸（Prome）之Pyn族。《中国南洋交通史》第五章。《西域记》卷十三摩咀吒后，著录南海六国：东北大海滨山谷中，有室利差呾罗。次东南大海隅，有迦摩浪迦。次东，有噇罗钵底。次东，有伊赏那补罗。次东，有摩诃瞻波，此云林邑是也。次西南，有阎摩那洲，凡此六国。山川道阻，不入其境，然风俗壤界，声问可知。室利差呾罗，即《南海寄归·内法传》之室利察呾罗，《唐书》之骠国，今之 Prome，迦摩浪迦，应为后之白古。堕罗钵底，即《南海寄归·内法传》之杜和钵底，在今 Menam 江之下流。伊赏那补罗，即真腊，今之柬埔寨。摩诃瞻波，即后之占城，当时据今安南之中圻、南圻。阎摩那洲，疑耶婆洲（Yavadvipa）之误，殆指苏门答剌大岛，当时南海中大洲除此岛或爪哇外莫属也。第八章。《唐书》言骠国役属城邑部落之多，盖近夸侈，此特其交通所及而已。然其与南诏，固确有关系。缅甸与云南之往还，固由来旧矣。《旧书》云：古未尝通中国。贞元中，其王闻异牟寻归附，八年，乃遣其弟悉利移因南诏重译来朝。又献其国乐凡十曲，与乐工三十五人俱。《新书》云：王雍羌，闻南诏归唐，有内附心。异牟寻遣使诣韦皋，请献夷中歌曲，且令骠国进乐人。于是皋作《南诏奉圣乐》。雍羌亦遣弟悉利移、城主舒难陀献其国乐。至成都，皋复谱次其声。以其舞容、乐器异常，乃图画以献云。亦见《乐志》。《新书》言南诏以兵强地接，常羁制之，盖实其附庸而已。

## 第六节　贞元朝局

德宗还自梁州，以张延赏为相，贞元元年（785）六月。旋以李晟攻击，罢之，八月。已见上节。贞元二年正月，以崔造为相。《旧书·造传》曰：造久从事江外，疾钱谷诸使罔上之弊，乃奏天下两税钱物，委本道观察、本州刺史选官典部送上都。诸道水陆运使及度支巡院、江淮转运使等并停。其度支盐铁，委尚书省本司判。尚书省六职，令宰臣分判。乃以户部侍郎元琇判诸道盐铁、榷酒等事，吉中孚判度支及诸道两税事。又以岁饥，浙江东西道入运米每年七十五万石，今更令两税折纳米一百万石，委两浙节度使韩滉运送一百万石至东渭桥。其淮南濠、寿、旨米，洪、潭屯米，委淮南节度使杜亚运送二十万石至东渭桥。诸道有盐铁处，依旧置巡院句当。河阴见在米，唐河阴县，在今河南河阴县东，江淮运米，于此置仓。及诸道先付度支巡院般运在路钱物，委度支依前句当。其未离本道者，分付观察使发遣，仍委中书门下年终类例诸道课最闻奏。造与元琇素厚，罢使之后，以盐铁之任委之。而韩滉方司转运，朝廷仰给其漕发。滉以司务久行，不可遽改。德宗复以滉为江淮转运使。余如造所条奏。元琇以滉性刚难制，乃复奏江淮转运，其江南米自江至扬子，长江在今扬、镇间津渡处，古称扬子津，唐于其地置县，曰扬子县，故治在今仪征县南。凡十八里，请滉主之，扬子以北琇主之。滉闻之，怒。掎摭琇盐铁司事论奏。德宗不获已，罢琇判使，转尚书右丞。其年秋初，江淮漕米大至。德宗嘉其功，以滉专领度支诸道盐铁转运等使。造所条奏皆改。物议亦以造所奏虽举旧典，然凶荒之岁，难为集事。乃罢造知政事，贬琇雷州司户。此德宗继建中之后，再欲整顿财政，以凶岁不得不仰给江淮，而为滉所败也。《新书·滉传》：滉衔琇。会琇以京师钱重货轻，发江东盐监院钱四十万缗入关。滉绐奏：运钱至京师，率费万致千，不可从。帝责谓琇。琇曰："千钱其重与斗米均，费三百可致。"帝以谕滉。滉执不可。至是，诬劾琇馈米与李纳、李怀光。帝怒，不复究验，贬琇雷州司户参军。左丞董晋白宰相刘滋、齐映曰："昨关辅用兵，方蝗旱，琇不增一赋，而军兴皆济，可谓劳臣。今被谪无名，刑滥人惧。公胡不请三司鞫之？"滋、映不能用。给事中袁高抗疏申执，滉指为党与，寝不报。夫唐之君臣，岂真不辨是非如此，无非一时倚赖江淮漕运，遂至为其所胁而已，亦可哀矣。琇之改官，造忧惧成疾，数月不能视事。齐映当政。明年正月，张延赏相，事见上节。映亦罢。《旧书·映传》曰：映于东都举进士及宏辞科，延赏为河南尹、东都留守，厚映。及映为相，延赏罢相为左仆射，数画时事，令映行之，及为所亲求官，映多不应。延赏怒，言映非宰相器。三年正月，贬映夔州刺史。此亦恐厚诬延赏。然亦可见延赏实为德宗所眷倚，而李晟之沮之为跋扈矣。而柳浑为相。《旧书·浑传》曰：韩滉自浙西入觐，朝廷委政待之。至于调兵食，笼盐铁，勾官吏赃罚，锄豪强兼并，上悉杖焉。每奏事，或日旰，他相充位而已。公卿救过不暇，无敢枝梧者。浑虽滉所引，心恶其专，正色让之曰："先相公以狷察，为相不满岁而罢，滉父休。今相公榜吏于省中，且非刑人之地，奈何蹈前非而又甚焉？"可见滉之专横矣。是岁二月，滉死，故其乱政不久。

韩滉既死，张延赏乃获行其志，罢李晟兵柄，事亦已见上节。劫盟事起，延赏亦卧病，而李泌相。泌本非相才，此时又以鬼道进，随时俯仰而已。《旧书·泌传》：泌颇有谠直之风，而谈神仙诡道，或云尝与赤松子、王乔、安期、羡门游处，为代所轻。虽诡道求容，不为时君所重。德宗初即位，尤恶巫祝怪诞之士。及建中末，寇戎内梗，桑道茂有城奉天之说，上稍以时日禁忌为意，而雅闻泌长于鬼道，故自外征还，以至大用，时论不以为惬。及在相位，随时俯仰，无足可称。五年二月，泌疾甚，董晋、窦参并相。事决在参，晋但奉诏书，领然诺而已。《旧书·晋传》。八年四月，参败，而陆贽相。《新书·参传》曰：参领度支盐铁使，每延英对，他相罢，参必留，以度支为言，实专政也。然参无学术，不能稽古立事，惟树亲党，多所诇察，四方畏之。于是李纳厚馈参，外示严畏，实赂帝亲近为间，故左右争毁短之。申其族子也。为给事中。参亲爱。每除吏，多访申。申因得招赂，漏禁密语。帝闻，以戒参。且曰："是必为累，不如斥之。"参固陈丐。吴通玄与弟通微，皆博学善文章。父道瓘，以道士诏授太子、诸王经，故通玄等皆得侍太子游。德宗立，弟兄踵召为翰林学士。与陆贽、吉中孚、韦执谊并位。贽文高有谋，特为帝器遇，且更险难有功，通玄等特以东宫恩旧进，昵而不礼。见贽骤擢，颇娼恨。贽欲斥远之，即建言请罢学士，帝不许。《旧书·贽传》曰：德宗以贽指斥通微、通玄，故不可其奏。通玄怨日结，谋夺其内职。会贽权知兵部侍郎，主贡举，乃命为真。贽与窦参交恶，参从子申从舅嗣虢王则之，巨子。方为金吾将军，故申介之使结通玄兄弟，共危贽。帝逐申、则之、通玄，通玄以宗室女为外妇，帝衔其淫污近属，赐死。贬参郴州别驾。今湖南郴县。宣武刘士宁饷参绢五千，湖南观察使李巽故与参隙，以状闻。又中人为之验。帝大怒。以为外交戎臣，欲杀参。贽虽怨，亦以杀之太重，乃贬驩州司马。宦官谤沮不已，竟赐死于邕州。而杖杀申。《旧书·贽传》云：巽奏闻，德宗不悦。会右庶子姜公辅于上前闻奏，称窦参尝语臣云：陛下怒臣未已。德宗怒，再贬参，竟杀之。时议云：公辅奏参语，得之于贽，参之死，贽有力焉。又云：贽初入翰林，特承德宗异顾。歌诗戏狎，朝夕陪游。及出居艰阻之中，虽有宰臣，而谋猷参决，多出于贽，故当时目为内相。既与二吴不协，渐加浸润，恩礼稍薄。及通玄败，上知诬枉，遂复见用。陆贽贤者，然观此事始末，谓其不与于党争得乎？朋党之始，或以亲知之相倚，或由利害之偶同，情有比周，未必遂为大恶。及其固结不解，推波助澜，趋避之见既深，是非之心遂泯，驯至坏国事以徇私计而不恤，则其弊有不胜穷、不忍言者矣。德宗天性猜忌，贽常劝之以推诚，千载而下，读其书者，犹有余味焉。然以言教不如以身教，上之于下如是，下之于上，亦何独不然？日勾心斗角于其朝，而望人君之推心置腹，不亦远乎？

《旧书·班宏传》云：贞元初，改户部侍郎，为度支使韩滉之副。迁尚书，复副窦参。参初为大理司直，宏已为刑部侍郎。参以宏先贵，常私解说之，曰："一年之后，当归此使。"宏心喜。岁余，参绝不复言。宏怒。公事多异。扬子院，盐铁、转运委藏也。宏以御史中丞徐粲主之。既不理，且以贿闻。参欲代之。宏执不可。张滂先善于宏，宏荐为司农少卿。及参欲以滂分掌江淮盐铁，询之于宏，宏虑滂以法绳徐粲，因曰："滂强戾难制，不可用。"滂知之。八年三月，参遂为上所疏，乃让度支使。遂以宏专判。而参不欲使务悉归于宏，问计于京兆尹薛珏。珏曰："二子交恶，而滂刚决，若分盐铁、转运于滂，必能制宏。"参乃荐滂为户部侍郎、盐铁使，判转运，尚隶于宏以悦之。江淮两税，悉宏主之，置巡院，然令宏、滂共择其官。滂请盐铁旧簿书于宏，宏不与。每署院官，宏、滂更相是非，莫有用者。滂乃奏曰："珏、宏与臣相戾，巡院多阙官，何以辑事？"遂令分掌之。无几，宏言于宰相赵憬、陆贽曰："宏职转运，年运江淮米五十万斛，前年增七十万斛，今职归于人，不知何谓？"滂时在侧，忿然曰："凡为度支胥吏，不一岁，资累巨万，僮马第宅，僭于王公，非盗官财，何以致是？道路喧喧，无不知之。圣上故令滂分掌。公所言，无乃归怨于上乎？"宏默然不对。是日，宏称疾。滂往问之，不见。憬、赞乃以宏、滂之言上闻。由是遵大历故事，如刘晏、韩滉所分。滂至扬州，按徐粲。逮仆妾子侄，得赃巨万，乃徙岭表。故参得罪，宏颇有力焉。然则窦参之败，又有权利之争焉。此可见刘晏之徒，以言利而败者，虽或非其罪，然未始无象齿焚身之道也。

是岁七月，班宏卒。陆贽请用李巽。上不听，而用司农少卿裴延龄。旋迁户部侍郎。于是赞败矣。延龄亦史所目为奸佞者，然按其事迹，亦不能得其奸佞之所在也。《旧书》本传云：延龄自揣不通货殖之务，乃多设钩钜，召度支老吏与谋。乃奏云：天下每年出入钱物，新陈相因，常不减六七千万贯。惟有一库，差舛散失，莫可知之。请于左藏库中分置别库。史訾其于钱物更无增加，而虚费簿书人吏，世岂有惜簿书人吏之费，而任令出入混淆者乎？《新书·延龄传》：永贞初，度支言延龄囊列别库，无实益而有吏文之烦，乃诏复以还左藏，《旧书》所云，即当时此等议论也。《传》又云：延龄奏曰，开元、天宝中，天下户仅千万，百司公务殷繁，官员尚或有阙。自兵兴已来，户口减耗大半，今一官可兼领数司。伏请自今已后，内外百司，官阙未须补置，收其禄俸，以实帑藏。则裁员实当日之急务，张延赏、沈既济、杜佑、李吉甫等，咸以为言者也。延赏欲减官，已见上节。建中二年（781），敕中书门下两省分置待诏官三十，既济上疏曰："臣尝计天下财赋，耗蠹之大者，惟二事焉：最多者兵资，次之者官俸，其余杂费，十不当二事之一。所以黎人重困，杼轴犹空。方期辑熙，必借裁减。"事竟不行。见新、旧《书·既济传》。《新书·杜佑传》：建中初，河朔兵挐战，民困，赋无所出。佑以为救敝莫若省用，省用则省官。乃上议曰：汉光武建武中，废县四百，吏率十署一。魏太和时，分遣使者省吏员。正始时，并郡县。晋太元省官七百。隋开皇废郡五百。贞观初，省内官六百员。设官之本，以治众庶，故古者计人置吏，不肯虚设。自汉至唐，因征战艰难，以省吏员，诚救弊之切也。神龙中，官纪荡然。有司大集选者，既无阙员，则置员外官二千人。自是以为常。开元、天宝中，四方无虞，编户九百余万，帑藏丰溢，虽有浮费，不足为忧。今黎苗凋瘵，天下户百三十万；陛下诏使者按比，才得三百万；就中浮寄，又五之二；出赋者已耗，而食之者如旧。安可不革？又《李吉甫传》：吉甫以元和六年（789）入相，奏曰："方今置吏不精，流品庞杂，存无事之官，食至重之税，故生人日困，冗食日滋。又国家自天宝以来，宿兵常八十余万，其去为商贩，度为佛老，杂入科役者，率十五已上。天下常以劳苦之人三，奉坐待衣食之人七。而内外官仰奉禀者，无虑万员。职局重出，名异事离者甚众。故财日寡而受禄多，官有限而调无数。九流安得不杂？万务安得不烦？汉初置郡，不过六十，而文、景化几三王，则郡少不必政綦，郡多不必事治。今列州三百，县千四百，以邑设州，以乡分县，费广制轻，非致化之本。愿诏有司博议。州县有可并并之，岁时入仕有可停停之，则吏寡易求，官少易治。国家之制：官一品，俸三千。职田禄米，大抵不过千石。大历时，权臣月俸，有至九千缗者。州刺史无小大皆千缗。宰相常衮，始为裁限。至李泌，量闲剧稍增之，使相通济。然有名在职废，俸存额去。闲剧之间，厚薄顿异。亦请一切商定。"乃诏给事中段平仲、中书舍人韦贯之、兵部侍郎许孟容。户部侍郎李绛参阅蠲减。凡省冗官八百员，吏千四百员。盖裁官之议，辗转见沮，至是而后克行。宪宗时兵费所以能勉强支持，裁官必不能无小补也。合前后之事观之，而官之当裁不疑也。又云：陆贽每论其诞妄，不可令掌财赋。德宗以为排摈，待延龄益厚。贽上书疏其失，有云：搜求市廛，豪夺入献。追捕夫匠，迫胁就功。都城之中，列肆为之昼闭；兴役之所，百工比于幽囚。此等耸听之危辞，凡从事理财者，固无不可强被之也。本传中谓延龄诞妄之辞甚多，皆稚气不直一笑，不待更辩。书奏，德宗不悦。盐铁转运使张滂、京兆尹李充，司农卿李铦，以事相关，皆证延龄矫妄。德宗罢贽知政事。十年十二月。滂、充、铦悉罢职左迁。十一年，春暮，延龄上疏言：贽、充等失权怨望，言于众曰："天下炎旱，人庶流亡，度支多欠阙诸军粮草。"以激怒群情。后数日，上幸苑中，适会神策军人诉度支欠厩马刍草，上思延龄言，即时回驾，斥逐贽、充、滂、铦等。朝廷中外惴恐。延龄方谋害在朝正直之士，会谏议大夫阳城等伏阁切谏，且止。贽、充等虽已贬黜，延龄憾之未已。乃掩捕李充腹心吏张忠，捶掠楚痛，令为之辞，云："前后隐没官钱五十余万贯，米、麦称是。其钱物多结托权势。充妻常于犊车中将金宝缯帛遗贽妻。"忠妻母于光顺门投匦诉冤。诏御史台推问。一宿，得其实状，事皆虚。乃释忠。延龄又奏京兆府妄破用钱谷，请令比部勾覆。以比部郎中崔元，尝为陆贽所黜故也。元勾覆，又无交涉。此等皆一面之辞，虚实是非难辨，要之为朋党相攻而已。《传》云：延龄每奏对，皆恣骋诡怪虚妄。他人莫敢言者，延龄言之不疑，亦人所未尝闻。德宗颇知其诞妄，但以敢言无隐，且欲访闻外事，故断意用之。德宗非易欺者，延龄所言，决不能全为诡诞虚妄。不诚无物，其人纵或褊激，亦必公忠敢言，故德宗深信之耳。德宗姿猜忌，当时朋党，根柢盘互，亦有以迫之，使不得不设钩距之术。然势之既成，亦卒非此等钩距之术所能回，哀哉！

阳城者，亦怪妄之士。其人尝有位于朝，依旧日史例，应入普通列传，而《旧书》列之《隐逸传》，《新书》列之《卓行传》，作史者或亦有深意也。城为李泌所荐，泌固亦怪妄之士。为谏议大夫，居位八年，未尝有言。及陆贽等逐，乃约拾遗王仲舒等守延英阁，上疏极论，累日不止。帝大怒，召宰相抵城罪。顺宗方为皇太子，为开救，良久得免。敕宰相谕遣。然帝意不已，欲遂相延龄。此语恐诬，以德宗之憿，若果有此意，责城必不能如是之轻也。城显语曰："延龄为相，吾当取白麻坏之。"坐是下迁国子司业。事在七月中。于是金吾将军张万福，闻谏官伏阁，趋往。至延英门，大言贺曰："朝廷有直臣，天下必太平矣。"乃造城及仲舒等，曰："诸谏议能如此言事，天下安得不太平？"已而连呼太平太平。万福武人，年八十余，自此名重天下。此等举动，为公乎？为私乎？欲为朝廷除弊事邪？抑徇徒党，要声闻，争意气也？

陆贽免相后，上遂躬亲庶政，不复委成宰相。庙堂备员，行文书而已。除守、宰、御史，皆帝自选择。所狎而取信者：裴延龄、李齐运、太宗子蒋王恽之孙。为礼部尚书。贞元十二年（796）卒。王绍、本名纯。贞元中，为仓部员外郎。后为户部侍郎，判度支。迁尚书。李实、高祖子道王元庆玄孙。初为司农卿。贞元十九年，为京兆尹。韦执谊、翰林学士。韦渠牟，右补阙内供奉。后为右谏议大夫。皆权倾相府。《旧书·韦渠牟传》。参看《王绍传》。《宪宗纪》论曰：史臣蒋系曰，德宗不委政宰相。人间细务，多自临决。奸佞之臣如裴延龄辈数人，得以钱谷、数术进，宰相备位而已。亦朋党之习，迫之使不得不然也。

财政之窘迫，实使德宗不得不重言利之臣。《新书·食货志》云：朱泚平，天下户口，三耗其二。又云：初定两税，计钱而输绫绢，既而物价愈下，所纳愈多。改科役曰召雇，率配曰和市，以巧避微文，比大历之数再倍。又疠疫水旱，户口减耗，刺史析户张虚数以宽责，逃、死阙税，取于居者，一室空而四邻亦尽。户版不缉，无浮游之禁，州县行小惠以倾诱邻境，新收者优假之，惟安居不迁之民，赋役日重。此其迳取之者。其为藩镇所擅之地，则又纵其剥民而分取焉。《志》云：常赋之外，进奉不息。《旧志》云：兴元克复京师后，府藏尽虚，诸道初有进奉，以资经费。复时有宣索。其后诸贼既平，进奉不息。剑南西川节度使韦皋有日进。《旧书》本传：皋在蜀二十一年，重赋敛以事月进，卒致蜀土虚竭，时论非之。又《孝友·崔衍传》：贞元中，天下好进奉以结主恩，征求聚敛，州郡耗竭，韦皋、刘赞、裴肃为之首。江西观察使李兼有月进。兼罢省南昌军千余人，收其资粮，以资进奉。及裴胄代，乃奏其本末罢之。见《旧书·胄传》。淮南节度使杜亚，宣歙观察使刘赞，赞，滋从兄，《旧书》附《滋传》。云：赞在宣州十余年。赞祖子玄，开元朝一代名儒，父汇，博涉经史，惟赞不知书，但以强猛立威，官吏畏之，重足一迹。宣为天下沃饶，赞久为廉察，厚敛殖货，务贡奉以希恩。子弟皆亏庭训，虽童年稚齿，便能侮易人。人士鄙之。镇海节度使王纬、李锜，纬贞元十年（794）兼诸道盐铁，多用刻剥之吏，督察巡属，人不聊生。十四年卒。李若初代之。十五年卒。皆见《旧书》本传。李锜代若虚，已见第四节。皆徼射恩泽，以常赋入贡，名为羡余。至代易，又有进奉。《旧书·齐映传》：贞元七年，改洪州刺史、江西观察使。以顷为相辅，无大过而罢，冀复入用，乃掊敛贡奉，及大为金银器以希旨。先是银瓶高者五尺余，李兼为江西观察使，乃进六尺者，至是，因帝诞日端午，映为瓶高八尺者以献。此可见贡奉之事，易于踵事增华也。当是时，户部钱物所在，州府及巡院，皆得擅留，或矫密旨加敛。谪官吏，刻禄廪，增税通津、死亡及蔬果。凡代易进奉，取于税入，十献二三，无敢问者。常州刺史裴肃鬻薪、炭、案纸为进奉，得迁浙东观察使。刺史进奉，自肃始也。刘赞卒于宣州，其判官严绶，倾军府为进奉，召为刑部员外郎。判官进奉，自绶始也。纵外官之贪取，从而丐其余沥，可谓无术矣。然建中及贞元之初，欲收利柄之志亦锐矣，而终于无成。则知欲振纲纪，必抑强藩；而欲抑强藩，则不能无用兵；欲用兵，又不能无军费。此当时之事势，所由载胥及溺也。参看下章第三节。

德宗之猜忌，固由时势迫之，不能尽为德宗咎，然因猜忌朝臣而信任宦官，则要为急不择路，不能为之恕也。《旧书·宦官传》曰：窦文场、霍仙鸣者，始在东宫事德宗。鱼朝恩诛后，内官不复典兵。德宗以亲军委白志贞。泾师之乱，禁军无至者，惟文场、仙鸣率诸宦者及亲王、左右从行。志贞贬，左右禁旅，悉委文场主之。从幸山南，两军渐集。德宗还京，颇忌宿将，凡握兵多者悉罢之，禁旅文场、仙鸣分统焉。贞元十二年（796）六月，特立护军中尉两员，中护军两员，以帅禁军。乃以文场为左神策护军中尉，仙鸣为右神策护军中尉，右神威军使张尚进为右神策中护军，内谒者监焦希望为左神策中护军。《新书·兵志》：贞元二年，改神策左右厢为左右神策军。特置监句当左右神策军，以宠中官。十二年，以监句当左神策军窦文场为左神策军护军中尉，监句当右神策军霍仙鸣为右神策护军中尉。《宦者传》云：至奉天，帝逐志贞，并左右军付文场主之。兴元初，诏监神策左厢兵马，以王希迁监右。据《旧书·本纪》，事在兴元元年（784）十月。《通鉴》据《实录》同。《考异》曰：《旧书·窦文场传》云，文场与霍仙鸣分统禁旅，盖希迁寻罢，而仙鸣代之也，今从《实录》。则仙鸣之代希迁，《实录》亦不载其事矣。时窦、霍之权，振于天下。藩镇节将，多出禁军。《旧书·高瑀传》：自大历已来，节制除拜，多出禁军中尉。凡命一帅，必广输重赂。禁军将校当为帅者，自无家财，必取资于人，得镇之后，则膏血疲民以偿之。《高霞寓传》云：霞寓卒伍常材，因宦官进用，遂阶节将。《牛僧孺传》：子蔚，咸通末，为山南西道节度，在镇三年。时中官用事，急于贿赂。属徐方用兵，两中尉讽诸藩贡奉助军。蔚尽索军府之有三万端匹，随表进纳。中官怒，以神策将吴行鲁代还。《新书·李景略传》：转丰州刺史，丰州当回纥通道，前刺史软柔，每虏使至，与抗礼。梅录将军入朝，景略折之。自此回纥使至者，皆拜于庭，威名显闻。河东节度使李说病，以景略为太原少尹，行军司马。时方镇既重，故少召还者，惟不幸则司马代之。自说有疾，人心固属景略矣。会梅录复入朝，说大会，虏人争坐，说不敢过，景略叱之。梅录识其声，惊拜，遂就坐。将吏相顾严惮。说愈不平。略中尉窦文场，谋毁去之，岁余，塞下传言回纥将南寇。文场方侍帝旁，即言丰州当得良将，且举景略。乃拜丰州刺史。此事文场果为边择人，抑与说比而移景略，尚难质言，要其力能动摇节将，则无疑也。台省清要，时出其门。《新书·裴行俭传》：玄孙均，德宗以其任方镇，欲遂相之，谏官李约上书，斥均为窦文场养子，不可污台辅，乃止。是岁，仙鸣病。帝赐马十匹，令于诸寺为僧斋以祈福。病久不愈。十四年，仓卒而卒。上疑左右小使、正将食中加毒，配流者数十人。仙鸣死后，以第五守亮为右军中尉。《本纪》在七月。文场连表请致仕，许之。十五年已后，杨志廉、孙荣义为左右军中尉。《本纪》：十七年六月，以中官杨志廉为右神策护军中尉。《通鉴》：十七年八月，左神策中尉窦文场致仕，以副使杨志廉代之。十九年六月，以右神策中尉副使孙荣义为中尉。《考异》曰：《实录》，十七年六月，以中官杨志廉充左神策护军中尉。七月丙戌，以内给事杨志廉为左右神策护军中尉副使。九月戊寅，以志廉为左神策中尉。十九年六月辛卯，以荣义为右神策中尉。二十年十月戊申，以志廉为特进、右监军将军、左军中尉。其重复差互如此。盖十七年六月摄领耳；七月始为副使；九月及十九年六月，始正为中尉；二十年十月，但进阶加官耳。《旧传》又云：先是窦文场致仕，十五年以后，志廉、荣义为左右军中尉，亦踵窦、霍之事，此盖言其大略耳，未必为中尉适在十五年也。胡三省曰：右监军将军，当作右监门将军。亦踵窦、霍之事，怙宠骄恣。贪利冒宠之徒，利其纳贿，多附丽之。案，是时，羽林、龙武、神武、神威、神策，总称左右十军，而神策最盛。《新书·兵志》曰：自德宗幸梁还，以神策兵有劳，皆号兴元元从奉天定难功臣，恕死罪。中书、御史府、兵部乃不能岁比其籍，京兆又不敢总举名实，三辅人假比于军，一牒至十数。长安奸人，多寓占两军，身不宿卫，以钱代行，谓之纳课户。益肆为暴。吏稍禁之，辄先得罪。故当时京尹、赤令，皆为之敛屈。《旧书·杨於陵传》：於陵以贞元末为京兆尹。先是禁军影占编户，无以区别。於陵请每五丁者得两丁入军，四丁、三丁者，各以条限。由是京师豪强，复知所畏。《新书》云：减三丁者不得著籍，盖指两丁以下也。然徒能减其数而已，实不能戢其暴。《许孟容传》云：自兴元以后，禁军有功；又中贵之尤有渥恩者，方得护军；故军士日益纵横，府县不能制。《王播传》云：禁军诸镇，布列畿内。军人出入，属鞭佩剑，往往盗发，难以擒奸。其事皆在宪宗时。《柳公绰传》：子仲郢，迁侍御史。富平县人李秀才，籍在禁军，诬乡人斫父墓柏，射杀之，三法司以专杀论。文宗以中官所庇，决杖配流。仲郢及右补阙蒋系、御史萧杰争之，皆不获。《新书·刘栖楚传》云：诸恶少窜名北军，凌借衣冠，有罪则逃军中，无敢捕，则其事在敬宗时已。又云：京畿之西，多以神策军镇之，皆有屯营。军司之人，散处甸内，皆恃势凌暴，民间苦之。《旧书·李鄘传》：元和初，选为京兆尹，寻拜凤翔尹，凤翔陇右节度使，是镇承前，命帅多用武将，有神策行营之号，初受命，必诣军修谒。鄘表陈其不可。诏遂去神策行营字，但为凤翔、陇右节度。《柳公绰传》：宝历二年（826），授邠州刺史、邠宁庆节度使。所部有神策诸镇，屯列要地，承前不受节度使制置，遂致北虏深入。公绰上疏论之。因诏诸镇皆禀邠宁节度使制置。神策军之不可驾御如此，宜其敢于虐民也。时边兵衣饷多不赡，而戍卒屯防，药茗、蔬酱之给最厚。诸将务为诡辞，请遥隶神策军，禀赐遂赢旧三倍。由是塞上往往称神策行营，皆内统于中人矣，其军乃至十五万。《旧书·宦官传》曰：李辅国、程元振怙宠邀君，干与国政，亦未全握兵权；代宗时，特立观军容宣慰使，命鱼朝恩统之，然自有统帅，亦监领而已；此其所以易除，德宗真假之以兵，又任其与边将相连结，宦官乃不可治矣。时又令宦官奉使、监军，其弊亦大。《廿二史札记》有一条论之，可参看。又有所谓宫市者，亦以中官为使。《新书·食货志》。抑买人物，稍不如本估。末年不复行文书，置白望数十百人，于两市及要闹坊曲，阅人所卖物。真伪不复可辨，无敢问所从来，及论价之高下者。率用直百钱物买人直数千物，《新书·食货志》云：以盐估敝衣绢帛尺寸分裂酬其直。仍索进奉门户及脚价银。人将物入市，至有空手而归者。谏官、御史表疏论列，皆不听。吴凑以戚里为京兆尹，深言其弊。张建封入觐，又具奏之。而户部侍郎苏弁希宦者旨，言京师游手堕业者数千万家，仰宫市取给。上信之。凡言宫市者，皆不听用。《旧书·张建封传》。苏弁见《儒学传》，为仓部郎中，判度支案。裴延龄卒，授度支郎中、副知度支事，副知之号自弁始。史称其承延龄之后，以宽简代烦虐，人甚称之。盖其人仁而懦，故不能与宦官争。又有宣徽院五坊小使，每岁秋按鹰犬于畿甸，其弊至敬宗之世犹未绝。五坊，一曰雕坊，二曰鹘坊，三曰鹞坊，四曰鹰坊，五曰狗坊，见《通鉴》永贞元年（805）《注》。《旧书·裴度传》：元和九年十月，改御史中丞。宣徽院五坊小使，每岁秋按鹰犬于畿甸。所至官吏必厚邀供饷，小不如意，即恣其需索。百姓畏之如寇盗。先是贞元末，此辈暴横尤甚。乃至张网罗于民家门及井，不令出入汲水，曰："惊我供奉鸟雀。"又群聚于卖酒食家，肆情饮啖，将去，留蛇一箧，诫之曰："吾以此蛇致供奉鸟雀，可善饲之，无使饥渴。"主人赂而谢之，方携去。至元和初，虽数治其弊，故态未绝。小使尝至下邽县，县令裴寰，嫉其凶暴，公馆之外，一无曲奉。小使构衅出慢言。宪宗怒，摄衅下狱，欲以大不敬论。宰相武元衡等以理开悟，怒不解。度入延英奏事，极言论列，翼日，乃令释衅。然据《新书·度传》：度为相时，又有大贾张陟，负五坊息钱。上命坊使杨朝汶收其家薄阅，货钱虽已偿，悉钩止。根引数十百人，胁不承。又获卢大夫通券，捕卢坦家客责偿，久乃悟为卢群券。坦子上诉，朝汶谰言："钱入禁中，何可得？"御史中丞萧俛及谏官列陈中人横恣，度亦极言之。帝不悦。徐乃悟，杀之而原系者。又《李渤传》：敬宗时，擢给事中。五坊卒夜斗伤县人，鄠令崔发怒，敕吏捕捽。其一中人也，释之。帝大怒，收发送御史狱。会大赦改元，发以囚坐鸡竿下。俄而中人数十，持梃乱击，发败面折齿，几死。吏哀请乃去。既而囚皆释而发不原。渤上疏，又诵言前神策军篡京兆进食牙盘，不时治，致宦人益横。帝以问左右。曰："无之。"帝谓渤有党，出为桂管观察使。他日，宰相李逢吉等见帝曰："发母故宰相韦贯之姊，年八十，忧发成疾。"帝乃遣使送发于家，犹夺其官。宪宗刚愎，敬宗昏愚，然皆德宗之作法于贪，有以致之也。下邽，在今陕西渭南县东北。德宗猜忌，前古罕伦，《旧书·本纪》：贞元十四年（798）正月甲午，敕比来朝官，或相过从，金吾皆上闻。其间如是亲故，或尝同寮，伏腊岁时，须有还往，亦人伦常礼，今后不须奏闻。因张建封奏议也。《建封传》云：金吾大将军李翰，好伺察城中细事闻奏，冀求恩宠，人畏而恶之，则其所伺察，必尚不止朝官过从，特士大夫所痛心疾首者，以是为甚耳。《韦执谊传》：贞元十九年，补阙张正一，因上书言事得召见，韦成季等偕往贺之。执谊奏成季等朋聚觊望。德宗令金吾伺之。得其相过从饮食数度。于是令逐成季等六七人。则金吾伺察，德宗实使之，不尽由李翰之邀宠也。《裴度传》云：初德宗朝政多僻，朝官或相过从，多令金吾伺察密奏，宰相不敢于私第见客。及度辅政，以群贼未诛，宜延接奇士，共为筹画。乃请于私居接延宾客。宪宗许之。则其弊终德宗之世，实未除也。又《本纪》：贞元十四年九月，谏议大夫田登奏言兵部武举人，持弓挟矢，数千百人入皇城，恐非所宜。上闻之瞿然，乃命停武举。平凉之盟，严怀志、吕温等一十六人陷蕃。久之得还，以其习蕃中事，不欲令出外，囚之仗内，顺宗立，方释之，见《顺宗纪》。此等皆无谓之疑忌也。而独于宦官，纵恣之而不知问，可谓知二五而不知一十矣。

德宗文思俊拔，每有御制，即命朝臣毕和。《旧书·刘大真传》。故亦颇好游宴。贞元四年（788）九月，诏正月晦日、三月三日、九月九日三节日，任文武百僚选胜地追赏为乐，各有赐钱。五年，以二月一日为中和节，代正月晦日。六年是日，百僚宴会于曲江亭。上赋中和节群臣赐宴七均。九年二月朔，先是宰相以三节次宴，府县有供帐之弊，请以宴钱分给，各令诸司选胜宴会，从之。是日，宰相宴于曲江亭，诸司随便。自是分燕焉。此等虽不可遽议其侈，然行诸户口三分减二，调度专仰江淮，强藩擅命于东，戎狄跳梁于西之日，要非七年不饮酒、不食肉之道也。十八年三月、九月，十九年二月，皆赐宴于马璘山池，而即位之初毁之之志荒矣。帝之幸梁州，至城固，今陕西城固县。长女唐安公主薨，欲为造塔，宰相姜公辅谏，以此罢为左庶子。后义阳、义章二公主薨，咸于墓所造祠堂，百二十间，费钱数万。《旧书·李吉甫传》。尤不可谓非纵肆。然以大体论，帝固犹为恭俭之主也。

# 第八章　顺宪穆敬四朝事迹

## 第一节　顺宗谋诛宦官

德宗长子名诵，是为顺宗，德宗即位之岁，即立为太子，至贞元三年（787）八月，而有郜国公主之狱。郜国者，肃宗女也。初降裴徽。徽卒，又降萧昇。昇卒，主与太子詹事李昇等乱。昇，叔明子，叔明，鲜于仲通弟，赐国姓。昇事又见《旧书·萧复传》，作昇，《叔明传》及《新书》皆作昇，《通鉴》依《实录》作昇。奸闻，德宗幽之它第，而斥昇等。四年，又以厌蛊废。六年薨。主女为皇太子妃，帝畏妃怨望，将杀之，未发，会主薨，太子属疾，乃杀妃以厌灾。《新书·公主传》。《旧书·李泌传》曰：顺宗在春宫，郜国交通外人，上疑其有他，连坐贬黜者数人，皇储亦危，泌百端奏说，上意方解。《新书·顺宗纪》亦曰：郜国公主以蛊事得罪，德宗疑之，几废者屡矣，赖李泌保护得免。《泌传》曰：郜国坐蛊媚幽禁中，帝怒，责太子，太子不知所对。泌入，帝数称舒王贤，泌揣帝有废立意，因曰："陛下有一子而疑之，乃欲立弟之子？臣不敢以古事争，且十宅诸叔，陛下奉之若何？"帝赫然曰："卿何知舒王非朕子？"对曰："陛下昔为臣言之。陛下有嫡子以为疑，弟之子，敢自信于陛下乎？"帝曰："卿违朕意，不顾家族邪？"对曰："臣衰老，位宰相，以谏而诛，分也。使太子废，它日，陛下悔曰：'我惟一子，杀之，泌不吾谏，吾亦杀尔子。'则臣绝祀矣。虽有兄弟子，非所歆也。"即噫呜流涕。因称"昔太宗有诏：'太子不道，藩王窥伺者两废之。'陛下疑东宫而称舒王贤，得无窥伺乎？若太子得罪，请亦废之，而立皇孙，千秋万岁后，天下犹陛下子孙有也。且郜国为其女妒忌而蛊惑东宫，岂可以妻母累太子乎？"执争数十，意益坚。帝寤，太子乃得安。《通鉴》纪事，大致与《新传》同而加详，惟即系于三年八月，不如《新书》云郜国之废在四年也。且载泌言曰："愿陛下从容三日，究其端绪，必释然知太子之无它矣。若果有其迹，当召大臣知义理者二十人，与臣鞫其左右。必有实状，愿陛下如贞观之法，并废舒王而立皇孙。"又曰：间一日，上开延英殿独召泌，流涕阑干，抚其背曰："非卿切言，朕今日悔无及矣。太子仁孝，实无它也。"亦不如《新传》云执争数十，《新纪》云太子几废者屡也。温公作《通鉴》极详慎。凡《鉴》与新、旧《书》异同处，大抵新、旧《书》游移舛误，而《鉴》明确审谛，惟此事则不然，盖由《新书》尚兼采旧文，而《鉴》则偏据李繁所作《家传》之故。繁小人，造作史实无忌惮，而又不能自掩其迹。且德宗岂惟一子？而其取昭靖子为子，郑王邈，追谥昭靖太子。亦岂能秘不使外朝知乎？德宗性多疑而固执，亦殆非间一日而可悟也。云执争数十，云奏说百端，则近之矣。萧妃之见杀，事已在厌蛊发后两年，泌亦于其去年死矣，泌死于贞元五年三月。可见帝之疑久而不释也。昭靖为代宗正嫡，说已见上章第一节。自肃、代以来，元帅已为冢储之任，而昭靖及舒王皆居之，可见其地位实与人殊。顺宗之正位东宫，盖以母爱，而其母已殁于贞元二年（786），顺宗母曰昭德皇后王氏。德宗为鲁王时为缥。即位，册为淑妃。贞元二年，久疾，帝念之，立为后，册礼方讫而崩。小人欲乘机动摇，殊无足怪。贞元二十一年，正月，德宗崩，顺宗立。《旧书·顺宗纪》曰：上自二十年九月，风病不能言。暨德宗不豫，诸王、亲戚，皆侍医药，独上卧病不能侍。德宗弥留，思见太子，涕咽久之。大行发丧，人情震惧，上力疾衰服见百僚于九仙门。既即位，知社稷有奉，中外始安。发丧后既能力疾而见百僚，弥留时何难自强一视医药？《卫次公传》云：贞元八年，征为左补阙。寻兼翰林学士。二十一年正月，德宗升遐。时东宫疾恙方甚，仓卒召学士郑絪等至金銮殿。中人或云："内中商量，所立未定。"众未对。次公遽言曰："皇太子虽有疾，地居冢嫡，内外系心。必不得已，当立广陵王。即宪宗，见下。若有异图，祸难未已。"絪等随而唱之，众方定。然则舍适嗣而别谋拥戴，当时已肇其端。太子之不得见，殆有壅遏之者，德宗之涕咽，不惟其疾之忧矣。然则顺宗当即位之日，其势已如赘旒矣。

　　然顺宗贤君也，在东宫时，即蓄意欲除宦竖，其计谋业已豫定，故即位后虽婴痼疾，其局仍不可变也。顺宗所信者，为王叔文及王伾。叔文，山阴人。今浙江绍兴县。以棋待诏。德宗令直东宫。伾，杭州人。始为翰林侍书、待诏，累迁至正议大夫、殿中丞、皇太子侍书。《传》云：与韦执谊、翰林学士。陆质、本名淳。时征为给事中，使为皇太子侍读。吕温、左拾遗。李景俭、让皇曾孙，进士。韩晔、滉族子。尚书司封郎中。韩泰、户部郎中。陈谏、河中尹。柳宗元、刘禹锡等十数人宗元、禹锡，皆为监察御史。定为死交，而凌准、员外郎。程异盐铁转运扬子留后。又因其党以进，可见贤士大夫与之者之多。

《传》言其值东宫时，每对太子言："某可为相，某可为将，幸异日用之"，非虚辞也。《传》又云：上寝疾久，不复关庶政。深居施帘帷，阉官李忠言、美人牛昭容侍左右，百官上议，自帷中可其奏。叔文居翰林，为学士。叔文与韦执谊善，请用为宰相。叔文因伾，伾因李忠言，忠言因牛昭容，转相结构。事下翰林，叔文定可否，宣于中书，俾执谊承奏于外。盖帝虽沉痼，诸贤之互相扶翼，思有所作为犹如此，然其势危矣。叔文所尤重者，一为财政，一为兵权。于是身兼度支盐铁副使，以杜佑领使。佑，杨炎相征入朝，历工部、金部二郎中，并充水陆转运使。改度支郎中，兼和籴。时方军兴，馈运之务，悉委于佑。迁户部侍郎，判度支。为卢杞所恶，出为苏州刺史。苏州见第六章第二节。以范希朝统京西北诸镇行营兵马使，韩泰副之。《本纪》：以右金吾卫大将军范希朝为右神策统军，充左右神策京西诸城镇行营兵马节度使。盖以希朝贤将，又久隶神策，欲以收中官之权。然希朝已耄，而宦官又为之梗。《传》云：初中人尚未悟。会边上诸将，各以状辞中人，且言方属希朝，中人始悟兵柄为叔文所夺。中尉乃止诸镇：毋以兵属人。希朝、泰至奉天，诸将不至，乃还。于是事势去矣。内官俱文珍，乃削去叔文学士之职。王伾为之论，乃许三、五日一入翰林，竟削内职。无几，叔文母死。《通鉴》曰：自叔文归第，王伾失据，日诣宦官及杜佑，请起叔文为相，且总北军。既不获，则请以为威远军使、平章事。《注》：据旧郭子仪传：肃宗上元元年（760），以子仪为诸道兵马都统，令率英武、威远等禁军及诸镇之师取范阳，既而为鱼朝恩所沮，不行，则威远军肃宗置也。至德宗时，以左、右威远营隶鸿胪，贾耽以鸿胪卿兼威远军使。至元和二年（807），敕：左、右威远营，置来已久，著在国章，其英武军并合并入左、右威远营。其后遂以宦官为使，不复隶鸿胪。宋白曰：左、右威远营，本属鸿胪寺，建中元年（780）七月隶金吾。又不得。其党皆忧悸不自保。是日，伾坐翰林中，疏三上，不报，知事不济，行且卧。至夜，忽叫曰："伾中风矣！"明日，遂舆归不出。时七月也。先是，顺宗长子广陵王淳，以三月立为太子，更名纯，即宪宗也。《旧书·宦官传》云：此事也，俱文珍与中官刘光琦、薛文珍、尚衍、解玉等实为之。顺宗可之。文珍俱文珍。遂召学士卫次公、郑絪、李程、王涯入金銮殿，草立储君诏。此即德宗崩时，中人召之，欲图废立者也。《新书·郑絪传》曰：顺宗病，不得语，王叔文与牛美人用事，权震中外。惮广陵王雄睿，欲危之。帝召絪草立太子诏。絪不请，辄书曰"立嫡以长"，跪白之。帝颔，乃定。以欲危广陵王诬叔文，然则德宗崩时，内中商量所立未定，而有待于次公净之，絪和之者，亦叔文为之邪？此时之所行，则次公、絪之志耳。犹未已也。时韦皋遣支度副使刘辟于京师，私谒叔文曰："太尉使致诚于足下：若能致某都领剑南三川，三川，谓剑南东、西及山南西道。必有以相酬；如不留意，亦有以奉报。"叔文大怒，将斩辟以徇。韦执谊固止之。辟乃私去。皋乃上表请皇太子监国。又上皇太子笺，请斥逐群小。裴均。荆南。严绶，河东。笺表继至。是月，乙未，二十八日。诏军国政事，宜令皇太子句当。八月，丁酉朔，遂传位焉。于是杜黄裳、袁滋、郑绚等比宦官而毒叔文者，继踵相矣。叔文用事时，杜佑、贾耽、郑珣瑜、高郢并为相。佑虽领度支，权实在叔文。耽屡移病乞骸骨，不许，是岁十月卒。珣瑜亦移疾不起。惟郢依违其间。及宪宗监国，郢、珣瑜并罢。杜黄裳、袁滋为相。黄裳，韦执谊妻父，然与执谊不合。尝语执谊，令率百官请皇太子监国，执谊不可，黄裳即拂衣而去。滋，贞元十九年（803），曾充入南诏使。是年韦皋卒，以滋代为西川。是时之相之，盖取其与皋相稔也。郑绚，是年十二月为相。叔文贬渝州司户，明年，赐死。伾贬开州司马，开州，今四川开县。寻病卒。其党惟李景俭居丧东都；吕温使吐蕃，叔文败方归；陆质为皇太子侍读，寻卒；余皆远贬。后复起用者，一程异而已。山人罗令则，诣秦州刺史刘澭，济弟，见上章第四节。秦州时治普润，在今陕西麟游县西。言废立之事。澭系之。令则又云："某之党多矣。将以德宗山陵时，伺便而动。"澭械送京师，杖杀之。《旧书·刘怦传》。此叔文之党，忠义奋发，之死不变者也。舒王以是年十月卒，史不云其非良死，然其事亦殊可疑也。明年元和元年（806）。正月，顺宗崩。

　　顺宗初政，实足媲美德宗。即位后，罢翰林医工、相工、占星、射覆、冗食者四十二人。二月，诸道除正敕率税外，诸色杂税，并宜禁断。除上供外，不得别有进奉。罢宫市。罢盐铁使月进。罢五坊小儿。三月，出宫女三百人，掖庭教坊女乐六百人。李实为京兆尹号聚敛，即贬通州刺史。追还陆贽、阳城等。贽、城皆未闻追诏而卒。通州，今四川达县。《旧书·本纪》引韩愈之言：谓其性宽仁有断。礼重师傅，必先致拜。从幸奉天，贼泚逼迫，常身先禁旅，乘城拒战。督厉将士，无不奋激。德宗在位岁久，稍不假权宰相，左右幸臣如裴延龄、李齐运、韦渠牟等，因间用事，刻下取功，而排陷陆贽、张滂辈，人不敢言，太子从容论事，故卒不任延龄、渠牟为相。尝侍燕鱼藻宫，鱼藻池，在长安北。池中有山，宫在山上。张水嬉，采舰雕靡，宫人引舟为棹歌，丝竹间发，德宗欢甚，太子引诗人好乐无荒为对。每于敷奏，未尝以颜色假借宦官。居储位二十年，天下阴受其赐。《旧书·王叔文传》言：当其直东宫时，太子尝与侍读论政道，因言宫市之弊。太子曰："寡人见上，当极言之。"诸生称赞其美。叔文独无言。罢坐，太子谓曰："向论宫市，君独无言，何也？"叔文曰："皇太子之事上也，视膳问安之外，不合辄与外事。陛下在位岁久，如小人离间，谓殿下收取人情，安能自解？"太子谢之。由是重之，宫中之事，倚之裁决。夫曰天下阴受其赐，则其论争，必有能行者矣，而至于宫市，独不敢言，则是太子之志，能行于朝臣，而不能行于宦竖也。然而德宗之诒祸，可谓深矣。然太子虽不敢言宦官，而终不假以颜色，则其恶之甚矣。此其所以为宦官所深忌，当郜国事败之日，即欲危之欤？王鸣盛曰：王叔文之柄用，仅五六月耳，《本纪》所书善政，皆在此五六月中，而以范希朝领神策行营，尤为扼要。《通鉴·昭宗纪》：崔胤奏国初宦官，不典兵与政。天宝以来，宦官浸盛。贞元之末，分羽林卫为左右神策军，以便卫从，始令宦官主之，以二千人为定制。自是参掌机密，夺百司权。上下弥缝，共为不法。大则横扇藩镇，倾危国家；小则卖官鬻狱，蠹害朝政。胤此言是也。但召朱全忠尽诛宦官，宦官去而全忠遂篡唐矣。譬如人有巨痈，在府藏中，决去其痈，命亦倾矣。假令叔文计得行，则左右神策所统之内外八镇兵，自属之六军，天子可自命将帅，而宰相得以调度，乱何由生哉？如痈尚未成，决之易也。司马君实论之云：宦官为国家患久矣！东汉最名骄横，然皆假人主之权，未有能劫胁天子，如制婴儿，如唐世者也。所以然者，汉不握兵，唐握兵故也。君实此论，一语道破。而叔文之忠，为何如哉？奈何昌黎《永贞行》云："北军百万虎与貔，天子自将非他师。一朝夺印付私党，凛凛朝士何能为？"以宦官典兵为天子自将，抑何刺缪甚乎？《十七史商榷》。

## 第二节　宪宗时藩镇叛服

宪宗即位之月，韦皋卒。刘辟自为留后，使将校表求节钺。朝以袁滋为西川节度，而征辟为给事中。辟不受命。滋逗留不敢进。坐贬，而以辟为西川节度副使，知节度事。辟又求兼领三川，不许。辟与同幕卢文若善，欲以为东川，遂围东川节度使李康于梓州。乃以长武城使高崇文为右神策行营节度使，会李康及山南东道节度使严砺讨之。时元和元年（806）正月也。辟旋陷梓州，执李康。三月，崇文复之。辟归康求解。崇文以康败军失守，斩之。四月，以崇文为东川副使，知节度事。辟屯兵鹿头关，见第七章第四节。崇文败之。严砺前收剑州，见第三章第四节。及是，又遣将败辟兵于绵州。见第六章第三节。九月，崇文入成都。擒辟，槛送京师，斩之。卢文若自杀。十月，诏割资、今四川资中县。简、见第六章第三节。陵、今四川仁寿县。荣、今四川荣县。昌、今四川大足县。泸见第三章第七节。六州隶东川，以严砺为节度，而以崇文为西川。崇文不通文字，厌案牍谘禀之烦，求去。明年十月，以为邠、宁、庆节度，而出宰相武元衡为西川。《旧书·高崇文传》云：在长武城，练卒五千，常若寇至；其讨刘辟，卯时宣命，辰时出师，器用无阙者；入成都也，珍宝山积，市井不移，无秋毫之犯；则其人颇能将兵。然其去成都也，帑藏之富，百工之巧，举以自随，蜀郡一罄；又以不习朝仪，惮于入觐，诏令便道之镇；则亦一贪横之武夫耳。《杜黄裳传》云：刘辟作乱，议者以剑南险固，不宜生事，惟黄裳坚请讨除。又奏请不以中官为监军，只以高崇文为使。似其用兵，颇有成算。然《李吉甫传》言：刘辟反，帝命诛讨之，计未决，吉甫密赞其谋。兼请广征江淮之师，由三峡入，以分蜀寇之力。今观崇文出兵时，朝廷仍许辟自新，及克东川，乃削夺其官爵，则初亦无必胜之把握。韦皋在西川，兵力颇厚，辟虽妄人，未能用，然谓恃崇文一军，即可取之如摧枯拉朽，事固未易逆睹也。黄裳殁后，贿赂事发，实尝受四万五千贯于崇文，则其举之，岂真以其材武哉？专杀李康，最为不法。《新书·循吏传》：韦丹时为谏议大夫。议者欲释刘辟，丹上疏，以为今不诛辟，则可使者惟两京耳。会辟围梓州，乃授丹东川节度。至汉中，上言康守方尽力，不可易，召还。此可见康之败非其罪。即谓不然，亦岂崇文所得擅杀也？据《新书·宦官传》，其事实出俱文珍，文珍时为监军，则不以宦官监军之言，又不雠矣。宪宗之用兵，亦何以异于德宗哉？

　　韩全义之败于淮西也，过阙下，托疾不入朝。宪宗在藩，疾之。既嗣位，全义惧，入觐，令其甥杨惠琳知留后。朝令全义致仕，以右骁卫将军李演为节度。惠琳据城叛。诏发河东、天德兵讨之。天德军见第七章第一节。夏州兵马使张承金斩之。时元和元年（806）三月也。

　　是岁，武宁节度使张愔被疾，上表请代。顺宗即位，名徐州军曰武宁。十一月，以东都留守王绍代之，复以濠、泗二州隶徐。徐军喜复得二州，不敢为乱。愔遂赴京师，未出界卒。

　　顺宗之立也，于润州置镇海军，以李锜为节度，而罢其盐铁转运。《旧书·锜传》云德宗，《新书·方镇表》在元和二年（807），皆误。《通鉴》系贞元二十一年（805）三月。锜虽罢利权，而得节度，反谋未发。宪宗即位二年，诸道倔强者入朝，锜不自安，亦以入朝为请。乃拜锜左仆射。锜乃署判官王澹为留后。既而迁延发期，澹与中使频喻之。遂讽将士，以给冬衣日，杀澹而食之。监军使闻乱，遣衙将慰谕，又脔食之。复以兵注中使之颈。锜佯惊，救解之，因于别馆。遂称兵。室五剑，分授管内镇将，令杀五州刺史。苏、常、湖、杭、睦。睦州，今浙江建德县。常、湖二州刺史，皆杀其镇将。惟苏州刺史为镇将所系，献于锜。会锜败，获免。遣兵马使张子良、李奉仙、此据《旧书·锜传》。《本纪》作李文良。田少卿领兵三千，分略宣、歙、池三州。三将回戈趋城。锜甥裴行立为内应。执锜，械送京师，斩之。时元和二年十一月也。时诏淮南节度王锷讨锜，未至，难已平矣。其挽硬蕃落将士，或投井、自缢，纷纷枕藉而死者，不可胜纪焉。

于頔者，后周于谨之七世孙也。性横暴。贞元十四年（798），为山南东道节度使。吴少诚叛，頔乘之，广军籍，募战士，利器甲，侗然专有汉南。又擅兴兵据南阳。宪宗即位，頔稍戒惧。为子季友求尚主。上以女普宁公主妻之，而使人讽之入朝。頔遂奉诏。元和三年（808）九月，以裴均代之。内官梁守谦掌枢密，颇招权利。有梁正言者，自言与守谦宗盟情厚。頔子敏，与之游处。正言取其财贿，言赂守谦，以求出镇。久之，无效。敏诱正言之僮，支解投溷中。八年春，事发。敏窜雷州。至商山，赐死。商山，在今陕西商县东。季友夺二官，頔亦坐贬。

是岁十二月，振武军乱，振武军，治故单于都护府。逐其帅李进贤。进贤以高赀得幸于严绶，署为衙门将，累迁为振武节度。辟绶子澈为判官。年少，治苛刻。回鹘入辟鹈泉，进贤发兵讨之。吏廪粮不实。军士怒，还攻进贤，杀澈而屠进贤家。诏以夏州节度使张煦代进贤，率兵二千赴镇。煦，守珪弟守瑜之孙，事见《旧书·献诚传》。河东王锷，又遣兵会之。明年正月，煦入振武，诛作乱者苏国珍等二百五十二人。

元和十一年（811）四月，宥州军乱，宥州见第五章第二节。逐刺史骆怡。夏州节度使田进讨平之。《通鉴》。

以上皆宪宗时戡定藩镇之事也。《旧书·杜黄裳传》云：黄裳与宪宗语及方镇除授，奏曰："德宗自艰难之后，事姑多息。贞元中，每帅守物故，必命中使侦伺其军动息。其副贰、大将中有物望者，必厚赂近臣，以求见用，帝必随其称美而命之。以是因循，方镇罕有特命帅守者。陛下宜稍以法度，整肃诸侯，则天下何忧不治？"宪宗然其言。诛蜀、夏后，不容藩臣蹇傲，克复两河，威令复振，盖黄裳启其衷也。《新书·李吉甫传》云：元和二年（807），杜黄裳罢相，擢吉甫同平章事。吉甫连蹇外迁十余年，究知闾里疾苦。尝病方镇强恣。至是，为帝从容言："使属郡刺史，得自为政，则风化可成。"帝然之。出郎吏十余人为刺史。德宗已来，姑息藩镇，有终身不易地者。吉甫为相岁余，凡易三十六镇。盖节镇原非举不可易，德宗早岁求治太速，晚岁又失之姑息，故宪宗一振起，纲纪即稍树立也。然此乃藩镇之弱者，至其强者，则戡定仍不易也。

元和元年（806）闰六月，李师古死，军中立其异母弟师道。时方讨刘辟，即以授之。四年二月，王士真死，子承宗自为留后。帝欲自除人，宰相裴垍、翰林学士李绛均言不可。而左军中尉吐突承璀欲用兵。昭义卢从史，遭父丧，久未起复，亦因承璀说上，请发本军讨承宗。上欲以成德授承宗，而割其德、棣二州，更为一镇。八月，遣京兆少尹裴武诣恒州宣慰。承宗受诏甚恭，请献德、棣。九月，以为成德节度使，恒、冀、深、赵四州观察使，而以德州刺史薛昌朝为保信军节度使、德棣二州观察使。昌朝，嵩子，王氏婿也。承宗遣骑执昌朝至恒州，因之。朝廷又以棣州刺史田涣充本州团练守捉使，而令中使谕承宗遣昌朝还镇。承宗不奉诏。十月，乃削夺其官爵，以吐突承璀为左右神策，河中、河阳、浙西、宣歙行营招讨处置等使。翰林学士白居易言：不可使中人将。谏官、御史，论者相属。上为去四道之名，改处置为宣慰而已。诸镇中惟卢龙与成德不协，刘济自将兵七万击之。拔饶阳、束鹿二县。五年正月。饶阳见第二章第六节。束鹿见第七章第二节。然进攻乐寿，见第二章第六节。不能下。李师道、田季安，则各收一县而止。河东范希朝、易定张茂昭之师，阻于新市。汉县，唐废入九门，在今河北新乐县西南。承璀与承宗战，屡败。卢从史逗留不进，阴与承宗通谋。会从史遣衙将王翃元入奏事。裴垍引与语，得其输诚。垍令还本军，遂得其都知兵马使乌重胤要领。时从史屡入承璀营饮博，垍请诏承璀诱执之。上初愕然，后乃从之。遂执从史归京师。贬为骧州司马。骧州见第二章第二节。于是移河阳节度使孟元阳镇昭义，而以乌重胤镇河阳。承宗因归过于卢从史，乞许其自新。李师道、刘济皆为之请。朝廷兵力已屈，馈饷又虚，不得已，以为成德节度使，并德、棣二州与之。时元和五年七月也。吐突承璀还，宪宗仍以为中尉。群臣争以为言，乃降为军器使，内诸司之一。而以内官程文干为中尉。此役所得者，昭义为朝廷所有，足以控制山东而已。然皆裴垍之功，非承璀之力也。

吴少诚以元和四年（809）十一月死。大将吴少阳，杀其子元庆，自为留后。朝廷方用兵河朔，遂以授之。赦王承宗之月，刘济为其次子总所弑。总又弑其兄绲而自立。河北诸镇，相承以嫡长子为节度副大使，死则袭其位。济之讨王承宗也，以长子绲为副大使，掌留务，而以总为瀛州刺史，掌行营都知兵马使。济军瀛州，有疾。总诈使人从长安来，言朝廷以济逗留，已除绲为节度矣。济惊怒，杀大将数十人，及与绲厚者，而召绲、总进毒弑济，又矫济命杖杀绲。遂自立。朝廷不知其事，即许其承袭。是岁十月，张茂昭举族归朝。遣妻子先行，曰："吾不欲子孙之染污俗也。"既至，又请迁祖考之骨，墓于京兆。朝以左庶子任迪简为义武行军司马。茂昭既去，都虞候杨伯玉作乱，拘迪简。别将张佐元杀伯玉。军人又杀佐元。据《旧书·本纪》。《迪简传》云：迪简攻杀之。乃以迪简为义武节度使。茂昭奢荡，公私殚罄，迪简欲飨士而无所取给。乃与士卒同粝食，身居戟门下。凡周月，乃安。七年八月，田季安卒。季安病风，杀戮无度，军政废乱。其妻元氏，谊女也。召诸将，立子怀谏为副大使。时年十五。月余而季安卒。怀谏知军务，皆决于家僮蒋士则。数以爱憎，移易将校。军情不安。田兴者，承嗣季父廷恽之孙。父曰庭玠。田悦之叛，玠不肯附和，郁愤而卒。兴为季安兵马使。季安忌之，出为镇将，欲杀之。兴阳为风痹，乃得免。季安疾笃，召之归，仍为兵马使。及是，诸将拥立之。兴与约：勿害怀谏，听命于朝。诸将许之。乃杀蒋士则等十余人，迁怀谏于外，后送之归朝。而请命于朝。上用李绛策，不待中使宣慰之还，即以为魏博节度使，且出内库钱百五十万缗犒军，遣知制诰裴度往宣慰。六州百姓，给复一年。旋赐兴名弘正。于是魏博一镇，归心朝廷。此为讨王承宗后河北局势之一转机，然出于事势之推迁，非庙算所能为也。

元和九年（814）闰八月，吴少阳死。子元济，匿丧自领军务。时李吉甫为相，赞取之。乃割汝州隶河阳，移乌重胤刺焉。以洺州刺史李光颜为忠武军节度使，刺许州。光颜，河曲部落稽阿跌之族。父良臣，袭鸡田州刺史，隶朔方军。光颜与兄光进，皆少依姊夫舍利葛旃，称勇将。光进隶朔方军，光颜从河东军。又以泗州刺史令狐通为寿州防御使。通，彰子。移山南东道节度使，袁滋于荆南，而以荆南严绶为山南东道。十月，吉甫卒。上悉以兵事委武元衡。宰相张弘靖延赏子。请先遣使吊祭，俟其不顺，然后伐之。而元济不迎敕使，且出兵焚掠四境。使者不得入。乃以严绶为申、光、蔡招抚使，蔡州见第四章第二节。光州，今河南潢川县。时淮西节度领此三州。督诸道兵讨之。绶无威略，十年二月，败退唐州。见第五章第二节。九月，以宣武节度使韩弘为淮西诸军都统，而令李光颜、乌重胤实当旗鼓。又分山南东道为两节度。以右羽林将军高霞寓为唐州刺史，节度唐、随、见第四章第三节。邓见第二章第三节。三州，以事攻战。户部侍郎李逊为襄州刺史，节度襄、复、郢、皆见第六章第三节。均、见第四章第五节。房见第四章第二节。五州，调赋饷以给之。霞寓宿将，实因宦官进，无能为。见第七章第六节。光颜、重胤虽能战，诸道之师多挫败，亦不能奏功也。时韩弘实欲养寇自资，史言其每闻献捷，辄数日不怡。令狐通出兵而败，朝以左金吾将军李文通代之，亦无功。鄂、岳观察使柳公绰，朝命以兵五千授安州刺史李听。听，晟之子也。公绰亦自行，战颇有功，而为飞语所中，以曹王皋之子道古代之，进攻申州，败退。鄂州见第七章第四节。岳州见第二章第七节。安州，今湖北安陆县。时王承宗、李师道屡为元济请，皆不许。乃使盗攻河阴转运院，烧钱、帛二十万贯、匹，米二万四千八百石。十年三月。十年六月，刺杀宰相武元衡。击御史中丞裴度，伤首。上以度同平章事，讨贼愈亟。初王承宗尝上表怨咎武元衡。及是，获贼者又言为承宗所使，乃下诏数承宗罪恶，绝其朝贡。《旧书·本纪》：元和十年六月庚戌，神策将士王士则、王士平以盗名上言，且言王承宗所使。乃捕得张晏等八人诛之。七月，甲戌，诏数承宗之罪，有云：乃敢轻肆指斥，妄陈表章。潜遣奸人，内怀兵刃，贼杀元辅，毒伤宪臣。《纪》云：先是承宗上表怨咎武元衡，留中不报，又肆指斥。此当时官书中语也。《张弘靖传》云：盗杀宰相武元衡，京师索贼未得。

时王承宗邸中，有镇卒张晏辈数人，行止无状，人多意之。诏录付御史陈中师按之。皆附致其罪，如京中所说。弘靖疑其不直，骤于上前言之。宪宗不听，竟杀张晏辈。及田弘正入郓，按簿书，亦有杀元衡者。但事暧昧，互有传说，卒未得其实。《李师道》及《吕元膺传》则云：为师道谋扰东都之訾嘉珍、门察，乃贼武元衡者，见下。《新书·武元衡传》云：王士则、王士平以贼闻，捕得张晏等十八人，言为承宗所遣，皆斩之。逾月，吕元膺执淄青留邸贼门察、訾嘉珍，自言始谋杀元衡者。会晏先发，故借之以告师道而窃其赏。帝密诛之。《通鉴》：元和十四年七月丁丑朔，田弘正送杀武元衡贼王士元等十六人。诏使内京兆府、御史台遍鞫之，皆款伏。京兆尹崔元略以元衡物色询之，则多异同。元略问其故。对曰："恒、郓同谋，遣客刺元衡，而士元等后期，闻恒人事已成，遂窃以为己功，还报受赏耳。今自度为罪均，终不免死，故承之。"上亦不欲复辨正，悉杀之。此事终为一疑案，惟以为承宗者似诬，以驱使豪杰之力，师道似优于承宗也。王士则、士平之言，似即据京师人所亿度。王士元等云恒、郓同谋，亦未必非官吏护前之说也。时师道置留后院于东都，又潜纳兵院中，谋焚宫阙杀掠，为留守吕元膺所破。《旧书·师道传》云：初师道置留邸于河南府，兵谋杂以往来，吏不敢辨。因吴元济北犯汝、郑，郊畿多警，防御兵尽戍伊阙，师道潜以兵数十百人内其邸，谋焚宫阙而肆杀掠。既烹牛飨众矣，明日将出，会有小将杨进、李再兴者，诣留守吕元膺告变。元膺追伊阙兵，围之，半日不敢进攻。防御判官王茂元杀一人而后进，或毁其墉而入者。贼众突出杀人，围兵奔骇。贼得结伍中衢，内其妻子于橐囊中，以甲胄殿而行。防御兵不敢追。贼出长夏门，转掠郊墅，东济伊水，入嵩山。元膺诫境上兵重购以捕之。数月，有山棚鬻鹿于市，贼遇而夺之。山棚走而征其党。或引官军共围之谷中，尽获之。穷理得其魁首，乃中岳寺僧圆静。年八十余，尝为史思明将，伟悍过人。初得之，使巨力者奋锤，不能折其胫。圆静骂曰："鼠子，折人脚犹不能，敢称健儿乎？"乃自置其足，教折之。临刑，乃曰："误我事，不得使洛城流血。"死者凡数十人。留守防御将二人，都亭驿卒五人，甘水驿卒三人，皆潜受其职署而为之耳目。自始谋及将败，无知者。初师道多买田于伊阙、陆浑，凡十余处。欲以舍山棚而衣食之。有訾嘉珍、门察者，潜部分之，以属圆静。以师道钱千万，伪理嵩山之佛光寺。期以嘉珍窃发时，举火于山中，集二县山棚人作乱。及穷按之，嘉珍、察乃贼武元衡者，元膺具状以闻。《元膺传》大同。观此事，可见唐之兵力、缉捕，皆同儿戏，此乱之所以难平。然亦可见收率豪杰，阴谋扰乱，事皆出于师道也。唐伊阙县，在今洛阳县南。陆浑县，在今嵩县西北。又使焚柏崖仓、十月。唐柏崖县，在今孟津县西。襄州佛寺军储及献陵寝宫，十一月。献陵，高祖陵。断建陵门戟。十一年正月。建陵，肃宗陵。

《旧书·本纪》：十二年二月庚子，敕京城居人，五家相保，以搜奸慝。时王承宗、李师道欲阻用兵之势，遣人折陵庙之戟，焚刍藁之积，流矢飞书，恐骇京国，故搜索以防奸。及贼平，复得淄青簿领，中有赏蒲、潼关吏案，乃知容奸者关吏也，搜索不足以为防。可见当时于此等事，皆以为承宗、师道二人所为，实则主之者皆师道也。承宗又纵兵四掠。幽、沧、定三镇，皆请讨之。上欲许之。张弘靖、韦贯之皆谏不宜两役并兴，不听。十一年正月，削承宗官爵，命河东、幽州、义武、任迪简病不能军，以浑镐代之，瑊子也。战败，又代以易州刺史陈楚，张茂昭之甥也。横海、程权。魏博、昭义诸镇讨之。惟昭义郗士美，兵势较为锐整，余皆无功。是岁六月，高霞寓又大败于铁城。在今河南遂平县西南。诿过于李逊，宦者助之，二人同贬。乃以河南尹郑权代逊，荆南袁滋为彰义节度使，申、光、蔡、唐、随、邓观察使。治唐州。滋保境不敢战。李晟子愬，时为太子詹事、宫苑闲厩使。抗表愿自效。十二月，又以之代滋。愬至唐州，闭壁示弱，而以计擒其将李宪、李祐等。更宪名曰忠义，与之谋。又抚用贼谍，益知敌虚实。李光颜、乌重胤力战。明年四月，取郾城。今河南郾城县。五月，诏权罢河北行营，专讨淮蔡。六月，元济上表谢罪，请束身归朝。诏许以不死。而为左右所制，不得出。七月，以裴度为彰义节度、淮西宣慰招讨处置使。度以韩弘已为都统，辞招讨之名，然实行元帅事。董重质者，吴少诚婿，元济之谋主也。元济尽发左右及守城卒属之，以抗李光颜、乌重胤军于洄曲。据《旧书·光颜传》《元济传》作时曲。溵水回曲处，在今商水县西南。守蔡者皆市人、疲氓之卒。李愬乃定计袭之。告于裴度，度许之。十月，愬乘雪夜，以李祐、李忠义为前驱，袭入蔡，擒元济送京师。十一月斩之。董重质及申、光二州皆降。于是以李愬为山南东道节度使，宣慰副使马总为彰义节度使。裴度复入相。明年五月，李光颜移镇义成，永平更名。时谋讨李师道也。马总为忠武节度、陈、许、溵、蔡州观察使。溵州置于郾城。以申州隶鄂、岳，光州隶淮南，不复以蔡州为节镇已。

淮西既平，李师道请遣子入侍，献海、沂、密三州，许之。时元和十三年（818）正月也。二月，程权自以世袭如三镇事例，不自安，请入朝。以华州刺史郑权代之。四月，王承宗请于田弘正，愿遣二子入侍，献德、棣二州。复其官爵，以郑权为德州刺史、德、棣、沧、景观察使。李师道妻魏氏，不欲其子入质，群婢又为之谋，乃表言军情不欲割地、纳质。七月，徙李愬于武宁，令与宣武、义成、横海、魏博同讨之。淮西之平，乌重胤还镇河阳，十一月，又移诸横海。以代郑权。是月，田弘正自杨刘渡河。在今山东东阿县北。师道使都知兵马使刘悟拒之。悟，正臣之孙也，有叛志。师道使副使张暹杀之。暹以告悟。十四年二月，悟袭杀师道以降。命户部侍郎杨於陵宣慰淄青。分其地为三道：郓、曹、濮为一道，马总帅之。穆宗立，赐军名曰天平。淄、青、齐、登、莱为一道，移义成节度使薛平帅之，称平卢，淄青遂专平卢之名。沂、密、兖、海为一道，淄青行营供军使王遂帅之。遂事参看下节。徙刘悟于义成。悟甚失望，然不敢抗命也。乌重胤之至横海也，上言曰："河朔能拒朝命者，刺史失其职，使镇将领兵事。若刺史各得职分，又有镇兵，节将虽有禄山、思明之奸，岂能据一州叛哉？臣所管德、棣、景三州，已举公牒，各还刺史职事讫。应在州兵，并令刺史收管。又景州本是弓高县，请却废为县。"从之。十四年四月，诏诸道节度、都团练、防御、经略等使所管支郡，除本军州外，别置镇遏、守捉、兵马者，并合属刺史。如刺史带本州团练、防御、镇遏等使，其兵马额便隶此使。如无别使，即属军事。其有边于溪洞，连接蕃蛮之处，特建城镇，不关州郡者，不在此限。盖亦行重胤之说也。是岁七月，韩弘使入朝，进绢三十五万匹，绝三万匹，银器二百七十件。三上章坚辞戎务。乃以张弘靖代之。史言弘镇大梁二十余载，四州征赋，皆为己有，未尝上供。有私钱百万贯，粟三百万斛，马七千匹，兵械称是。诏使宣谕，弘多倨待。齐、蔡平，势屈入觐，竟以功名始终，人臣之幸也。是月，王遂为衙将王弁所害。以棣州刺史曹华代之。华至镇三日，伏甲杀郓卒千二百人于庭，血流成渠。九月。明年正月，移理于兖。八月，田弘正入朝。三表请留，上不许。既还镇，悉仕其兄弟子侄于朝。盖恐一旦身故，其下犹以故事奉之也。平蔡以后，威声所播，情形大略如此。

## 第三节　元和朝局

宪宗平蔡以前，宰相用事者，杜黄裳、李吉甫、武元衡、裴垍、李绛、裴度。六人者虽不尽相合，而其主摧抑藩镇则同。其中持权最久者，实为李吉甫。乃甫欲伐蔡，而吉甫遽卒，于是代之以武元衡。吉甫以元和二年（807）正月，与元衡并相。三年九月，荐裴垍代己，出镇淮南。五年冬，垍病免。六年正月，吉甫复相，至九年十月卒。吉甫卒，上乃以讨淮西事委元衡，不则当其任者吉甫也。元衡见刺，又代之以裴度。度于平蔡，自为有功，然吉甫，史言其与绛不合，颇过其实，观其与绛同相逾二年可知，绛以元和六年十二月相，至九年二月乃罢。《吉甫传》言吉甫大与绛不协，而绛性刚讦，于上前互有争论，人多直绛。此亦朋党之论，不足为据。绛为相，并无实际建树，其才非吉甫之伦也。《绛传》云：议者以吉甫通于吐突承璀，故绛尤恶之，亦莫须有之论。逮度相而党祸烈矣。时李逢吉亦为相。元和十二年二月。史言其忌度成功，密沮之。及度亲征，学士令狐楚为制辞，言不合旨，而楚与逢吉相善，帝皆黜之，罢楚学士，逢吉亦罢政事，出为东川。《旧书·逢吉传》。此事真相，未知若何，然帝是时之任度，固不可云不专也。度亲征制辞，见《旧书》。度所请改者，以韩弘为淮西行营都统，不欲更为招讨，乃去仍充淮西宣慰招讨处置使中之"招讨"二字。因改"遥听鼓鼙，更张琴瑟，烦我台席，董兹戎旃"之"更张琴瑟，烦我台席"为"近辍枢衡，授以成算"。此乃兵机，无关朝局，即旧文亦不可谓之失辞也。《旧书·张宿传》云：宿，布衣诸生也。宪宗为广陵王时，出入邸第。及在东宫，宿时入谒。辩谲敢言。监抚之际，骤承顾擢，授左拾遗。以旧恩，数召对禁中。机事不密，贬郴县丞。征入，历赞善大夫、左补阙、比部员外郎。宰相李逢吉恶之，数于上前言其狡谲不可保信，乃用为濠州刺史。制下，宿自理乞留。乃追制。上欲以为谏议大夫，逢吉奏曰："宿细人，不足污贤者位。陛下必用宿，请先去臣。"上不悦。又逢吉与裴度是非不同，上方委度讨伐，乃出逢吉为东川。观此，知逢吉之出，缘沮张宿者多，与度不协者较少也。郴县，郴州治，见第七章第六节。蔡平后，度再入相，与皇甫镈争，而眷顾始衰。

宪宗之能讨平淮西，与其能整顿财政，颇有关系。时李吉甫撰《元和国计簿》，总计天下方镇凡四十八，管州、府二百九十五，县一千四百五十三，户二百四十四万二百五十四。其凤翔、鄜坊、邠宁、振武、泾原、银夏、灵盐、河东、易定、魏博、镇冀、范阳、沧景、淮西、淄青十五道，凡七十一州，不申户口。每岁赋入倚办，止于浙江东、西、宣歙、淮南、江西、鄂岳、福建、湖南等八道。合四十九州，一百四十四万户，比量天宝，四分有一。天下兵仰给县官者八十三万人，比量天宝，三分加一。率以两户资一兵。其他水旱所损，征科发敛，又在常役之外。《旧纪》元和二年（807）。《新·食货志》同。《志》又云：乾元末，天下上计者百六十九州，户百九十三万三千一百二十四，不课者百一十七万四千五百九十二，口千六百九十九万三百八十六，不课者千四百六十一万九千五百八十七。减天宝户五百九十八万二千五百八十四，口三千五百九十二万八千七百二十三。至长庆，户三百三十五万，而兵九十九万，率三户以奉一兵。武宗即位，户二百一十一万四千九百六十。会昌末，户增至四百九十五万五千一百五十一。宣宗既复河、湟，天下两税，榷酒、茶盐钱，岁入九百二十二万缗。岁之常费，率少三百余万，有司远取后年乃济。及群盗起，诸镇不复上计云。唐中叶后之国计，大略如此。长庆户数，亦见《旧纪》开成二年（837）。如此，财赋所出，自然仍在江淮。德宗末年，李锜居转运之职，国用日耗。顺宗即位，以杜佑判盐铁转运使，理于扬州。元和二年三月，

《旧书·食货志》。《通鉴》在元年四月。以李巽代之。宪宗初即位时，杜佑尝请用潘孟阳为盐铁转运副使，以代王叔文。孟阳母，刘晏女也。时为户部侍郎。宪宗命孟阳巡江淮，省财赋，且察东南镇之政理。孟阳所历，但务游赏；至盐铁转运院，广纳财贿，补吏职而已。及归，乃罢为大理卿。此可见理财得人之难，凡史所目为聚敛者，实皆干济之才，无怪人君倚畀之也。大正其事。四年，巽又引程异为扬子留后。巽居职三载，而李鄘代之。《纪》在五年。其后卢坦判度支，王播为盐铁转运使。事在六年。十一年，皇甫镈始判度支。史言自榷筦之兴，惟刘晏得其术，而巽次之。然初年之利，类晏之季年，季年之利，则三倍于晏矣。又言旧制每岁运江、淮米五十万斛至河阴，见第七章第六节。留十万，四十万送渭仓，晏殁，久不登其数，惟巽秉使三载，无升斗之阙。《旧书·食货志》。又言巽精于吏职，而异勾检簿籍，又精于巽。《巽传》。江、淮钱谷之弊，多所划革。《异传》。先是，天下百姓输赋于州府：一曰上供，二曰送使，三曰留州。建中初定两税，货重钱轻，是后货轻钱重，齐人所出，已倍初征。其留州、送使者，所在长吏，又降省估使就实估。及裴垍为相，奏请一切令依省估。所在观察使，以所莅州郡租赋自给，不足然后征于支郡。其诸州送使额，悉变为上供。史称江、淮稍息肩。《垍传》。盖取之于官，而宽其在民者也。王播之领使，以程异为副。十二年依《本纪》。《食货志》作十三年，误。正月，请令异出巡江、淮。州府上供钱谷，一切戡问。闰五月，得钱百八十五万贯以进。《旧书·食货志》。《纪》在六月，盖因代王播并书之。史言时淮西用兵，国用不足。异调征赋，且讽有土者以饶羡入贡，不剥下，不浚财，而经费以赢，人颇便之。《旧书》本传。由是专领盐铁转运使，而王播去职。《旧书·播传》云：皇甫镈恐播大用，乃请以使务命异领之，播守本官而已，亦莫须有之辞也。时李鄘为淮南节度，发楚、寿等州兵二万余压贼境，日费甚广，未尝请于有司。及异谕江、淮诸道，鄘乃大籍府库，一年所蓄之外，咸贡于朝。诸道以鄘为唱首，悉索以献。《旧书》本传。又《韦贯之传》：贯之为湖南观察。异所至方镇，皆讽令招拾进献，贯之谓两税外不忍横赋加人，所献未满异意，遂率属内六州留钱以继献。由是罢为太子詹事，分司东都。此等名为恤民，实则未能顾全大局也。王遂者，方庆孙，以吏能闻于时。天子用为宣歙观察使。淮蔡平，王师东讨，召为光禄卿，充淄青行营诸军粮料使。师之出也，岁计兵食三百万石。及郓贼诛，遂进羡余一百万。上以为能，以为沂、兖、海等州观察使。《旧书》本传。《新书·食货志》云：宪宗因德宗府库之积，观此语，可知宪宗削平藩镇，未尝不得德宗蓄聚之力。贞元、元和之政，实相因也。颇约费用。身服浣濯。及刘辟、李锜既平，赀藏皆入内库。山南东道于頔、河东王锷。进献甚厚。翰林学士李绛谏。

帝喟然曰："诚知非至德事。然两河中夏贡赋之地，朝觐久废；河、湟陷没，烽候列于郊甸；方雪祖宗之耻，不忍重敛于人也。"独不知进献之取于人者重矣。斯固然也，然天子不取其进献，方镇遂不苛取于民乎？欲止其苛取，势不能无用兵；欲用兵，又非有财不可；是知唐中叶后，若德宗、宪宗之苛取，固有其不得已者存，未可概目为横暴也。是时内库屡出钱帛供军；《旧书·本纪》：元和十一年十月，十二年九月，十三年六月、九月。又尝募人入粟河北、淮西，自千斛已上，皆授以官；《新书·食货志》。而东畿民户供军之苦，至于车数千乘，相错于路，牛皆馈军，民户多以驴耕；《旧纪》元和十二年。不有敛取，何以供之？《新志》又言：是时度支、盐铁与诸道贡献尤甚，号助军钱。及贼平，则有贺礼及助赏设物。群臣上尊号，又有献贺物。穆宗即位，乃一切罢之，两税外率一钱者，以枉法赃论。贼平而进奉不息，何也？不知当时之方镇，固未全平也。穆宗即位，河朔复叛，终以绌于费，不能讨，非其明验乎？故德、宪二世之聚敛，究可恕也。宪宗不必恭俭之主，然因用兵而省啬，则确有之。《旧书·潘孟阳传》，言其尝发江淮宣慰使、左司郎中郑敬奉使，辞，上诫之曰："朕宫中用度，一匹已上，皆有簿籍。"此在嗣世之主，已为难能矣。又《李翛传》言其为京兆尹，庄宪太后崩，宪宗母。为山陵桥道置顿使，每事减省。灵驾至灞桥顿，灞桥，在长安东。从官多不得食。及至渭城北门，渭城县，在今咸阳县东。门坏。先是桥道司请改造，计钱三万，翛以劳费不从。山陵使李逢吉请免翛官。上以用兵务集财赋，以翛前后进奉，不之责，但罚俸而已。且以为浙西观察使，令设法鸠聚财货。淮西用兵，颇赖其赋。事在元和十一年，见《旧书·本纪》。此真省无益之费，以奉军国者也。君子听竽、笙、箫、管之声，则思畜聚之臣。夫聚之，亦视其用之者何如耳，岂得概以损下益上罪之邪？当时理财之臣，如李巽、李鄘、王遂等，皆不免失之严酷，韩弘更无论已。惟程异为不然，此其所以尤不可及也。

皇甫镈史以为小人，然言其罪状，亦皆莫须有之辞。如镈欲奏减内外官俸钱以赡国用，其是非，观上章第六节所论，已可见之矣。十三年八月，宪宗用镈与程异为相。崔群及裴度攻之。宪宗不听。度遂求去。其辞甚激讦，非君子之言也。见《旧书》本传。无怪宪宗以为朋党，竟不省览也。异以谦逊自牧，月余日不敢知印、秉笔。知西北边军政不理，建议置巡边使，请自行，未决而卒。家无余财。《旧书》本传。可谓难矣。亦可见王叔文之党多贤人也。时元和十四年（819）四月。是月，裴度出镇河东。七月，令狐楚相。十二月，崔群免。史皆云皇甫镈为之，亦皆无确据也。见《旧书·镈》及《楚传》。

宪宗之节啬以平藩镇，虽有可取，然其信任宦官，则殊不可恕。任用吐突承璀之事，已见上节。当承璀出兵时，即以宦官为馆驿、粮料等使，以言官论奏暂罢，然其后又蹈故辙。《旧书·薛存诚传》：为监察御史，知馆驿。元和初，讨刘辟，特令中官为馆驿使，存诚密表论奏，谏官亦论奏，上乃罢之。《新书·吐突承璀传》：承璀之讨王承宗，内侍伯宋惟澄、曹进玉为馆驿使。自河南、陕、河阳，惟澄主之。京、华、河中至太原，进玉主之。又诏内常侍刘国珍、马朝江分领易、定、幽、沧等州粮料使。《旧书·裴潾传》：元和初，两河用兵。初宪宗宠任内官，至有专兵柄者。又以内官充馆驿使。有曹进玉者，恃恩暴戾。遇四方使多倨，至有掉辱者。宰相李吉甫奏罢之。十二年（817），淮西用兵，复以内官为使。潾上疏，不用。又尝以宦者为和籴使，亦以谏官论奏而罢。《旧书·郑覃传》：元和十四年二月，迁谏议大夫。宪宗用内官五人为京西北和籴使，覃上章论罢。严绶之讨淮西也，崔潭峻监其军。其后军久无功，又令梁守谦宣慰，因留监焉。事在元和十一年十一月。《裴度传》言：度之督师，奏去诸道监陈中使。及入蔡，上欲尽诛元济旧将，又封二剑授守谦，使往蔡州。亦见《度传》。度回至郾城，遇之，复与守谦入蔡州，量罪加刑，不尽如诏。此犹可曰在战时，情有偏信也。《裴垍传》言：杨於陵为岭南节度使，与监军许遂振不和，遂振诬奏於陵，宪宗令追与慢官，垍不可。严绶在太原，政事一出监军李辅光，垍具陈其事，请以李鄘代之。则其在平时，亦极跋扈矣。若云德宗之败，由任宦官过重，则宪宗之胜，宁非幸致邪？内枢密使之职，始于代宗时。惟受表奏，于内中进呈，人主有所处分，则宣付中书、门下而已。及德宗末，遂参政事。主书滑涣，久司中书簿籍，与典枢密刘光琦情通。宰相议事，与光琦异同者，令涣达意，未尝不遂所欲。杜佑、郑絪，皆姑息之。四方书币赆货，充集其门。郑余庆再入中书，余庆本德宗时宰相，宪宗嗣位，又命同平章事。与同僚集议，涣指陈是非，余庆怒其僭，叱之，寻罢相。《旧书·余庆传》。事在元和元年五月。至李吉甫，乃克去之。又有僧鉴虚者，自贞元中交结权幸，招怀赂遗，倚中人为城社，吏不敢绳。帝时，以于頔、杜黄裳家私事，连逮下狱。薛存诚案鞫，得奸赃数十万，当大辟。上犹欲释之，存诚持不可，乃笞死。《旧书·存诚传》。又有内官刘希光，受将军孙璹赂二十万贯，以求方镇，赐死。时吐突承璀以出军无功，谏官论列，坐希光事出为淮南监军。太子通事舍人李涉，知上待承璀意未衰，欲投匦论承璀有功，希光无罪。孔戣为匦使，得涉副章，不受，面诘责之。涉乃于光顺门进疏。戣极论其与中官交结，言甚激切。诏贬涉为陕州司仓。幸臣闻之侧目，人皆为戣危之。《旧书·戣》附《孔巢父传》。元稹与宦官争厅，宦官击之败面，稹以监察御史分务，自东都召还，宿敷水驿，内官刘士元与争厅，排其户。稹袜而走。士元追之，棰击稹伤面。贬为江陵府士曹参军。翰林学士李绛、崔群面论稹无罪。左拾遗白居易亦累疏切谏，不报。事见旧书稹及居易传。案，稹为监察御史，四年（809）奉使东蜀，劾奏故东川节度使严砺。使还，分务东台，又劾浙西观察使韩皋、徐州节度使王沼、河南尹房式等。宦者之为此，盖为诸人报怨？可见其交结之广。《旧书·宦者传》，以与稹争厅者为仇士良。盖本《实录》，见《通鉴考异》。案，白居易疏明言刘士元，《实录》恐误。即谓士良亦在其列，亦必以士元为魁也。而其后稹反与宦官交结，引起轩然大波。事见第五节。士大夫之无耻如此，此宦官所以横行，然非帝之庇佑之，宦官亦必不敢如是也。《新书·宦者传》言：宪宗之立，刘贞亮为有功，然终身无所宠假。吕如全历内侍省内常侍、翰林使，坐擅取梓材治第，送东都狱。至阌乡，自杀。又郭旻醉触夜禁，杖杀之。五坊朱超晏、王志忠纵鹰隼入人民家，榜二百夺职。由是莫不慑畏。贞亮之横，至于擅杀李康，尚安得谓无所宠假？裴寰之狱，裴度争之，上怒曰："如卿言，寰无罪，即决五坊小使；如小使无罪，即决寰。"此成何语？岂得以偶诛一二无宠者，遂谓其能振纪纲邪？

既信宦官，又多内嬖，遂至罹商臣之酷焉，可谓自作之孽矣。帝二十子。长曰邓王宁，母纪美人也。以元和四年（809）立为太子。史谓其谋出于李绛。《新书·宁传》。案，宪宗在东宫时，正妃为郭氏，暧之女，子仪孙也。生子曰遂王宥。宁以元和六年殁。明年，立宥为太子。更名恒，即穆宗也。《旧书·澧王恽传》曰：宪宗第二子也。本名宽，元和七年改今名。时吐突承璀恩宠特异。惠昭太子薨，宁谥。议立储副，承璀独排众议属澧王，欲以威权自树。赖宪宗明断不惑。上将册拜太子，召翰林学士崔群代澧王作让表。群曰："凡事己合当之而不为则有让。"上采纳之。可见当时臣工，皆以穆宗为正嫡。然则宁何以立？取其长乎？则宁薨时年十九，生于贞元九年（793），而穆宗生于十一年，《旧书·郭后传》。所长者两岁耳。《旧书·郭后传》曰：后以元和元年八月，册为贵妃。八年十二月，百寮拜表，请立贵妃为皇后。凡三上章。上以岁暮，来年有子午之忌，且止。帝后庭多私宠，以后门族华盛，虑正位之后，不容嬖幸，以是册拜后时。元和十五年正月，穆宗嗣位。闰正月，乃册为皇太后。然则惠昭之立，必以母爱故也。其谋而果出于李绛也，绛得谓之正士乎？

宪宗颇贪长生。尝遣使迎凤翔法门寺佛骨，刑部侍郎韩愈谏，贬为潮州刺史。事在元和十四年（819）。潮州见第二章第二节。又信方士柳泌及僧大通，见《旧书·皇甫镈传》。《传》云：镈与金吾大将军李道古共进之，乃诬罔之辞，见下。使泌制金丹服之。当时裴潾尝上疏极谏，以此贬江陵令，见《旧书》本传。故谓宪宗以服药致死诬，谓其曾服药，则必不诬也。潾疏曰："臣愿所有金石炼药人，及所荐之人，皆先服一年，以考其真伪。"此语颇足破惑。遂为弑逆者所借口焉。《旧书·本纪》：元和十五年正月甲戌朔，上以饵金丹小不豫，罢元会。义成军节度使刘悟来朝。戊戌，上对悟于麟德殿。上自服药不佳，数不视朝，人情恟惧，及悟出道上语，京城稍安。足见宪宗是时，实无大病，而间一日庚子之夕遽崩。《纪》又云：时以暴崩，皆言内官陈弘志弑逆，史氏讳而不书。《宦官·王守澄传》：宪宗疾大渐，内官陈弘庆等弑逆。弘庆当即弘志，唐世宦官之名，异同最多。宪宗英武，威德在人。内官秘之，不敢除讨，但云药发暴崩。时守澄与中尉马进潭、梁守谦、刘承偕、韦元素等定册立穆宗皇帝。《新书》则云守澄亦与弑逆之谋。不与逆谋，安能与于定策？恐当以《新书》为是。《新书·郭后传》云：宣宗立，于后诸子也，而母郑故侍儿，有曩怨，《郑后传》云：本李锜侍人。锜诛，没入掖庭，侍后。宪宗幸之，生宣宗。帝奉养礼稍薄。后郁郁不聊。与一二侍人登勤政楼，将自殒。左右共持之。帝闻，不喜。是夕，后暴崩。有司上尊谥，葬景陵外园。太常官王暤请后合葬景陵，以主袝宪宗室。帝不悦，令宰相白敏中让之。暤曰："后乃宪宗东宫元妃，事顺宗为妇，历五朝母天下，不容有异论。"敏中亦怒，周墀又责谓，暤终不挠，墀曰："暤信孤直。"俄贬暤句容令。今江苏句容县。懿宗咸通中，暤还为礼官，申抗前论，乃诏后主袝于庙。《通鉴考异》引《实录》曰：五月戊寅，以太皇太后寝疾，权不听政。宰臣率百寮问太后起居。己卯，复问起居。下遗令。是日，太后崩。初上篡位，以宪宗遇弑，颇疑后在党中，至是暴得疾崩，帝之志也。又引裴延裕《东观奏记》曰：宪宗皇帝晏驾之夕，上虽幼，颇记其事。宣宗生于元和五年（810），是时年十一岁。追恨光陵商臣之酷，即位后，诛锄恶党，无漏网者。《通鉴》：大中八年（854）正月，上自即位已来，治弑宪宗之党，宦官、外戚，乃至东宫官属，诛窜甚众。虑人情不安。丙申，诏长庆之初，乱臣贼子，顷搜擿余党，流窜已尽，其余族从疏远者，一切不问。郭太后以上英察孝果，且怀惭惧，时居兴庆宫，一日，与一二侍儿同升勤政楼，倚衡而望，便欲殒于楼下，欲成上过。左右急持之，即闻于上。上大怒：其日，太后暴崩，上志也。又曰：太后既崩，丧服许如故事。礼院检讨官王暤抗疏请后合葬景陵，配享宪宗庙室。既入，上大怒。宰臣白敏中召暤诘其事。暤对云云。正文：暤曰："太皇太后，汾阳王之孙，宪宗在东宫为正妃，逮事顺宗为妇。宪宗厌代之夕，事出暧昧。太皇太后母天下历五朝，岂得以暧昧之事，遽废正嫡之礼乎？"敏中怒甚，暤辞气愈厉。诸相会食，周墀立于敏中之门以俟之。敏中使谢曰："方为一书生所苦，公第先行。"墀入至敏中厅问其事。见暤争辩方急，墀举手加额叹暤孤直。翼日，暤贬润州句容县令。周墀亦免相。《考异》云：《实录》所言暴崩事，皆出于《东观奏记》。若实有此事，则既云是夕暴崩，何得前一日下诏，云以太后寝疾，权不听政？案，岂不可先言其有疾而后杀之？又岂不可死于戊寅而云己卯？若无此事，廷裕岂敢辄诬宣宗？或者郭后实以病终，而宣宗以平日疑忿之心，欲黜其礼，故暐争之。大中二年。说近调停。太后即以病终，又安知非因其病而杀之？亦无解于穆宗商臣之酷之疑也。利害所系，枢机之内，矛戟生焉。不能克己复礼，而欲饵金石以求长生，适见其惑矣。《旧书·本纪》载元和五年，宪宗与宰臣论神仙事。李藩对曰："秦皇、汉武受惑，卒无所得。文皇帝服胡僧长生药，暴疾不救。古诗云：服食求神仙，多为药所误。君人者但务求理，四海乐推，社稷延永，自然长年也。"《韩愈传》：愈谏迎佛骨，宪宗怒甚，将加极法。裴度、崔群谏。上曰："愈言我奉佛太过，我犹为容之，至谓东汉奉佛之后，帝王咸致天促，何言之乖剌也？愈为人臣，敢尔狂妄，固不可赦。"及至潮阳上表，宪宗谓宰臣曰："昨得韩愈到潮州表，因思其所谏佛骨事，大是爱我，我岂不知？然愈为人臣，不当言人主事佛乃年促也。"《皇甫镈传》：柳泌言天台山多灵草，愿为长吏，因以求之，遂以为台州刺史。谏官论奏曰："列圣亦有好方士者，亦与官号，未尝令赋政临民。"宪宗曰："烦一郡之力，而致神仙长年，臣子于君父何爱焉？"由是莫敢言者。合观诸文，而宪宗之所求者可知矣，亦可鄙矣。潮阳郡，即潮州。台州见第四章第二节。

穆宗既立，吐突承璀及澧王皆见杀。敬宗时，中尉马存亮论承璀之冤，乃诏雪焉。事在长庆四年（824）四月，见《旧书·纪》。《新书·宦者传》言：唐世中人，以忠谨称者，惟存亮、西门季玄、严遵美三人，足见承璀之无罪。承璀是时，仍为左神策中尉，兵权在手，《旧书·宦官传》内官不敢除讨之语，盖正指承璀言之？案，《旧书·承璀传》：承璀自淮南召还，事在元和八年（813）。《通鉴考异》引《实录》同。《实录》又载承璀出监淮南军，事在六年十一月。而惠昭之薨，在是年闰十二月，穆宗立为太子，在七年七月，其时承璀实不在京师。然承璀欲立澧王之说，新、旧《书·澧王》及《崔群传》皆同。《通鉴考异》疑宪宗末年，承璀欲废太子而立澧王，揣测无据。东宫之位久定，是时安可动摇？承璀、澧王既死，皇甫镈亦贬崖州司户，崖州见第四章第二节。是年十二月，卒于贬所。制以剥下及恣求方士为罪，乃诬罔之辞。又云：以矫迹为孤立，用塞人言，则不啻誉之矣。足见攻之者之诬罔也。胡三省《通鉴注》云：以其附承璀欲立澧王，则近之矣。然镈依附承璀，亦无确据。窃疑镈与承璀，是时实有讨贼之谋而未及发，《旧书》不敢除讨之语，乃就其迹言之，而未及原其心；抑病其当断不断也？

## 第四节　穆宗时藩镇叛服

元和十五年（820），穆宗既立，改恒州为镇州。避讳。是岁，王承宗死。二子为质在朝，军中立其弟承元。时年十八。密疏请帅。诏移田弘正于成德，李愬自昭义徙魏博，刘悟自义成徙昭义，而徙承元于义成。又以田布为河阳、怀、孟节度使。布者，弘正子，弘正使率偏师攻淮西者也。隶严绶。邻镇以两河近事讽承元，承元不听。既闻滑州之命，诸将号哭喧哗。承元谕之曰："李师道未败时，议赦其罪，师道欲行，诸将止之，他日杀师道者，亦诸将也。公辈幸勿为师道之事，敢以拜请。"遂拜。诸将泣涕不自胜。承元乃尽出家财，籍其人以散之。酌其勤者擢之。衙将李寂等十数人固留。承元斩之，军中始定。此可见唐中叶后将擅于兵之概矣。明年，为长庆元年（821）。正月，刘总弃官为僧。初总自弑逆后，每见父兄为祟，甚惨惧。乃于官署后置数百僧，厚给衣食，令昼夜乞恩谢罪。每公退，则憩于道场。若入他室，则悒悒不敢寐。晚年恐悸尤甚。故请落发为僧，冀以脱祸。兼请分割所理之地，然后归朝。其意：欲以幽、涿、营州为一道，请张弘靖理之。瀛、莫为一道，瀛州，今河北河间县。请卢士玫理之。平、蓟、妫、檀为一道，平州，今河北卢龙县。蓟州见第五章第七节。妫州，今怀来县。檀州见第四章第二节。请薛平理之。平者，嵩子，知河朔之俗而忠于朝廷。士玫时为京兆尹，与总为内姻，以文儒进而端厚。可谓人之将死，其言也善矣。穆宗初以总为天平节度使。既闻落发，乃赐紫，号大觉师。总行至易州界，暴卒。此从《旧书》。《新书》云：军中拥留不得进，杀首谋者十人，间道夜去。至定州卒。宰臣崔植、杜元颖，欲重弘靖所授而省其事局，惟割瀛、莫两州，以士玫为观察使，其他郡县，悉以弘靖为卢龙军节度使统之。河朔三镇，至兹全服矣。然未几而变起。

《旧书·张弘靖传》曰：弘靖入幽州，蓟人无老幼男女，皆夹道观。河朔军帅，冒寒暑多与士卒同，无张盖安舆之别。弘靖久富贵，又不知风土，入燕之时，肩舆于三军之中，蓟人颇骇之。弘靖以禄山、思明之乱，始自幽州，欲于事初革其俗，乃发禄山墓，毁其棺椁，人尤失望。从事有韦雍、张宗厚数辈，复轻肆嗜酒。常夜饮醉归，烛火满街，前后呵叱，蓟人所不习。又雍等诟责吏卒，多以反虏名之。谓军士曰："今天下无事，汝辈挽得两石弓，不如识一丁字。"军中以意气自负，深恨之。刘总归朝，以钱一百万贯赐军士，弘靖留二十万贯充军府杂用。蓟人不胜其愤，遂相率以叛。囚弘靖于蓟门馆，执雍、宗厚辈数人皆杀之。续有张彻者，自远使回，军人以其无过，不欲加害，将引置馆中。彻不知其心，遂索弘靖所在，大骂军人，亦为乱兵所杀。明日，吏卒稍稍自悔，悉诣馆请弘靖为帅，愿改心事之。凡三请，弘靖卒不对。军人乃相谓曰："相公无言，是不赦吾曹必矣。军中岂可一日无帅？"遂取朱洄为兵马留后。洄者，滔之孙也。其子曰克融。《旧书·传》曰：克融少为幽州军校，事刘总。总将归朝，虑有变，籍军中素有异志者，荐之阙下，克融亦在籍中。崔植、杜元颖谓两河无虞，遂奏勒归镇。幽州军乱，洄废疾于家，众欲立之，洄自以老且病，推克融统军务焉。《总传》言：总请分割所理之地，仍籍军中宿将，尽荐于阙下。因望朝廷升奖，使幽、蓟之人，皆有希羡爵禄之意。崔植、杜元颖，不为久大经略，总所荐将校，在京师旅舍中，久而不问。朱克融辈，仅至假衣丐食，日诣中书求官，不胜其困。及除弘靖，又命悉还本军。克融辈深怀觖望，其后果为叛乱。《弘靖传》同。此等皆成败论人之辞。河朔诸帅，养尊处优久矣，能冒寒暑与士卒同甘苦乎？习于乘马，不张盖安舆或有之，然此可谓同甘苦乎？裴度之入蔡也，李愬具橐鞬候度马首。度将避之。愬曰："此方不识上下等威之分久矣，请公因以示之。"度乃以宰相礼受愬迎谒，众皆耸观。此不甚于肩舆乎？何以蔡人不叛？发禄山墓而失望者，禄山之类乎？幽、蓟之民乎？《新书·弘靖传》：俗谓禄山、思明为二圣，此必非凡民之语也。蔡之旧令，途无偶语，夜不然烛；人或以酒食相过从者，以军法论。裴度乃约法：盗贼斗杀外，余尽除之。往来者不复以昼夜为限。当是时，其寮佐，得无有夜饮醉归者乎？而史云：蔡之遗黎，至是始知有生人之乐，何也？弘靖代韩弘帅宣武，以宽缓称，其僚佐，何至轻诟责士卒？韦雍、张宗厚，盖持纲纪最严者，故先见杀耳。即张彻亦贤者也。《实录》《旧传》《韩愈墓志》记彻死事颇异，要之能抗节者也。见《通鉴考异》。然则弘靖僚佐，盖极一时之选矣，有轻肆嗜酒之理乎？成德之归命，朝令谏议大夫郑覃往宣慰，赐钱一百万贯。刘总请去位，亦请支三军赏设钱一百万贯，盖已视为事例。时令宣慰使薛存庆与弘靖计会支给。弘靖即不知理体，岂有移充军府杂用之理？成德之受赐，田弘正奏王承元赴镇滑州，成德军征赏钱颇急，乃命柏耆先往谕之，可见虽有恩命，并非立给。幽镇之二十万贯，盖计会未能充数，非靳而不与也。是岁五月，授幽州大将李参已下十八人，并为刺史及诸卫将军，待之不可云薄。度得官者数必不少，史不能尽载耳。若以一夫觖望，即为措置不善，安得人人而悦之？克融滔之曾孙，其父又居军职，以当时军人之骄溢，安有暂客长安，仅至假衣丐食之理？即真至假衣丐食，亦如汉列侯之子贷从军，卢群之举钱豪贾耳。见第七章第六节。与小民举倍称之息者大异，安得以是为深怨？朱洄本叛逆之后，身虽病废，又使其子统众，此岂特私垄断而已，虽更厚酬，能满其欲乎？故知当时幽州之叛，实缘事势之艰难，史之归咎于张弘靖等者，皆所谓自比于逆乱，设淫辞而助之攻也。《旧书·萧俛传》云：穆宗即位之始，俛与段文昌，屡献太平之策。以为兵以靖乱，时已治矣，不宜黩武，劝穆宗休兵偃武。又以兵不可顿去，请密诏天下军镇有兵处，每年百人之中，限八人逃死，谓之消兵。藩籍之卒，合而为盗，伏于山林。明年，朱克融、王廷凑复乱河朔，一呼而遗卒皆至。朝廷方征兵诸藩，籍既不充，寻行招募，乌合之徒，动为贼败，由是复失河朔。盖消兵之失也，此亦诬罔之辞。宪宗所力战而得者，一淮西耳。以此而谓天下已平，俛与文昌，安得如此谬妄？致乱之本，实缘兵多，战守皆不足恃，而徒靡饷，而竭民力，消兵盖所以整军，非以偃武也。且是令之下，藩镇岂必奉行？《本纪》：长庆元年（821）二月，天平军节度使马总奏：当道见管军士，三万三千五百人。从去年正月以后，情愿居农者放，逃亡者不捕。先是平定河南，及王承元去镇州，宰臣萧俛等不顾远图，乃献销兵之议，请密诏天下军镇，每年限百人内破八人逃死，故总有是奏。此盖正因奉行者少，故特书之耳。即谓藩镇多能奉行，所裁者潜伏山林，亦岂皆迳于幽、镇，能一呼而即集？遗卒之所求者，口实耳，非蓄意谋叛也。又何以幽、镇一呼即集，而朝廷召募，则只得乌合之徒乎？

张弘靖之见囚，事在七月十日，越旬有八日，而成德之变又作。《旧书·田弘正传》曰：弘正以新与镇人战，有父兄之怨，以魏兵二千为卫从，十一月二十六日至镇州。元和十五年（820）。仍表请留为纪纲之仆。其粮赐请给于有司。度支使崔俊，固阻其请。明年七月，归卒于魏。是月二十八日夜，军乱，弘正并家属、参佐、将吏等三百余口并遇害。《崔倰传》云：附《崔祐甫传》。倰固言魏、镇各有镇兵，朝廷无例支给。恐为事例，不可听从。此事似失之吝。然弘正至镇州八阅月矣，何以犹不能绥其众？《弘正传》又云：其兄弟子侄，在两都者数十人，竞为崇饰，日费约二十万。魏、镇之财，皆辇属于道。河北将卒，心不平之，故不能尽变其俗，竟以此致乱。则其所以失军心者，自别有在。崔倰即无吝粮赐，弘正能终安于镇乎？《新书·倰传》，亦附《祐甫传》。言其性介洁，视臧负者若雠，其人自贤者也。结衙兵为乱者，王承元衙内兵马使王廷凑。廷凑，回鹘阿布思之种也，世为王氏骑将。《廿二史考异》：《新五代史·王镕传》：其先，回鹘阿布思之遗种，曰没诺干，为镇州王武俊骑将，武俊录以为子，遂冒姓王氏。没诺干子曰末坦活，末坦活子曰昇，昇子曰廷凑。按，《旧唐书·王武俊传》：武俊初号没诺干。《唐书·张孝忠传》：燕赵间共推张阿劳、王没诺干，二人齐名。没诺干，王武俊也。《王廷凑传》：曾祖五哥之，王武俊养为子，故冒姓王。《宰相世系表》：安东王氏五哥之生末恒活，末恒活子升朝，升朝子廷凑。然则没诺干与王武俊，乃是一人，而廷凑之曾祖，自名五哥之，非没诺干也。《五代史》误矣。案，没诺干乃称号，非名，武俊与五哥之，共有此称号耳。既害弘正，遂自称留后。

　　幽州之乱，朝以刘悟为卢龙节度使，悟不肯行。《旧书·悟传》云：请授之节钺，徐图之。乃复以为泽潞节度使。《新书》云：至邢州，会王廷凑之变，不得入，还屯。进兼幽、镇招讨使，治邢。围临城，观望，久不拔。邢州见第六章第三节。临城，今河北临城县。李愬闻田弘正死，素服以令三军。又以玉带、宝剑，与王承宗故深州刺史牛元翼。元翼承命感激，以剑及带令于军中，报曰："愿以众从。"愬方有制置，会疾作，不能治军。十月卒。时田布已移泾原，八月，起复为魏博节度使，而以牛元翼为深、冀节度使。时冀州已为王廷凑所据，遂围元翼于深州。卢士玫节度瀛、莫，莫州先陷，士玫罄家财以助军，坚拒累月，亦卒为其下阴导克融之兵以入，执送幽州。朝廷诏河东裴度，横海乌重胤，义武陈楚，与魏博、昭义同进讨。旋以度为幽、镇两道招抚使，牛元翼为成德节度使。十月，又以度为镇州四面行营都招讨使。左领军卫大将军杜叔良为深、冀行营节度使。旋以为横海节度使，代乌重胤。时王涯自东川上书，论两地用兵，力恐未及，宜先镇、冀而后幽、蓟。朝论盖采其说，疾重胤进兵之缓，故以叔良代之也。时元稹为翰林学士，与裴度不协，度上疏论之。有曰："翰苑旧臣，结为朋党。陛下听其所说，更访近臣。私相计会，更唱迭和，蔽惑聪明。臣自兵兴，所陈章疏，事皆要切，所奉书诏，多有参差。惜陛下委付之意不轻，被奸臣抑损之事不少。昨者臣请乘传诣阙，面陈戎事。奸臣之徒，最所畏惧。知臣若到御坐之前，必能悉数其过，以此百计止臣此行。臣又请领兵齐进，逐便攻讨。奸臣之党，必加阻碍。恐统率诸道，或有成功。进退皆受羁牵，意见悉遭蔽塞。复共一二恓狡，同辞合力。或两道招抚，逗留旬时。或遣蔚州行营，拖曳日月。蔚州见第二章第七节。但欲令臣失所，使臣无成，则天下理乱，山东胜负，悉不顾矣。为臣事君，一至于此。"此固朋党之论，然当时诸道骈进，苦乏统率之人。度故相，尝有平蔡之功，虽未必将才，以资望则差堪承乏，而又内外乖迕如此，其于攻取，自更不利矣。杜叔良本依宦者进，无方略。十二月，大败于博野，今河北蠡县。仅以身免。时李光颜已帅凤翔，乃又移之忠武，以为深州行营节度使，以代叔良。朝议以朱克融能保全张弘靖，而王廷凑杀害田弘正，可赦燕而诛赵，遂以克融为卢龙节度使。然二寇仍相结。《旧书·王廷凑传》曰：时诸镇兵十五万余，才出境，便仰给度支。置南北供军院。既深入贼境，辇运艰阻，刍薪不继，诸军多分番樵采。俄而度支转运车六百乘，尽为廷凑邀虏，兵食益困。供军院布帛衣赐，往往在途为诸军强夺，而悬军深斗者，率无支给。又每军遣内官一人监军，悉选骁健者自卫，赢懦者即战，以是屡多奔北。而廷凑、克融之众，不过万余而已。贼围深州数重，虽李光颜之善将，亦无以施其方略焉。然则昭义观望，河东、横海，皆顿不得进，义武虽有战斗，而孤军无济于事，业已情见势绌矣，而魏博之变又作。

田布之入魏州也，禄俸月入百万，一无所取；又籍魏中旧产，无巨细，计钱十余万贯，皆出之以颁军士；盖其父以聚敛败，故为此以挽军心也，然无及矣。衙将史宪诚，其先奚也，自其父从魏博军。布用为先锋兵马使，精锐悉委之。时屡有急诏，促令进军。布以魏军三万七千，结垒于南宫县之南，十月。南宫，今河北南宫县。进军下贼二栅。十二月。宪诚阴有异志；而魏军骄佚，怯于格战；又属雪寒，粮饷不给，愈无斗志。俄有诏分布军与李光颜合势，东救深州，其众自溃，多为宪诚所有，布所得者，八千而已。还魏州。《新书》本传：众溃，皆归宪诚，惟中军不动。布以中军还魏。会诸将复议兴师。将卒益倨。咸曰："尚书能行河朔旧事，死生以之，若使复战，皆不能也。"布度众终不为用，即为遗表，授从事李石，入启父灵，抽刀自刺，曰："上以谢君父，下以示三军。"言讫而绝。朝廷无如何，即以宪诚为魏博节度使。于是形势愈绌。二月朔，遂洗雪王廷凑，以成德授之，而移牛元翼于山南东道。是月，以元稹同平章事，裴度为东都留守。参看下节。朱克融、王廷凑合兵攻深州不解，度与书谕之，克融还镇，廷凑攻城亦缓，元翼乃率十余骑突围出。廷凑入，尽杀元翼亲将臧平等百八十人。元翼闻之，愤恚卒。其家先在镇州，朝廷累遣中使取之，廷凑迁延不遣，至是乃尽屠之。《旧书·裴度传》。

王廷凑之围牛元翼也，棣州亦为贼所窘。棣州，今山东惠民县。朝委薛平救援。平遣将李叔佐以兵五百救之。居数月，刺史王稜，馈给稍薄。兵士怨怒，宵溃而归。推突将马狼儿为帅。《旧书·薛平传》，附其父嵩。《本纪》作马廷鉴，《实录》同，《河南记》作马廷端，见《通鉴考异》。行劫镇兵，得七千余人，逼青州。平悉府库并家财募精卒二千击平之。时长庆元年（821）十一月也。

《旧书·刘悟传》云：监军刘承偕颇恃恩权，对众辱悟，又纵其下乱法，悟不能平。异日，有中使至，承偕宴之，请悟。悟欲往，左右曰："往必为其困辱矣。"军众因乱，悟不止之。乃擒承偕至衙门，杀其二仆。欲并害承偕，悟救之获免。朝廷不获已，贬承偕。自是悟颇纵恣，欲效河朔三镇。朝廷失意不逞之徒，多投寄潞州以求援。往往奏章论事，辞旨不逊。案，《旧书》之说，本于《实录》。见《通鉴考异》。《新书》则云：承偕与都将张问，谋缚悟送京师，以问代节度事。悟知，以兵围之。《忠义·贾直言传》云：承偕与慈州刺史张汶谋缚悟。慈州见第七章第一节。杜牧《上李司徒书》云：其军乱，杀磁州刺史张汶。《通鉴考异》。磁州见第六章第三节。综观诸文，承偕之于悟，殆欲效吐突承璀之于卢从史而不克也。《旧书·裴度传》云：悟因承偕，诏遣归京，悟托以军情，不时奉诏。度至京师，上以为问。度曰："陛下必欲收忠义之心，使天下戎臣皆为陛下死节，惟有下半纸诏书，言任使不明，致承偕乱法，令悟集三军斩之。如此，则万方毕命，群盗破胆，天下无事矣。"上俯首良久曰："朕不惜承偕。缘是太后养子，今被囚絷，太后未知。如卿处置未得，可更议其宜。"度与王播等复奏曰："但配流远恶处，承偕必得出。"上以为然。承偕果得归。承偕与立穆宗，而为太后养子，宪宗之所以死，愈可推见。裴度攻之甚烈，可见其不与此曹为党，此其所以不获入相欤？参看下节。承偕之见囚，事在长庆二年（822）二月。

是岁三月，复有王智兴之乱。智兴，徐州将。抗李纳及李师道皆有功。河朔复乱，穆宗以为武宁军节度副使，河北行营都知兵马使，以徐军三千渡河。徐之劲卒，皆在部下。节度使崔群，虑其旋军难制，密表请追赴阙，授以他官。事未行，会赦王廷凑，诸道班师。智兴先期入境，斩关而入，此据《旧书·智兴传》。《群传》云：徐人开关延入。杀军中异己者十余人。然后诣衙谢，曰："此军情也。"群治装赴阙。智兴遣兵士援送群家属，至埇桥，见第七章第四节。遂掠盐铁院缗币，及汴路进奉物；商旅赍货，率十取七八。逐濠州刺史侯弘度。朝廷不能讨，遂授以武宁军节度，徐、泗、濠观察使。

王日简者，镇州小将。事王武俊。承宗殁，军情不安，自拔归朝。镇州杀田弘正，穆宗召问计。日简极言利害，兼愿自效。因授德州刺史。明年，擢拜横海军节度使。代杜叔良。赐姓李氏，名全略。旋以李光颜为横海，忠武、深冀行营并如故。全略为德棣节度使。以光颜县军讨贼，艰于馈运，以沧、景、德、棣等州，俾之兼管，以便飞挽也。时已赦成德。光颜兵闻当留沧、景，皆大呼而走。光颜不能制，因惊惧成疾。上表固辞横海节，乞归许州。许之。乃复以全略为横海。全略令子同捷入侍，逾岁归，奏授沧州长史，知州事，兼主中军兵马。棣州刺史王稷善抚众，且得其心，全略忌而杀之，仍孥戮其属。事在长庆二年（822）九月，见《纪》。稷，锷子。锷以为岭南富，稷留京师，为奉权要。《传》云：是年为德州刺史，广赍金宝、仆妾以行。全略利其货而图之，故致本州军乱，杀稷。家无遗类。男叔恭，时年五岁，郡人宋忠献匿之获免，其室女为全略所虏，以妓媵处之。凡所为事，大率类此。

张弘靖之帅卢龙也，以李愿代为宣武。愿，晟子。弘靖为汴帅，以厚赏安士心。及愿至，帑藏已竭，而愿恣其奢侈。不恤军政，而以威刑驭下。又令妻弟窦缓将亲兵，亦骄傲黩货。长庆二年（822）七月，衙将宿直者斩缓。愿走。立衙将李齐为留后，以邀旄钺。诏三省官与宰相议其事。皆以为宜如河北故事，授齐节。李逢吉曰："河北之事，盖非得已。今若并汴州弃之，则是江、淮以南，皆非国家有也。"议未决，会宋、亳、颍三州皆请别命帅。三州皆宣武巡属。上大喜，以逢吉议为然。逢吉因请"以将军征齐入朝，以义成节度使韩充

镇宣武。充，弘之弟，素宽厚得众心。脱齐旅拒，命徐、许攻其左右，而滑军
蹙其北，充必得入矣"。从之。齐不奉诏。宋州刺史高承简，崇文子。乘城拒
齐。李光颜、王智兴及充海曹华，各出兵讨齐。韩充亦进军。八月，其都知兵
马使李质，与监军姚文寿杀齐迎充。浙西观察使窦易直，闻齐逐愿，欲出官物
赏军。或曰："赏给无名，却恐生患。"乃已。军士已闻之。时江、淮旱，水
浅，转运司钱帛委积，不能漕。州将王国清指以为赏，激讽州兵谋乱。先事有
告者，乃收国清下狱。其党数千篡出之，因欲大剽。易直登楼谓将吏曰："能诛
为乱者，每获一人，赏千万。"众喜，倒戈击乱党。擒国清等三百余人，皆斩
之。于是以曹华帅义成，而移高承简于镇海。韩充入汴，密籍部伍，得尝构恶
者千余人，一日下令，并父母妻子立出之。

　　宪宗之平淮西，论史者颇称之，而訾德宗之失于庙算，穆宗之不能守成，
此成败论人之见也。宪宗之用兵，实无以异于德宗及穆宗，其成败不同，亦时
会为之耳。且宪宗实未能全服河北。幸而早死，遂成竖子之名，设迟之一二年，
朱克融、王廷凑、史宪诚之变作，亦未必不情见势绌也。大和时，杜牧作《罪
言》，论山东之事曰："上策莫如自治。当贞元时，山东有燕、赵、魏叛，河南
有齐、蔡叛；梁、徐、陈、汝、白马津、孟津、襄、邓、安、黄、寿春，皆戍
厚兵，才足自护；遂使我力解弛，熟视不轨者，无可奈何。阶此，蜀亦叛，吴
亦叛。其他未叛者，迎时上下，不可保信。自元和初至今二十九年间，得蜀，
得吴，得蔡，得齐，收郡县二百余城，所未能得，惟山东百城耳。土地、人户、
财物、甲兵，较之往年，岂不绰绰乎？亦足以自为治也。不自治，是助房为虏。
环土三千里，植根七十年，复有天下阴为之助，则安可以取？中策莫如取魏。
魏能遮赵，既不可越魏以取赵，固不可越赵以取燕，故魏在山东最重。黎阳距
白马津三十里，新乡距孟津百五十里，黎阳见第二章第五节。白马津，在今河
南滑县北。新乡，今河南新乡县。孟津，在今河南孟县南。是二津者，房能溃
其一，则驰入成皋不数日间，故魏于河南亦最重。元和中，举天下兵诛齐，顿
之五年无山东忧者，以能得魏也。昨日诛沧，顿之三年无山东忧者，亦以能得
魏也。长庆初诛赵，一日五诸侯兵四出溃解，以失魏也。昨日诛赵，罢如长庆
时，亦以失魏也。故河南、山东之轻重在魏。非魏强大，地形使然也。最下策
为浪战。不计地势，不审攻守是也。兵多粟多，驱人使战者，便于守；兵少粟
少，人不驱自战者，便于战。故我常失于战，房常困于守。山东叛且三、五世，
后生所见，言语举止，无非叛也，以为事理正当如此，沉酣入骨髓，无以为非
者。至有围急食尽，啖尸以战。以此为俗，岂可与决一胜一负哉？"此说于德宗
以后，藩镇叛服形势，言之殊为了然。元和之得魏，果自为之乎？抑事势之适
然也？抑少诚、少阳虽悖戾，实自守房，非希烈狼奔豕突比。而其地实孤立，

四面皆唐朝州县，故取之实不甚难。会昌时，刘稹叛，杜牧与李德裕书，自言尝问董重质以三州之众，四岁不破之由。重质以为由朝廷征兵太杂，客军数少，既不能自成一军，事须帖付地主。势赢力弱，心志不一，多致败亡。故初战二年，战则必胜，是多杀客军。及二年以后，客军殚少，止与陈许、河阳全军相搏，纵使唐州兵不能因虚取城，蔡州事力，亦不支矣。《通鉴》武宗会昌三年（843）。元和平蔡，关键如此，河北情势，固自不同。征兵太杂，则杜牧所谓浪战也。宪宗攻淮西，韩愈尝言："兵不多不足以取胜，必胜之师，利在速战。兵多而战不速，则所费必广。欲四道置兵，道率三万，蓄力伺利，一日俱纵；使蔡首尾不救。"长庆时，白居易亦上言，以为兵多则难用，将众则不一。宜诏魏博、泽潞、定、沧四节度，令各守境，以省度支赏饷。每道各出锐兵三千，使李光颜将。光颜故有凤翔、徐、滑、河阳、陈许军，无虑四万，可径搏贼，开弓高粮路，合下博，县，在今深县东。解深州之围，与牛元翼合。还裴度招讨使，使悉太原兵西压境，见利乘隙夹攻之。间令招谕，以动其心。未及诛夷，必自生变。此为当时兵事症结。皆苦兵多不能持久，至势穷力屈也。此情势，元和与建中、长庆，有以异乎？无以异乎？历代戡乱之主，孰不以一成一旅兴？兵苟可用，原不在多。宪宗之用吐突承璀，穆宗之用杜叔良，其意原出一辙，而惜乎禁兵之不足用也。然李晟崎岖二寇间，卒定京邑，亦已小收其效矣，而惜乎后来之无以为继也。此则德宗之委任宦官实为之，然此弊，宪宗亦未能免也。《旧书》言申、蔡之始，人劫于希烈、少诚之虐法，而忘其所归；数十年后，长者衰丧，而壮者安于毒暴，而恬于搏噬；地虽中州，人心过于夷貉。乃至搜阅天下良锐，三年而后克者？彼非将才而力备，盖势驱性习，不知教义之所致也。此与杜牧所言河朔之俗，曾何以异？然果能终劫其众乎？裴度除苛法而民乐更生，已述如前矣。淄青自正己至师道，大将持兵于外者，皆质其妻子。或谋归款于朝，事泄，其家无少长皆杀之。此亦以虐法劫其众者也，可终恃乎？然欲削平之，固非恃实力不可。此在河北，自远较淮西为难。使宪宗而处建中、长庆之时，亦必无以善其后也。

## 第五节　穆敬荒淫

宪宗之任用宦官，虽为失政，然其能用孤立之皇甫镈，则要不失为英明，以是时朋党之中，实无佳士也。唐世不党之士，多为公忠体国之人，而多蒙恶名，以是时朋党势大，史或成于其手，或虽不然，而所据者仍系党人之说也。英明之君主，未尝不思擢用不党之人，但朋党力大，卒不能胜耳。即君主之信任宦官，亦未必不由于此也。及穆宗立，皇甫镈贬，则不党之局破；而宦官以拥立之故，威权愈重，得信任愈专；而穆宗性又顽嚚，惟务嬉戏；政事遂至大坏矣。

皇甫镈既贬，萧俛、段文昌相。俛与镈及令狐楚同年登进士第，其相，史云楚援之，虽罪镈而未尝累及其朋俦，足征镈之不党也。七月，楚以为山陵使亲吏赃污事发出，崔植相。明年，为长庆元年（821），王播入，俛亦罢。播以元和十三年（818），出为西川。《旧传》云：皇甫镈贬，播累表求还京师。又《萧俛传》云：播广以货币赂中人权幸，求为宰相。段文昌复左右之。俛性疾恶，于延英面言播之奸邪纳贿，喧于中外，不可以污台司。帝不之省。俛遂三上章求罢相位。盖穆宗奢侈，故播欲以财利自效。播固才臣，元和时亦尝见用，然元和能节啬以事藩镇，而长庆侈欲无极，则其敛之同而用之者，大不同矣。播既至，拜刑部尚书，领盐铁、转运等使。文昌代为西川。杜元颖相。十月，播亦兼中书侍郎、同平章事，领使如故。此等更迭，初未足以引起风波也，而裴度、李逢吉之党，于此时大纵，遂至推波助澜，纷纭者数十年焉。

《旧书·李宗闵传》曰：宗闵与牛僧孺，同年登进士第，贞元二十一年（805）。又同年登制科。元和四年（809）。应制之岁，李吉甫为宰相，当国。宗闵、僧孺对策，指切时政之失，无所回避。考策官杨於陵、韦贯之、李益等第其策为中等。《旧书·贯之传》：贯之与户部侍郎杨於陵、左司郎中郑敬、都官郎中李益同为考策官。贯之奏居上第者三人，同考策者皆难其辞直，贯之独署其奏。《新书·牛僧孺传》：考策官亦有郑敬。不中第者，注解牛、李策语，同为唱诽。又言翰林学士王涯甥皇甫湜中选，考核之际，不先上言。裴垍时为学士，居中覆视，无所异同。吉甫泣诉于上前。宪宗不得已，罢涯、垍学士，出於陵、贯之。僧孺、宗闵，亦久之不调，随牒诸侯府。七年，吉甫卒，方入朝。穆宗即位，拜中书舍人。长庆元年（821），子婿苏巢，于钱徽下进士及第。其年，巢覆落，宗闵涉请托，贬剑州刺史。时吉甫子德裕为翰林学士，钱徽榜出，与同职李绅、元稹连衡，言于上前，云："徽受请托，所试不公，故致重复。"比相嫌恶，因是列为朋党。皆挟邪取权，两相倾轧。自是纷纭排陷，垂四十年。《旧书·钱徽传》：长庆元年，为吏部侍郎。时宰相段文昌出镇蜀川。文昌好学，尤喜图书古画。故刑部侍郎杨凭兄弟以文学知名，家多书画。凭子浑之，尽以献文昌，求致进士第。文昌将发，面托徽，继以私书保荐。翰林学士李绅，亦托举子周汉宾于徽。及榜出，浑之、汉宾，皆不中选。李宗闵与元稹，素相厚善。初，稹以直道谴逐久之。及得还朝，大改前志，由径以徽进达，宗闵亦急于进取，二人遂有嫌隙。右补阙杨汝士，与徽有旧。是岁，宗闵子婿苏巢，及汝士季弟殷士俱及第。文昌、绅大怒。文昌辞赴镇日，内殿明奏，言徽所放进士郑朗等十四人，皆子弟艺薄，不当在选中。穆宗访于学士。元稹、李绅对与文昌同。遂命中书舍人王起、主客郎中知制诰白居易重试。诏孔温业、赵存约、窦洵直所试粗通，与及第。裴撰特赐及第。郑朗等十人并落下。寻贬徽为江州刺史，宗闵剑州刺史，汝士开江令。初议贬徽，宗闵、汝士令徽以文昌、绅私书进呈，上必开悟。徽曰：“苟无愧心，得丧一致。修身慎行，可以私书相证邪？”令子弟焚之。人士称徽长者。案，徽未必不虑其事牵涉太广，更致他祸，故不欲深究也。郑朗，覃之弟；裴撰，度之子也。江州见第二章第七节。开江，今四川开县。《德裕传》云：元和初，用兵伐叛，始于杜黄裳诛蜀，吉甫经画，欲定两河，方欲出师而卒，继之者武元衡、裴度，而韦贯之、李逢吉沮议，深以用兵为非，相次罢相。故逢吉常怒吉甫、度，而德裕于元和时久之不调。逢吉、僧孺、宗闵，以私怨恒排摈之。时德裕与李绅、元稹，俱在翰林，情颇款密，逢吉之党深恶之。长庆以前党争之分野如此。裴度与元稹，固同为李逢吉所恶者也。而度与稹竟起戈矛，致为逢吉所乘。以同利为朋者，其离合变幻，诚匪夷所思矣。

元稹以元和元年（806）应制举登第，除右拾遗。言事甚锐，为执政所忌，出为河南县尉。河南县，河南府治。丁母忧，服除，拜监察御史。奉使东蜀。还，分务东台。多所举劾，以此为内官所伤，贬江陵府士曹参军。见第三节。十四年，自虢州长史征还，虢州见第四章第五节。为膳部员外郎。穆宗在东宫，闻妃嫔左右诵稹歌诗，尝称其善。荆南监军崔潭峻甚礼接稹。长庆初，潭峻归朝，出稹《连昌宫辞》等奏御。穆宗大悦。即日转祠部郎中，知制诰。朝廷以书命不由相府，甚鄙之。唐人务于进取，有捷足者，每为人所妒忌。《旧书·武元衡传》：从父弟儒衡，正拜中书舍人。时元稹依倚内官，得知制诰，儒衡深鄙之。会食瓜阁下，蝇集于上。儒衡以扇挥之，曰：“适从何来？遽集于此？”即此等见解，非知砺廉隅也。居无何，召入翰林，为中书舍人、承旨学士，中人以潭峻故，争与稹交。知枢密魏弘简，尤与相善。裴度三上章攻之。穆宗不得已，以稹为工部侍郎，弘简为弓箭库使。见《本纪》。然及明年洗雪王廷凑，即罢崔植而相稹，度亦改东都留守矣。《旧书·度传》云：稹交结内官，求为宰相。虽与度无憾，然颇忌前达。度方用兵山东，每处置军事，有所论奏，多为稹辈所持。其请上罢兵，亦以欲罢度兵柄之故。当时河北形势，用兵实难坚持，究因欲罢度兵柄而罢兵？抑因罢兵而罢度兵柄？殊难质言，然其主张恐必出于宦官，而稹附和之，非稹自有主张也。谏官相率伏阁，诣延英门者日二三。帝知其谏，不即被召。皆上疏言时未偃兵，度有将相全才，不宜置之散地。乃诏度自太原由京师赴洛。三月，度至京师。以为淮南节度使。旋徐州奏王智兴逐崔群，乃使度复知政事，以王播代镇淮南。徐州之变，相一裴度，岂足慰之？明为言者多，处置不得不中变也。排度者岂能甘心？而于方之狱起矣。

时王廷凑、朱克融尚围牛元翼于深州。于方者，颐之子，时为和王傅。干进于积，言："有奇士王昭、王友明，此据《旧书·元积传》。《实录》初见作于友明，后作于启明，见《通鉴考异》。尝客燕、赵间，颇与贼党通熟，可反间以出元翼。仍自以家财资其行。又赂兵、吏部令史，为出告身二十通，以便宜给赐。"积皆然之。有李赏者，知方之谋，以积与度有隙，乃告度云："方为积所使，欲结王昭等刺度。"度隐而不发。及神策中尉奏方事，《元积传》。《通鉴》云：赏诣左神策告其事。乃诏三司使韩皋等讯鞫。害裴事无验，而前事尽露，遂俱罢积，度平章事，而相李逢吉。穆宗即位，逢吉移山南东道。《旧书·传》云：逢吉于帝有侍读之恩，遣人密结幸臣，求还京师。长庆二年（822）三月，召为兵部尚书。度在太原时，尝上表论积奸邪，及同居相位，逢吉以为势必相倾，乃遣人告于方结客，欲为积刺度。《度传》云：度自太原入朝，恶度者以逢吉善于阴计，乃自襄阳召入朝。度既复知政事，而魏弘简、刘承偕之党在禁中，逢吉用族子仲言之谋，因医人郑注与中尉王守澄交结，内官皆为之助。五月，左神策军奏：李赏称于方受元积所使，结客欲刺裴度。诏左仆射韩皋，给事中郑覃，与逢吉三人鞫之。狱未竟，罢积为同州刺史，度为左仆射，逢吉代度为宰相。案，于方之计，元积所以然之者？《旧书》云：以天子非次拔擢，欲有所立以报上；《新书》云：积之相，朝野杂然轻笑，思立奇节报天子，以厌人心；二者俱可有之。深州之围，岂可不解？欲解围而不能用兵，不得已而思用间，虽云无策，亦不为罪。结客刺度，事涉离奇，其必为虚构可知。度闻之，隐而不发，盖亦知其不足信？而神策遽为闻奏，吹皱一池春水，底事干卿？盖宦官之中，有与积交欢者，亦有与之不快者，度则本无香火，故一举而并去之也。积引宦官以倾度，而逢吉即袭其术以覆积，此则所谓螳螂捕蝉，黄雀又随其后者矣。李仲言与郑注，皆志除宦官之人，谓其为逢吉介以交守澄，说必不然，别见下章第一节。

长庆三年（823）三月，牛僧孺为相。李德裕先已罢学士，出为御史中丞。《旧传》云：李逢吉既得权位，锐意报怨。时德裕与牛僧孺，俱有相望。逢吉欲引僧孺，惧李绅与德裕禁中沮之，出德裕为浙西观察使。寻引僧孺同平章事。由是交怨愈深。《逢吉传》云：李绅有宠，逢吉恶之，乃除为中丞。又欲出于外。乃以吏部侍郎韩愈为京兆尹，兼御史中丞，放台参。以绅褊直，必与愈争。及制出，绅果移牒往来。愈性木强，遂至语辞不逊，喧论于朝。逢吉乃罢愈为兵部侍郎，绅为江西观察使。绅中谢日，帝留而不遣。《绅传》云：绅对中使泣诉，言为逢吉所排，中谢日，又面自陈诉，乃改授户部侍郎。愈亦复为吏部侍郎，见本传。此又见当日翰林中人，皆蟠结深固，不易动摇也。

穆宗好击鞠，狎徘优，喜观角抵杂戏。又盘于游畋，尝发神策兵浚鱼藻池，观竞渡。由复道幸咸阳，奉郭太后游华清宫。在今陕西临潼县南。幸安国寺观盂兰盆。作宝庆、永安殿。盛饰安国、慈恩、开业、章敬等寺，纵吐蕃使者观之。此隋炀帝之所为也。其时财政甚艰，军费尤困，《旧书·本纪》：元和十五年（799）六月，诏："今年五月敕，应给用钱，每贯抽五十文，都计一百五十万贯，宜并停抽。"仍出内库钱三十七万五千贯，付度支给用。然及长庆元年（821）十二月，复敕"诸道除上供外，留州、留使钱内，每贯割二百文，以助军用"。至二年三月乃停。时王播奏："江淮盐估，每斗加五十文，兼旧三百文，又加茶榷，旧额百文，更加五十文。"户部侍郎张平叔请官自卖盐，韦处厚随条诘难，乃止。而帝赏军殊厚；《本纪》：长庆二年三月，诏曰："武班之中，淹滞颇久；又诸荐送大将，或随节度使归朝；自今已后，宜令神策六军军使及南衙常参武官，各具历任送中书门下。素立大功及有才器者，量加奖擢。常参官依月限改转。诸道军府带监察已上官者，限三周年即与改转。军士死王事者，三周年内，不得停衣粮。"上于御军之道，未得其要，常云宜姑息戎臣。故即位之初，倾府库颁赏之，长行所获，人至巨万。非时赐与，不可胜纪。故军旅益骄，法令益弛。战则不克，国祚日危。洎颁此诏，方镇多以大将文符，鬻之富贾，曲为论奏，以取朝秩者，叠委于中书矣。又《敬宗纪》：即位，诏赏神策诸军士，人绢十四，钱十千。畿内诸军镇，绢十四，钱五千。其余军镇，颁给有差。内出绫绢三百万段，以助赏给。穆宗初即位，在京军士，人获五十千，在外军镇，差降无几。至是，宰臣奏议，请量国力颁赏，故差减于先朝。物议是之。案，穆宗初亦未尝不欲削平藩镇，力不逮耳，何至专以姑息为务，一反宪宗之节啬哉？窃疑其立由弑逆，厚赏以縻军心，内军既厚，外军不得而薄。至二年三月之诏，则以时既罢兵，借以收武人之心，而消其叛志也。可谓无具矣。然亦可见谓因赏薄以致卢龙之叛者，必非实录也。更益之以嬉游；赏赐嬖幸亦无度；于是经费益不能支，而河北之师，不得不罢矣。

帝生五子：长曰景王湛，即敬宗也。长庆二年（822）十一月庚辰，击鞠禁中。有内官，欻然坠马，如物所击。上恐，罢鞠。升殿遽足不能履地。风眩就床。自是外不闻上起居者三日。十二月丁亥朔，庚寅，李逢吉率百僚至延英门请见。上不许。中外与度等盖谓裴度。三上疏请立皇太子。辛卯，上于紫宸殿御大绳床见百官。李逢吉奏景王成长，请立为皇太子。左仆射裴度又极言之。癸巳，诏立景王为皇太子。《旧书·本纪》。《新书·李逢吉传》曰：帝暴疾，中外阻遏。逢吉因中人梁守谦、刘弘规、王守澄议，请立景王为皇太子。帝不能言，颔之而已。盖议虽决于御殿时，实先因宦官密定之于禁中也。帝亦饵金石之药。见《旧书·本纪》长庆四年。亦见《张皋传》，附《裴潾传》后。四年正月崩。

敬宗即位，时年十六。《新书·懿安皇后传》曰：帝崩，中人有为后谋称制者。后怒曰："吾效武氏邪？今太子虽幼，尚可选重德为辅，吾何与外事哉？"盖郭后原非知政治之人，故亦不欲与闻政事也。但中官图揽权者，大有人在，则跃然可见矣。

《旧书·李绅传》曰：中尉王守澄用事，李逢吉命门生故吏结托守澄为援以倾绅。《通鉴考异》：李让夷《敬宗实录》曰：逢吉用族子仲言之谋，因郑注与守澄，潜结上于东宫。且言逢吉实立殿下。上深德之。刘昫承之，为《逢吉传》，亦言逢吉令仲言赂注，求结于守澄。仲言辩谲多端，守澄见之甚悦，自是逢吉有助，事无违者。其《李训传》则云：训自流所还，丁母忧，居洛中，时逢吉为留守，思复为相，乃使训因郑注结王守澄。然则逢吉结守澄，乃在文宗时，非穆宗时也。二传自相违。逢吉结守澄，要为不诬，然未必因郑注。李让夷乃李德裕之党，恶逢吉，欲重其罪，使与李训、郑注，皆有连结之迹，故云用训谋因注以交守澄耳。绅族子虞，文学知名。隐居华阳，唐县，自成都析置。自言不乐仕进。时来京师省绅。虞与从伯耆、进士程昔范皆依绅。耆拜左拾遗，虞在华阳，寓书求荐，误达于绅。绅以其进退二三，以书诮之。虞大怨望。及来京师，尽以绅所密话逢吉奸邪附会之语告逢吉。逢吉大怒。问计于门人张又新、李续之。咸曰："搢绅皆自惜毛羽，孰肯为相公搏击？须得非常奇士出死力者。前邓州司仓刘栖楚，尝为吏镇州，王承宗以事绳之，栖楚以首触地固争，承宗竟不能夺。其果锐如此。若相公取为谏官，令伺绅之失，一旦于上前暴扬其过，恩宠必替。事苟不行，过在栖楚，亦不足惜也。"逢吉乃用李虞、程昔范、刘栖楚，皆擢为拾遗，以伺绅隙。俄而穆宗晏驾。敬宗初即位，逢吉快绅失势，虑嗣君复用之。张又新等谋逐绅。会荆州刺史苏遇入朝。遇能决阴事。众问计于遇。遇曰："上听政后，当开延英，必有次对官。谓次宰相之后而得对，见《通鉴》长庆三年（823）胡《注》。欲拔本塞源，先以次对为虑，余不足恃。"群党深然之。逢吉乃以遇为左常侍。王守澄每从容谓敬宗曰："陛下登九五，逢吉之助也。先朝初定储贰，惟臣备知。时翰林杜元颖、李绅劝立深王，宪宗子，名悰。而逢吉固请立陛下。"李续之、李虞继献章疏。帝虽冲年，亦疑其事。会逢吉进拟，言"李绅在内署时，尝不利于陛下，请行贬逐"。帝初即位，方倚大臣，不能自执，乃贬绅端州司马。端州，今广东高要县。正人腹诽，无有敢言。惟翰林学士韦处厚上疏，极言逢吉奸邪，诬摭绅罪。《通鉴考异》：《处厚传》曰，敬宗即位，李逢吉用事，素恶李绅，乃构成其罪，祸将不测。处厚乃上疏云云。帝悟其事，绅得减死，贬端州司马。今从《实录》。处厚上疏，在绅贬端州后。案，疏辞云：臣闻朋党议论，以李绅贬黜尚轻。其在贬后无疑。传又云：宝历元年（825），群臣上尊号，肆赦，逢吉以绅之故，所撰赦文，但云左降官已经量移者与量移，不言未量移者。处厚又上疏，乃追改赦文。天子亦稍开悟。会禁中检寻旧事，得穆宗时封书一箧。发之，得裴度、杜元颖与绅疏，请立敬宗为太子。帝感悟兴叹，悉命焚逢吉党所上谤书。由是谗言稍息，绅党得保全。观此，知朋党之相攻，实因宦官之置君如弈棋而愈甚也。《逢吉传》曰：朝士代逢吉鸣吠者，张又新、李续之、张权舆、刘栖楚、李虞、程昔范、姜洽、李仲言。八人居要剧，而胥附者又八人，时号八关、十六子。其中虞与昔范，固依附绅者，可见惟利是视者之离合无常。《通鉴考异》曰：宰相之门，何尝无特所亲爱之士，数蒙引接，询访得失，否臧人物？其间忠邪浑殽，固亦多矣。疏远不得志者，则从而怨疾之，巧立名目，以相讥诮。此乃古今常态，非独逢吉之门，有八关、十六子也。《旧逢吉传》以为有求于逢吉者，必先经此八人纳赂，无不如意，亦恐未必然。但逢吉之门，险诐者为多耳。此皆出于李让夷《敬宗实录》。按栖楚为吏，敢与王承宗争事，此乃正直之士，何得为佞邪之党哉？盖让夷、德裕之党，而栖楚为逢吉所善，故深诋之耳。此言于仕途情状，可谓烛照无遗。惟以刘栖楚为正士，恐未必然耳。《旧书·栖楚传》：敬宗坐朝常晚，栖楚出班，以额叩龙墀出血苦谏，久之不已。宰臣李逢吉出位宣曰："刘栖楚休叩头，候诏旨。"栖楚捧首而起。因更陈论，磕头见血。上为之动容，以袖连挥令出。栖楚又云："不可臣奏，臣即碎首死。"中书侍郎牛僧孺复宣示而出。又《文苑·崔威传》：裴度自兴元入觐，逢吉不欲度复入中书，栖楚等十余人驾肩排度。朝士持两端者，日拥度门。一日，度留客命酒。栖楚矫求度之欢，曲躬附度耳语，咸疾其矫，举爵罚度曰："丞相不当许所由官咕嗫耳语。"度笑而饮之。栖楚不自安，趋出。此两事，可谓丑态毕露矣。即谓亦出造谤，王承宗岂足死之主邪？诬人者固如鸣吠，见诬者亦岂自惜羽毛之士？如涂涂附，两造皆一丘之貉耳。论人者所以必先德而后才，宁取难进易退之徒，不歆奔走后先之类也。

逢吉虽一时得志，其势亦未能固。宝历元年（825）正月，牛僧孺出。《旧书·僧孺传》云：宝历中，朝廷政事出于邪幸，大臣朋比，僧孺不奈群小，拜章求罢者数四。帝曰："俟予郊礼毕放卿。"及穆宗祔庙。郊报后，又拜章陈退。乃于鄂州置武昌军额，以僧孺为节度。僧孺在党人中，避祸之心，似较重于徼利，故睹朝局纷纭，遂奉身而退，为趋避之计也。僧孺既退，逢吉之势盖稍孤？韦处厚遂再乘机援裴度。《度传》云：逢吉之党沮度，度之丑誉日闻。俄出为山南西道，不带平章事。长庆四年（824），牛元翼卒，王廷凑屠其家，帝叹宰辅非才，处厚上言，乃下制复兼同平章事。《逢吉传》云：宝历初，度连上章请入觐，逢吉之党，欲沮其来，张权舆撰"非衣小儿"之谣，传于闾巷，言度有天分，应谣谶，《度传》：权舆上疏曰："度名应图谶，宅据冈原，不召自来，其心可见。"先是奸党忌度，作谣辞云："非衣小儿坦其腹，天上有口被驱逐。"天口言度尝平吴元济也。又帝城东西，横亘六冈，合易象乾卦之数，度平乐里第，偶当第五冈。故权舆取为语辞。而韦处厚于上前解析，言权舆所撰。又令卫尉卿刘遵古从人安再荣告武昭谋害逢吉。武昭者，有才力，度破淮蔡时奖用之，累奏为刺史。及度被斥，昭以门吏，久不见用，客于京师，颇有怨言。逢吉冀法司鞫昭行止，则显裴度任用，以沮入朝之行。逢吉又与同列李程不协。大学博士李涉、金吾兵曹茅汇者，于京师贵游间，以气侠相许。二人出入程及逢吉之门。水部郎中李仍叔，程之族，谓昭曰："程欲与公官，但逢吉沮之。"昭愈愤怒。因酒，与京师人刘审、张少腾说刺逢吉之言。审以告张权舆，闻于逢吉。即令汇召昭相见。厚相结托。自是疑怨之言稍息。逢吉待汇尤厚。及度求觐，无计沮之，即令讦昭事以暴扬其迹。李仲言诚汇曰："言武昭与李程同谋则活，不则死。"汇曰："冤死甘心，诬人以自免，予不为也。"及昭下狱，逢吉之丑迹皆彰。昭死，仲言流象州。见第四章第一节。汇流巂州。李涉流康州。今广东德庆县。李虞自拾遗为河南士曹。度自汉中召还，复知政事。逢吉出为山南东道。此事与于方之狱，如出一辙。朋党之相攻，真无所不至矣。

敬宗亦好击球。郓州尝进驴打球人。上御三殿，观两军、教坊、内园分朋驴鞠、角抵。戏酣，有碎首折臂者。好深夜自捕狐狸，宫中谓之打夜狐。遣中使至新罗取鹰鹞。屡合乐，陈百戏，赐教坊钱。常幸鱼藻宫观见第一节。竞渡。又幸凝碧池，在今长安县境，唐时在禁苑中。令兵千余人于池中取大鱼，长大者送入新池。尝欲幸骊山，张权舆谏曰："昔周幽王幸骊山，为犬戎所杀；秦始皇葬骊山，国亡；玄宗宫骊山而禄山乱；先帝幸骊山，享年不长。"上曰："骊山若此之凶邪？我宜一往，以验彼言。"卒不听。又欲幸东都，以裴度谏而止，实则其时朱克融执赐春衣使，又与史宪诚各请助丁匠修东都，为所慑也。见《旧书·裴度传》。亦惑佛老，祷福祈年，浮屠、方士，并出入禁中。《新书·李德裕传》。信道士刘从政、孙准、山人杜景先等。遣中使往各地采药，求访异人。性好土木，兴作相继。《本纪》：长庆四年（824）八月，江王府长史段钊言："龙州近郭有牛心山，山有仙人李龙眼祠，颇灵应。玄宗幸蜀时，特立祠庙。"上遣高品张士谦往龙州检行。回奏："山有掘断处。"群臣言宜须修筑。时方沍寒，役民数万计。九月，波斯大商李苏沙进沉香亭子材。事亦见《李汉传》。宝历元年闰七月，诏度支进铜三千斤，金薄十万，翻修清思院新殿，及升阳殿图障。二年正月，以诸军丁夫二万入内穿池、修殿。又多所制造。时令浙西造盝子二十具，计用银一万三千两，金一百三十两，而当道在库贮备银无二三百两，留使钱惟有五万贯而已。又诏浙西织造可幅盘绦缭绫一千四，观察使李德裕不奉诏，乃罢。见《纪》长庆四年（824）及《德裕传》。群臣争以进奉希宠。《本纪》：宝历元年（825）七月，盐铁使王播进羡余绢一百万匹，仍请日进二万，计五十日方毕。播自掌盐铁，以正入钱进奉，以希宠固位，托称羡余物，议者欲鸣鼓而攻之。事亦见《播传》。又《裴度传》。度素称坚正，事上不回，故累为奸巧所排，几至颠沛。及晚节，稍浮沉以避祸。王播广事进奉以希宠，度亦掇拾羡余以效播。士君子少之。杜元颖为西川，箕敛刻削，工作无虚日，军民嗟怨。至南蛮入寇，遣人上表，谓"蜀人怨苦，祈我此行诛虐帅焉"。视朝不时，稍稍决事禁中。宦竖恣放，大臣不得进见。《新书·高元裕传》。除授往往不由中书，多是内中宣出。宝历改元大赦，崔发为中官所殴，已见第七章第六节。是月，右赞善大夫李光现与品官李重实争忿，以笏击重实流血。《通鉴注》：玄宗天宝十三年（754），内侍省置高品一千六百九十六人，品官白身二千九百三十二人，皆群阉也。上以宗属，罚两月俸料。又殿中侍御史王源植街行，为教坊乐伎所侮，帝亦反贬源植。由是纲纪大坏。至于贼入宫门，进登御榻，事在长庆四年四月，见《旧书·本纪》。《新书·宦者·马存亮传》曰：元和中，累擢左神策军副使、左监门卫将军，知内侍省事。进左神策中尉。敬宗初，染署工张韶与卜者苏玄明善。玄明曰："我尝为子卜，子当御殿食，我与焉。吾闻上昼夜猎，出入无度，可图也。"韶每输染材入宫，卫士不呵也。乃阴结诸工百余人，匿兵车中，若输材者，入右银台门，约昏夜为变。有诘其载者，韶谓谋觉，杀其人，出兵，大呼成列。时帝击球清思殿，惊，将幸右神策。或曰："贼入宫，不知众寡，道远可虞，不如入左军，近且速。"从之。初帝宠右军中尉梁守谦，每游幸，两军角戏，帝多欲右胜，而左军以为望。至是，存亮出迎，捧帝足泣，负而入。以五百骑往迎二太后。比至，贼已斩关入清思殿。升御坐，盗乘舆余膳，揖玄明偶食，且曰："如占。"玄明惊曰："止此乎？"韶恶之。悉以宝器赐其徒。攻弓箭库。仗士拒之，不胜。存亮遣左右神策骑兵讨贼。日暮，射韶及玄明皆死。存亮于一时功最高，乃推委权势，求监淮南军。代还，为内飞龙使。大和中，以右领卫上将军致仕。案，如所言，张韶乃一妄人，其何能叛？疑内必有为之主者，而当时不敢深究也。且有品官与妖贼图不轨，至杖死千四百人焉。《旧书·本纪》：长庆四年八月，妖贼马文忠，与品官季文德等，凡一千四百人，将图不轨，皆杖一百处死。此事颇类清代之林清，疑亦内官为主谋，观此，而知当时宫禁情势之危也。

帝既善击球，于是球工得见便殿，内籍宣徽院或教坊。球工皆出神策隶卒，或里闾恶少年。帝与狎息殿中为戏乐。四方闻之，争以趣勇进。所亲近既皆凶不逞，又小过必责辱，自是怨望。宝历二年（826）十二月，帝猎夜还，与宦者刘克明等二十八人群饮。既醉，帝更衣，烛忽灭，克明与苏佐明、石定宽弑帝更衣室。二人，《旧纪》云：皆打球军将。矫诏召翰林学士路隋作诏书，命绛王悟宪宗第六子。领军国事。明日，下遗诏。绛王即位。克明等恃力，将易置左右，自引支党专兵柄。枢密使王守澄、杨承和，中尉梁守谦、魏从简，与宰相裴度共迎江王涵，穆宗第二子。发左右神策及六军飞龙兵讨之。克明投井死。杀其党数十人。绛王为乱兵所杀。江王立，更名昂，是为文宗。

# 第九章　文武宣三朝事迹

## 第一节　甘露之变

穆敬之世，朝局之症结，果安在乎？曰：宦竖专权，士大夫不能出身犯难，而转与之相结。

宦竖之专横，可于刘蕡之策对见之。蕡以太和二年（828）应贤良策对，极言宫闱将变，社稷将危，天下将倾，海内将乱，为国家已然之兆。其言曰："以亵近五六人，总天下大政，群臣莫敢指其状，天子不得制其心。祸稔萧墙，奸生帷幄，臣恐曹节、侯览，复生于今日。此宫闱之所以将变也。忠贤无腹心之寄，阉寺持废立之权。陷先君不得正其终，致陛下不得正其始。况皇储未建，郊祀未修，将相之职不归，名分之宜不定。此社稷之所以将危也。操其命而失之，是不君也。侵其命而专之，是不臣也。君不君，臣不臣，此天下所以将倾也。或有不达人臣之节，首乱者以安君为名，不究《春秋》之微，称兵者以逐恶为义，则政刑不由乎天子，攻伐必自于诸侯。此海内之所以将乱也。"其论当时之政事曰："亲近贵幸，分曹补署，建除卒吏，召致宾客。因其货贿，假其气势，大者统藩方，小者为牧守。居上无清惠之政，而有饕餮之害，居下无忠诚之节，而有奸欺之罪。故人之于上也，畏之如豺狼，恶之如仇敌。今海内困穷，处处流散。饥者不得食，寒者不得衣，鳏、寡、孤、独者不得存，老、幼、疾病者不得养。加以国之权柄，专在左右。贪臣聚敛以固宠，奸吏因缘而弄法。冤痛之声，上达于九天，下流于九泉。鬼神怨怒，阴阳为之愆错。君门万里，而不得告诉。士人无所归化，百姓无所归命。官乱人贫，盗贼并起。土崩之势，忧在旦夕。即不幸，因之以疾疠，继之以凶荒，臣恐陈胜、吴广，不独起于秦；赤眉、黄巾，不独起于汉。"于懿、僖时之政局，若烛照而数计焉。又曰："昔汉元帝即位之初，更制七十余事，其心甚诚，其称甚美，然而纪纲日紊，国祚日衰，奸宄日强，黎元日困者？以其不能择贤明而任之，失其操柄也。"则欲革政治，非除宦官不可矣。又曰："夏官不知兵籍，止于奉朝请；六军不主兵事，止于养勋阶。军容合中官之政，戎律附内臣之职。首一戴武弁，疾文吏如仇雠；足一蹈军门，视农夫如草芥。谋不足以翦除凶逆，而诈足以抑扬威福；勇不足以镇卫社稷，而暴足以侵轶里闾。羁绁藩臣，干陵宰辅。隳裂王度，汨乱朝经。张武夫之威，上以制君父；假天子之命，下以御英豪。有藏奸观衅之心，无伏节死难之义。"则欲除宦官，又非去其兵权不可也。时考官畏中官，不敢取，然士人读其辞，至有感慨流涕者。谏官、御史、交章论其直。登科人李郃谓之曰："刘蕡不第，我辈登科，实厚颜矣。"上疏请以所授官让蕡。事虽不行，人士多之。而蕡卒为宦人所疾，诬以罪，贬柳州司户参军以卒。即此一端，宦官之专横可见矣。蕡对策，自言退必受戮于权臣之手；李郃讼蕡，亦曰："万有一，蕡不幸死，天下必曰陛下阴杀谠直。"然则蕡之贬谪，在宦人，已为慑于舆论而敛迹矣，尚复成何事体邪？

文宗性恭俭儒雅，出于自然。在藩时，喜读《贞观政要》。即位后，每延英对宰臣，率漏下十一刻。故事，天子只日视事。帝谓宰辅曰："朕欲与卿等每日相见，其辍朝、放朝，用双日可也。"其勤政如此。而其俭德尤为难及。甫即位，即革除先朝弊政。旋下诏放内庭宫人三千。停废教坊乐官、翰林待诏伎术官，并总监诸色职掌内冗员千二百七十。停给教坊及诸司衣粮三千分。解放五方鹰鹞。停造别诏所宣不在常贡内者。度支、盐铁、户部及州、府百司应供宫禁物，并准贞元元额。放还诸道所进音声女人。东头御马坊球场，却还龙武军。殿亭所司毁撤，余舍赐本军。城外坟墓，先有开剗，以备行幸，晓示百姓，任其修塞。其后此类诏旨甚多。并见《本纪》。且欲创建制度，率百官以俭朴，以挽奢侈之风。可参看大和四年（830）四月、七年八月诏，皆见《纪》。史称其能躬行俭素，以率厉之。亦可谓难能矣。然不能除去宦官，以振纪纲，则终亦徒善、徒法而已。此文宗之所以悉力于此也。

文宗即位时，韦处厚与其事，《旧书》本传：宝历季年，急变中起。文宗底绥内难，诏命将降，未有所定。处厚闻难奔赴。昌言曰："春秋之法，大义灭亲。内恶必书，以明逆顺。正名讨罪，于义何嫌？安可依违，有所避讳。"遂奉藩教行焉。是夕，诏命制置，及践祚礼仪，不暇责有司，皆出于处厚之议。遂以为相。盖处厚善于裴度，帝之立，度与其谋，故处厚亦与其事也。于是刘栖楚等先后贬斥，李逢吉之党尽矣。《旧书·栖楚传》：栖楚在敬宗时，迁起居郎，至谏议。俄又宣授刑部侍郎。丞郎宣授，未之有也。改京兆尹。摧抑豪右，甚有钩距，人多比之赵广汉。后特权宠，常以辞气凌宰相韦处厚，遂出为桂州观察使。逾年，卒于任。又《熊望传》：粗有文辞，而性憸险，有口辩，往往得游公卿间，率以大言诡意，指抉时政。既由此而得进士第，务进不已，而京兆尹刘栖楚，以不次骤居清贯，广树朋党，门庭无昼夜，填委不悉。望出入栖楚之门，为伺密机，人无知者。昭愍嬉游之隙，学为歌诗。以翰林学士崇重，不可亵狎，乃议别置东头学士，以备曲宴赋诗。令采卑官为之。栖楚以望名荐送。事未行而昭愍崩。文宗即位，韦处厚辅政，大去奸党，既逐栖楚，诏可漳州司户。漳州，今福建龙溪县。大和二年十二月，处厚卒。路隋继相。三年八月，裴度荐李德裕为相，召为兵部侍郎，而李宗闵时为吏部侍郎。以中人之助同平章事，宗闵之相，《新书·本纪》在八月，《旧书》在七月，盖《旧纪》有夺文。德裕仍出为郑滑节度。四年正月，宗闵复引牛僧孺为相。至九月，裴度亦出为兴元。《旧书·李德裕传》云：度于宗闵有恩。征淮西时，请宗闵为彰义观察判官。自后名位日进。至是，恨度援德裕，罢度相位。于是朝局一变矣。然牛、李两党，皆蹈常习故，但为身谋，不足膺文宗之任使也。

是岁，文宗又以宋申锡为相。申锡，长庆初拜监察御史。二年（822），迁起居舍人。宝历二年（826），转礼部员外郎。寻充翰林学士。史称其始自策名，及在朝行，清慎介洁，不趋党与。当长庆、宝历之间，时风嚣薄，朋比大扇，及申锡被用，时论以为激劝。盖文宗所亲擢不党之士也。时宦官中权最大者为王守澄。《旧书·本纪》：大和元年（827）二月，右军中尉梁守谦请致仕，以枢密使王守澄代之。五年，守澄军虞候豆卢著告申锡与漳王谋反。漳王凑，穆宗第六子，后追赠怀懿太子。即将以二百骑屠申锡之家。内官马存亮诤之。乃召三相告之。路隋、李宗闵、牛僧孺。又遣右军差人于申锡宅捕孔目官、家人，又于十六宅及市肆追捕胥吏，以成其狱。《旧书·怀懿太子传》：郑注令豆卢著告变，言十六宅宫市典晏敬则、朱训与申锡亲事王师文同谋不轨。朱训与王师文言圣上多病，太子年小，若立兄弟，次是漳王，要先结托。乃于师文处得银五铤，绢八百匹。又晏敬则于十六宅将出漳王吴绫汗衫一领，熟线绫一匹，以答申锡。其事皆郑注凭虚结构，而擒朱训等于黄门狱，锻炼伪成其款。文宗召师、保、仆射、尚书丞、郎、常侍、给事、谏议舍人、御史中丞、京兆尹、大理卿，同于中书及集贤院参验其事。翼日，开延英，召宰臣及议事官，帝自询问。初议抵申锡死，仆射窦易直率然对曰："人臣无将，将而必诛。"闻者愕然。左散骑常侍崔玄亮等十四人伏殿陛，请以狱付外。帝震怒，叱曰："吾与公卿议矣，卿属第出。"玄亮固言，执据愈切，涕泣恳到。由是议贷申锡于岭表。京兆尹崔琯、大理卿王正雅苦请出著与申锡劲正情状。帝悟，乃贬申锡开州司马。开州见第八章第一节。从而流死者数十人。漳王降封巢县公。而擢豆卢著为殿中侍御史。是役也，《旧书·申锡传》谓申锡既得密旨，乃除王璠为京兆尹，以密旨喻之。璠不能谋，而郑注与王守澄知之，潜为其备。豆卢著者，与注亲表。《新书》则谓璠漏言而注得其谋。其《璠传》云：郑注奸状始露，宰相宋申锡、御史中丞宇文鼎密与璠议除之，璠反以告王守澄，而注由是倾心于璠。其《李训传》谓甘露变后，璠见王涯，恚曰："公何见引？"涯曰："君昔漏宋丞相谋于守澄，今焉逃死？"又《旧书·李中敏传》言：大和六年夏旱，诏求致雨之方。中敏上言曰："仍岁大旱，非圣德不至，直以宋申锡之冤滥，郑注之奸弊。致雨之方，莫若斩注而雪申锡。"《新书》则云：天下士皆指目郑注，何惜斩一注以快忠臣之魂？似申锡之败，确由注与璠为之者。然注与璠皆甘露变时助文宗以图宦官之人，使诸说而可信，注、璠即不惜反覆，文宗岂能复任之？故知其说必不足信也。唐史所凭，乃当时众口传述之语，然众口传述之语，实不足信也。《旧书·申锡传》谓时中外属望大寮三数人廷辩其事，文宗所以博召众官，盖亦欲借公论以折宦竖？乃窦易直有率尔之言，固争者仅谏官十四人及京兆、大理而已，何其寥寂也？外廷情势如此，欲为非常之举，安得不属望于孤寒新进之士邪？申锡以七年七月，殁于开州。《旧书传》云：申锡"以时风侈靡，居要位者尤纳贿赂，遂成风俗，不暇更方远害，且与贞元时甚相背矣"。自居内廷，及为宰相，约身谨洁，尤以公廉为己任，四方问遗，悉无所受。既被罪，为有司验劾，多获其四方受领所还问遗之状，朝野为之叹息。李中敏疏亦云："宋申锡位宰相，生平馈致一不受，其道劲正。"见《新书·中敏传》。植党与者必务声华，务声华者必难廉俭，此又欲为非常之举者，所以必求心腹之士于党人之外欤？

李德裕以大和四年（830）十月，移帅西川。明年，吐蕃维州守将悉怛谋降，德裕请受之，牛僧孺为相，令执送还蕃，戮于境上。事见第五节。六年冬，德裕入为兵部尚书。十二月，僧孺出镇淮南。《旧书·传》云：由维州事，谤论沸然，帝亦不以为直。又云："时中尉王守澄用事，多纳纤人，窃议时政，禁中事密，莫知其说。"盖两说而《传》兼采之？《德裕传》云：监军王践言入朝，知枢密，于上前言缚送悉怛谋，快戎心，绝归降之义，上颇尤僧孺。事究如何不可知，然其与宦官有关系，则似无疑义矣。七年二月，德裕遂以本官同平章事。六月，李宗闵亦罢。

郑注，《旧书·传》云：本姓鱼。始以药术游长安权豪之门。李愬为襄阳，得其药力，署为衙推。从愬移镇徐州，又为职事。军政可否，愬与之参决。时王守澄监徐军，深怒注。以军情患注白于愬。愬曰："彼奇才也，将军试与之语。"即令谒监军。守澄初有难色。及延坐与语，机辩纵横，尽中其意。遂延于内室，促膝投分，恨相见之晚。自是出入守澄之门，都无限隔。注与守澄有关系，自是事实，此说则近东野人之言，其不足信可知。守澄入知枢密，注仍依之。宋申锡之狱，史谓事由于注，其不足信，已辩于前。《传》又云：大和七年（833），注罢邠宁行军司马，入京师。御史李款阁内弹之，曰："郑注内通敕使，外结朝官，两地往来，卜射财货，昼伏夜动，干窃化权。人不敢言，道路以目。请付法司。"旬日内弹章十数。文宗不纳。寻授注通王府司马，充右神策判官。亦见《本纪》。《通鉴》云：款奏弹注，守澄匿注于右军。左军中尉韦元素、枢密使杨承和、王践言皆恶注。左军将李弘楚说元素诈为有疾，召使治之。来则延与坐，弘楚侍侧，伺中尉举目，擒出杖杀之。中尉因见上请罪，具言其奸。杨、王必助中尉。况中尉有翼戴之功，岂以除奸而获罪乎？元素以为然，召之。注至，蠖屈鼠伏，佞辞泉涌。元素不觉执手款曲，谛听忘倦。弘楚诇伺再三，元素不顾。以金帛厚遗注而遣之。弘楚怒曰："中尉失今日之断，必不免他日之祸矣。"因解军职去。顷之，疽发背卒。此说之不足信，与注见守澄旋相投分同，然亦可见是时左右军相争之烈也。《鉴》又云：王涯之为相，注有力焉，且畏王守澄，遂寝李款之奏。守澄言注于上而释之。寻奏为侍御史，充右神策判官。案，大和元年（827），播以盐铁转运入相，领使如故，四年正月卒，王涯以吏部尚书，代之充使，及是年七月，以仆射拜相，领使如故。此乃奉行故事，安见其由注之力乎？《旧书·李德裕传》云：大和七年十二月，文宗暴风病，不能言者月余。八年，王守澄进郑注。注初构宋申锡事，帝深恶之，欲令京兆尹杖杀。至是，以药稍效，始善遇之。文宗与申锡，相契殊深，注苟与构申锡，岂易释然？而守澄亦安敢进之邪？李训即仲言，坐武昭事长流岭表，已见上章第五节。会赦得还。丁母忧，居洛中。《旧书·传》云："时李逢吉为留守，思复为相，训自言与郑注善，逢吉以为然，遗训金帛珍宝数百万，令持入长安以赂注，注得赂，甚悦。乘间荐于守澄。守澄乃以注之药术，训之《易》道，合荐于文宗。"此亦诬说。训之居洛，盖交结贤豪甚多，如郭行馀，即在此时与训相善。其与郑注合，在于何时不可知，要必非因为逢吉行赂而致也。是年，大和八年。训补四门助教。十月，迁国子《周易》博士，充翰林侍讲学士。两省谏官伏阁切谏，不听。仲言此时更名为训，见《纪》。《旧书·李德裕传》曰：上欲授训谏官，德裕不可。上顾王涯："别与一官。"遂授四门助教。制出，给事中郑肃、韩佽封之不下。谓封还。涯召肃面谕令下。训、注恶德裕排己，九月十日，召李宗闵于兴元，代德裕。出德裕为兴元。德裕自陈恋阙，不愿出藩。追敕，守兵部尚书。宗闵奏制命已行，不宜自便。寻改镇海军节度，代王璠。《璠传》云：李训得幸，累荐于上，召还复拜右丞。璠以逢吉故吏，自是倾心于训。亦莫须有之辞也。《德裕传》又曰：宫人杜仲阳，漳王养母。王得罪，放润州。九年三月，左丞王璠、户部侍郎李汉进状，论德裕在镇，厚赂仲阳，结托漳王，图谋不轨。案，漳王已于八年薨，此追论德裕前在浙西时事。四月，帝召王涯、李固言、御史大夫。路随、王璠、李汉、郑注等面证其事。璠、汉加诬构结，语甚切至。路随奏曰："德裕实不至此。诚如璠、汉之言，微臣亦合得罪。"群论稍息。寻授德裕太子宾客，分司东都。其月，又贬袁州长史。袁州，今江西宜春县。路随坐证德裕，出镇浙西。于是贾餗为相，而郑注以守太仆卿兼御史大夫。《通鉴》曰：上之立也，右领军将军仇士良有功，王守澄抑之，由是有隙。训、注为上谋，进擢士良，以分守澄之权。五月，以士良为左神策中尉。士良不悦。六月，韦元素、杨承和、王践言居中用事，与王守澄争权不协，训、注因之，出承和于西川，元素于淮南，践言于河东，皆为监军。杨虞卿者，李宗闵之党。时为京兆尹。是月，京师讹言郑注为上合金丹，须小儿心肝，密旨捕小儿无算。李固言奏，语出京兆尹从人。上怒，即令收虞卿下狱。翼日，贬虔州司马。虔州见第二章第七节。李宗闵坐救虞卿，贬明州，见第七章第四节。再贬虔州。《新书·宗闵传》云：训、注又劾宗闵异时阴结驸马都尉沈㰁，尚宪宗女宣城公主。内人宋若宪，贝州清阳人。世为儒学，至其父庭芬，有辞藻，生五女：若莘、若昭、若伦、若宪、若荀，皆聪惠。庭芬始教以经艺，既而课为诗赋。贞元四年（788），昭义节度使李抱真表荐之。德宗俱召入宫，不以宫妾遇之，呼为学士先生。庭芬起家，受饶州司马。习艺馆内，救赐第一区，给俸料。元和末，若莘卒。自贞元七年以后，宫中记注、薄籍，若莘掌其事。穆宗复令若昭代司其职，拜尚宫，宝历初卒。若宪代司官籍，至是，幽于外第，赐死。弟、侄、女婿等，连坐者十三人，皆流岭表。若伦、若荀早卒。清阳，在今河北清河县东。饶州见第二章第六节。宦者韦元素、王践言求宰相。《旧书·宗闵传》云：在宗闵为吏部侍郎时，但云因沈㰁结托若宪、承和，二人数称之于上前，故获征用。案，宗闵为吏部侍郎，事在大和二年。且言顷上有疾，密问术家吕华，迎考命历，曰：恶十二月。而践言监军淮南，受德裕赇，复与宗闵家私。乃贬宗闵潮州司户参军事，潮州见第二章第二节。㰁逐柳州，见第四章第二节。元素等悉流岭南，亲信并斥。《旧书·本纪》。事在八月。《通鉴》云：诏以杨承和庇护宋申锡、韦元素、王践言，与李宗闵、李德裕，中外连结，受其赂遗。承和可驩州安置，见第二章第一节。元素可象州安置，见第四章第一节。践言可恩州安置，今广东恩平县。今所在锢送。杨虞卿、李汉、萧瀚刑部侍郎。为朋党之首。贬虞卿虔州司马，汉汾州司马，见第六章第二节。瀚遂州司马。今四川遂宁县。寻遣使赐承和、元素、践言死。时崔潭峻已卒，亦剖棺鞭尸。此时两党俱逐，可谓快绝，而皆牵涉左军，且皆追溯宋申锡之狱，可见守澄之进训、注，实所以图左军，文宗及训、注，乃克以毒攻毒，尽去杨承和等，且因守澄之不疑而反图之也。

李宗闵之得罪也，李固言代为门下侍郎平章事。九月，复出为兴元。舒元舆与李训并相。《旧书·固言传》，谓训、注恶其与宗闵朋党。《通鉴考异》曰：固言锻炼杨虞卿狱，岂得为宗闵党从？《开成纪事》，谓郑注求为凤翔，固言不可，乃以固言为山南西道，注为凤翔。案，是时文宗与训、注，实欲并宦官朋党而悉去之，固言之为宗闵党与否，亦无足深论也。中官陈弘庆，自元和末负弑逆之名。时为襄阳监军。召至青泥驿，在今陕西蓝田县境。遣人封杖决杀。《旧书·李训传》。《本纪》作陈弘志，事在九月。以王守澄为左右神策观军容使，兼十二卫统军。《旧纪》。貌尊崇之，实罢其禁旅之权也。《旧书·李训传》。帝令内养李好古赍鸩赐守澄。《纪》在九月。《旧传》云在元年，元乃九字之误。秘而不发。仍赠扬州大都督。其弟守涓，为徐州监军，召还，至中牟，诛之。《旧书·守澄传》。《纪》在十一月。中牟，今河南中牟县。于是元和逆党几尽，《新书·李训传》。而甘露之变起矣。

《旧书·李训传》云：训虽为郑注引用，及禄位俱大，势不两立。托以中外应赴，出注为凤翔节度使，俟诛内竖，即兼图注。约以其年十一月诛中官。乃以大理卿郭行馀为邠宁节度使，户部尚书王璠为太原节度使，京兆少尹罗立言权知大尹事，时以京兆尹李石为户部侍郎，判度支，代王璠，故以立言代石。大府卿韩约为金吾街使，刑部郎中知杂李孝本权知中丞事，皆训之亲厚者。冀王璠、郭行馀未赴镇间，广令召募豪侠，及金吾、台、府之从者，俾集其事。是月二十一日，帝御紫宸。韩约奏金吾左仗院树夜来有甘露。李训奏：陛下宜亲幸左仗观之。上乘软舆，出紫宸门，由含元殿东阶升殿。《通鉴》胡《注》：紫宸内殿，含元前殿。令宰相、两省官先往视之。还曰："恐非真甘露。"乃令左右军中尉、枢密、内臣往视。《新书》曰：顾中尉仇士良、鱼弘志等验之。既去，训召王璠、郭行馀受敕旨。时两镇官健，皆执兵在丹凤门外，训已令召之。《通鉴》云：训已先使人召之，令入受敕。惟璠从兵入，邠宁兵竟不至。中尉、枢密至左仗，闻幕下有兵声，惊恐走出。《新书》云：会风动庑幕，见执兵者，士良等惊，走出。阍者欲扃锁之，为中人所叱，执关而不能下。《通鉴》云：士良叱之，关不得上。内官回奏《通鉴》云：士良等奔诣上告变。曰："事急矣。请陛下入内。"即举软舆迎帝。训殿上呼曰："金吾卫士上殿来。护乘舆者人赏百千。"内官决殿后罘罳，举舆疾趋。训攀呼曰："陛下不得入内。"《新书》云：士良曰：李训反。帝曰：训不反。士良手搏训而踬，训压之，将引刀靴中，救至，士良免。金吾卫士数十人随训而入。罗立言率府中从人自东来，李孝本率台中从人自西来，共四百余人，上殿纵击，内官死伤者数十人。训时愈急。逦迤入宣政门。内官郗志荣奋拳击其胸，训即僵仆于地。帝入东上阁门，门即阖。须臾，内官率禁兵五百人露刃出阁门，《宦官传》云：士良等率禁兵五百余人出东上阁门。《新书·训传》云：士良遣神策副使刘泰伦、陈君奕等率卫士五百挺兵出。《通鉴》云：士良等命左右神策副使刘泰伦、魏仲卿等各率禁兵五百人，露刃出阁门。遇人即杀。宰相王涯、贾悚、舒元舆方中书会食，闻难出走。诸司从吏，死者六七百人。训单骑走入终南山，投寺僧宗密。宗密欲剃其发匿之。从者止之。乃趋凤翔，欲依郑注。出山，为盩厔镇将宗楚所得。械送京师。盩厔见第四章第二节。训恐入军别受榜掠，乃谓兵士曰："所在兵有得我者即富贵。不如持我首行，免被夺取。"乃斩训，持首而行。《王涯传》云：涯等仓皇步出，至永昌里茶肆，为禁兵所擒。并其家属、奴婢，皆系于狱。仇士良鞫涯反状。涯实不知其故，械缚既急，榜笞不胜其酷，乃令手书反状，自诬与训同谋。谓涯全不知情，说亦可疑。狱具，左军兵马三百人领涯与王璠、罗立言，《通鉴》云：以李训首引王涯、王璠、罗立言、郭行馀。右军兵马三百人领贾悚、舒元舆、李孝本，先赴郊庙，徇两市，乃要斩于子城西南隅独柳树下。《通鉴》云：命百官临视。《新书·郑注传》云：先是王守澄死，以十一月葬浐水。注奏言守澄国劳旧，愿身护丧。因群宦者临送，欲以镇兵悉擒诛之。训畏注专其功，乃先五日举事。《通鉴》云："始注与训谋，至镇，选壮士数百，皆持白梃，怀其斧，以为亲兵。是月戊辰，王守澄葬于浐水，注奏请入护葬事，因以亲兵自随。仍奏令内臣中尉以下尽集浐水送葬。注因阖门，令亲兵斧之，使无遗类。约既定，训与其党谋：'如此，事成则注专其功，不若使行馀、璠以赴镇为名，多募壮士为部曲，并用金吾、台府吏卒，先期诛宦官，已而并注去之。'"案，是月壬寅朔，二十一日为壬戌，离本数先戊辰六日，连本数则先七日。注率五百骑至扶风，闻训败，乃还。其属魏弘节《传》云：勇而多谋，始在鄜坊赵儋节度府，为注所辟。劝注杀监军张仲清及大将贾克申等十余人。注惊挠不暇听。仲清与前少尹陆畅用其将李叔和策，访注计事，斩其首。兵皆溃去。《通鉴》云：仇士良等使人赍密敕授仲清，令取注。仲清惶惑，不知所为。押衙李叔和说仲清曰："叔和为公以好召注，屏其从兵，于坐取之，事立定矣。"仲清从之，伏甲以持注。注恃其兵卫，遂诣仲清。叔和稍引其从兵，享之于外。注独与数人入。既啜茶，叔和抽刀斩注。因闭门，悉诛其亲兵，乃出密敕宣示将士，遂灭注家。并杀副使钱可复，判官卢简能、观察判官萧杰、掌书记卢弘茂等。及其支党，死者千余人。《旧书·注传》云：初未获注，京师忧恐。至是，人人相庆。《通鉴》云：朝廷未知注死，诏削夺注官爵，令邻道按兵观变。以左神策大将军陈君奕为凤翔节度使。张仲清遣李叔和等以注首入献，枭于兴安门，人情稍安。京师诸军，始各还营。此可见外援之足恃，在京师之神策军，实无能为也。《通鉴》：开成三年（838），初大和之末，杜悰为凤翔节度使。有诏沙汰僧尼。时有五色云见于岐山，今陕西岐山县。

近法门寺。民间讹言佛骨降祥，以僧尼不安之故。监军欲奏之。惊曰："云物变色，何常之有？佛若果爱僧尼，当见于京师。"未几，获白兔，监军又欲奏之。惊曰："野兽未驯，且宜畜之。"旬日而毙。及郑注代惊镇凤翔，奏紫云见。又献白雉。是岁八月，有甘露降于紫宸殿前樱桃之上，上亲采而尝之。百官称贺。其十一月，遂有金吾甘露之变。《通鉴》此文，系据《补国史》，见《考异》。甘露降树，事极浮浅，何足惑人？而克以此诳宦官者？以先已有此等事故也。文宗躬行恭俭，而在甘露变前，颇有纵侈之事，盖正以此自晦？《旧书·郑注传》：注言秦中有灾，宜兴工役以禳之。文宗能诗。尝吟杜甫《江头篇》云："江头宫殿锁千门，细柳新蒲为谁绿？"始知天宝以前，环曲江四岸，有楼台、行宫、廨署，心切慕之。既得注言，即命左右神策军淘曲江、昆明二池。仍许公卿士大夫之家，于江头立亭馆，以时追赏。时两军造紫云楼、彩霞亭，内出楼额以赐之。案，此事在大和九年（835）。时又填龙首池为鞠场。幸左军龙首殿。因幸梨园含元殿大合乐，皆见《本纪》。此等事皆不似文宗之所为，而兴役以禳灾，亦岂郑注之言邪？其后开成四年正月丁卯，夜于咸泰殿观灯作乐，二月丙寅，寒食节，御通化门以观游人。戊辰，幸勤政楼，观角抵、蹴鞠，则帝已失权，非其所自为矣。昆明池，在长安西南。龙首池，在长安东北。观此，可知金吾甘露，为谋已夙，必非定于临时。则谓李训虑郑注专其功先期举事之说，不攻自破。训且无与注争功之意，安有并欲图注之心？其说更不辩自明矣。《新书·训注传》赞曰："李德裕尝言，天下有常势，北军是也。训因王守澄以进，此时出入北军，若以上意说诸将，易如靡风，而返以台、府抱关游徼，抗中人以搏精兵，其死宜哉！"此说真同聋瞽。邠宁卒召不可至，神策诸将，其可说乎？说之，独不虑其漏泄事机乎？自王守澄之死，宦官之佼佼者，略已尽矣。奸骄即在目前，为山只亏一篑。傥使虎幕不扬，扃锁获下，宦寺既已骈诛，军人安敢妄动？即或不知逆顺，两镇新募及金吾台府之众，自足暂拒，凤翔精卒自外至，去之如摧枯拉朽矣，内外合势，为谋不可谓不周，而终于无成，则非人谋之不臧也。

李训等死后，京城大乱。《新书·李训传》：仇士良既遣卫士五百挺兵出，所值辄杀，复分兵屯诸宫门，捕训党千余人，斩四方馆，血流成渠。诏出卫骑千余驰咸阳、奉天捕亡者，大索都城，分掩王涯、李训等第，兵遂大掠。两省印薄书辄持去。秘馆图籍，荡然无余。明日，京师兵剽劫未止，民乘乱，往往复私怨，相戕击，人死甚众。帝遣屯兵大衢，鼓而儆之，兵乃止。是时暴尸旁午。有诏弃都外。男女孩婴相杂厕。淹旬许，京兆府瘗敛，作二大冢，葬道左右。又《训传》后附《顾师邕传》云：初训遣宦官田全操、刘行深、周元稹、薛士干、似先义逸、刘英诩按边。既行，命师邕为诏赐六道杀之。会训败，不果。师邕流崖州，至蓝田，赐死。《旧书·本纪》及《李石传》云：全操等回，驰马入金光门，街市讹言相惊，纵横散走。百官朝退，仓皇骇散，有不及束带，袜而乘者。无赖之徒，皆戎服兵仗，北望阙门以俟变。内侍连催闭皇城门。金吾大将军陈君赏不可，率其徒立望仙门。晡晚方定。《通鉴》云：全操在道扬言："我入城，凡儒服者，无贵贱，当尽杀之。"可谓肆无忌惮矣。咸阳见第五章第一节。奉天见第六章第二节。崖州见第四章第二节。蓝田见第二章第六节。时以李石、郑覃为相。甘露变时，令狐楚为左仆射，郑覃为右仆射。《旧书·楚传》云：训乱之夜，文宗召覃与楚宿于禁中，商量制敕。上皆欲以为宰相。楚以王涯、贾餗冤死，叙其罪状浮泛，仇士良等不说，故辅弼之命，移于李石。石虽能颇折宦人，《旧书·石传》：石器度豁如，当官不挠。自京师变乱之后，宦者气盛，凌轹南司。延英议事，中贵语必引训，以折文臣。石与郑覃尝谓之曰："京师之乱，始自训、注，训、注之起，始自何人？"仇士良等不能对，其势稍抑。搢绅赖之。实不能戢其凶焰。至欲以神策仗卫殿门；《通鉴》开成元年（836）。神策将吏迁官，多不闻奏，直牒中书，令覆奏施行，迁改殆无虚日；《通鉴》开成三年。朝政几尽由北司矣。赖有昭义节度使刘从谏，悟子，见第三节。上书请王涯等罪名。言当修饰封疆，训练士卒，内为陛下心腹，外为陛下藩垣，如奸臣难制，誓以死清君侧。诏加检校司徒。从谏复表让，称臣之所陈，系国大体，可听则涯等宜蒙湔洗，不可听则赏典不宜妄加，安有死冤不申，而生者荷禄？因暴扬仇士良等罪恶，士良等惮之。由是郑覃、李石，粗能秉政；天子倚之，亦差以自强。《通鉴》系开成元年二、三月。《新书·仇士良传》云："从谏本与李训约诛郑注。及训死，愤士良得志，乃上书言王涯等八人，皆宿儒大臣，愿保富贵，何苦而反？今大戮所加，已不可追，而名曰逆贼，含愤九泉。天下义夫节士，畏祸伏身，谁肯与陛下共治邪？"即以训所移书，遣部将陈季卿以闻。季卿至，会李石遇盗，京师扰，疑不敢进。从谏大怒，杀季卿。腾书于朝。又言："臣与训诛注，以注本宦竖所提挈，不使闻知。今四方共传：宰相欲除内官，而两军中尉闻，自救死，妄相杀戮，谓为反逆。有如大臣挟无将之谋，自宜执付有司，安有纵俘劫，横尸阙下哉？且宦人根党，蔓延在内。臣欲面陈，恐横遭戮害。谨修封疆，缮甲兵，为陛下腹心。如奸臣难制，誓以死清君侧。"书闻，人人传观，士良沮恐。即进从谏检校司徒，欲弭其言。从谏知可动，复言云云。案，训所移书，必从谏所造作。李石遇盗，事在开成三年，见下，从谏请雪王涯，必不能迟至此时，《新书》误也。盖至是而非用外兵不能翦除宦官之形势成，而天复骈诛之局，亦伏于此矣。哀哉！

《新书·仇士良传》，谓甘露变后，士良与鱼弘志谋废文宗。《传》云：士良、弘志愤文宗与李训谋，屡欲废帝。崔慎由为翰林学士，直夜。未半，有中使召入。至秘殿，见士良等坐堂上，帷帐周密。谓慎由曰："上不豫已久，自即位，政令多荒阙，皇太后有制更立嗣君，学士当作诏。"慎由惊曰："上高明之德在天下，安可轻议？慎由亲族，中表千人，兄弟群从且三百，何可与覆族事？虽死不承命。"士良等默然。久乃启后户，引至小殿。帝在焉。士良等历阶，数帝过失。帝俯首。既而士良指帝曰："不为学士，不得更坐此。"乃送慎由出。戒曰："毋泄。祸及尔宗。"慎由记其事，藏箱枕间。时人莫知。将没，以授其子胤。故胤恶中官，终讨除之。《通鉴考异》谓其说出皮光业《闻见录》，不可据。《考异》云：按《旧传》，崔慎由大中初始入朝，为右拾遗员外郎，知制诰，文宗时未为翰林学士。盖崔胤欲重宦官之罪而诬之，新传承皮录之误也。案，此说亦东野人之言，自不足据。然谓崔胤欲重宦官之罪而诬之，则亦未必然。宦官之罪如山矣！虽不加诬，可胜诛乎？然文宗自是郁郁不乐。两军球猎宴会绝矣。《新书·仇士良传》。每游燕，虽倡乐杂沓，未尝欢。颜惨不展。往往瞋目独语，或裴回眺望，赋诗以见情。自是感疢，至弃天下云。《新书·李训传》。又《舒元舆传》：元舆为《牡丹赋》，时称其工。死后，帝观牡丹，凭殿栏诵赋，为泣下。《旧书·本纪》：开成四年（839）六月，以久旱，分命祠祷，每忧动于色。宰臣等奏曰："水旱时数使然，乞不过劳圣虑。"上改容言曰："朕为人主，无德及天下，致兹灾旱，又谪见于天。若三日不雨，当退归南内，更选贤明，以主天下。"亦见《天文志》《五行志》。《新书·仇士良传》，谓帝是年苦风痹。少间，召宰相见延英殿。退坐思政殿，顾左右曰："所直学士谓谁？"曰："周墀也。"召至。帝曰："自尔所况，朕何如主？"墀再拜曰："臣不足以知，然天下言陛下尧、舜主也。"帝曰："所以问，谓与周赧、汉献孰愈？"墀惶骇曰："陛下之德，成、康、文、景未足比，何自方二主哉？"帝曰："赧、献受制强臣，今朕受制家奴，自以不及远矣。"因泣下，墀伏地流涕。后不复朝，至大渐云。文宗无过，所擢用诸臣，亦莫非公忠体国，起孤寒，有大志，感激主知，思以身任天下之重者，顺宗、文宗，志除宦官同，能擢用孤寒新进之人亦同，然顺宗所用，皆东宫旧臣，相知有素，而文宗则拔自临时，此则文宗尤难于顺宗也。王叔文之志，在致太平，不独除宦官，李训亦然。《旧书·训传》谓天下之人，有冀训致太平者，此当时之真舆论也。《新书·训传》云：训欲先诛宦竖，乃复河、湟，攘夷狄，归河朔诸镇，此其未量为何如哉？诸臣蒙谤，盖不一端？然谛观史传，其形迹仍有可见者，且如王涯，《新书》言其性啬俭，不畜妓妾；恶卜祝及他方技；别墅有佳木流泉，居常书史自怡，使客贺若夷鼓琴娱宾；此岂黩货者？然又言其财贮巨万，取之弥日不尽，何哉？而卒见幽囚，遭屠戮，亦可哀矣。盖至是而天复骈诛，城社狐鼠，同归于尽之局定矣。毫毛不拔，将寻斧柯，岂不信哉？

甘露之变，明年，改元曰开成。是岁四月，李固言复为相。二年四月，陈夷行相，固言出为西川。夷行，郑覃党也。三年正月五日，李石入朝，盗发。引弓追及。矢才破肤，马逸而回。盗已伏坊门，挥刀斫石，断马尾。竟以马逸，得还私第。是日，京师大恐，常参官入朝者，九人而已，旬日方安。是役也，迹出禁军。新、旧《书·崔珙传》。盖仇士良为之，天子畏逼不能理。石拜章辞位者三，乃出为荆南节度使。而杨嗣复、李珏相。嗣复於陵子，与牛僧孺、李宗闵，皆权德舆贡举门生。珏与固言、嗣复相善，与郑覃、陈夷行不同。四年五月，覃、夷行罢。七月，崔郸相。

## 第二节　武宣朝局

唐自代宗以来，立君多由宦寺，而武宗之立，尤不以正。初，敬宗五子：长曰晋王普，次第二子梁王休复，次第三子襄王执中，次第四子纪王言扬，次第五子陈王成美。晋王，《旧书》云：文宗欲建为储贰，《庄恪太子传》。而以大和二年（828）薨。年五岁。册赠悼怀太子。盖文宗之位，受之于兄，故欲还诸兄之子也。此在当日，自为大公。然文宗又不能无牵于内宠。六年十月，册长子鲁王永为太子。永母曰王昭仪。开成二年（837）八月，与昭容杨氏同受册。昭仪为德妃，昭容为贤妃。见《旧书·本纪》。明年九月，开延英殿，议废太子。宰臣及众官皆不同。御史中丞狄兼謩言之尤切。翼日，翰林学士六人，神策六军军使十六人又进表陈论。事乃不果。是夜，太子归少阳院。杀其宫人左右数十人。十月，太子薨。谥庄恪。《旧书》本传云：初，上以太子稍长，不循法度，昵近小人，欲加废黜。迫于公卿之请，乃止。太子终不悛改。至是暴薨。语本《实录》。见《通鉴考异》。时传云：德妃晚年宠衰，贤妃惧太子他日不利于己，日加诬谮，太子终不能自辩明也。太子既薨，上意追悔。四年，会宁殿宴，小儿缘橦，有一夫在下，忧其堕地，有若狂者。上问之，乃其父也。上因感泣，谓左右曰："朕富有天下，不能全一子。"遂召乐官刘楚材、宫人张十十等责之曰："陷吾太子，皆尔曹也。今已有太子，时已立成美。更欲踵前事邪？"立命杀之。则太子之非良死可知矣。然文宗自甘露变后，久同傀儡，能否自杀其子，尚有可疑。《郑肃传》云：会昌初，武宗思永之无罪，尽诛陷永之党，则陷永者漏网甚众可知。刘楚材、张十十等，特其小焉者耳。太子虽非良死，未必文宗杀之也。陈王成美，以四年十月，立为太子。文宗二子，次曰蒋王宗俭，开成二年始王，亡薨年，疑是时已薨，见下。梁、襄、纪三王，疑亦已殂谢，故及成美。五年正月二日，己卯。文宗暴卒，《旧书·武宗纪》。王鸣盛曰：卒当作疾。但据《旧纪》，文宗于四年十二月即不康，五年正月戊寅是朔日，而帝以辛巳崩，似未可以言暴。案，卒盖仓卒之义？去年十二月即不康，至此疾骤甚耳。宰相李珏，知枢密刘弘逸奉密旨，以皇太子监国。两军中尉仇士良、鱼弘志矫诏迎颍王瀍于十六宅，立为皇太弟。成美复封陈王。四日，文宗崩。瀍立，是为武宗。末年寝疾，更名炎。成美及穆宗第八子安王溶皆死。穆宗五子：长敬宗，次第二子文宗，次第五子武宗，次第六子怀懿太子凑，次即安王也。至是而穆宗之子尽矣。《旧书·武宗纪》云：初，杨贤妃有宠于文宗，而庄恪太子母王妃失宠怨望，为杨妃所谮，王妃死，太子废。及开成末年，帝多疾，无嗣。观此语，则蒋王是时亦已殂谢。贤妃请以安王溶嗣。帝谋于宰相李珏，珏非之，乃立陈王。至是，仇士良立武宗，欲归功于己，乃发安王旧事，故二王与贤妃皆死。《通鉴》云：文宗疾甚，命知枢密刘弘逸、薛季棱引杨嗣复、李珏至禁中，欲奉太子监国。中尉仇士良、鱼弘志以太子之立，功不在己，乃言太子幼，且有疾，更议所立。李珏曰："太子位已定，岂得中变？"士良、弘志遂矫诏立瀍为太弟。盖宦官兵权在手，宰相无如之何也。二月，封仇士良为楚国公，鱼弘志为韩国公。八月十七日，葬文宗于章陵。刘弘逸、薛季棱率禁军护灵驾至陵所，欲倒戈诛士良、弘志。卤簿使兵部尚书王起、山陵使崔棱当作崔郸。觉其谋，先谕卤簿诸军。是日，弘逸、季棱伏诛。贬杨嗣复为潭州刺史，潭州见第四章第二节。李珏为桂州刺史，桂州见第二章第二节。御史中丞裴夷直为杭州刺史，杭州见第六章第三节。皆坐弘逸、季棱党也。会昌元年（841）三月，再贬嗣复湖州司马，湖州见第二章第七节。珏瑞州司马，瑞州见第四章第四节。夷直骁州司户。骁州见第二章第二节。《旧书·王起传》云：弘逸、季棱欲因山陵兵士谋废立。起与山陵使知其谋，密奏皆伏诛。《通鉴考异》引贾纬《唐年补遗录》亦云：五年八月，季棱、弘逸聚禁兵，欲议废立。赖山陵使崔郸、卤簿使王起拒而获济。遂擒弘逸、季棱杀之。《旧书·杨嗣复传》云："武宗之立，既非宰相本意，甚薄执政之臣。其年秋，李德裕自淮南入辅政。九月，出嗣复为湖南观察使。明年，诛薛季棱、刘弘逸。中人言二人顷附嗣复、李珏，不利于陛下。"武宗性急，立命中使往湖南桂管杀嗣复与珏。宰相崔郸、崔珙等亟请开延英。因极言国朝故事，大臣非恶逆显著，未有诛戮者，愿陛下复思其宜。帝良久，改容曰："朕缵嗣之际，宰相何尝比数？李珏、季棱，志在扶册陈王，嗣复、弘逸志在树立安王。立陈王犹是文宗遗旨，嗣复欲立安王，全是希杨妃意旨。嗣复尝与妃书云："姑姑何不教则天临朝？"珙等曰："此事暧昧，真虚难辨。"帝曰："杨妃曾卧疾，妃弟玄思，文宗令入内侍疾月余。此时通导意旨。朕细问内人，情状皎然。我不欲宣出于外。向使安王得志，我岂有今日？然为卿等恕之。"乃追潭、桂二中使，再贬嗣复潮州刺史。潮州见第二章第二节。《通鉴》则嗣复罢而崔珙相，在开成五年五月。李珏之罢，在是年八月。夷直之出为杭州，在是年十一月。而嗣复及李珏之出，则但于会昌元年三月追书之。云：弘逸有宠于文宗，仇士良恶之。上之立，非二人及宰相意，故杨嗣复出为湖南观察使，李珏出为桂管观察使。士良屡谮弘逸等于上，劝上除之。三月乙未，赐弘逸、季棱死，遣中使就潭、桂州诛嗣复及珏。《考异》云：若去年八月已诛弘逸、季棱，不当至此月始再贬嗣复等。《旧纪·王起传》与《嗣复传》自相违，今从《实录》。案，因山陵而谋变，其事不易子虚。《武宗实录》，纂辑草率，不足据。《考异》引《实录》，又有时有再以其事动帝意者，帝赫然欲杀之之语。明嗣复及珏已先贬。嗣复罢相，在开成五年五月，夷直之出，在其年十一月，《通鉴》应不致误。盖又《旧纪》记事不审，嗣复之罢，至八月乃追书；夷直之出，则又逆探其事而终言之也。《旧书·李珏传》。开成五年九月，与杨嗣复俱罢，出为桂州。《新书·珏传》，则其罢相，乃以为山陵使，梓宫至安上门陷于泞，而贬江西在其后。嗣复、珏所以获全，盖由崔郸、崔珙之谏？《通鉴》叙此事兼采《献替记》，一似全由李德裕者，恐亦不足信也。裴夷直，《新书》附《张孝忠传》，云：武宗立，视册牒不肯署，乃出为杭州刺史，斥驩州司户参军。《通鉴》从《实录》，云：故事，新天子即位，两省官同署名，上之即位也，谏议大夫裴夷直漏名，由是出为杭州刺史，其说亦同。《鉴》又记文宗之崩，敕大行以十四日殡，成服。谏议大夫裴夷直上言期日太远，不听；时仇士良等追怨文宗，凡乐工及内侍，得幸于文宗者，诛贬相继，夷直复上书言之；可知其见斥之由，循常法无可立之君，则人人得申其意，古大询之法如是。后世庶人无凶议政，朝臣固当周谘。武宗乃举不援己者而悉逐之，褊矣。抑文宗之立陈王，犹是其欲树晋王之意。以自周以来久习之继嗣之法言之，亦较立弟为正，武宗乃弑而代之，流毒且及于安王，尤悖矣。

武宗之用李德裕，非知其材而用之也，亦以文宗末年，僧孺、宗闵之党在朝，恶其不援己，乃反其道而行之耳。适值是时，回纥衰乱，得以戡定朔方，此乃时会使然，初非德裕之力。至于削平昭义，则其事本不足称，读史者亦从而张之，则为往史之曲笔所欺矣。德裕既相，所引用者皆其党人。崔珙与德裕，相善者也。会昌元年（841）三月，相陈夷行，乃专与杨嗣复立异者。二年，李绅自淮南入相，尤德裕死党。陈夷行罢，李让夷继之，亦杨嗣复、李珏所恶也。三年，崔珙罢，崔铉相，史云李让夷引之。铉与珙不协，发其领使时事，并谓其尝保护刘从谏，珙遭贬斥。四年，杜悰自淮南入相，李绅出为淮南。明年有吴湘之狱，为后来德裕所由败，见下。是岁，杜悰、崔铉罢，李回相，德裕用兵昭义时，以御史中丞奉使河朔者也，事见下节。崔元式相，以为德裕所疾罢。牛僧孺、李宗闵，皆为所挤排以死。僧孺在淮南六年。开成二年（837），为东都留守。三年，征为左仆射。四年，复出为山南东道。会昌二年（842），秋，汉水溢，坏城郭，坐不谨防，下迁太子少保，进少师。明年，以太子太传留守东都。刘稹诛，石雄军吏得从谏与僧孺、宗闵交结状，又河南少尹吕述言：僧孺闻稹诛恨叹之，武宗怒，黜为太子少保，分司东都。累贬循州长史。宣宗立，徙衡、汝二州。还为太子少师。卒。宗闵，开成三年，杨嗣复辅政，欲拔用之，为郑覃、陈夷行所沮，与杭州刺史。四年，冬，迁太子宾客，分司东都。时覃、夷行罢，嗣复方再拔用，而文宗崩。会昌三年，德裕以宗闵素与刘从谏厚，上党近东都，分司非便，乃拜湖州刺史。稹败，得交通状，贬漳州长史，流封州。宣宗即位，徙柳州司马，卒。循州见第二章第七节。衡州，今湖南衡阳县。汝州见第二章第六节。漳州见上节。封州见第五章第二节。柳州见第四章第二节。然德裕引白敏中，敏中，居易从父弟。武宗夙闻居易名，欲用之，德裕以其衰病，荐敏中。会昌二年，为翰林学士。而敏中反挤排之。至宣宗立，朝局变，而德裕亦遭窜逐而死焉。其事与德裕在武宗朝所为者，如出一辙。出尔反尔，其机可谓甚巧，特踏之者不悟耳。

武宗之立也，赐仇士良以纪功碑。会昌元年（841）十月，见《旧书·本纪》。会昌二年四月，群臣请加尊号。有纤人告士良："宰相作赦书，欲减削禁军衣粮马草料。"士良怒曰："必有此，军人须至楼前作闹。"此据《旧书·本纪》。《新书·宦者传》曰：士良宣言："宰相作赦书，减禁军缣粮刍菽。"语两军曰："审有是，楼前可争。"宰相李德裕等知之，请开延英诉其事。帝曰："奸人之词也。"召两军中尉谕之曰："赦书出自朕意，不由宰相。况未施行，公等安得此言？"士良惶恐谢。明年，士良进观军容使，兼统左右军。以疾辞。罢为内侍监，知省事。固请老。诏可。寻卒。《旧书·本纪》在六月。死之明年，有发其家藏兵数千物。诏削官爵，籍其家。《新书·宦者传》。《旧纪》在四年六月。云：中人于其家得兵仗数千件，兼发士良宿罪。会昌三年，崔铉相。《通鉴》云：上夜召学士韦琮，以铉名授之，令草制，宰相、枢密皆不之知。时枢密使刘行深、杨钦义皆愿悫，不敢与事，老宦者尤之曰："此由刘、杨懦怯，堕败旧风故也。"论者颇以是称武宗能御宦官。然武宗所倚者，一李德裕耳。德裕之入相也，《通鉴》云：初在淮南，敕召监军杨钦义，人皆言必知枢密，德裕待之无加礼。钦义心衔之。一旦，独延钦义，置酒中堂，情礼极厚。陈珍玩数床，罢酒，皆以赠之。钦义大喜过望。行至汴州，见第二章第二节。敕复还淮南。钦义尽以所饷归之。德裕曰："此何直？"卒以与之。其后钦义竟知枢密。德裕柄用，钦义颇有力焉。然则所谓不与事者何谓也？世岂有贪乐权位，绝无公天下之心，而能屏抑近习者邪？

武宗亦好道术。信道士赵归真、刘玄靖、邓元起等，饵其药得疾。会昌六年（846）三月，大渐。宦官立宪宗第十三子光王怡为皇太叔，权句当军国事。武宗崩，怡立，更名忱，是为宣宗。时年三十七。《旧书·本纪》云：帝外晦而内朗。幼时宫中以为不慧。历太和、会昌朝，愈事韬晦。群居游处，未尝有言。文宗、武宗幸十六宅宴集，强诱其言，以为戏剧，谓之光叔。武宗气豪，尤不为礼。及监国之日，哀毁满容，接待群僚，决断庶务，人方见其隐德焉。盖时置君如弈棋，诸王露头角者或遭忌疾，故帝以韬晦自全也。《新书·后妃传》：武宗贤妃王氏，邯郸人。邯郸见第二章第六节。年十三，善歌舞，得入宫中。穆宗以赐颍王。性机悟。王嗣帝位，妃阴为助画，故进号才人。遂有宠，欲立为后。李德裕曰："才人无子，且家不素显，恐诒天下讥。"乃止。及大渐，才人悉取所常贮，散遗宫中。审帝已崩，即自经幄下。宣宗即位，嘉其节，赠贤妃，葬端陵之柏城。《通鉴考异》曰：《唐阙史》曰，武宗王夫人，燕赵倡女也。武宗为颍王，获爱幸。文宗于十六宅西别建安王溶、颍王瀍院。上数幸其中，纵酒如家人礼。及文宗晏驾，后宫无子，此亦见蒋王早殁。所立敬宗男陈王，年幼且病，未任军国事，中贵主禁掖者，以安王大行亲弟，既贤且长，遂起左右神策军及飞龙、羽林骁骑数千众，即藩邸奉迎安王。中贵遥呼曰："迎大者，迎大者！"如是者数四。意以安王为兄，即大者也。及兵仗至二王宅首，兵士相语曰："奉命迎大者，不知安、颍孰为大？"王夫人窃闻之，拥髻褰裙走出，矫言曰："大者颍王也。大家左右，以王魁梧颀长，皆呼为大王。且与中尉有死生之契。汝曹或误，必赤族矣。"时安王心云其次第合立，志少疑懦，惧未敢出。颍王神气抑扬，隐于屏间，夫人自后笞出之。众惑其语，遂扶上马。戈甲霜拥，前至少阳院。诸中贵知已误，无敢出言者。遂罗拜马前，连呼万岁。寻下诏立为皇太弟，权句当军国事。《新书·后妃传》，盖亦取于《阙史》？立嗣大事，岂容缪误？今不取。案，《阙史》之言，诚为东野人所难信，然武宗别有争位之计，而贤妃为之助画，则安能断其必无？谓《新书》浑括之辞必也取诸《阙史》，则太早计矣。《考异》又引《献替记》，谓王妃之死，在五年十月。云：自上临御，王妃有专房之宠。至是，以娇妒忤旨，一夕而陨。其说与诸书皆不同。王妃以殉死为名，附葬陵墓，其死期，似不容移至数月之前。岂武宗危笃之际，王妃亦与于立嗣之谋，为拥立宣宗者所败，以至不得其死，乃移其死期，以塞人疑欤？此说诚近亿度。然文宗事懿安后甚谨，宣宗顾贼杀之。谓追讨宪宗之隙欤？则腐心于此者乃文宗，非宣宗也。而其所为相反若此，何哉？岂文宗以懿安与于立己而感之，宣宗则以宫闱之中，别有异图而怨之欤？《新书·宦者·严遵美传》：父季实，为掖庭局博士。大中时，有宫人谋弑宣宗。是夜，季实直咸宁门下，闻变入，射杀之。此事也，隐见当日宫闱之内，亦有兴废之谋。懿安即不欲与其事，而身历五朝母天下，安知不有欲假借之者？况于才人有专房之宠，危立为后，或主内政者欤？要之上下交争，不夺不餍，宫禁之中，即陷阱所在也。得国恒于斯，陨命亦于斯，人亦何乐而生帝王家欤？《新书·马植传》：会昌中，为李德裕所抑。宣宗嗣位，白敏中当国，凡德裕所不善，悉不次用之，故植以刑部侍郎领诸道盐铁转运使。迁户部，俄同中书门下平章事，进中书侍郎。初左军中尉马元赟，最为帝宠信，赐通天犀带，而植素与元赟善，至通昭穆，元赟以赐带遗之。他日，对便殿。帝识其带，以诘植。植震恐，具言状。于是罢为天平军节度使。既行，诏捕亲吏下御史狱。尽得交私状，贬常州刺史。见第四章第二节。以太子宾客，分司东都。事在大中四年（850）。《通鉴》云：上之立也，元赟有力焉，由是恩遇冠诸宦者。《新书·武宗纪》，则径书左神策军护军中尉马元赟立光王。当时拥戴宣宗者，徒党未知几何？然元赟实为之魁，则无疑也。

宣宗之立，李德裕盖未与其谋？而德裕在武宗时，得君颇专，易为同列所忌。《旧书·本纪》：会昌五年十二月，给事中韦弘质上疏论中书权重，三司钱谷，不合相府兼领。宰相奏论之曰："管子曰'令行于上，而下论可不可，是上失其威，下系于人也'。自大和已来，其风大弊。令出于上，非之于下。此弊不除，无以理国。"《传》曰："下轻其上，贱人图柄，则国家摇动而人不静。"弘质受人教导，辄献封章，是则贱人图柄矣。萧望之汉朝名儒重德，为御史大夫，奏云："今首岁日月少光，罪在臣等。"上以望之意轻丞相，乃下侍中御史诘问。贞观中，监察御史陈师合上书云："人之思虑有限，一人不可兼总数职。"太宗曰："此人妄有毁谤，欲离间我君臣。"师合流于岭外。古者朝廷之上，各守其官，思不出位。弘质贱人，岂得以非所宜言，上渎明主？此是轻宰相，挠时政也。昔东汉处士横议，遂有党锢事起。此事深要惩绝。伏望陛下，详其奸诈，去其朋徒。弘质坐贬官。又奏曰："天宝已前，中书除机密、迁授之外，其他政事皆与中书舍人同商量。自艰难已来，务从权便。政颇去于台阁，事多系于军期。决遣万机，不暇博议。臣等商量：今后除机密公事外，诸侯表疏，百寮奏事，钱谷、刑狱等事，望令中书舍人六人，依故事先密详可否，臣等议而奏闻。"从之。李德裕在相位日久，朝臣为其所抑者皆怨之。自崔铉、杜悰罢相后，中贵人上前言德裕太专，上意不悦，而白敏中之徒教弘质论之，故有此奏。德裕结怨之深，由此言也。德裕之为人，诚不足取，然其论事权当集于中书及朋党之当去则是也，而卒以此败，可见朋党根柢蟠结之深。宣宗本猜忌之主，自不能容。故即位未几，即罢为荆南节度使，而白敏中相。九月，德裕又解平章事，为东都留守。大中元年（847）二月，以太子少保分司。至九月而吴湘之狱起，《新书·李绅传》：始澧人吴汝纳者，韶州刺史武陵兄子也。武陵坐赃贬潘州司户参军死，汝纳家被逐，久不调。时李吉甫任宰相，汝纳怨之，后遂附宗闵党中。会昌时，为永宁尉。弟湘为江都尉。部人讼湘受赃狼籍，身娶民颜悦女。绅时节度淮南，使观察判官魏铏鞫湘，罪明白，论报杀之。议者谓吴氏世与宰相有嫌，疑绅内顾望，织成其罪，谏官屡论列。诏遣御史崔元藻覆按。元藻言湘盗用程粮钱有状，娶部人女不实。按悦尝为青州衔推，而妻王故衣冠女，不应坐。德裕恶元藻持两端，奏贬崖州司户参军。宣宗立，德裕去位，绅已卒，崔铉等久不得志，导汝纳使为湘讼。言："湘素直，为人诬蔑。大校重牢，五木被体。吏至以娶妻资滕结赃。"且言："颜悦故士族，湘罪皆不当死，绅枉杀之。"又言："湘死绅令即瘗，不得归葬。按绅以旧宰相镇一方，恣威权。凡戮有罪，犹待秋分，湘无辜，盛夏被杀。"崔元藻衔德裕斥已，即翻其辞。因言："御史覆狱还，皆对天子别白是非。德裕权轧天下，使不得对。具狱不付有司，但用绅奏而寘湘死。"是时，德裕已失权，而宗闵故党令狐绹、崔铉、白敏中皆当路。因是逞憾，以利诱元藻等，使三司结绅杖钺作藩，虐杀良平。准神龙诏书，酷吏殁者，官爵皆夺，子孙不得进宦。绅虽亡，请从春秋戮死者之比。诏削绅三官，子孙不得仕。贬德裕等。擢汝纳左拾遗，元藻武功令。《十七史商榷》云：新、旧《书》皆言湘之坐赃，乃群小欲倾绅以及李德裕，而孙光宪《北梦琐言》第六卷，则谓绅镇淮南，湘为江都尉。有零落衣冠颜氏女，寄寓广陵，有容色，绅欲纳之。湘强委禽焉。绅大怒。因其婚娶聘财甚丰，乃罗织执勘，准其俸料之外，有陈设之具，皆以为赃，奏而杀之。绅本狂暴，此说恐当得情。程粮钱，《通鉴注》云：《新书·百官志》，主客郎中，主蕃客。东南蕃使还者，给入海程粮，西北蕃使还者，给度碛程粮，至于官吏以公事有远行，则须计程以给粮，而粮重不可远致，则以钱准估，故有程粮钱。澧州见第六章第三节。韶州见第四章第五节。潘州见第五章第一节。永宁，今河南洛宁县。武功见第三章第二节。德裕贬为潮州司马。二年正月，李回左迁湖南观察使。三年，《旧传》误为二年，据《李卫公集》当作三年，见《十七史商榷》。九月，德裕又以湘狱及改《元和实录》，再贬崖州司户。李回亦贬贺州。见第七章第三节。四年，《旧传》亦误为三年。十二月，德裕卒于贬所。德裕为人，狠愎阴贼，贬谪而死，固其宜也。宣宗时，宰相见信任者：始为白敏中，后为令狐绹。敏中，宣宗即位时相，至大中三年三月罢，绹以其明年十月相，终宣宗之世。魏徵五世孙暮，以敢言称，文宗时累加拔擢，亦相宣宗五年余。大中五年十月至十一年二月。史云：终以刚直，为令狐绹所忌，故罢。暮初为李固言、李珏、杨嗣复所引，故武宗时外出。宣宗时，白敏中引之。他相则充位而已。

旧史亟称宣宗之美，此乃阿私所好之言。《旧书·本纪》赞：史臣曰："臣尝闻黎老言大中故事，献文皇帝器识深远，久历艰难，备知人间疾苦，自宝历已来，中人擅权，事多假借；京师豪右，大扰穷民。洎大中临御，一之日权豪敛迹，二之日奸臣畏法，三之日阍寺詟气。由是刑政不滥，贤能效用，百揆、四岳，穆若清风。十余年间，颂声载路。上宫中衣浣濯之衣，常膳不过数器。非母后侑膳，辄不举乐。岁或小饥，忧形于色。虽左右近习，未尝见怠惰之容。与群臣言，俨然煦接，如待宾僚。或有所陈闻，虚襟听纳。旧时人主所行，黄门先以龙脑、郁金藉地，上悉命去之。宫人有疾，医视之。既瘳，即袖金赐之，诫曰：'勿令敕使知，谓予私于侍者。'"其恭俭好善如此：帝道皇猷，始终无缺，虽汉文、景，不足过也。惜乎简籍遗落，旧事十无三四，吮墨挥翰，有所嗛然。《新书》谓其精于听断，而以察为明，无复仁恩之意，亦《本纪》赞语。则颇近于实耳。《旧纪》谓帝有时微行人间，采听舆论，亦近小察。《通鉴》云：上聪察强记。宫中厮役给洒扫者，皆能识其姓名、才性所任，呼召使令，无差误者。天下奏狱吏卒姓名，一览皆记之。度支奏渍污帛，误书渍为清，枢密承旨孙隐中谓上不之见，辄足成之，及中书覆入，上怒，推按擅改者，罚谪之。密令翰林学士韦澳纂次诸州境土、风物，及诸利害为一书，自写而上之，虽子弟不知也，号曰《处分语》。他日，邓州刺史薛弘宗入谢，出谓澳曰："上处分本州事惊人。"澳询之，皆《处分语》中事也。大中九年（855）。又云：上诏刺史毋得外徙，必令至京师，面察其能否，然后除之。令狐绹尝徙其故人为邻州刺史，便道之官。上见其谢上表，以问绹。对曰："以其道近，省送迎耳。"上曰："朕以刺史多非其人，为百姓害，故欲一一见之，访问其所施设，知其优劣，以行黜陟，而诏命既行，直废格不用，宰相可畏有权。"时方寒，绹汗透重裘。上临朝，接对群臣如宾客，虽左右近习，未尝见其有惰容。每宰相奏事，旁无一人立者，威严不可仰视。奏事毕，忽怡然曰："可以闲语矣。"因问闾阎细事，或谈宫中游宴，无所不至。一刻许，复整容曰："卿辈善为之，朕常恐卿辈负朕，后日不复得相见。"乃起入宫。令狐绹谓人曰："吾十年秉政，最承恩遇，然每延英奏事，未尝不汗沾衣也。"十二年。虽善参验摘发，然不能推诚相与，得人之欢心，将谁与共济艰难乎？《通鉴》又云："上以甘露之变，惟李训、郑注当死，自余王涯、贾餗等无罪，诏皆雪其冤。"此视武宗，似差强人意。然又云：上召韦澳，托以论诗，屏左右与之语，曰："近日外间谓内侍权势何如？"对曰："陛下威断，非前朝之比。"上闭目摇首曰："全未全未，尚畏之在。卿谓策将安出？"对曰："若与外廷议之，恐有太和之变，不若就其中择有才识者与之谋。"上曰："此乃末策。自衣黄、衣绿至衣绯皆感恩，才衣紫，则相与为一矣。"《注》：唐自上元以后，三品以上服紫，四品服深绯，五品服浅绯，六品服深绿，七品服浅绿，八品服绿，九品深青，流外官及庶人服黄。太宗定制，内侍省不置三品。内侍是长官，阶四品，其职但在阖门守御，黄衣廪食而已。至玄宗，宦者至三品将军，门施棨戟，得衣紫矣。上又尝与令狐绹谋尽诛宦官。绹恐滥及无辜，密奏曰："但有罪勿舍，有阙勿补，自然渐耗，至于尽矣。"宦者窃见其奏，由是益与朝士相恶，南北司如水火矣。八年。蔓草非寻烈火，宁可徐图？当时宦官窃大权者，罪久不容于死矣，尚何待？此辈有阙，能勿补乎？绹之此言，盖以卸责，亦以避祸也。帝之所行，盖即此策？故《旧书·宦者传》谓其诛太甚者，而阉寺仍握兵权之重，则其效可睹矣。然不能推赤心置人腹中，亦安得如王叔文、王伾、李训、郑注之臣而用之哉？而顺宗与文宗远矣。

然宣宗时庶政确颇修饰，此可于财政见之。王播死大和四年（830），王涯代之。后亦常任元臣，以集其务，《旧书·食货志》语。然成效殊鲜。至宣宗乃用裴休。《旧书·传》曰："自大和已来，重臣领使者，岁漕江淮米不过四十万石，能至渭河仓者十不三四。漕吏狡蠹，败溺百端。官舟沉溺者，岁七十余只。缘河奸吏，大紊刘晏之法。泊休领使，分命僚佐，深按其弊。所过地里，悉令县令兼董漕事，能者奖之。自江津达渭口，以四十万之佣，岁计缗钱二十八万贯，悉使归诸漕吏，巡院无得侵牟。举新法凡十条，又立税茶法二十条，奏行之。物议是之。初休典使三岁，漕米至渭河仓者一百二十万斛，更无沉舟之弊。"《食货志》略同。《新书·南蛮传》：高骈说僖宗，言宣宗皇帝收三州七关，平江岭以南，至大中十四年（860），内库贮积如山，户部延资充满，故宰相敏中领西川，库钱至三百万缗，诸道亦然。此决非幸致。帝之才，盖不减汉宣帝？唐人之亟称之，亦有由也。

## 第三节　文武宣三朝藩镇叛服

唐自穆宗而后，河北三镇，已成覆水难收之势。文宗平横海，武宗平昭义，史家以为丰功，实则殊不足道，且皆竭蹶而后得之者也。

敬宗宝历元年（825）八月，刘悟卒。子从谏求袭。左仆射李绛请速除近泽潞将帅一人，令倍道赴镇，所谓疾雷不及掩耳。弗听。卒以授从谏。明年四月，李全略卒。子同捷擅领留后。五月，幽州军乱，杀朱克融及其子延龄。次子延嗣立。虐用其人。九月，都知兵马使李载义杀之。载义，常山愍王后。唐即以为副使，知节度事。文宗大和元年（827）五月，唐于李同捷之请，久置不问。文宗即位，同捷令母弟入朝。诏移诸兖海，而以乌重胤为沧州。同捷托三军乞留拒命。乃诏重胤及武宁王智兴，义成李听，恕子。平卢康志睦、魏博史宪诚，义武张璠，卢龙李载义讨之。同捷赂河北三镇，以求旌钺。载义初受朝命，坚于效顺，囚同捷侄及所赂来献。张弘靖之囚，幕府多见害，妻子留不遣，及是，载义悉护送至京师。见《新书》本传。而宪诚与全略婚媾，潜以粮饷助之。王廷凑亦出兵挠魏北境，以援同捷。二年七月，下诏罪状廷凑。令接界之地，随便进讨。初廷凑之叛，有傅良弼者守乐寿，李寰守博野累岁，议者以为难。《新书·牛元翼传》。乌重胤受命未久而卒，寰时为保义，穆宗长庆二年（822），以晋、慈二州为保义军。晋州见第四章第一节。慈州见第七章第一节。诏移诸横海。无功。又代以良弼。未至镇卒。又代以李祐。十一月。时诸军在野，朝廷特置供军粮料使，日费浸多；两河诸帅，每有小捷，虚张俘级，以邀赏赉；其势颇窘。先是王智兴请出全军三万，自备粮饷五月，以讨同捷。九月，拔棣州。贼大惧。诸将稍务进取。是役也，功出于其右厢捉生兵马使石雄。徐人恶智兴之虐，欲逐之而立雄。智兴请授雄一郡。朝廷征雄赴京师，授壁州刺史。今四川通江县。智兴寻杀雄相善将士百余人。仍奏雄动摇军情，请行诛戮。文宗知其能，乃长流白州。见第五章第二节。经此顿挫，徐军又不能进取矣。十二月，王廷凑诱魏博行营将亓志绍叛魏，出兵应之。诏李听以沧州行营兵进讨。三年正月，破之。志绍奔廷凑。后为廷凑所杀，见《旧书·李听传》。四月，李祐收德州。同捷乞降。祐疑其诈。时谏议大夫柏耆军前宣慰，请以骑兵三百入沧，取同捷与其家属赴京师。至德州界，谍言廷凑兵来篡，乃斩同捷首，传而献捷。诸将疾耆邀功，争上表论列。文宗不得已，贬耆循州司户。内官马国亮，又奏耆于同捷处取婢九人，再命长流爱州。见第二章第七节。寻赐死。《旧书》本传。《通鉴考异》引《实录》载诏书，有擅入沧州，专杀大将之语。《新书》本传谓同捷请降，李祐使万洪代守沧州，耆以事诛洪，诏盖指是？耆，《旧书》本传称其学纵横家流，盖有才气而无廉隅者？专杀大将，诚为有罪，然耆曾再说谕王承宗，今又奋勇入沧取李同捷，究应宥其一死，而竟不获免，盖迫于诸将使然，可见武人之横矣。卫尉卿殷侑，尝为沧州行军司马，及是，以为沧齐德观察使。时大兵之后，满目荆榛。侑不以妻子之官，攻苦食淡，与士卒同劳苦。始至，空城而已。周岁之后，流民襁负而归。数年之后，户口滋饶，仓廪盈积，人皆忘亡。初州兵三万，悉取给于度支。侑一岁而自赡其半，二岁而给用悉周，请罢度支给赐。六年，入为刑部尚书。寻复充天平军节度。自元和末，收复十二州为三镇，朝廷务安反侧，征赋所入，尽留赡军。侑乃上表，起大和七年，请岁供两税榷酒等钱十五万贯，粟五万石。《旧书·本纪》：大和六年九月，"淄青初定两税额，五州一十九万三千九百八十九贯。自此淄青始有上供"，盖亦受如侑者之夹持而然！此可见方镇得人，纪纲未始不可以渐饬，而唐于收复之地，不能皆得良将以守之，实为分崩离析之由。夫欲得良将，必在豫储于平时，悉以禁军委宦官，则无此望矣。此又见德宗之措置，实为铸成一大错也。

沧景既平，史宪诚心不自安，遣子孝章入觐。又飞章愿以所管奉命。乃移诸河中，而代以李听。宪诚将以族行，惧魏军之留，问策于弟宪忠。宪忠教以分相魏请置帅，因以弱魏。复请诏听引军声图亓志绍，而假道清河。见第二章第六节。帝从之。分相、卫、澶三州，别为一镇，俾孝章领之。澶州，在今河南清丰县西南。五代晋移治濮阳，今濮阳县。宪诚因欲倚听公去魏。听次清河，魏人惊。宪忠曰："彼假道取贼，吾军无负朝廷，何惧为？"乃稍安。然魏素聚甲清河。听至，悉出其甲。将入魏。魏军闻之，惧。明日，尽甲而出。听按兵馆陶不进。今山东馆陶县。众谓宪诚卖己，夜攻杀之。并监军史良佐。而推都知兵马使何进滔为帅。时大和三年（829）六月二十六日也。七月，进滔袭听。听不为备，大败，丧师过半，仅得还滑。时河北久用兵，馈饷不给。八月，乃以进滔为魏博节度使，复以相、卫、澶三州归之。是月，亦赦王廷凑。五年，李载义为后院副兵马使杨志诚所逐。文宗召宰臣谋之。牛僧孺对曰："自安史之后，范阳非国家所有。前时刘总向化，朝廷约用钱八十万贯，而未尝得范阳尺布斗粟。今日志诚之得，犹前日载义之得也。且范阳国家所赖者，以其北捍突厥。今若假志诚节钺，惜其土地，必自为力。爪牙之用，固不计于逆顺。"上大喜，乃即以授志诚。可见是时河北之形势矣。虽鞭之长，不及马腹，固事之无可如何者也。八年十月，志诚复为三军所逐，而立史元忠。元忠进志诚所造衮龙衣二副，及被服鞍鞯，皆绣饰鸾凤日月之形，成为王字。因付御史台鞫问，流岭南。行至商州，杀之。不能收土地甲兵，而惜此虚器，亦无谓矣。是岁十一月，王廷凑卒。军中立其子元逵。事朝廷颇恭顺。朝以绛王悟女寿安公主降之。开成五年（840），何进滔卒，子重顺袭。朝廷遣河中帅李执方，沧州帅刘约，各遣使劝令归阙，别俟朝旨。不从。竟就加节制。至武宗时，赐名曰弘敬。

王智兴，沧景平后入朝。改帅忠武。七年（833），改授河中。再入朝。九年，又改帅宣武。开成元年（836），卒。以智兴之骄横，而获以功名终，可谓天幸，抑亦以其不得士卒之心，不能叛，故朝廷亦不之忌也。先是，大和六年。以李听为武宁军节度。听有苍头，为徐州将，不欲听至。听先使亲吏慰劳徐人，为苍头所杀。听不敢进，固以疾辞。代以高瑀。军骄难制，士数犯法。又以崔珙代之。七年。居徐二岁，史称徐人戢畏焉。

　　《通鉴》：开成三年（838）九月，义武节度使张璠，在镇十五年，为幽、镇所惮。及有疾，请入朝。朝廷未及制置。疾甚，戒其子元益举族归朝，毋得效河北故事，及薨，军中欲立元益。观察留后李士季不可，众杀之，又杀大将十余人。壬申，以易州刺史李仲迁为义武节度使。十月，易定监军奏军中不纳李仲迁，请以张元益为留后。宰相议发兵讨易定。上曰："易定地狭人贫，军资半仰度支，急之则靡所不为，缓之则自生变，但谨备四境以俟之。"乃除张元益代州刺史。代州见第二章第二节。顷之，军中果有异议。乃上表，以不便李仲迁为辞。朝廷为之罢仲迁。十一月，诏俟元益出定州，其义武将士始谋立元益者，皆赦不问。丁卯，张元益出定州。甲戌，以蔡州刺史韩威为义武节度使。《考异》曰：《补国史》曰：易定张公璠卒，三军请公璠子元益，继统军务。公璠乃孝忠孙也。公璠弥留之际，诫元益归阙。三军复效幽、镇、魏三道，自立连帅，坐邀制命。庙谋未决。丞相卫公欲伐而克之。贞穆公议未可兴师，且行吊赠礼，追元益赴阙。若拒命跋扈，讨之不迟。上前互陈短长，未行朝典。贞穆公有密疏进追元益诏意，云："卿太祖孝忠，功列鼎彝，垂于不朽。乃祖茂昭，克荷遗训，不坠义风。"文宗览诏意，深协睿谋。诏下定州。元益拜诏恸哭，焚墨衰，请死于众。三军将士，南向稽首，蹈舞流涕。扶元益就苫庐。请监军使幕府进诸道例，各知留后。公璠遂全家赴阙。诏以神策军使陈君赏为帅。所谓贞穆公者，李珏也。按《实录》：璠定州裨将，非孝忠孙；又李德裕此年不为相；《补国史》盖传闻之说，不可据。今从《实录》。案，传闻之误，史家诚所不免，然《补国史》言之凿凿，似不能全出子虚。《新书·本纪》：大和三年（829）三月乙巳，以太原兵马使傅毅为义武军节度使。义武军不受命。都知兵马使张璠自称节度使。戊申，以璠为义武节度使、都知兵马，盖即《实录》所谓裨将？据《通鉴》：大和元年讨李同捷。义武节度，已为张璠，盖知留后而未授节钺？《实录》仅据其实职书之，又未详其家世，遂至滋疑也。胡三省《注》在镇十五年句曰：穆宗长庆三年（823），璠代陈楚镇义武，亦以知后与实授无殊，故浑言之，非谓是时已降节度之命也。盖至大和三年三月戊申之后，璠乃正授节钺？楚，茂昭甥。元和讨王承宗，浑镐代任迪简帅义武，战败，以楚代之，见第八章第二节。《旧书》附《孝忠传》。云：楚家世久在定州，军中部校，皆其旧卒，人情大悦，军卒帖然，亦与此军关系甚深者也。璠之自称节度，殆亦见迫于众，非本心，故临殁仍戒其子归朝。元益奉诏而请死于众，亦见其迟留之非自由也。《通鉴》：开成五年，义武军乱，逐节度使陈君赏。君赏募勇士数百人，复入军城，诛乱者。此条盖亦本《实录》？《旧书·本纪》略同。君赏之代韩威，未知在于何时。《补国史》径言君赏而不及威，度威在镇必不久。盖至是而以神策军将帅义武之本谋遂矣。《新书·裴度传》云：

张璠卒，军中将立其子元益，度遣使晓譬祸福，元益惧，束身归朝。度时节度河东，距易定密迩，此亦其军士易于就范之由欤？自孝忠至于元益，世笃忠贞，颇为难得，然易定究近三镇，故其军中又数有不安也。

文宗时藩镇之乱，尚有大和三年（829）九月，安南逐都护韩约。约后与于甘露之役，盖亦良将而见逐，可见军士之骄横也。是岁，李绛出为山南西道。三年冬，南蛮寇西蜀，诏征赴援。绛于本道募兵千人赴蜀。及中路，蛮已退，所募皆还。兴元兵额素定，悉令罢归。皆怏怏。监军杨叔元，怨绛不奉己，众辞之际，以言激之。募卒遂劫库兵，入使衙。衙将王景延战死。绛为乱兵所害。从事赵存约、薛齐俱死。时四年二月十日也。以尚书右丞温造为节度。造因征蛮回兵，下车置宴，围新军千人，皆斩首于地，血流四注。杨叔元起求哀，拥造靴以请命，遣兵卫出之，以俟朝旨。敕旨配流康州。见第八章第五节。其亲刃绛者斩百断，号令者斩三断，余并斩首。内一百首祭李绛，三十首祭王景延、赵存约等，并投尸于江。平时不能整肃纲纪，而临事徒藉杀戮以立威，亦可惨矣。唐自军人骄横以来，此等大杀戮之事，亦数见不鲜，而卒不能已乱，可见淫刑之无益于治。抑杀戮如是之众，而独不能立枭杨叔元，又何以服军人之心，而寒宦寺之胆也？

武宗会昌元年（841），史元忠为偏将陈行泰所杀，邀节制。《新书·藩镇传》曰：宰相李德裕计，河朔请帅，皆报下太速，故军得以安。若少须下，且有变，帝许之。未报，果为次将张绛所杀。复诱其军以请。亦置未报。是时回鹘为黠戛斯所破，乌介可汗托天德塞上，事见下节。雄武军使张仲武，《地理志》：蓟州有雄武军。遣其属吴仲舒入朝，请以本军击回鹘。德裕因问北方事。仲舒曰："行泰、绛皆游客，人心不附。仲武旧将张光朝子。年五十余。通书，《传》言仲武通《左氏春秋》。习戎事。性忠义，愿归款朝廷旧矣。"德裕曰："即以为帅，得毋复乱乎？"答曰："仲武得士心，受命，必有逐绛者。"德裕入白帝曰："行泰等邀节不可许，仲武求自效，用之有名，军且无辞。"乃擢兵马留后，而诏抚王纮领节度。纮，顺宗子。诏下，绛果为军中所逐。即拜仲武副大使。《新书》本传。《旧书·本纪》：会昌元年九月，幽州军乱，逐其帅史元忠，推衙将陈行泰为留后。三军上章请符节。朝旨未许。十月，幽州雄武军使张绛遣军吏吴仲舒入朝，言行泰惨虐，不可处将帅之任，请以镇军加讨。许之。十月，诛行泰。遂以绛知兵马使。二年正月，以抚王纮为幽州大都督府长史，充幽州、卢龙节度大使。以雄武军使张绛兼幽州左司马，知两使留后。仍赐名仲武。以绛与仲武为一人，而本传亦同《新书》，《纪》盖误。《通鉴》云：仲武起兵击绛，乃遣仲舒奉表诣京师，称绛惨虐，请以本军讨之。德裕奏行泰、绛皆使大将上表胁朝廷，邀节钺，故不可与。今仲武先自发兵，为朝廷讨乱，与之则似有名。乃以仲武知留后。仲武寻克幽州。二说微异。要之，是时于幽州，业已置之度外，故应之甚缓，而转可坐观其变。德裕之处张仲武，实与牛僧孺之处杨志诚无异，以为有奇策则误矣。

会昌三年（843）四月，刘从谏卒。《新书》本传云：昭义自悟时治邢州，而人思上党。从谏还治潞。悟苛扰，从谏宽厚，故下益附。方年壮，思立功。甘露事起，宰相皆夷族，从谏不平，三上书请王涯等罪，讥切中人。郑覃、李石，藉其论执，以立权纲。中人惮而怨之。又劾奏萧本非太后弟。《新书·后妃传》：穆宗贞献皇后萧氏，闽人也。穆宗为建安王，后得侍，生文宗。文宗立，上尊号曰皇太后。初后去家入长安，不复知家存亡，惟记有弟。帝为访之。俄有男子萧洪，因后娣婿吕璋白见之。太后谓得真弟，悲不自胜。帝拜洪金吾将军。出为河阳三城节度使。稍徙鄜坊。始节度自神策出者，举军为办装，因三倍取偿。洪所代未及偿而死，军中并责偿于洪。洪不许。左军中尉仇士良憾之。会闽有男子萧本又称太后弟，士良以闻。自鄜坊召洪下狱按治，乃代人。诏流驩州。不半道，赐死。擢本赞善大夫，宠赠三世。帝以为真，不淹旬，赐累巨万。然太后真弟，庸软莫能自达，本绐得其家系，士良主之，遂听不疑。历卫尉卿、金吾将军。会福建观察使唐扶上言：泉州男子萧弘，自言太后弟。御史台参治，非是。昭义刘从谏又为言，请与本辩。有诏三司高元裕、孙简、崔郸杂问，乃皆妄。本流爱州，弘儋州，而太后终不获弟。驩州见第二章第二节。爱州见第二章第七节。儋州见第四章第二节。仇士良积怒，唱言从谏志窥伺，从谏亦妄言清君侧，因与朝廷猜贰。又云：性奢侈，饰居室舆马。无远略。善贸易之算。徙长子道入潞，长子，今山西长子县。岁榷马，征商人，又熬盐、货铜铁，收缗十万。贾人子献口马金币，即署衙将，使行贾州县，所在暴横沓贪，责子贷钱，吏不应命，即诉于从谏，欲论奏，或遣客游刺，故天下怨怒。大将李万江，本退浑部。李抱玉送回纥道太原，举帐从至潞州，牧津梁寺。岁入马价数百万。子弟、姻娅、隶军者四十八人。从谏徙山东，惧其重迁，且生变；而子弟亦豪纵，少从谏，不甚礼。因诬其叛，夷三族，凡三百余家。姬姜有微过，辄杀之。人皆知其将亡。所为如此，岂似宽厚者？其辞盖有溢恶焉？彼其聚敛，实因与朝廷猜贰而然，其与朝廷猜贰，则原于甘露之变，故从谏虽可诛，宦寺非可诛从谏之人也。然从谏实负气，少谋略，故志虽正而遇日穷。疾病，谓妻裴氏曰："吾以忠直事朝廷，而朝廷不明我志，诸道皆不我与。我死，他人主此军，则吾家无炊火矣。"《通鉴》。弟子稹，从谏以为嗣，乃令主军事，而置大将王协、郭谊等为佐，其意仅在自全可知也。或谓如此，则何不释甲归朝？然文宗之世，政由宦寺；武宗、李德裕，又务反文宗之所为；此岂可于廷尉望山头邪？背唐室为逆，仇仇士良，不可云逆，因仇仇士良而唐室欲加诛，岂能责其不自救？顺逆之节，固不可以一端论也。

从谏既卒，积秘不发丧，而使请医于朝。时则王协为之谋，曰："严奉监军，厚遗敕使，四境勿出兵，城中暗为备而已。"其意亦仍在自全也。朝廷早知其诈，乃令护从谏之丧归洛阳。积拒朝旨。诏宰臣、百僚议。皆以塞上用兵，不宜中原生事，请以亲王遥领，令积权知兵马事。独李德裕不可，曰："泽潞内地，不同河朔。前后命帅，皆用儒臣。李抱真成立此军，身殁之后，德宗尚不许继袭。泊刘悟作镇，长庆中颇亦自专。属敬宗因循，遂许从谏继袭。开成初于长子屯军，欲兴晋阳之甲，以除君侧。与郑注、李训，交结至深。外托效忠，实怀窥伺。自疾病之初，便令刘积管兵马。不加讨伐，何以号令四方？若因循授之，则藩镇相效，自兹威令去矣。"谓泽潞不可不讨，似也，然谓其与郑注、李训交结，欲兴晋阳之甲，一若以仇士良之是非为是非者，何哉？德裕又言："刘积所恃者，河朔三镇耳。但得魏、镇不与积同，破之必矣。请遣重臣一人，传达圣旨。言泽潞命帅，不同三镇。自艰难已来，列圣皆许三镇承袭，已成故事。今国家欲加兵诛积，禁军不欲出山东。其山东三州，委镇、魏出兵攻取。"上然之。乃命御史中丞李回使三镇谕旨。赐魏、镇诏书云："卿勿为子孙之谋，欲存辅车之势。"至幽州，则以张仲武与太原刘沔不协，谕以和协之旨。夫唐自代宗已来，膏肓之疾，河北三镇也。若德裕之所为，是以山东三州赂镇、魏，益使强大也。虽克昭义，又何利焉？而为之者，何哉？真以泽潞内地，不同河朔邪？抑武宗怨文宗末命之不逮己，德裕怨其时曾见贬斥，务反太和之政，虽为仇士良快意而不恤也？难言之矣！

战伐之谋既定，乃移忠武王茂元于河阳，以王智兴之子宰代帅忠武。使茂元与河东刘沔、河中陈夷行及王元逵、何弘敬同讨之。以武宁李彦佐为晋绛行营节度招讨使。晋州见第四章第一节。绛州见第六章第二节。山南东道卢钧，宽厚能得众，命兼节度昭义。德裕又奏：贞元、大和间，诸道兵才出界，便费度支供饷。迟留逗挠，以困国力。或密与贼商量，取一县一栅，以为胜捷。今请处分：元逵、弘敬，只令收州，勿攻县邑。帝然之。《旧书·德裕传》。《通鉴》：是时指令元逵取邢州，弘敬取洺州，茂元取泽州，李彦佐刘沔取潞州。案，此说诚是，然元逵、弘敬，实未如其所指示，山东诸州之下，乃积党内离，而《旧书》本传谓弘敬、元逵收洺、磁而积党遂离，以至平殄，皆如其算，亦诬矣。李彦佐逗留，德裕请以石雄为之副，至军即令代之。王元逵密表何弘敬怀两端。德裕请遣王宰径魏博攻磁州。弘敬果惧，自趋磁州。而河阳兵为积将薛茂卿所败，王茂元又撄疾，乃改使宰援河阳。茂元卒，即统其万善营兵。《通鉴注》：《九域志》，怀州河内县有万善镇。茂卿通于宰，伪北，弃天井关在今山西晋城县南。入泽州，召宰兵，请为内应。宰疑之，不敢进。积召茂卿诛之。

以兵马使刘公直代将。复取天井关。刘沔与张仲武不协，徙之义成，以李石为河东。《新书》云：先时河北诸将死，皆先遣使吊祭，次册赠，次近臣宣慰，度军便宜，乃与节。军中不许出，乃用兵。大抵不半岁不能定。故警将、逆子，皆得为之备。稹初不意帝怒即见讨，及王茂元录诏示稹，举族号恸，而愚懦不决。又云：李石领河东，稹因石兄洺州刺史恬移书乞降。其意终在于自全，灼然可见。石以闻，右拾遗崔碣表请纳之。帝怒，斥碣邓城令。邓城县，在今襄阳县北。诏敢言罢兵者，戮贼境上。其奉行仇士良之旨，何其决也？初刘沔以兵三千戍横水。其将王遂军榆社，今山西榆社县。请济师。李石召横水卒千五百归太原，令别将杨弁率之以赴。旧例，发军人给二缣，石以支计不足，量减其一，便催上路。时近岁暮，军人聚怨。四年正月朔，逐石，与稹连和。稹诸将建议：我求承袭，彼叛卒，若与之，是与反者。械其使送京师。使败太原兵，生擒卒七百。帝犹不赦。监军吕义忠招榆社戍兵，复太原，擒杨弁，送京师诛之。四月，王宰攻泽州，不克。闰七月，从谏妻弟裴问，以邢州降王元逵。洺州王钊，磁州安玉，《旧纪》。《通鉴》同，《新书·藩镇传》作高玉。亦降于何弘敬。郭谊、王协，乃谋叛稹。谊令稹所亲董可玉说稹，以谊为留后而归朝。稹许之。稹宅内兵马使李士贵攻谊，败死。谊遂杀稹。又悉取从谏子在襁褓者二十余，并从子稹、匡周等杀之。夷张谷、张沿、陈扬庭、《新书·传》云：皆有文，时时言古今成败，以佐从谏。李仲京、王渥、王羽、韩茂章、茂实、贾庠、郭台、甄戈十一族。甄戈，《新书·传》云："颇任侠，从谏厚给恤，坐上坐，自称荆卿。从谏与定州戍将有嫌，命戈取之。因为逆旅上谒，留饮三日，乘间斩其首。它日，又使取仇人，乃引不逞者十余辈劫之。从谏不悦，号伪荆卿。"军中素不附者皆杀。而函稹首送王宰。刘公直亦降于宰。仲京，训之兄；渥，璠之子；羽，涯族孙；茂章、茂实，约之子；庠，𫗧子；台，行馀子。甘露难作，皆羸服奔从谏，从谏衣食之。《新书》本传。《旧书·本纪》，王璠子名珪，与仲京，羽，茂章，茂实，郭谊，刘公直，王协，刘稹母阿裴，稹弟、妹、从兄、张谷男，陈扬庭弟，甄戈并处斩于独柳。盖谊族其家，而送其身于朝也？《通鉴》云：李德裕复下诏，称逆贼王涯、贾𫗧等，已就昭义诛其子孙，宣告中外，识者非之。甘露之变，王涯子仲翔匿侍御史裴镛家，镛执以赴军。仲翔曰："业不见容，当自求生，奈何反相噬邪？"闻者哀之。见利则以宦寺之好恶为好恶，泄忿则以宦寺之是非为是非，所谓士君子者，几何其不为宦寺之孝子顺孙也？《旧书·传》云：初，稹拒命，裴氏召集大将妻同宴，以酒为寿，泣下不能已。诸妇请命。裴曰："新妇各与汝夫文字，案，不云语之而云与文字，似诸将妻皆质稹宅中者，亦可见军人之懔懔不自保也。勿忘先相公之拔擢。莫效李丕，背恩走投国家。丕，稹将首降唐者。子母为托，故悲不能已也。"诸妇亦泣下。故潞将叛志益坚。积死，裴亦以此极刑。似其情真罪当者。然《新书·传》云：从谏妻裴，以弟立功，诏欲贷其死。刑部侍郎刘三复执不可，于是赐死。以尸还问。裴宽厚有谋。每劝从谏入朝，为子孙计。从谏有姜韦，愿封夫人，许之。诏至，裴怒，毁诏不与。从谏它日会裴党，复出诏。裴抵去，曰："淄青李师古，四世阻命。不闻侧室封者。君承朝廷姑息，宜自黜削，求洗濯，顾以婢为夫人，族不日灭耳。"从谏赧然止。及韦至京师，乃言李不降，裴会大将妻号哭曰："为我语若夫，勿忘先公恩，愿以子母托。"诸妇亦泣下，故潞诸将叛益坚，由是及祸。然则《旧书》所著，乃当日爰书之语，而其所用者，实嬖妾之言也。可谓淫刑矣。

王茂元之死也，李德裕奏，王宰止可令以忠武节度使将万善营兵，不可使兼领河阳。恐其不爱河阳州县，恣为侵扰。又河阳节度，先领怀州刺史，尝以判官摄事，割河南五县租赋隶河阳。建中二年（781），以李芃为河阳、怀州节度，割东畿五县隶焉。五县：河阳，在今河南孟县南。河清，在今孟县西南。济源、温，今皆为县，属河南。王屋，在济源西。不若遂置孟州，其怀州别置刺史。俟昭义平日，割泽州隶河阳节度。则大行之险，不在昭义，而河阳遂为重镇，东都无复忧矣。上采其言，以河南尹敬昕为河阳节度、怀孟观察使。孟州治河阳，至明降为县。王宰将行营以捍敌，昕供馈饷而已。及邢、洺、磁三州降，德裕请以卢弘止为三州留后。弘止，新、旧《唐书》皆附其兄《简辞传》。《旧书》作弘正，《本纪》同。《新书》纪传皆作弘止。《实录》同《新书》，见《通鉴考异》。曰："万一镇、魏请有三州，朝廷难于可否。"上从之。郭谊降，德裕奏：今不须复置邢、洺、磁留后，但遣卢弘止宣慰三州及成德、魏博两道。罢卢钧山南西道，专为昭义节度使。九月，诏以泽州隶河阳节度。大行之险，在南与在北实同，视国家能否控驭耳。邢、洺、磁三州，以是时河朔三镇，皆无远图，得未入于镇、魏，亦幸也。

刘稹之死也，石雄以兵守境，军大掠，郭谊移书责之，雄衔怒。李德裕建言："乱由谊始，及兵在境，宜悉取逆党送京师。"乃诏雄率兵入，缚送谊等。有诏：从谏且死，乃署稹军，宜剖棺，暴尸于市三日。雄发视，三斩之。稹将白惟信，率余卒三千保潞城。今山西潞城县。雄召之，使往十余辈皆死。卢钧次高平，今山西高平县。惟信献款。雄欲尽夷潞兵。钧不听。坐治堂上，左右皆雄亲卒，击鼓传漏，钧居甚安。雄引去，乃召惟信，送至阙下，余众悉原。雄之暴戾而肆无上如此，无怪王智兴欲除之矣。明年，兴士五千戍代北。钧坐城门劳遣。戍卒骄，顾家属，不欲去。酒酣，反攻城。迫大将李文矩为帅。钧仓卒奔潞城。文矩投地僵卧，稍谕叛者，众乃悔服。即相与谢钧，迎还府，斩首恶，乃定。诏趣戍者行，密使尽戮之。钧请徐乘其变，而使者不发须报。时戍人已去潞一舍，钧选衙卒五百，壮骑百，以骑载兵夜趋。迟明，至太平驿，尽杀之。是时君相皆务杀戮以立威，而承之以郭谊等军人，可谓惨无人理。而《献替记》云：上信任宰臣，无不先访问，无独断之事，惟讨诛泽潞，不舍赴振武官健，及诛剪党项，此二事并禁中发诏处分，更不顾问，《通鉴考异》。则又知其事有惭德，而归过于君也，真乃凶德参会矣。宣宗立，石雄徙镇凤翔。王宰于雄故有隙，数欲沮陷。会德裕罢相，因代归。白敏中曰：功所酬已厌。拜神武统军。失势怏怏卒。

武宗之平昭义，论者或誉其能断，且以德裕为有谋。然时逾一载，仅乃克之；刍粮逾太行饷军，环六七镇；初诏卢商以户部侍郎判度支，又诏杜悰兼盐铁、度支，并二使财以赡军，军乃不乏；《旧书·本纪》会昌四年（844），《新书·卢商传》。其势亦殊竭蹶矣。以力服人者，非心服也，力不赡也。当时朝廷之余力，尚几何哉？若能赫然诛仇士良，雪王涯、贾餗、李训、郑注之冤，明先君之志，闻风内乡者，又岂特一昭义也？

宣宗大中三年（849）四月，张仲武卒，子直方袭。五月，武宁军乱，逐其节度使李廓。《旧书·本纪》。卢弘止代之。徐方自王智兴之后，军士骄恣。有银刀都者，尤劳姑息。前后屡逐主帅。弘止在镇期年，皆去其首恶，谕之忠义。讫于交代，军旅无哗。《旧书》本传。《通鉴》：都虞候胡庆方复谋作乱，弘止诛之，抚循其余。张直方动多不法，虑为将卒所图，是年冬，托以游猎赴阙。《旧书》本传。军人推衙将周綝为留后。四年九月，綝卒。军人立衙将张允伸。《旧书·本纪》。《新书·本纪》：四年八月，卢龙军乱，逐其节度使张直方，衙将张允伸自称留后。《传》同。《旧书·允伸传》云：戎帅周綝寝疾，表允伸为留后，则《新书》误也。《通鉴》从《旧书》。九年正月，王元逵卒，子绍鼎袭。《新书·本纪》。《传》云：元逵八年卒，《纪》盖据赴日书之。七月，浙西东道军乱，逐其观察使李讷。《新书·本纪》。《传》云：性疏下，遇士不以礼，故为下所逐。《通鉴》同。《旧书·本纪》：讷迁浙东观察在十年春，恐误。以沈询代之。《通鉴》。十一年七月，王绍鼎卒。绍鼎淫湎自放，性暴，厚敛，升楼弹射路人以为乐。众忿其虐，欲逐之。会病死。子幼，未能事事，弟绍懿袭。《新书》纪传。十二年三月，盐州监军使杨玄价杀其刺史刘皋。《新书·本纪》。四月，岭南军乱，逐其节度使杨发。《新书·本纪》。《旧传》云：发为福州刺史，耆老以善绩闻，朝廷以发长于边事，移授广州。属前政不率，蛮夏咸怨。发以严为理，军乱，为军人所囚，致于传舍。五月，湖南军乱，逐其观察使韩琮。《新书·本纪》。诏山南东道节度使徐商讨平之。《通鉴》。六月，江西都将毛鹤逐其节度使郑宪。《新书·本纪》。以光禄卿韦宙为江西观察使，发邻道兵讨平之。十二月。《通鉴》。七月，容州将来正反。《新书·本纪》。

容州见第六章第三节。经略使宋涯捕斩之。《通鉴》。八月，宣歙将康全泰逐其观察使郑薰。淮南节度使崔铉兼宣歙池观察处置使以讨之。十月，全泰伏诛。《新书·本纪》。《通鉴》：全泰之叛在七月，《纪》盖因崔铉之讨追书之。十三年四月，武宁军节度使康季荣为士卒所逐。上以左金吾大将军田牟弘正子。尝镇徐州，有能名，复以为武宁节度使。一方遂安。《通鉴》。

## 第四节　回纥之亡

回鹘奉诚可汗，以贞元十一年（795）死。无子，国人立其相骨咄禄。册拜爱滕里逻羽录没蜜施合胡禄毗伽怀信可汗。骨咄禄本跌跌氏。少孤，为大首领所养，辩敏材武，当天亲时，数主兵，诸酋尊畏。至是，以药葛罗氏世有功，不敢自名其族。案，此语欠明显。《通鉴》云：冒姓药葛罗氏，较清晰。而尽取可汗子孙内之朝廷。《通鉴》云：自天亲可汗以上子孙幼稚者，皆内之阙庭。永贞元年（805），死。册所嗣为滕里野合俱录毗伽可汗。《通鉴》同，《旧书》阙。元和三年（808），死。册拜爱登里逻汨蜜施合毗伽保义可汗。《旧书》亦阙保义之立。下文称为蔼德曷里禄没弭施合蜜毗伽可汗。于其死时，又称为毗伽保义可汗。再请婚，未报。可汗以三千骑至鹏鹈泉。礼部尚书李绛以北边空虚；吴少阳垂死，可乘其变，南事淮右；请许之，而有司度费当五百万，帝方内讨强节度，故遣宗正少卿李诚、太常博士殷侑往谕不可。《新书·回鹘传》载绛之言曰：我三分天下赋，以一事边。今东南大县赋，岁二十万缗，以一县赋为婚赀，非损寡得大乎？今惜婚费不与，假如王师北征，兵非三万，骑非五千，不能捍且驰也；又如保十全之胜，一岁辄罢；其馈饷供拟，岂止一县赋哉？其言似辨，然与有司度费当五百万之说，大相径庭。盖好绛者亿为之辞，而不悟其不合实际也。于此，可见唐代史料，多不可信。《旧书·殷侑传》，亦云当时计费为五百万缗也。穆宗立，又固求婚，许之，而可汗死。册所嗣为登啰羽录没蜜施句主毗伽崇德可汗。《旧书》阙崇德二字。下文又作登逻骨没密施合毗伽可汗。以太和公主下降。宪宗女。以上据《新书·回鹘传》。裴度讨幽、镇，回鹘请以兵从。朝议以宝应初回鹘恃功骄恣，难制，咸以为不可。命中使止之。会其已上丰州北界，不从。诏发缯帛七万匹赐之。乃还。《旧书·回纥传》。丰州见第四章第三节。敬宗即位之年，可汗死。其弟曷萨特勒立，册为爱登里啰汨没密施合毗伽昭礼可汗。《通鉴》系宝历元年（825）三月。《旧书》：长庆二年（822）五月，命使册立登啰骨没密施合毗伽礼可汗，当即此可汗，误系于前。大和六年（832），为其下所杀。从子胡特勒立。明年，册为爱登里啰汨没密施合句录毗伽彰信可汗。《新书·回鹘传》。《旧书》云：大和七年三月，回纥李义节等将驼马到，且报可汗三月二十七日薨，已册亲弟萨特勒。《通鉴》从《新书》。复强死，而回鹘不可支矣。

开成四年（839），回鹘相掘罗勿作难，引沙陀共攻可汗。可汗自杀。国人立𪇹驳特勒为可汗。《旧书》云：开成初，其相有安允合者，与特勒柴革欲篡萨特勒可汗。可汗觉，杀柴革及安允合。掘罗勿拥兵在外，怨，又杀萨特勒，以𪇹驳特勒为可汗。《通鉴》同。方岁饥，遂疫。又大雪，羊马多死。武宗即位，渠长句录莫贺与黠戛斯合骑十万攻回鹘城，杀可汗，诛掘罗勿，焚其牙。诸部溃。其相驭驳职与庞特勒十五部奔葛逻禄。残众入吐蕃、安西。于是可汗牙部十三姓《旧书》云：近可汗牙十三部。奉乌介特勒为可汗，南保错子山。《新书·回鹘传》。胡三省曰：《新志》，鸊鹈泉北十里入碛。经庐鹿山、鹿耳山至错甲山。《旧书》云：南来附汉。黠戛斯，乾元中为回纥所破。回鹘授其君长阿热官为毗伽顿颉斤。回鹘稍衰，阿热即自称可汗。回鹘遣宰相伐之，不胜。挈斗二十年不解。句录莫贺导阿热破杀回鹘可汗。诸特勒皆溃。阿热身自将，焚其牙及公主所庐。乃悉收其宝赍。并得太和公主。《新书·黠戛斯传》。自以李陵后，与唐同宗，使达干奉主来归。《旧书》云：令达干十人送公主至塞上。乌介怒，追击达干，杀之。劫主南度碛。《新书·回鹘传》。先是天德军使田牟、监军韦仲平，奏称回鹘叛将嗢没斯等侵逼塞下，吐谷浑、沙陀、党项，皆世与为仇，请出兵驱逐。李德裕以天德城兵才千余，诏牟约勒将士及杂虏，毋得先犯回鹘，又诏河东、振武严兵以备之。《通鉴》。天德军见第七章第一节。振武军见第三章第二节。于是其相赤心与王子嗢没斯、特勒那颉啜将其部欲自归，而公主亦遣使者来，言乌介已立，因请命。又大臣颉干伽思等表假振武居公主、可汗。帝使慰抚其众，输粮二万斛，而不许借振武。《新书·回鹘传》。时会昌元年（841）十二月也。二年正月，遣兵部郎中李拭巡边。三月，还。言刘沔有威略，可任大事。时河东节度使符澈疾病，乃以沔代之，而以金吾大将军李忠顺为振武。遣将作少监苗缜册命乌介可汗。使徐行，驻于河东，俟可汗位定然后进。既而可汗屡侵扰边境，缜竟不行。《通鉴》。嗢没斯以赤心奸桀，难得要领，密约田牟，诱赤心斩帐下。《旧书》云：赤心与连位相姓仆固者，与特勒那颉啜拥部众不宾乌介。赤心欲犯塞。乌介遣嗢没斯先布诚于田牟，然后诱赤心同谒乌介，戮赤心于可汗帐下，并仆固二人。案，《新书》此处，叙事太略，一似嗢没斯但以己意约田牟杀赤心者，且似杀诸田牟帐下者矣。那颉啜收赤心众七千帐，东走振武、大同。大同军见第五章第二节。因室韦、黑沙，盖谓黑沙城地方之部落也。黑沙城见第四章第四节。南窥幽州。节度使张仲武破之，悉得其众。那颉啜走，乌介执而杀之。然乌介兵尚强，号十万。驻牙大同北闾门山。而特勒虓俱遮、阿敦宁等凡四部，及将军曹磨众三万，因仲武降。嗢没斯亦附使者送款。《新书·纪》在五月。帝欲使助可汗复国，而可汗已攻云州。见第二章第二节。刘沔与战，败绩。《新书·纪》在六月。嗢没斯率三部及特勒大酋二千骑诣振武降。以天德为归义军，《通鉴》云：以嗢没斯所部为归义军。即拜军使。既朝，皆赐李氏。名嗢没斯曰思忠，阿历支曰思贞，习勿啜曰思义，乌罗思曰思礼，此三人，《通鉴》云：嗢没斯弟，当即上所云三部。爱邪勿曰弘顺，爱邪勿，《通鉴》云国相。即拜归义军副使。指弘顺言之，见《旧纪》。以上据《新书·回鹘传》。《旧传》云：有特勒嗢没斯、阿历支、习勿啜三部，回鹘相爱耶勿弘顺，回鹘尚书吕衡等诸部降振武。三部首领皆赐姓李氏，及名思忠、思贞、思惠、思恩、充归义使。上少乌罗思，而下赐名仍有四人，足见其文有夺误。思惠、思恩，当即思义、思礼，不同者？或赐名亦有更易也。爱邪勿弘顺，赐名与旧名连举，文亦不完，或弘顺二字为分注也。可汗遣使者借兵，欲还故廷，且假天德城。帝不许。可汗恚，进略大同川，谓大同境内有川流之处也。民居必依于川，故古称某地方民所聚居之处曰某川。转战攻云州。《旧纪》在八月。诏益发诸镇兵屯太原以北。《旧纪》云：许、蔡、汴、滑等六镇。《通鉴》云：陈、许、徐、汝、襄阳等兵。以刘沔为回鹘南面招抚使，张仲武为东面招抚使。李思忠为西党项都将、西南面招讨使。沔营雁门。又诏银州刺史何清朝，银州见第七章第一节。蔚州刺史契苾通，蔚州见第二章第七节。以蕃、浑兵出振武，与沔、仲武合，稍逼回鹘。《旧纪》在九月。云：诏太原起室韦、沙陀三部落，吐浑诸部，委石雄为前锋。易、定兵千人守大同军、契苾通、何清朝领沙陀、吐浑六千骑趋天德。李思忠率回纥、党项之师屯保大栅。三年正月，敕何清朝分领沙陀、吐浑、党项之众赴振武，取刘沔处分。《通鉴》云：何清朝、契苾通分将河东蕃兵诣振武，受李思忠指挥。要之，此役所用蕃兵甚多也。思忠数深入，谕降其下。沔分沙陀兵益思忠。河中军以骑五百益弘顺。沔进次云州。思忠屯保大栅。率河中、陈、许兵与回鹘战，败之。《通鉴》：八月，可汗突入大同川。转斗至云州。诏发陈、许、徐、汝、襄阳等兵屯太原及振武、天德，候来春驱逐回鹘。李德裕等上言：若如前诏，幽州兵宜令止屯本道，以俟诏命。若虑河冰既合，回鹘复有驰突，须早驱逐，则当及天时未寒，决策于数月之内。望令公卿集议。诏从之。议者多以为宜俟来春，于是有三道招抚使之命。德裕等旋奏："河东奏事官孙俦适至，云回鹘移营近南四十里。据此事势，正堪驱除。臣等问孙俦：若与幽州合势，迫逐回鹘，更须益几兵？俦言不须多益兵，惟大同兵少，得易定千人助之足矣。"上皆从之。诏幽州、振武、天德各出大兵，移营稍前，以迫回鹘，李思忠请与契苾、沙陀、吐谷浑六千骑合势击回鹘。于是命何清朝、契苾通分将河东蕃兵诣振武，受思忠指挥。刘沔、张仲武固称盛寒未可进兵，请待岁首。李忠顺独请与李思忠俱进，十二月，李德裕奏请遣思忠进屯保大栅。此时刘沔、张仲武，实不免于玩寇，转不如蕃将之能奋勇也。明年，又为弘顺所破。沔与天德行营副使石雄料劲骑及沙陀、契苾等杂虏，夜出云州，走马邑。抵安众塞，逢虏，与战，破之。乌介方薄振武，雄驰入，夜穴垒出羸兵。乌介惊，引去。雄追北至杀胡山，乌介被创走。雄遇公主，奉主还。降特勒以下众数万。《新书·回鹘传》。时会昌三年正月也。雄流白州后，大和中，河西党项扰乱，召还，隶振武刘沔军为裨将。是役，沔谓雄曰："黠虏离散，不足驱除，国家以公主之故，不欲急攻。若秉朝旨，恐或依违，我辈捍边，但能除患，专之可也。公可选骁健，径趋虏帐，彼必弃公主亡窜。事苟不捷，吾自继进，亦无患也。"雄乃选劲骑，袭得公主。唐是时以兵力不足，未敢贸然与回纥绝，此谋必出边将可知，乃《李德裕传》，谓其以出奇形势授刘沔，沔乃令石雄击可汗败之，迎公主还，可谓攘善无耻矣。于是下诏罪状回鹘，令诸道兵马进讨。《旧书·本纪》。可汗收所余往依黑车子。《旧传》云：依和解室韦下营。诏弘顺、清朝穷蹙。弘顺厚啖黑车子以利，募杀乌介。初从可汗亡者，既不能军，往往诣幽州降。留者皆饥寒疮痍，裁数千。《旧书》云三千已下。黑车子幸其残，即杀乌介。其下又奉其弟遏捻特勒为可汗。《旧书》云：乌介嫁妹与室韦，托附之。回鹘相逸隐啜逼诸回鹘，杀乌介于金山，以其弟特勒遏捻为可汗。哀残部五千，仰食于奚大酋硕舍朗。大中初，张仲武讨奚，破之。回鹘浸耗灭。所存名王、贵臣五百余，转依室韦。仲武谕令羁致可汗等。遏捻惧，挟妻子驰九骑夜委众西走。部人皆恸哭。室韦七姓析回鹘隶之。黠戛斯怒，与其相阿播《通鉴》作遣其相阿播。将兵七万击室韦，悉收回鹘还碛北。遗帐伏山林间，狙盗诸蕃自给。稍归庞特勒。《新书·回鹘传》。《旧书》云：经三宿，阿播领诸蕃兵，从天德北界，来取遏捻及诸回鹘。大败室韦。回鹘在室韦者，阿播皆收归碛北。在外犹数帐，散藏诸山深林，盗劫诸蕃。则黠戛斯兵已先出，非闻室韦析隶回鹘而怒。伏山林间之回鹘，亦不必曾隶室韦。《新书》云遗帐，则似隶室韦之回鹘，黠戛斯亦取之不悉矣。《新书》此等措辞欠审处，难以遍举也。

回纥本非大部，属突厥厥败亡，中国又遭安史之乱不振，得坐大。其遇中国甚骄，详见第六章第二节。犹可诿曰：方助平安史，故恃功骄恣也。元和时，距其立功之时稍远矣，而殷侑往使，可汗盛陈兵甲，欲臣之，而不答拜，侑坚立不动。可汗则责其倨，欲留而不遣，此何为者邪？犹可诿曰：请昏未得，故怀怨恨也。穆宗时，太和公主既下降矣，胡证送主，《旧书·证传》曰："行及漠南，虏骑继至，狼心犬态，一日千状，欲以戎服变革华服，又欲以王姬疾驱径路。"此又何为者邪?《李载义传》曰:回鹘每遣使入朝,所至强暴。边城长吏,多务苟安,不敢制之以法。虏益骄悍,或突入市肆,暴横无所惮。至是,有回鹘将军李畅者,晓习中国事,知不能以法制御,益骄恣。鞭捶驿吏,贪求无已。载义召与语曰:"若将军之部伍不戢,剽掠庐舍,载义必杀为盗者,将军勿以法令可轻而不戒厉。"遂罢防守之兵,而使两卒守其门。虏知其不为下,无敢犯令。李畅亦见《柳公绰传》,其人实尚可理谕,否则更不可问矣。盖循北狄之犷悍,而益以西胡之狡黠,故至于此。西胡之入北狄,实有凿浑沌七窍之功,然不必为北狄之福也。故其败也,中国不肯援助,而汲汲为取乱侮亡之谋,不可谓非自取之也。铁勒之众,本自西来,突厥再盛,回纥又久处甘、凉间,故其与西胡关系甚深。其亡也,遗众入中国者甚多,散入诸蕃者亦不少,除前所叙外,《旧书》本传:张仲武破那颉,全收七千帐,杀戮、收擒老小近九万人。后有特勒庞俱遮、阿敦宁二部,回鹘公主密羯可敦一部,外相诸洛阿跌固一部,及牙帐大将曹磨你等七部,共三方众,相次降于幽州。诏配诸道。有特勒叶被沽、兄李二部,南奔吐蕃。有特勒可质力二部,东北奔大室书。有特勒荷勿啜,东讨契丹战死。《新书》本传:嗢没斯之降,请留族太原,率昆弟为天子捍边。帝命刘沔为列舍云、朔间处其家。其后思忠等以国亡,皆愿入朝,见听,遂罢归义军,分其兵赐诸节度。虏人惮隶食诸道,据滹沱河叛,刘沔坑杀三千人。此等皆败亡后散入中国及诸蕃者:又《本纪》:乌介之亡,摩尼寺废,在京外宅及东都修功德回纥,并勒冠带,各配诸道收管,则其本在中国者也。而惟入西域者为能自立,至今为其地一大族,有以也。遏捻之败,厖特勒已自称可汗,居甘州,有碛西诸城。宣宗遣使者抵灵州,省其酋长。回鹘因遣人随使者来。帝即册拜温禄登里逻汩没密施合俱录毗伽怀建可汗。厖特勒,《通鉴》大中二年(848)作厖勒,云先在安西,亦自称可汗,总碛西诸城。大中十年三月,诏以回鹘有功于国,世为婚姻。近有降者,云已厖历今为可汗,尚寓安西,俟其归复牙帐,当加册命。十月,上遣使诣安西镇抚回鹘。使者至灵武,会回鹘可汗遣使入贡。十一月,册拜为嗢禄登里罗日没密施合俱录毗伽怀建可汗。胡三省曰:已厖历,即厖勒,以华言译夷言语转耳。后十余年,一再献方物。懿宗时,大酋仆固俊自北庭击吐蕃,斩论尚热。事见下节。尽取西州、轮台等城。使达干米怀玉朝,且献俘,因请命。诏可。其后王室乱,贡会不常,史亡其传。《通鉴》:僖宗乾符元年(874)十二月,初回鹘屡求册命,诏遣册立使郝宗莒诣其国。会回鹘为吐谷浑、嗢末所破,逃遁不知所之。诏宗莒以玉册国信授灵盐节度使唐弘夫掌之,还京师。二年,回鹘还至罗川。十一月,遣使者同罗榆禄入贡。赐拯接绢万匹。胡三省曰:宣宗大中二年,回鹘西奔,至是方还。案,胡意指遏捻特勒也,然自开成四年(839)丧乱以来,回纥部落西走者甚多，乾符元年为吐谷浑、嗢末所破，二年还至罗川者，恐未必是过捺部落也。昭宗幸凤翔，天复二年（902）。灵州节度使韩逊表回鹘请率兵赴难。翰林学士韩偓曰："虏为国仇旧矣。自会昌时伺边，羽翼未成，不得逞。今乘我危以冀幸，不可开也。"遂格不报。然其国卒不振，时时以玉马与边州相市云。《新书·回鹘传》。《旧书》云：其后嗣君弱臣强，居甘州，无复昔时之盛。到今，时遣使入朝，进玉马及本土所产，交易而退。则朝贡仍通也。

黠戛斯既破回鹘，徙牙牢山之南。《新书》本传。又曰：牢山，亦曰赌蒲，距回鹘旧牙马行十五日。胡三省曰：回鹘旧居薛延陀北娑陵水上，开元中，破突厥，徙牙乌德鞬山昆河之间，见《通鉴》会昌二年（842）《注》。案，此道里皆太远。此所云旧牙，恐当在其居都督军山时。参看第三章第二节。会昌二年十月，遣将军踏布合祖等至天德军，言先遣都吕施合等奉公主归之大唐，至今无声问。不知得达，或为奸人所隔。案，此即为乌介所杀之达干也。今出兵求索，上天入地，期于必得，又言将徙就合罗川，居回鹘故国。此当系回纥居都督军山时旧牙。兼已得安西、北廷、达靼等五部落。三年二月，遣使者注吾合索献名马。诏大仆卿赵蕃饮劳之。上欲令蕃就求安西、北庭。李德裕等上言：借使得之，当复置都护，以唐兵万人戍之，以实费易虚名，非计。乃止。《旧书·李德裕传》：赵蕃奏黠戛斯攻安西、北庭都护府，宜出师应拔。德裕奏曰：据《地志》，安西去京七千一百里，北庭去京五千二百里。承平时，向西路自河西、陇右出玉门关，迤逦是国家州县，所在皆有重兵。其安西、北庭要兵，便于侧近征发。自艰难已后，河、陇尽陷吐蕃，若通安西、北庭，须取回纥路去。今回纥破灭，又不知的属黠戛斯否，纵令救得，便须却置都护，须以汉兵镇守，每处不下万人。从何征发？馈运取何道路？今天德、振武，去京至近，兵力常苦不足，无事时贮粮不支三年，况保七千里安西哉？臣恐蕃戎多计，知国力不及，伪且许之，邀求中国金帛。陛下不可中悔。此则将实费以换虚事，即是灭一回纥而又生之。恐计非便。乃止。案，云黠戛斯攻安西、北庭，则其地尚未属黠戛斯，武宗之欲求之，亦如宋初使金，欲其攻得石晋所割地后，归之中国耳。赵蕃请出师应拔，盖但欲拔出其人？而武宗则欲得其地。此自非此时中国之力所及。故咸通时黠戛斯欲讨回鹘，使安西已来悉归唐，中国亦不之许也。黠戛斯求册命。三月，以赵蕃为安抚使。命李德裕草赐书，谕以回鹘残兵，散投山谷，须尽歼夷。待赵蕃回日，别命使展礼。六月，遣将军温仵合入贡。又赐之书，谕以速平回鹘、黑车子，乃行册命。四年三月，遣将军谛德伊斯难珠等入贡。言欲徙居回鹘牙帐，此当指回鹘东迁后牙帐。请发兵之期，集会之地。上赐诏，谕以今秋可汗击回鹘、黑车子之时，当令幽州、太原、振武、天德四镇出兵要路，邀其亡逸，便申册命，并依回鹘故事。《旧书·本纪》，谛德伊斯难珠之来在去年八月，盖赐诏在此月，《通鉴》追书之。朝廷以回鹘衰微，吐蕃内乱，议复河湟四镇、十八州。胡三省曰：开元之盛，陇右、河西，分为两镇而已，盖沦陷之后，吐蕃分为四镇也。十八州，秦、原、河、渭、兰、鄯、阶、成、洮、岷、临、廓、叠、宕、甘、凉、瓜、沙也。参看第六章第二节。乃以给事中刘濛为巡边使。使先备器械、糗粮，及诇吐蕃守兵众寡。又令天德、振武、河东，训卒砺兵，俟今秋黠戛斯击回鹘，邀其南来溃众。皆委濛与节度、团练使详议以闻。五年夏，以陕虢观察使李拭为使，册其可汗为宗英雄武诚明可汗。六年九月，使者以国丧未行。是年三月，武宗崩。或以为僻远小国，不足与之抗衡；回鹘未平，不应遽有建置。诏百官集议。事遂寝。大中元年（847）六月，以鸿胪卿李业为册黠戛斯英武诚明可汗使。当即宗英雄武诚明可汗。不知史文不具，抑此时去两字？咸通四年（863）八月，遣其臣合伊难支表求经籍，及每年遣使走马请麻。又欲讨回鹘，使安西以来悉归唐。不许。七年十二月，遣将军乙支连入贡，奏遣鞍马迎册立使，及请亥年历日。注：是年丙戌，亥明年也。以上皆据《通鉴》。《新书》云：大中元年受册后，逮咸通间三来朝。后之朝聘册命，史失其时。黠戛斯是时，颇为兴盛，故屡自通上国。然《新书》谓其卒不能取回鹘。可见回鹘西迁者，力实不弱，此其所以能遂据其地。黠戛斯盖终未能取安西、北庭？会昌二年所云，乃得其一二部落，非得其地。故其东殄回纥残众及讨黑车子之师，亦终未能出。唐是时所愿在此。漠南北一时遂无强部矣。

此时塞北部落之健斗者，当推沙陀，然其人受豢于中国，所觊觎者自在内地，而中国人亦时时用之内地，遂不克向北展拓矣。沙陀之附吐蕃也，吐蕃徙其部甘州，以朱邪尽忠为军大论。吐蕃寇边，常以沙陀为前锋。久之，回鹘取凉州。吐蕃疑尽忠持两端，议徙沙陀于河外。举部愁恐。尽忠与其子执宜谋，元和三年（808），悉众三万落，循乌德鞬山而东。乌德鞬山见第五章第二节。吐蕃追之。行且战。并洮水，奏石门，关名，在今固原县北。转斗不解。部众略尽。尽忠死，执宜哀瘝伤，士才二千，骑七百，《通鉴考异》引赵凤《后唐懿祖纪年录》云："有马三千，胜兵万"，盖夸侈之辞？款灵州塞。节度使范希朝以闻。诏处其部盐州。置阴山府，以执宜为府兵马使。沙陀素健斗，希朝欲借以捍虏，为市牛羊，广畜牧，休养之。其童耄自凤翔、兴元、太原道归者，皆还其部。尽忠弟葛勒阿波，率残部七百，叩振武降。授左武卫大将军，兼阴山府都督。沙陀归唐，《通鉴》亦系元和三年。《后唐懿祖纪年录》：贞元十三年（797），回纥奉诚可汗收复凉州。沙陀归唐在十七年。《考异》云：《德宗实录》，贞元十七年无沙陀归国事。《范希朝传》，德宗时为振武节度使，元和二年，乃为朔方灵盐节度。今从《实录》《旧传》《新书》。然议者以灵武迫吐蕃，恐反覆生变。又滨边益口，则食翔价。顷之，希朝镇太原，元和四年六月，见《旧纪》。因诏沙陀举军从之。希朝乃料其劲骑千二百，号沙陀军，置军使。而处余众于定襄川。执宜乃保神武川之黄花堆。神武，北魏郡，北周废为县，唐省。故城在今山西神池县东北。黄花堆，在今山阴县北。更号阴山北沙陀。王锷节度太原，建言朱邪族孳炽，散居北川，恐启野心，愿析其族隶诸州，势分易弱也。遂建十府，以处沙陀。大和中，四年。柳公绰领河东，奏阤北沙陀，素为九姓、六州所畏。六州见第五章第二节。请委执宜治灵、朔塞下废府十一。胡三省曰：《旧书》作废栅，当从之，考之《唐志》，灵朔塞下，无十一府也。料部人三千御北边，号代北行营。授执宜阴山府都督代北行营招抚使。隶河东节度。死，子赤心嗣。以上据《新书·沙陀传》。执宜自归中国。再从讨镇州。王承元。王廷凑。伐吴元济。赤心从刘沔击回鹘，隶石雄诛刘稹。稹平，迁朔州刺史。仍为代北军使。大中初，吐蕃合党项及回鹘残众寇河西、太原。王锷，又以其兵进讨云。

　　塞北部族，强者为沙陀，大者则奚、契丹也。安禄山之强，与奚、契丹剧战斗，两蕃尝遭破坏，又其众多入中国，故一时寡弱。畏回纥，常臣属之。《新书·安禄山传》：广平王俶向长安，张通儒等裒兵十万陈长安中。贼皆奚，素畏回纥，既合，惊且嚣，遂败。盖是时之奚、契丹，尚非如回纥之习于战斗也。《旧书·张仲武传》言：奚、契丹皆有回鹘监护使，督以岁贡，且为汉谍。仲武遣裨将石公绪等谕意，两部凡戮八百余人，可见回纥待属部之酷。一旦土崩，诸部遂莫为之辅，绝无如西州王众之于耶律大石者，亦以此邪？然于中国，朝贡亦不绝。见新、旧《书》本传。《旧纪》于大历七年（772）、十二年，元和二年（807）、十年、十一年、十三年，长庆四年，皆书奚、契丹入贡。开成二年（837）、会昌六年（846），则仅有契丹。故事，常以范阳节度使为押奚、契丹两蕃使。自至德之后，藩臣多擅封壤，朝廷优容之，彼务自完，不生边事，故二蕃亦少为寇。每岁朝贺，常各遣数百人至幽州。则选其酋渠三五十人赴阙，引见于麟德殿，锡以金帛，遣还。余皆驻而馆之。率为常。《旧书》本传。此时实奚、契丹休养生息之好机会，其坐大盖由此也。《新书·契丹传》曰：天子恶其外附回鹘，不复官爵渠长。会昌二年，回鹘破，契丹酋屈戍始复内附。拜云麾将军，守右武卫将军。于是幽州节度使张仲武为易回鹘旧印，赐唐新印，曰奉国契丹之印。《旧书》云：会昌二年九月，制契丹新立五屈戍，可云麾将军，守右武卫将军，员外置，同正员。幽州节度使张仲武上言：屈戍等云：契丹旧用回纥印。今恳请闻奏，乞国家赐印。许之。以奉国契丹之印为文。上云五屈戍，下云屈戍等，则屈戍乃称号，非人名，《新书》实误，《辽史世表》以屈戍当彼中传说之耶澜可汗，亦非也。奚犯塞时较多。见新、旧《书》本传。

《旧纪》，贞元四年、十一年，元和五年，皆有奚入寇之事。然元和元年，其君梅录尝身入朝，拜检校司空，归诚郡王。《新书》本传。《旧纪》作饶乐郡王。三年，又以部酋索低为右威卫将军，檀、蓟州游奕兵马使，没辱孤平州游奕兵马使，皆赐李氏。而回鹘平后，未尝受封印如契丹，则其势已稍弱于契丹矣。奚五部，契丹八部，则契丹部众，本较奚为盛；此时契丹文明程度，似亦稍优于奚；故其后奚遂为之隶属矣。

## 第五节　吐蕃衰乱

自尚结赞死后，吐蕃无大侵寇。宪宗时尝通朝贡。《新书·李吉甫传》曰：吐蕃遣使请寻盟。吉甫议：德宗初未得南诏，故与吐蕃盟，自异牟寻归国，吐蕃不敢犯塞，诚许盟，则南诏怨望，边隙日生。帝辞其使。复请献边塞亭障南北数千里求盟。吉甫谋曰："边境荒岨，犬牙相吞，边吏按图覆视，且不能知，今吐蕃绵山跨谷，以数番纸而图千里，起灵武，著剑门，要险之地，所亡二三百所，有得地之名，而实丧之，陛下将安用此？"帝乃诏谢赞普不纳。《钱徽传》言：宪宗时内积财图复河湟；其后河湟自归，群臣请上尊号，宣宗言宪宗常念河湟，业未就而殂落，今当述祖宗之烈，其议上顺、宪二庙谥号；《新书·吐蕃传》。则宪宗实有恢复河湟之志，以困于内乱而未皇也。《新书·吐蕃传》云：元和十二年（817），赞普死，使者论乞髯来。可黎可足立为赞普。《旧传》云：十二年四月，吐蕃以赞普卒来告，而不记立者为谁。《通鉴》则于十一年二月，书西川奏吐蕃赞普卒，新赞普可黎可足立。案，后来刘元鼎入蕃，见下。其都元帅尚书令尚绮心儿谓之云：回纥小国也。我以丙申年逾碛讨逐，去其城郭二日程，计到即破灭矣，会闻本国有丧而还矣。《旧传》。丙申为元和十一年，则西川之奏报不误，而彼国告丧之使，逾岁始至也。十三年十月，吐蕃围宥州，见第五章第二节。入河曲。灵武、夏州、西川，皆有战事。然时仍有使来，敕言其言旋才及近甸，盖其中枢不能节制边将，一如往日也。是岁，平凉镇遏使郝玭收复原州城。见第六章第二节。十四年十月，其节度使论三摩及宰相尚塔藏，中书令尚绮心儿围盐州，见第五章第八节。党项首领，亦发兵、驱羊马以助，凡二十七日乃退。《旧书·吐蕃传》。始沙州刺史周鼎，为唐固守，沙州见第四章第四节。赞普徙帐南山，盖谓沙州南之山。使尚绮心儿攻之。鼎请救回鹘，逾年不至。议焚城郭，引众东奔。皆以为不可。鼎遣都知兵马使阎朝领壮士行视水草。朝执鼎，缢杀之。自领州事。城守者八年。出绫一端，募粟一斗，应者甚众。又二岁，粮械皆竭。登城而呼曰："苟无徙他境，请以城降。"绮心儿许诺。于是出降。自攻城至是，凡十一年。赞普以绮心儿代守。后疑朝谋变，置毒靴中而死。州人皆胡服臣虏，每岁时祀父祖，衣中国之服，号恸而藏之。《新书·吐蕃传》。于此，可见吐蕃谋俘略之亟，人民惮迁徙之深。然白居易《新乐府》曰："缚戎人，缚戎人，耳穿面缚驱入秦。面缚，通行本皆作面破，影宋本有作面缚者。天子矜怜不忍杀，诏徙东南吴与越。黄衣小使录姓名，领出长安乘递行。身被金创面多瘠，扶病徒行日一驿。朝餐饥渴费杯盘，夜卧腥臊污床席。忽逢江水忆交河，垂手齐声呜咽歌。其中一虏语诸虏，尔苦非多我苦多。同伴行人因借问。欲说喉中气愤愤。自言乡贯本凉原，大历年中没落蕃。一落蕃中四十载，遣著皮裘系毛带。惟许正朝服汉仪，敛衣整巾潜泪垂。誓心密定归乡计，不使蕃中妻子知。暗思幸有残筋力，更恐年衰归不得。蕃候严兵鸟不飞，脱身冒死奔逃归。昼伏宵行经大漠，云阴月黑风沙恶。惊藏青冢寒草疏，偷渡黄河夜冰薄。忽闻汉军鼙鼓声，路旁走出再拜迎。游骑不听能汉语，将军遂缚作蕃生。配向江南卑湿地，料无存恤空防备。念此吞声仰诉天，若为辛苦度残年？凉原乡井不可见，胡地妻儿虚弃捐。"则仍有冒死逃归者，而反为边将执以要功，亦可哀矣。德宗既遣韦伦，蜀帅上所获戎俘，有司请准旧事，颁为徒隶，上曰："要约著矣，言庸二乎？"乃各给缣二匹、衣一袭归之。《旧书·吐蕃传》。则徙蕃俘江岭之法，德宗初已废，然观白居易之诗，则宪宗时又复矣。其君是恶，其民何罪？奴役蕃人，已为非理，终乃自奴役其民，不尤可哀乎？穆宗立，遣使告哀，并告册立。彼亦遣使来吊祭。然侵寇仍不绝。长庆元年（821）九月，乃遣使请盟。十月，宰臣等与盟。又使刘元鼎入蕃。自此朝贡时至。大和五年（831）九月，其维州守将悉怛谋来降。维州见第三章第四节。西川节度使李德裕差兵镇守。《旧书·本纪》。时牛僧孺当国，沮议。乃诏德裕却送一部之人还维州。赞普得之，皆加虐刑。维州为控扼要地，韦皋虽败论莽热，终未能取，及是乃既得而复失之。僧孺谓新与吐蕃盟，不宜败约，似也。然从古以来，誓盟不信，无如吐蕃者。德裕后奏论此事，谓此役前一年，吐蕃犹围鲁州，六胡州之一。见第五章第二节。其信义安在？吐蕃是时实弱，而僧孺曰：闻赞普牧马茹川，蔚茹水，今清水河，在固原北，至中卫入河。俯于秦陇，若东袭陇阪，径走回中，不三日抵咸阳桥，发兵枝梧，骇动京国，事或及此，虽得百维州，何补？显系耸听之辞。又云：吐蕃疆土，四面万里，失一维州，无损其势，则此原为一道控扼之计，德裕奏论，谓得此可减八处镇兵，其说必不能诬罔也。德裕又言：累表上陈，乞垂矜救，答诏严切，竟令执还。加以桎梏，异于竹畚。及将就路，冤叫呼天。将吏对臣，无不流涕。其部送者，便遭蕃帅讥诮：既已降彼，何须送来？却将降人，戮于汉界。恣行残虐，用固携离。乃至掷其婴孩，承以枪槊。此诚从古以来，未有此事，徒快私意，大失政刑，党争之祸国，亦可见矣。德裕之为人，阴贼险诐，实较僧孺为更恶，然就此事言之，则断不能是牛而非李也。《新书·循吏传》：薛元赏时为汉州刺史，上书极言可因而抚之，溃虏膺腹，不可失，此当时之公论也。《旧书·德裕传》：德裕奏论维州事曰，初河、陇尽没，此州独存。吐蕃潜将妇人，嫁与此州门子。二十年后，两男长成，窃开垒门，引兵夜入。此说颇近东野人言。上文叙事中亦言之，云：至德后河、陇陷蕃，惟此州尚存。吐蕃利其险要，将妇人嫁于此州阍者。《地理志》则云：上元元年（760）后，河西、陇右，州县皆陷。吐蕃赞普更欲图蜀川，累急攻维州，不下，乃以妇人嫁维州门者。据《新书·地理志》，维州陷于广德元年（763），上距上元元年仅三载，距至德元年（756），亦仅七载耳。

《新书》云：赞普立几三十年，病不事，委任大臣，故不能抗中国，边候晏然。死，以弟达磨嗣。达磨嗜酒，好畋猎，喜内，且凶愎少恩，政益乱。开成四年（839），遣太子詹事李景儒往使。吐蕃以论集热来朝，献玉器、羊马。自是国中地震裂，水泉涌；岷山崩，洮水逆流三日；鼠食稼，人饥疫，死者相枕藉。鄯、廓间夜闻鼙鼓声，人相惊。鄯、廓州皆见第三章第四节。会昌二年（842），死。论赞热来告丧。天子命将作监李璟吊祠。《旧书》至会昌二年始书赞普卒，则似继死于元和十一年（816）之赞普者，至此始死，不惟佚可黎可足之名，并阙达磨一世矣。《通鉴》据《补国史》，于开成三年，书吐蕃彝泰赞普卒，弟达磨立。又于会昌二年十二月，书吐蕃遣其臣论普热来告达磨赞普之丧。《考异》云：彝泰卒，达磨立，《实录》不书，《旧传》《续会要》皆无之。《实录》于会昌二年云：赞普立仅三十余年，有心疾，不知国事，委政大臣。彝泰以元和十一年立，即可黎可足。至此二十七年，达磨立至此五年，云仅三十年，亦是误以达磨为彝泰，疑《实录》阔略，他书皆因而误也。达磨既死，吐蕃遂大乱。初，达磨有佞幸之臣，以为相。达磨卒，无子，佞相立其妃𬘓氏兄尚延力之子乞离胡，才三岁。佞相与妃共制国事。吐蕃老臣数十人，皆不得与。首相结都那，见乞离胡不拜，曰："赞普宗族甚多，而立𬘓氏子，国人谁服其令？鬼神谁享其祀？国必亡矣。比年灾异之多，乃为此也。"拔刀劙面，恸哭而出。佞相杀之，灭其族。《新书》无佞相之说，但云：乞离胡始三岁，妃共治其国。于结都那之死，则云用事者共杀之。国人愤怒。又不遣使诣唐求册立。洛门川讨击使论恐热，《注》：洛门川，在渭州陇西县东南。汉来歙破隗纯于落门，即此。案，陇西县，今属甘肃。《考异》：《补国史》曰：恐热姓末，名农力。吐蕃国法，不呼本姓，但王族则曰论，官属则曰尚，其中字即蕃号也。热者，例皆言之，如中华呼郎。案，论恐热起兵，以诛𬘓氏为名，而与之敌者为尚思罗、尚婢婢，似当时王族与异姓之间，实有争阋。属其徒告之曰："贼舍国族，立綝氏，专害忠良，以胁众臣。且无大唐册命，何名赞普？此当系其告唐人之语。吾当与汝属举义兵，入诛綝妃及用事者。"遂说三部落，得万骑。《注》：三部落，吐蕃种落之分居河、陇者。或云：吐浑、党项、嗢末。《新书·吐蕃传》云：浑末，亦曰嗢末，吐蕃奴部也。虏法，出师必发豪室，皆以奴从，平居散处耕牧。及恐热乱，无所归，共相啸合数千人，以嗢末自号。居甘、肃、瓜、沙、河、渭、岷、廓、叠，宕间。其近蕃牙者最勇，而马尤良云。甘州、肃州、瓜州见第四章第四节。河州、渭州见第五章第四节。岷州见第三章第四节。叠州、宕州见第六章第二节。与青海节度使同盟，举兵，自称国相。至渭州，遇国相尚思罗屯薄寒山。恐热击之。思罗弃辎重，西奔松州。恐热遂屠渭州。思罗发苏毗、吐谷浑、羊同等兵合八万，保洮水，焚桥拒之。恐热至，隔水语苏毗等曰："贼臣乱国，天遣我来诛之，汝曹奈何助逆？我今已为宰相，国内兵皆得制之。汝不从，将灭汝部落。"苏毗等疑不战，恐热引骁骑涉水，苏毗等皆降。思罗西走。追获杀之。恐热尽并其众，合十余万。自渭川至松州，所过残灭，尸相枕藉。《通鉴》。恐热谋篡国，恐鄯州节度使尚婢婢袭其后，欲先灭之，兵挐仍岁不解。《新书·吐蕃传》。大中三年（848）二月，秦、原、安乐三州及石门等七关来降。《通鉴》。七关，谓原州之石门、驿藏、木峡、制胜、六盘、石峡六关及萧关也，见《旧书·本纪》。萧关，在今固原县东南。《新书》叙三州七关之复于恐热来降后。《通鉴考异》曰：《实录》："泾原节度使康季荣奏吐蕃宰相论恐热杀东道节度使，奉表以三州、七关来降。"《献祖纪年录》亦云："杀东道节度使，奉表。"《国史》叙论恐热事甚详，至五年五月始来降，此际未降也。又不云杀东道节度使。且恐热若以三州、七关来降，朝廷必官赏之，何故但赏边将而不及恐热？盖三州、七关，以吐蕃国乱自来降，非恐热帅以来，《实录》误耳。十月，西川节度使杜悰奏取维州。《通鉴》。《新书·本纪》同。《旧纪》在九月。悰，佑孙，事亦见《旧书·佑传》。十二月，吐蕃以扶州归于有司。《新书·本纪》。四年九月，论恐热遣僧莽罗蔺真击尚婢婢军于白土岭。《注》：《水经注》：左南津西六十里有白土城，城西北有白土川水，其地在唐河州凤林县西。案，唐凤林县，在今甘肃临夏县西南。婢婢遣其将尚铎罗榻藏拒之，不利。复遣磨离罴子、烛卢巩力拒之。巩力请按兵拒险，勿与战，以奇兵绝其粮道，不过旬月，其众必溃。罴子不从。巩力称疾归鄯州。罴子逆战，败死。婢婢粮乏，留拓跋怀光守鄯州，帅部落三千余人就水草于甘州西。恐热大掠河、西、鄯、廓等八州。杀其丁壮，剿削其羸老及妇人，以槊贯婴儿为戏。焚其室庐，五千里间，赤地殆尽。《通鉴》。沙州人张义潮，阴结豪杰谋归唐。一旦帅众被甲噪于州门。唐人皆应之。吐蕃守将惊走。义潮遂摄州事，奉表来降。五年正月，以为沙州防御使。义潮略定瓜、伊、西、甘、肃、兰、鄯、河、岷、廓十州，遣其兄义泽奉十一州图籍入见。于是河湟之地，尽入于唐。十一月，置归义军于沙州，以义潮为节度使。十一州观察使。又以义潮判官曹义金为归义军长史。《通鉴》。《考异》曰：《唐人补录》《旧纪》，义潮降在五年八月。《献祖纪年录》及《新纪》在十月。按《实录》：五年二月壬戌，天德军奏沙州刺史张义潮、安景旻及部落使阎英达等差使上表，请以沙州降。十月，义潮遣弟义泽以本道瓜、沙、伊、肃等十一州地图、户籍来献。河、陇陷没百余年，至是悉复故地。十一月，建沙州为归义军，以张义潮为节度使，河、沙等十一州观察、营田、处置等使。《新纪》：五年十月，沙州人张义潮以瓜、沙、伊、肃、鄯、甘、河、西、兰、岷、廓十一州归于有司。《新传》：三州七关降之明年，沙州首领张义潮奉十一州地图以献。擢义潮沙州防御使。俄号归义军，遂为节度使。参考诸书，盖二月义潮使者始以得沙州来告，除防御使。十月，又遣义泽以十一州图籍来上，除节度使也。今从《实录》。《新传》云三州降之明年，误也。论恐热残虐，所部多叛。拓跋怀光使人说诱之。其众或散居部落，或降于怀光。恐热势孤，乃扬言于众曰："吾今入朝于唐，借兵五十万来诛不服者，然后以渭州为国城，请唐册我为赞普，谁敢不从？"五年五月，入朝。求为河、渭节度使。上不许。恐热怏怏而去。复归洛门川，聚其旧众，欲为边患。会久雨，乏食，众稍散，才有三百余人，奔于廓州。《通鉴》。其后河、渭州虏将尚延心以国破亡，亦献款。《新书·吐蕃传》。《通鉴》：大中十一年（857）十月，以秦成防御使李承勋为泾原节度使。承勋，光弼之孙也。先是尚延心以河、渭二州部落来降，拜武卫将军，承勋利其羊马之富，诱之入凤林关，居秦州之西。承勋与诸将谋执延心，诬云谋叛，尽掠其财，徙其众于荒远。延心知之。因承勋军宴，坐中谓承勋曰："河、渭二州，土旷人稀，因以饥疫，唐人多内徙三川，吐蕃皆远遁于叠、宕之西，二千里间，寂无人烟。延心欲入见天子，请尽帅部众，请徙内地，为唐百姓，使西边永无扬尘之警，其功亦不愧于张义潮矣。"承勋欲自有其功，犹豫未许。延心复曰："延心既入朝，部落内徙，但惜秦州无所复恃耳。"承勋与诸将，相顾默然。明日，诸将言于承勋曰："明公首开营田，置使府，拥万兵仰给度支，将士无战守之劳，有耕市之利，若从延心之谋，则西垂无事，朝廷必罢使府，省戍兵，还以秦州隶凤翔，吾属无所复望矣。"承勋以为然。即奏延心为河渭都游奕使，使统其众居之。《考异》曰：此事出《补国史》。按张义潮以十一州降，河、渭已在其间，今延心复以河、渭降者？义潮所率者汉民，延心所率者蕃族也。又《补国史》不云延心以何年月降。《新传》但云：张义潮降，其后河、渭州虏将尚延心以国破亡，亦献款。秦州刺史高骈诱降延心及浑末部万帐，遂收二州。拜延心武卫将军，骈收凤林关，以延心为河渭等州都游奕使。按《旧传》：高骈懿宗时始为秦州刺史，《新传》误也。今从《补国史》，因承勋移镇泾原，并延心事置于此。案，《新书·骈传》，其为秦州刺史，亦在懿宗时，而云：取河、渭二州，略定凤林关，降虏万余人，则或延心为都游奕使，虽在骈刺秦州之前，而河、渭二州之大定，实在骈刺秦州之后；又或李承勋虽奏使延心居秦州之西，而未以之为都游奕使也。凤林关，在凤林县，县以关为名。三川，胡《注》云：平凉川、蔚茹川、洛门川也。咸通二年（861），义潮奉凉州来归。《新书·吐蕃传》。七年，北庭回鹘仆固俊击取西州，收诸部。《新书·吐蕃传》。《通鉴》：七年二月，张义潮奏北庭回鹘固俊克西州、北庭、轮台、清镇等城。《注》：固俊，《新书》及《考异》正文皆作仆固俊。盖《传》本夺仆字也。《考异》曰：《实录》，义潮奏俊收西河及部落，胡汉皆归伏，并表贺收西州等城事。按大中五年（851），义潮以十一州图籍来上，西州已在其中，今始云收西州者？盖当时虽得其图籍，其地犹为吐蕃所据耳。清镇军城，在轮台西二百九十里，见《新书·地理志》。鄯州城使张季颙与尚恐热战，破之，收器铠以献。吐蕃余众犯邠宁，节度使薛弘宗却之。会仆固俊与吐蕃大战，斩恐热，传首京师。《新书·吐蕃传》。论恐热寓居廓州，纠合旁侧诸部，皆不从。所向尽为仇敌，无所容。仇人以告拓跋怀光于鄯州，怀光引兵击破之。十月，以五百骑入廓州，生擒恐热。先刖其足，数而斩之。传首京师。其部众东奔秦州，尚延心邀击破之。悉奏迁于岭南。《通鉴》。《考异》引《实录》："张义潮奏鄯城使张季颙押领拓跋怀光下使到尚恐热将，并随身器甲等，并以进奉"，为《新书》所本，而《鉴》不之取，亦未叙仆固俊斩恐热事，似以论恐热、尚恐热为一人，此恐误。当时仆固俊兵力，未必能去北庭甚远，而论恐热居廓州，仅三百人，亦未必能犯鄯州，更不能与仆固俊战。尚恐热盖别为一人，其众必较多，故为张季颙所败后，余众尚能东犯邠宁，身又能西北走，与仆固俊大战。若论恐热，则始终穷居廓州，而为拓跋怀光所就杀耳。此吐蕃乱后，诸将纷拏，见于中国史籍者也。其中枢，则《新书·传》云：会昌三年（843），国人以赞普立非是，皆叛去；而《通鉴》云：乞离胡君臣，不知所终；盖自会昌三年后，遂无闻焉耳矣。《新书·吐蕃传》曰：初，太宗平薛仁杲，得陇上地。虏李轨，得凉州。破吐谷浑、高昌，开四镇。玄宗继收黄河、积石、宛秀等军。黄河军，当即九曲军，与宛秀军皆见第五章第四节。磧石军，在今甘肃临夏县西。中国无斥候警者几四十年。轮台、伊吾屯田，禾菽弥望。开远门揭候署曰：西极道九千九百里，示戍人无万里行也。乾元后，陇右、剑南、西山三州、七关，军、镇、监、牧三百所皆失之。大中后，虽幸吐蕃微弱，故地自归，然《地理志》谓宣、懿德微，不暇疆理，惟名存有司而已。

吐蕃虽微，西北初未遽靖，以是时为患者实多诸杂种，吐蕃惟为之率将而已。诸杂种中，以吐谷浑、党项为大。吐谷浑自吐蕃取安乐州，残部徙朔方、河东，多在今山西北境。党项则多在陕、甘、宁夏，故其为西北之患尤深。初吐蕃浸盛，拓跋畏逼，请内徙，诏庆州置静边等州以处之。庆州见第三章第一节。其在西北者，天授中内附，散在灵、夏间。《旧书》云二十万口，《新书》云户凡二十万。禄山之乱，河、陇陷吐蕃，乃徙党项州存者于灵、庆、银、夏之境。《新书·地理志》。肃、代时与吐谷浑、奴剌等共为边患，已见第六章第二节。郭子仪兼统西北诸镇，以党项、吐谷浑部落，散处盐、夏等州，地与吐蕃滨近，易相胁，表徙静边州、夏州、乐容等六府党项于银州之北，夏州之东，乐容州都督府，本隶灵州。宁朔州吐谷浑住夏西，宁朔州，初隶乐容都督府，代宗时隶夏州。以离沮之。六州部落，在庆州者号东山部，夏州者号平夏部。《通鉴》宣宗大中五年（851）胡《注》曰：平夏，地名。宋朝李继迁之叛，徙绥州吏民之半置平夏，以为巢穴，盖银夏之要地也。案，静边州及六州部落，盖党项之两大宗，皆迁于夏东，而六州部落，又有分居庆州者也。永泰后稍徙石州，见第二章第七节。后为永安将阿史那思暕赋索无极，遂亡走河西。《通鉴》系贞元十五年（799）。胡《注》云：唐盖置永安镇将于石州，以绥御党项。至大和中，浸强，数寇掠。然器械钝苦，畏唐兵精，则以善马购铠，善羊贸弓矢。鄜坊道军粮使李石表禁商人不得以旗帜、甲胄、五兵入部落，告者举罪人财畀之。至开成末，种落愈繁富。贾人赍缯宝鬻羊马，藩镇乘其利，强市之，或不得直，部人怨，相率为乱。至灵、盐道不通。武宗以侍御史为使招定，分三部：邠、宁、延属崔彦曾，盐、夏、长泽属李鄂，灵武、灵、胜属郑贺，不克。长泽县，在今陕西靖边县东。《通鉴》：会昌三年（843）十一月，邠宁奏党项入寇。李德裕奏：党项愈炽，不可不为区处。闻党项分隶诸镇，剽掠于此，则亡逃归彼，节度使各利其驵马，不为擒送，以此无由禁戢。臣屡奏不若使一镇统之。陛下以为一镇专领权太重，臣今请以皇子兼统诸道，择中朝廉干之臣为副，居于夏州，理其辞讼，庶为得宜。乃以兖王岐为灵夏等六道元帅，兼安抚党项大使。又以御史中丞李回为安抚党项副使，史馆修撰郑亚为元帅判官，令赍诏往安抚党项及六镇百姓。《注》云：六镇，盐州、夏州、灵武、泾原及振武、邠宁也。以三侍御史为使之事，《通鉴》不载，而云：朝廷虽为党项置使，党项侵盗不已，攻陷邠宁、盐州界城堡，屯叱利寨。宰相请遣使宣慰。上决意讨之。六年二月，以夏州节度使米暨为东北道招讨党项使。为党项置使，《注》以为即指崔彦曾等三人。宣宗大中四年（850），内掠邠宁、诏凤翔李业、河东李拭合节度兵讨之。宰相白敏中为都统。帝出近苑，或以竹一个植舍外。帝属二矢，曰："党羌穷寇，仍岁暴吾鄙。今我约：射竹中，则彼当自亡。不中，我且索天下兵翦之。终不以此贼遗子孙。"观此言，可知党项侵寇之烈矣。

帝一发，竹分，矢彻诸外。左右呼万岁。不阅月，羌果破殄。余种窜南山。《新书·党项传》。《通鉴注》云：党项居庆州者号东山部，居夏州者号平夏部，其窜居南山者为南山党项。赵珣《聚米图经》：党项部落在银夏以北居川泽者，谓之平夏党项，在安盐以南居山谷者，谓之南山党项。然无几复为患，以毕诚为邠宁节度使，乃平之。事见《新书·诚传》，甚略。《通鉴》叙述较详，今录如下：大中四年九月，党项为边患，发诸道兵讨之，连年无功，戍馈不已。右补阙孔温裕上疏切谏。上怒，贬柳州司马。十一月，以翰林学士刘瑑为京西招讨党项行营招讨使。五年正月，上颇知党项之反，由边帅利其羊马，数欺夺之，或妄诛杀，乃以右谏议大夫李福为夏绥节度使。自是继选儒臣，以代边帅之贪暴者，行日复面加戒励。党项由是遂安。上以南山、平夏党项久未平，颇厌用兵。崔铉建议，宜遣大臣镇抚。三月，以白敏中为司空同平章事，充招讨党项行营都统制置等使，南北两路供军使，兼邠宁节度使。敏中请用裴度故事，择廷臣为将佐，许之。四月，敏中军于宁州。定远城使史元破党项九千余帐于三交谷。敏中奏党项平。诏平夏党项，已就安帖。南山党项，闻出山者迫于饥寒，犹行钞掠。平夏不容，穷无所归。宜委李福存谕。于银夏境内，授以闲田。向由边将贪鄙，致其怨叛，自今当更择廉良抚之。若复致侵叛，当先罪边将，后讨寇虏。八月，白敏中奏南山党项亦请降，时用兵岁久，国用颇乏，诏并赦南山党项，使之安业。十月，制以党项既平，罢白敏中都统，但以司空平章事，充邠宁节度使。六年四月，以敏中为西川节度使。党项复扰边。上欲择可为邠宁帅者而难其人。从容与翰林学士中书舍人毕诚论边事。诚援古据今，具陈方略。上悦曰："吾方择帅，不意颇、牧近在禁廷。卿其为朕行乎？"诚欣然奉命。上欲重其资履，六月，先以为刑部侍郎，乃除邠宁节度使。十月，诚奏招谕党项皆降。九年三月，诏诚还邠州。先是以河湟初附，党项未平，移邠宁军于宁州，至是南山、平夏皆安，威、盐、武三州军食足，故令还理所。柳州，三交谷，《注》云：在夏州界。武州，大中五年以萧关置。然其部落实炽盛，故后拓跋思恭，复以讨黄巢起云。